＊本书系国家社科基金项目（18BJL113）的阶段性成果

＊本书由"对外经济贸易大学中央高校基本科研业务费专项资金（TS4-20）"
资助出版

"一带一路"沿线国家贸易便利化
发展实践与合作路径

李海莲◎著

中国商务出版社
CHINA COMMERCE AND TRADE PRESS

图书在版编目（CIP）数据

"一带一路"沿线国家贸易便利化发展实践与合作路
径 / 李海莲著 . —北京：中国商务出版社，2022.12（2024.6重印）
　ISBN 978-7-5103-4603-3

　Ⅰ.①一… Ⅱ.①李… Ⅲ.①对外贸易—研究—中国
Ⅳ.① F752

中国版本图书馆 CIP 数据核（2022）第 234919 号

"一带一路"沿线国家贸易便利化发展实践与合作路径

"YI DAI YI LU" YANXIAN GUOJIA MAOYI BIANLIHUA FAZHAN SHIJIAN YU HEZUO LUJING

李海莲◎著

出　　版：中国商务出版社
地　　址：北京市东城区安外东后巷 28 号　　邮　编：100710
责任部门：商务事业部（010-64269744　bjys@cctpress.com）
责任编辑：张高平
直销客服：010-64266119
总 发 行：中国商务出版社发行部（010-64208388　64515150 ）
网购零售：中国商务出版社淘宝店（010-64286917）
网　　址：http://www.cctpress.com
网　　店：https://shop162373850.taobao.com
排　　版：廊坊展博印刷设计有限公司
印　　刷：北京密兴印刷有限公司
开　　本：787 毫米 ×1092 毫米　1/16
印　　张：22.5　　　　　　　　　字　数：354 千字
版　　次：2022 年 12 月第 1 版　　印　次：2024 年 6 月第 2 次印刷
书　　号：ISBN 978-7-5103-4603-3
定　　价：68.00 元

前　言

　　2013 年，中国国家主席习近平提出的"一带一路"合作倡议，成为中国参与全球开放合作、完善全球治理体系、推动共建人类命运共同体的中国方案。2015 年，《推动共建丝绸之路经济带和 21 世纪海上丝绸之路的愿景与行动》文件正式发布，"一带一路"合作倡议进入实质实施阶段。2018 年，习近平主席提出"一带一路"建设要向高质量发展转变。推动共建"一带一路"高质量发展可促进高水平对外开放、服务加快构建国内国际双循环发展新格局。至 2022 年初，我国已与 147 个国家、32 个国际组织签署 200 多份共建"一带一路"合作文件；2022 年上半年，我国与"一带一路"沿线国家货物贸易额达 6.3 万亿元，进出口贸易总额占比提高到 31.9%，经贸和投资往来日益密切，对进一步提升"一带一路"沿线贸易便利化水平提出了更高要求。

　　我国"十四五"规划指出，推动共建"一带一路"高质量发展要加强海关、税收、监管等合作，推动实施更高水平通关一体化；促进共建"一带一路"倡议同区域和国际发展议程有效对接、协同增效；构建以新亚欧大陆桥等经济走廊为引领，以中欧班列、陆海新通道等大通道和信息高速路为骨架，以铁路、港口、管网等为依托的互联互通网络，打造国际陆海贸易新通道；推动与共建"一带一路"国家贸易投资合作优化升级，构筑互利共赢的产业链供应链合作体系，扩大双向贸易和投资。因此，本书在阐述"一带一路"沿线国家 WTO《贸易便利化协定》实施现状的基础上，从跨境贸易通关便利化、交通物流便利化、通信设施与数字便利化等方面，运用联合国、世界贸易组织、世界银行等国际组织报告与评价指数，综合分析了"一带一路"沿线六大经济走廊相关国家的贸易便利化发展实践、经济效应与国际合作，以期对落实共建"一带一路"倡议、促进与"一带一路"沿线国家经济与技术合作、提升"一带一路"沿线贸易安全与便利化水平，以及丰富"一带一路"研究有所裨益。

李海莲

2022 年 12 月

目　录

第一章

"一带一路"沿线国家贸易便利化研究综述与发展现状

第一节 贸易便利化研究综述

一、贸易便利化的界定与发展

随着经济社会的发展与科学技术的进步，国家间贸易的运输成本不断下降，通信技术持续改善，关税贸易壁垒也有所减少，但是较高的贸易成本依然制约着国际贸易的发展。经济全球化背景下，为进一步实现货物流动自由，推动贸易发展，简化和协调国际贸易程序以降低贸易成本的"贸易便利化"措施逐渐成为世界各国关注的重要议题，各国日益认识到制定全球贸易便利化规则的必要性。

世界贸易组织的贸易便利化工作经历了从议题到谈判再到形成多边协议的发展阶段。贸易便利化的内容最初散见于《关税及贸易总协定（GATT）》《原产地规则协定》《实施动植物卫生检疫措施协定》和《与贸易有关的知识产权协定》等协定中的"过境自由""边境措施""原产地标记"等多项条款中（黄志瑾，2014）。1996 年 WTO 召开的新加坡部长级会议首次将贸易便利化议题列入工作日程，作为"新加坡议题"之一（蒋丽萍、王俊，2016）。此后在 1998—1999 年，WTO 对贸易便利化所涉及的进出口程序、货物运输、电子商务等方面的问题进行了多次讨论（曾文革、江莉，2016）。然而，2003 年 9 月，WTO 坎昆部长级会议上各成员方却对"新加坡议题"产生了分歧，致使谈判进展十分艰难（盛斌，2016）。经历挫折后，2004 年 WTO 总干事签署了多哈工作计划草案（七月套案），并成立贸易便利化谈判工作组，贸易便利化终于被列为 WTO 谈判议程（蒋丽萍、王俊，2016）。2009 年，《贸易便利化协定》草案形成并投入讨论。2013 年 12 月，WTO 第九届部长级会议达成了"巴厘岛一揽子协议"，其中《贸易便利化协定》作为优先议题占据了会议成果的核心地位（盛斌，2016）。随后，该议定书交付世贸组织成员核准，并规定三分之二成员核准接受后协议才能生效。2015年9月，中国完成《贸易便利化协定》的核准程序，成为第16个接受议定书的WTO成员（李海莲、胡恩佳、李采玥，2020）。2017年2月22日，随着卢旺达、阿曼、乍得和约旦递交《贸易便利化协定》批准文件，参与协定的成员数量达到世贸成员总数三分之二的法定门槛，协定正式生效并实施（王霞，2017）。

《贸易便利化协定》对政策透明度、预裁定、货物结关与放行、边境机构合作、国际合作等内容进行了全面而具体的规定，为各国推进贸易便利化建设提供了可操作、可借鉴的制度规范（李海莲、胡恩佳、李采玥，2020）。世界贸易组织发布的《2015年世界贸易报告》显示，《贸易便利化协定》预计能够大幅降低贸易成本，增加全球贸易的产出，每年可使世界贸易增加一万亿美元；全球贸易便利化联盟2019年的年度报告也提出，贸易便利化措施可以激发竞争力、创造力，促进生产率的提升。

尽管贸易便利化相关议题已经取得初步成果，但国际组织和学者文献对于贸易便利化却有着不同的定义。总体来说，狭义的贸易便利化定义只包括边境相关的贸易程序的改变，而广义的贸易便利化定义则涵盖"边境后"措施的完善。学者莫伊塞（Moïsé，2011）认为贸易便利化指在国际贸易链的各个阶段通过提高效率来降低贸易成本的政策和措施。扎基（Zaki，2015）认为贸易便利化包括简化贸易程序和文件、协调贸易惯例和规则、使用更加透明的国际信息流动程序、利用新技术促进国际贸易、为国际贸易提供更安全的支付手段共五方面主要内容。黄志瑾（2014）则提出，贸易便利化是国际贸易程序，包括国际贸易货物流动所需的收集、提供、沟通及处理数据的活动、做法以及手续的简化和协调。经济发展与合作组织（OECD）将贸易便利化定义为：简化产品进入或离开一国进行国际贸易的技术和法律程序的一套具体措施。世界海关组织（WCO）将其定义为通过应用现代技术并以国际统一的方式提高控制水平，避免不必要的贸易限制。世界贸易组织（WTO）则认为，目前无法就定义达成一致且贸易便利化工作内容还有扩展空间，因此并未对贸易便利化提出正式的定义，但其核心思想为"贸易程序的简化"。

贸易便利化是促进全球贸易发展的重要力量。随着《贸易便利化协定》谈判结束及正式生效，WTO 各成员的关注和研究重点已转移到《贸易便利化协定》的实施上，相关学术研究也不断增多。目前，国内外学者关于贸易便利化的研究主要是贸易便利化评估体系的构建和贸易便利化的经济效应及影响的实证研究两个方向。

二、贸易便利化的指标评估

对贸易便利化水平进行量化是研究其经济效应及影响的前提，评估贸易便利化水平的指标及方法是否合理则决定着研究结论是否可信、有意义。因此，国内外学者一直将贸易便利化评估指标的选择视为研究重点并积极寻求科学合理的评估方法。然而，由于国际组织和学者对贸易便利化的定义不同，目前尚未形成统一的贸易便利化评估体系。

（一）贸易便利化的评估指标

通过构建评估指标直接测算贸易便利化水平是当前国内外研究的主流方式。现有文献中，学者选择的贸易便利化评估指标各有差异。一些学者使用单一指标衡量具体领域或整体的贸易便利化水平，如世界银行的物流绩效指数 LPI（Felipe，Kumar，2010）、营商环境指数 DBI（Zaki，2015），世界银行和经济合作与发展组织（OECD）提出的服务贸易限制指数（STRI）、进口文件数量（Amin，Haidar，2014）等。同时，我国学者杨军、黄洁、洪俊杰、董婉璐（2015）也提出以通关时间减少的比率作为贸易便利化的衡量指标；李海莲、胡恩佳、李采玥（2020）选取通关时间和通关成本作为衡量口岸便利化水平的指标；葛纯宝、于津平（2020）则采用进口文件数和港口基础设施质量作为衡量"一带一路"沿线国家贸易便利化水平的代理变量；蔡霞（2020）指出可以将关税和技术性贸易措施水平作为贸易便利化的评估指标等。

但在复杂的贸易环境中，若想全面地反映贸易便利化的总体水平，还需构建综合性更强的评估指标体系。因此，很多学者提出要细化贸易便利化涉及的诸多领域，并使用合理方法对各领域内的多级指标进行标准化的计算，用最终得出的综合指标衡量贸易便利化的总体水平。在综合评估指标的构建方面，一些世界组织和机构使用丰富的数据资源和复杂的赋值方法，构建并定期公布贸易便利化指数。如世界经济论坛（WEF）与全球贸易便利化联盟自 2008 年起出版的《全球贸易促进报告》（GETR）以贸易促进指数（ETI）为综合指标评估各经济体促进商品流动的制度、政策、基础设施和服务水平，该指数由市场准入、边境管理、基础设施、营商环境 4 个一级指标和 7 个二级指标组成。经济合作与发展组织（OECD）构建了贸易便利化指标（TFIs）以评估各国实施《贸易便利化协定》（TFA）的实际情况，该指标涵盖信息可用性、协商、预裁定、上诉程序、费用、文件、自动化水平、程序、国内机构合作、跨境机构合作及治理和公正共 11 个领域 133 个变量（ESCAP，2017）。上述指标在部分学术研究中也得到了很好的运用，如科西莫、西蒙、罗伯特（Cosimo，Simon，Robert，2015）直接使用 OECD 的 TFIs 来评估贸易便利化对出口多样化的影响；盛斌、靳晨鑫（2019）也直接运用 OECD 的 TFIs 计算"一带一路"沿线五个区域的贸易便利化指数等。

中外学者对贸易便利化指标体系的构建也提出了不同的看法。威尔逊、曼、大冢（Wilson，and Mann，Otsuki，2003）（以下简称 WMO）提出从港口效率、海关环境、监管环境和电子商务四方面对贸易便利化水平进行衡量；随后，WMO（2004）又从港口效率、海关环境、监管环境和服务业基础设施四个方面对制造业产品贸易便利化与贸易流动之间的关系进行了测度和评估。P- 佩雷兹、威尔逊（Portugal-Perez，Wilson，2010）选择世界银行、世界经济论坛数据库中的 20 个与贸易便利化相关的主要指标，将其划分为贸易便利化"软""硬"两个领域共四类指标，即实体基础设施、信息和通信技术（ICT）、边境和运输效率、商业和监管环境。莫伊塞、塞尔维亚（Moïsé，Silvia，2013）则通过解释并对应协定草案中的 12 条相关条款，划定了 16 个贸易便利化评估指标。

我国学者在评估"一带一路"国家贸易便利化水平时广泛沿用了 WMO（2003）的贸易便利化综合指标构建思想，同时根据研究方向和目的不同，替换或加入一些新的指标。如谭秀杰、周茂荣（2015）设定自由贸易协定、关税及便利化水平、海运及交通基础设施建设、货币及金融四个领域的评估指标；孔庆峰、董虹蔚（2015）结合《贸易便利化协定》的规定并考虑物流服务与金融服务的重要性，增加了物流竞争力、金融服务便利性与成本等二级指标；朱剑冰、吕静（2015）在遴选指标时采用德尔菲法建立了口岸效率、关税环境、基础设施及服务、信息和通信技术、商务环境5个一级指标和33个二级指标；李新英、周姿汝（2020）将市场准入、基础设施、规制环境、营商环境、海关环境作为衡量贸易便利化指数的一级指标，同时设16个二级指标；崔鑫生、李芳（2020）建立了制度环境、海关效率、进出口程序、基础设施、边境管理透明度5个维度26个二级指标；庄博、洪晨翔（2020），肖扬、直银苹、谢涛（2020）和智慧（2020）则基本都设立了边境口岸效率、边境海关管理、国内制度环境、国内金融及信息技术环境4个一级指标和多个二级指标。此外，还有一些学者认为贸易便利化水平的指标选择要注重层次性和完整性原则，三至四层的指标体系结构更为清楚、便于使用（段景辉、黄丙志，2011），因此在二级指标的基础上进一步构建了三级指标。如陈继勇、刘燚爽（2018）将贸易便利化的4个一级指标设定为物流与基础设施、海关与边境管理、金融与电子商务、政府与监管环境，同时将其细化为40个三级指标；魏伟、王逸凡、陈彦龙（2019）在ETI指数基础上细化出35个三级指标；冯一帆、张青青（2019）在对"一带一路"六大经济走廊贸易便利化测评时也构建了27个三级指标。

（二）贸易便利化的评估方法

在遴选并建立恰当的评估指标体系的基础上，还需进一步对评估指标进行数据处理和计算，力求真实合理反映出贸易便利化的综合水平。为此，国内外学者采取了不同的评估方法。

主成分分析法能够把多指标转化为少数几个综合指标，是统计学上进行数据降维的常用方法，因此在评估贸易便利化水平时，陈继勇、刘燚爽（2018），李新英、周姿汝（2020），庄博、洪晨翔（2020），智慧（2020）等采用主成分分析法计算指标权重，进而得到贸易便利化得分。因子分析法则通过一个未观测到的"公共因素"来解释一组观测变量之间的相关性，

P- 佩雷兹、威尔逊 Portugal-Perez，Wilson，2010）使用因子分析，从广泛的主要指标中构建了四个与贸易便利化相关的新总体指标；佟家栋、李连庆（2014）也通过因子分析法得到了进出口商透明度指数（ETI、ITI），以代表贸易便利化水平。层次分析法（AHP）是一种定性与定量相结合的分析和决策方法，朱剑冰、吕静（2015）使用层次分析的辅助软件 yaahp 计算各一级、二级指标的权重；张梦婷、平晨鑫、顾秋阳、王瑞（2020）在构建中国跨境电商贸易便利化评价指标体系方面，崔日明、黄英婉（2016）在构建贸易投资便利化评价指标体系方面也都使用了层次分析法以确定指标权重。除上述评估方法外，还有一些学者对指标取算术平均数，从而得到贸易便利化的综合指数（程凯、杨逢珉，2020）；李斌、段娅妮、彭星（2014）则引入客观赋权法中的熵值法对各个指标确权；肖扬、直银苹、谢涛（2020）在研究"一带一路"沿线国家贸易便利化对中国制造业企业出口技术复杂度的影响时，以出口目的地的出口份额为权重计算了企业层面的贸易便利化指标。这些评估方法侧重点各有不同，虽丰富了研究方法，但其相互间的比较优势并未得到充分的探讨。

除了对一国整体的贸易便利化水平进行衡量外，还有一些文献分区域、分行业对贸易便利化水平进行了测算。如王瑞、顾秋阳、钟冰平（2020）针对跨境电商新兴业态特点，建立了基础设施、服务能力、发展潜力三个维度下包含互联网服务、知识产权保护、电商发展、电商服务水平等相关的 11 个主要影响指标和平均薪酬、外商投资强度 2 个控制变量的跨境电子商务贸易便利化指标体系。段文奇、刘晨阳（2020）在构建含有法制环境、口岸效率、交通基础设施和电子商务四个领域的贸易便利化指标基础上，采取计分和代理变量的形式测算各个省份各领域得分平均值。由于考虑到直接法构建评估指标具有主观性和不全面性，魏泊宁（2020）还通过分解贸易成本来间接测算贸易便利化水平，即通过回归方程得到与贸易便利化措施相关的因素并将其区分为年份、行业、国家三组，然后将上述三种固定效应加总得到 TFI 标准化值。

综上所述，在贸易便利化的研究中，评估指标及评估方法的选择比较多样。世界经济论坛、经合组织等建立的贸易便利化评估指标和方法较为规范和完善，直接用在研究中具有较强的便利性和权威性，但可能因其未包含新的技术因素或环境因素而具有一定的片面性。以 WMO 为主流形式建立的评估指标体系则有更强的灵活性，能够根据研究领域或行业的不同而调整指标及权重，但其也具有一定的主观性，存在部分指标解释力不够、关键指标遗漏及指标权重与真实情况相差较大等风险。

三、贸易便利化的效应分析

尽管不同的研究机构或学者在贸易便利化的定义、评估指标和评估方法的选择上存在差异，但是都认可贸易便利化对区域及全球贸易发展产生的积极影响。国内外学者在进行贸易便利化经济效应的实证研究时，通常从"量"或"质"的角度考察贸易便利化的影响，利用全球贸易分析模型（GTAP）、可计算的一般均衡模型（CGE）和引力模型等工具，研究贸易便利化的规模效应、福利效应、竞争效应、成本效应或其他效应。

（一）贸易便利化的规模效应和福利效应

测算贸易便利化水平对贸易规模和社会福利的影响时，贸易引力模型是最常用的方法之一。在运用贸易引力模型测算"一带一路"沿线伙伴国家的贸易便利化总体水平的贸易影响研究时，马丁内兹 – 扎尔佐索、马奎斯 – 拉莫斯（Martínez-Zarzoso，Márquez-Ramos，2007）分析了伙伴国的贸易便利化水平对出口国贸易额的影响，发现交易成本、交易时间和文件数量对贸易流动的促进作用因行业和国家而异；菲利佩和库马（Felipe，Kumar，2010）使用引力模型检验双边贸易流动和贸易便利化之间的关系，并估算出中亚国家贸易便利化改善所带来的收益在 28% 到 63% 之间；张亚斌、刘俊、李城霖（2016）认为"一带一路"沿线国家贸易便利化水平每提升 1%，我国与这些国家的贸易流量将增加 1.92%；魏伟、王逸凡、陈彦龙（2019）则认为沿线国家便利化水平每提高 1%，将使中国与沿线国家的贸易额提高 0.2%；吴兆丹、华钰、丁小琦（2020）提出沿线各国贸易便利化总水平每提升 1%，我国对该国的贸易总额将提高 0.9%。

具体到对某一贸易便利化指标的经济、贸易影响进行的研究，谢帕德和威尔逊（Shepherd，Wilson，2008）使用贸易引力模型发现东南亚的贸易流动对运输基础设施和信息通信技术特别敏感，改善该地区的港口设施可使贸易额增加 7.5%；利亚皮斯（Liapis，2011）以加工农产品为重点研究农业贸易流动，通过构建引力模型发现虽然进口时间每减少 10%，农业贸易将增长 22%，但其对加工农产品的影响并不显著；巴拉、马修、乔尔蒂普、雅恩（Bala，Matthew，Chorthip，Yann，2017）使用贸易引力模型分析六条"一带一路"走廊的硬基础设施和软基础设施对提高沿线经济体出口绩效的影响，并提出 CMR、CP 和 ICP 走廊从贸易便利化改善中获得的贸易收益最高。吴小康、于津平（2016）通过分析进口国的通关成本对中国出口的影响，利用引力模型测算发现进口国通关时间和单证每增加 1 个单位会使中国对其出口额减少 0.85% 和 5.44%，且在不同环节、国家和产品层面表现出差异；李海莲、胡恩佳、李采玥（2020）也通过建立引力模型，发现"一带一路"沿线国家进口通关时间每减少 1%，中国对该国的出口贸易额将提高 0.58%。

相较上述研究中将"一带一路"沿线多国作为研究对象，还有一些学者缩小研究范围，探讨某一具体地区或行业受贸易便利化影响的情况。如孙玉琴、苏小莉（2018）运用引力模型分析中东欧贸易便利化对中国和欧盟国家产品出口的影响，认为中东欧的基础设施和海关程序显著影响欧盟对中东欧国家出口额，且中东欧各项贸易便利化措施产生的贸易效应存在明显的地域差异；施锦芳、吴琦（2019）则分析东北亚贸易便利化对东北亚各国间出口贸易额的影响，认为东北亚国家贸易便利化水平每提升 1%，双方贸易流量将增加 0.9%。朱晶、毕颖（2018）聚焦中国农产品出口，运用扩展的引力模型实证发现"一带一路"沿线国家贸易便利化水平每提高 1%，中国农产品出口深度增加 1.1%、出口广度增加 0.4%；崔鑫生、连洁、李芳（2019）也采用引力模型考察省域贸易便利化对省级农产品贸易的影响，认为东部沿海地区更易受到贸易便利化的影响。江瑶、高长春（2018）关注创意产品贸易，通过分析贸易便利化对沿线各国间创意产品贸易出口额的影响，发现贸易便利化每提升 1%，创意产品出口额增长 1.7%。

然而，由于传统的贸易引力模型不能很好地解决贸易阻力问题（庄博、洪晨翔，2020），随机前沿方法被引入引力模型中。该研究方法通过将传统模型中的随机扰动项分为非效率项和随机误差项，把限制或促进贸易的因素归到贸易非效率项中。因此，随机前沿引力模型有效避免了将不可观测的贸易摩擦力作为随机干扰项而产生的估计偏差（周俊，2017），获得学界的广泛运用。同时，为进一步研究贸易非效率的影响因素，大部分学者在随机前沿引力模型基础上还建立了贸易非效率模型。如周俊（2017）运用随机前沿引力模型和非效率模型分析中国与贸易国的贸易便利化水平对中国出口额的影响，并提出出口非效率是制约中国出口额增长的显著因素；庄博、洪晨翔（2020）也建立随机前沿引力模型与贸易非效率模型分析东盟国家贸易便利化水平对中国进口贸易的影响；李新英、周姿汝（2020）以中国与沿线国家的双边贸易流量为因变量、贸易便利化水平作为非效率项建立随机前沿引力模型，证实贸易非效率因素是导致实际贸易流量低于贸易潜力的主要原因。

除使用贸易引力模型外，也有一些学者采用其他研究模型和方法对贸易便利化的规模效应和福利效应进行测算。例如，沃肯霍特（Walkenhorst，2004）运用GTAP模型分析贸易交易成本（TTCs）的经济影响，发现TTC减少1%将带来约400亿美元世界贸易收益；佩尔森（Persson，2010）通过计算发展中国家出口到欧盟国家的产品数量，并将其作为因变量检验贸易便利化是否影响贸易商品的范围，提出如果出口货物所需的天数减少1%，出口差别产品和同质产品的数量将分别上升0.7%和0.4%；杨军、黄洁、洪俊杰、董婉璐（2015）使用GTAP模型进行模拟，发现在减少通关时间的贸易便利化方案下，中国贸易便利化可以显著提升其他国家的经济福利；刘宇、吕郢康、全水萍（2016）利用GTAP模型对中哈两国贸易便利化水平进行研究，提出贸易便利化对经济的促进作用大于关税削减的论断，且哈萨克斯坦纺织服装进口因贸易便利化水平的提升而得到相对较大的扩张；张中元、沈铭辉（2017）采用双重差分法检验中国—东盟的贸易便利化措施对中国与东盟双边贸易产品结构的影响；李思奇（2018）运用GTAP模型，评估通关便利化产生的贸易影响，并充分考虑产业异质性，实证提出贸易便利化造成产出变化较大的部门是纺织服装、轻制造和重制造业；刘晨阳、段文奇（2019）借鉴坎奇（Kancs，2007）的异质性企业模型，分析贸易便利化对出口扩展边际的影响机制；刘钻扩、辛丽（2019）采用SYS-GMM实证分析海上丝绸之路沿线国家贸易便利化水平对中国机电产品出口的影响。

（二）贸易便利化的成本效应、竞争效应和其他效应

测算贸易便利化水平通过降低成本、加剧竞争而对贸易产生的影响时，李波、赵鑫铖、李艳芳（2017）运用双重差分非线性计量模型，以产业集聚为视角，实证研究了中国贸易便利化各领域的综合指数对地区产业增长率的影响；肖扬、黄浩溢、曹亮（2019）建立贸易便利化与出口国内增加值率的回归模型，发现出口贸易便利化程度排名每下降1%，企业的出口国内增加值率将下降0.4个单位；杨逢珉、程凯（2019）通过建立中国制造业出口产品质量受贸易便利化影响的回归模型，验证了贸易便利化对出口产品质量的两条作用途径；肖扬、直银苹、谢涛（2020）通过企业异质性分析发现，"一带一路"沿线国家贸易便利化对民营企业和外资企业出口技术复杂度提升的促进作用较国有企业更加显著，对新企业、大型企业的促进作用较老企业、小型企业更为显著。阿明、海达（Amin, Haidar, 2013）通过建立回归方程分析国家规模与作为贸易便利化措施的进出口所需文件数量之间的关系，认为小国在贸易便利化方面比大国表现更好且国家规模与贸易便利化之间的关系是非线性的；尽管贸易自由化可能不是解决一个国家的贫困问题最有力或最直接的机制，但却是最容易改变的机制之一。艾伦、尼尔、安德鲁（Alan, Neil, Andrew, 2004）检验发展中国家的贸易自由化对贫困的影响，认为贸易改革可能是政府最具成本效益的反贫困政策之一。丹尼斯、谢帕德（Dennis, Shepherd, 2011）发现改善贸易便利化有助于促进发展中国家的出口多样化，且贸易便利化对较贫穷国家的多样化具有更显著的影响。

威尔逊、曼恩等人（Wilson, Mann et al, 2002）讨论了亚太地区贸易便利化的发展前景，分析了亚太经合组织21个成员在贸易便利化方面的改善所带来的益处；佟家栋、李连庆（2014）使用CGE模型估计APEC国家减少腐败、提高透明度的贸易便利化措施对世界各国贸易伙伴的GDP、经济福利、进出口商品总量的影响，发现提高亚太地区的透明度可以增加

超过 2000 亿美元的全球福利；科西莫、西蒙、罗伯特（Cosimo，Simon，Robert，2015）利用引力模型估计了世界平均贸易便利化水平对不同地区出口多样性的影响，发现平均贸易便利化指标每增加 1%，产品出口目的地数量增加 0.38%、出口产品数量增长 0.3%，且撒哈拉以南非洲、拉丁美洲和加勒比地区的贸易便利化改革带来了大量的边际收益；扎基（Zaki，2015）通过扩展的贸易引力模型评估发达国家和发展中国家不同领域的贸易便利化程度对双边贸易的影响，发现互联网、官僚主义、腐败和地理因素显著影响进出口交易时间，且进口时间对贸易的负面影响大于出口时间；莫伊塞、塞尔维亚（Moïsé，Silvia，2015）运用引力模型探讨贸易便利化措施对全球价值链中的需求和供给方面的影响，认为 TFIs 每增加 0.1，一国的进口国内增加值将增加 1.5% 至 3.5%，出口国内增加值则可能增加 1% 至 3%；樊兢（2018）利用 2016 年 RCEP 成员国两两间出口贸易额和贸易便利化指标建立回归模型，发现贸易便利化水平是促进 RCEP 成员国间双边贸易增长的重要因素；宋伟良、贾秀录（2018）根据 WMO（2003）的贸易便利化评估体系，测算了 G20 国家贸易便利化水平并分析其对中国产品出口额及出口产品类别的影响；丹尼尔、艾萨克、艾瑞克（Daniel，Isaac，Eric，2018）聚焦非洲贸易便利化，利用非洲 40 个国家 2010 至 2015 年的数据，考察贸易便利化对改善非洲社会福利的影响程度。

综上所述，世界贸易组织的《贸易便利化协定》（TFA）是全球经济贸易发展历程中的重要里程碑，为降低贸易成本、便利货物流通提供了多边框架和制度基础。全球经济一体化背景下，我国的"一带一路"倡议通过与沿线国家建立信息、基础设施等方面的互联互通合作机制，为世界经济和贸易便利化发展注入了新动能。随着贸易便利化措施的实施，越来越多的世界组织及学者对贸易便利化相关议题展开讨论。目前，国内外文献对"一带一路"沿线国家贸易便利化及其他国家、区域的贸易便利化的评估体系和经济影响进行了深入研究，不仅提出并完善了贸易便利化水平评估指标和评估方法，还考虑到国家、区域、行业、企业异质性，采用多种研究模型与方法对规模效应、福利效应、竞争效应、成本效应或其他效应进行了估算。虽然学界已取得一定研究成果，但目前相关研究还存在贸易便利化基础定义与理论依据不清晰、评估指标体系不够完善等问题，需要世界组织与各国学者一道，投入更多资源进行数据收集和分析，改进现有评估指标和分析工具，以便更好地发现贸易便利化执行中存在的问题，为国家、区域乃至全球贸易发展献智献策。

四、贸易便利化研究述评与范畴界定

贸易便利化研究主要是围绕评估指标构建及其经济效应，其中指标构建包括指标选择与定量方法。目前关于贸易便利化并没有形成统一内涵，但 2017 年生效的 WTO《贸易便利化协定》被认为是具有广泛认可度的贸易便利化内涵界定。虽然自 Wilson 以来贸易便利化指标的选择内容在不断改变，但仍主要涉及边境管理、市场环境、基础设施、信息技术与电子商务（政务）及政府效率等。世界银行 2017 年以来关于"一带一路"国家贸易便利化的研究虽然也是围绕上述内容构建指标，但普遍认为对促进"一带一路"国家互联互通和贸易畅通而言，边境通关、交通基础设施和信息技术应用是最为重要的三个方面（Bala Ramasamy et al，2017）。因此，本书将主要从这三个方面比较分析"一带一路"国家的贸易便利化水平，同时基于 OECD 贸易便利化绩效指标，对"一带一路"国家的《贸易便利化协定》实施情况进行国别比较和分析。

本书共分为五章。首先，从贸易便利化的界定与研究现状、指标评估和经济效应分析进行文献综述，并基于 OECD 贸易便利化绩效指标阐述"一带一路"国家《贸易便利化协定》的实施情况，分析"一带一路"国家贸易便利化的整体状况；然后，分别从跨境贸易通关便利化、交通物流便利化、能信设施与数字便利化水平三个方面对"一带一路"沿线六大经济走廊进行比较分析；最后，分析"一带一路"沿线国家贸易便利化合作面临的挑战与机遇，以及开展贸易便利化合作的理论基础、路径与建议。

第二节 "一带一路"沿线国家《贸易便利化协定》实施状况比较

一、《贸易便利化协定》实施概述

（一）贸易便利化绩效[①]

为了帮助各国政府改进其边境程序、降低贸易成本、促进贸易流动，并从国际贸易中获得更大的利益，经济合作与发展组织（OECD）组织制定了一套贸易便利化指标来评价各国贸易便利化绩效，以确定需要改进的领域，为各国政府确定贸易便利化行动的优先次序以及以更有针对性的方式调动技术援助，为能力建设努力提供依据。经合组织提供的贸易便利化指标共有 11 个子类别指标，对每个指标而言，得分为 2 等于达到可实现的最佳表现。

A. 信息可获得性：咨询点；通过互联网提供的信息。

B. 贸易商参与度：磋商的结构；制定磋商准则；草拟出版物；存在通知和评论框架。

C. 预裁定：行政当局事先向提出要求的贸易商说明进口时适用于特定货物的分类、原产地、估价方法等；适用于这种要求的规则和过程。

D. 上诉或审查程序：对边境机构的行政决定提出上诉的可能性和方式。

E. 规费和费用：对进出口收费的规定；处罚规定。

F. 单证：副本的接受，贸易文件的简化；国际标准的使用。

G. 自动化：电子数据交换；使用自动化风险管理；自动化边界程序；电子支付。

[①] 指标及其具体含义来自 OECD 网站 Trade Facilitation Indicators | Compare your Country by OECD.

H. 流程：简化边境管制；所有所需文件的单一提交点（单一窗口）；到货前处理；与最终确定和关税支付分离的货物放行；易腐货物的处理；清关后审计；授权经营者。

I. 内部边境机构合作：向海关当局派出管制代表团；支持该国各边境机构合作的体制化机制；协调 / 协调数据要求和文件控制；检查协调；协调 / 共享基础设施和设备使用。

J. 外部边境机构合作：与邻国和第三国的合作；协调程序和手续；数据要求和文件控制的协调 / 统一；风险管理合作；联合控制。

K. 管理与公正性：海关结构和职能；问责制；道德政策。

从 OECD 提供的贸易便利化指标数据来看，"一带一路"国家总体贸易便利化绩效水平一般，且具有较大的区域及国别差异。就贸易便利化平均绩效而言，最高得分为新加坡（1.804 分），最低得分为也门（0.225 分），平均得分为 1.28 分。此外，在"贸易商参与度"领域，新加坡、立陶宛、克罗地亚达到了可实现的最佳表现；在"预裁定"领域，中国、哈萨克斯坦、柬埔寨、马来西亚、新加坡、越南、文莱、卡塔尔、约旦达到了可实现的最佳表现；在"规费和费用"领域，波兰、文莱、斯洛文尼亚、克罗地亚达到最佳表现；在"单证"领域，保加利亚达到了最佳表现；在"自动化"领域，新加坡、阿曼、以色列达到了最佳表现；在"外部边境机构合作"领域，波兰达到了最佳表现；在"管理与公正性"指标领域，波兰、俄罗斯、格鲁吉亚、新加坡、爱沙尼亚、立陶宛、拉脱维亚达到了最佳表现。总体来看，"一带一路"国家在预裁定、"规费和费用"、管理与公正性方面表现较好，平均得分为 1.41、1.57 和 1.43 分；而在自动化、内部边境机构合作、外部边境机构合作领域表现一般，得分为 1.19、0.92 和 0.87 分。

同时，OECD 还为各国提出贸易便利化绩效的改善建议。对经合组织经济集团国家、高收入国家及贸易便利化绩效水平较高的国家而言，OECD 提出的改善领域和建议都较少；而中低收入国家和低收入国家的贸易便利化绩效水平相对较低，因此在 TFI 领域有较多需改善之处。具体而言，贸易便利化措施对双边贸易流动和贸易成本的影响评估表明，对于经合组织经济集团国家，受益最大的改革是在信息可获得性、预裁定、规费和费用、自动化和流程等领域；对于高收入国家受益最大的改革是在简化、自动化、信息可获得性、贸易商参与度、上诉程序、规费和费用等领域；对于中等偏上收入国家，最有利的改革是在贸易商参与度、预裁定、规费和费用、手续（简化和统一单证、自动化和简化流程）、管理与公正性、信息可获得性方面的改革；对于中低收入国家来说，受益最大的改革是在手续、治理和公正性、信息可得性、贸易界参与、预裁定和上诉程序等领域的改革；对于低收入国家，受益最大的改革是在手续（简化与统一文件、自动化、简化流程）、信息可获得性、预裁定、规费和费用，管理和公正方面。

表 1-1   "一带一路"沿线国家总体贸易便利化绩效（2019）

序号	项目	中国	最高得分	最低得分	平均得分
	平均贸易便利化绩效	1.561	1.804	0.225	1.28
A	信息可莉得性	1.48	1.91	0.33	1.30
B	贸易商参与度	1.86	2	0	1.37
C	预裁定	2	2	0	1.41
D	上诉程序	1.63	1.89	0.38	1.40
E	规费和费用	1.92	2	0.2	1.57
F	单证	1.5	2	0.43	1.30
J	自动化	1.6	2	0	1.19
H	流程	1.52	1.85	0.52	1.34
I	内部边境机构合作	1	1.91	0.18	0.92
J	外部边境机构合作	0.8	2	0.09	0.87
K	管理与公正性	1.88	2	0	1.43

资料来源：OECD 网站贸易便利化指标国别比较数据。www.compareyourcountry.org/trade-facilitation/en/0/default/all/default/2019.

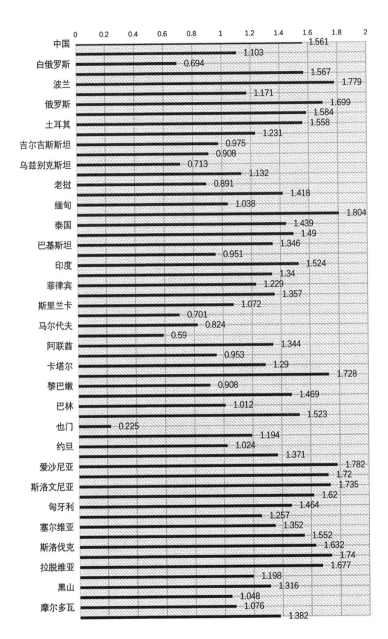

图 1-1 "一带一路"沿线国家贸易便利化绩效（2019）

资料来源：整理自 OECD 网站贸易便利化指标国别比较数据。www.compareyourcountry. org/trade-facilitation/en/0/default/all/default/2019.

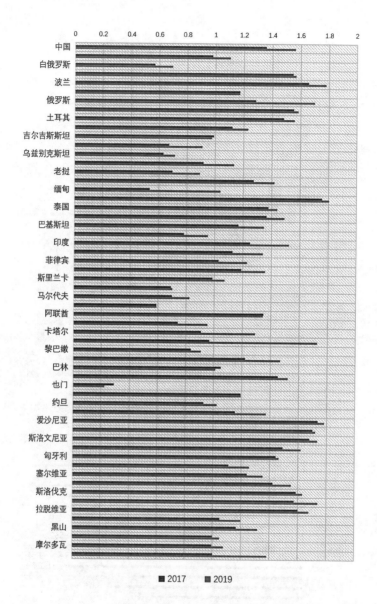

图 1-2　2017—2019 年 "一带一路" 国家然年均贸易便利化绩效

资料来源：整理自 OECD 网站贸易便利化指标国别比较数据。

www.compareyourcountry.org/trade-facilitation/en/0/default/all/default/2017；

www.compareyourcountry.org/trade-facilitation/en/0/default/all/default/2019.

（二）《贸易便利化协定》执行情况

2013 年，世界贸易组织（WTO）成员完成了《贸易便利化协定》（TFA）的谈判，制定了具有约束性的多边规则以寻求解决具体的程序障碍、便利国际贸易。2017 年，《贸易便利化协定》议定书得到超过三分之二成员核准，从而正式生效。《贸易便利化协定》包含加快货物移动、放行和清关的规定，海关与其他有关当局在贸易便利化和海关合规问题上进行有效合作的措施及该领域的技术援助和能力建设方面的规定。TFA 有助于提高透明度、增加参与全球价值链的可能性并缩小腐败的范围[①]。

WTO 贸易便利化协定数据库（TFAD）基于《贸易便利化协定》的特殊和差别待遇（SDV）条款所规定的内容类别提供了《贸易便利化协定》各成员的所有官方通知文件，及关于通知、批准和执行状态的详细统计数据。

《贸易便利化协定》第二节包含特殊和差别待遇（SDT）条款，允许发展中国家和最不发达国家成员确定何时实施协定的个别条款，并确定他们只有在收到技术援助和能力建设支持后才能实施的条款。其中：

A 类条款：发展中成员或最不发达国家成员指定的自本协定生效时起立即实施的条款，或对于最不发达国家成员在生效后 1 年内实施的条款；

B 类条款：发展中成员或最不发达国家成员指定的在本协定生效后的一过渡期结束后的日期起实施的条款；

C 类条款：发展中成员或最不发达国家成员指定的在本协定生效后的一过渡期结束后的日期起实施的、同时要求通过提供能力建设援助和支持以获得实施能力的条款。

为了从可持续发展目标中获益，成员必须按照上述定义对协定的每一条款进行分类，并根据协定中概述的具体时间线将这些分类通知其他世贸组织成员。对于被指定为 B 类和 C 类的规定，成员国必须提供实施这些规定的日期。

---

① http://www.tfafacility.org/

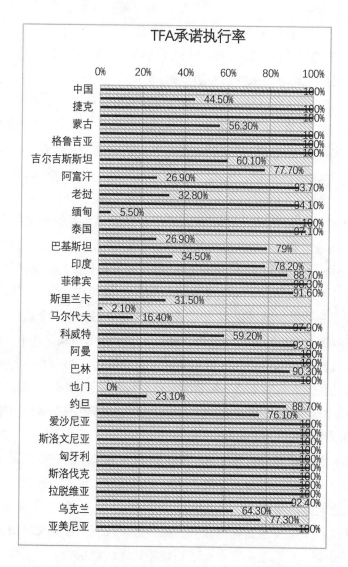

图 1-3   "一带一路"国家总体 TFA 承诺执行率

资料来源：整理自世界贸易组织 TFAD 数据库。https://tfadatabase.org/members.

从 WTO 贸易便利化协定数据库（TFAD）提供的指标来看，"一带一路"国家的《贸易便利化协定》承诺执行率平均值为 76%，相较于全球实施承诺执行率 70.1% 而言稍高。中国、捷克、波兰、俄罗斯、格鲁吉亚、土耳其、新加坡、阿曼、沙特阿拉伯、以色列、爱沙尼亚、立陶宛、斯洛文尼亚、保加利亚、匈牙利、罗马尼亚、斯洛伐克、克罗地亚、拉脱维亚、亚美尼亚对协定的承诺执行率均为100%。而阿富汗、缅甸、越南、尼泊尔、马尔代夫、也门、埃及的执行率低于30%，其中也门尚未提交批准文书，缅甸、尼泊尔的承诺执行率仅为5.5%和2.1%。此外，阿塞拜疆、白俄罗斯、不丹、波黑、东帝汶、伊朗、伊拉克、黎巴嫩、马其顿、巴勒斯坦、塞尔维亚、叙利亚、土库曼斯坦、乌兹别克斯坦尚未加入世界贸易组织。

二、六大经济走廊的国别比较研究

"一带一路"六大经济走廊是指中蒙俄、新亚欧大陆桥、中国—中亚—西亚、中国—中南半岛、中巴、孟中印缅经济走廊，各经济走廊具体沿线国家参见表1-2：

表1-2 六大经济走廊及主要沿线国家

六大经济走廊	主要沿线国家
新亚欧大陆桥经济走廊	中国、白俄罗斯、捷克、哈萨克斯坦、波兰
中蒙俄经济走廊	中国、蒙古、俄罗斯
中国—中亚—西亚经济走廊	中国、阿富汗、阿塞拜疆、格鲁吉亚、伊朗、吉尔吉斯斯坦、俄罗斯、塔吉克斯坦、土耳其、土库曼斯坦、乌兹别克斯坦
中国—中南半岛经济走廊	中国、柬埔寨、老挝、马来西亚、缅甸、新加坡、泰国、越南
中巴经济走廊	中国、巴基斯坦
孟中印缅经济走廊	中国、孟加拉国、印度、缅甸

（一）新亚欧大陆桥经济走廊

新亚欧大陆桥经济走廊沿线国家包括中国、哈萨克斯坦、白俄罗斯、捷克和波兰，该区域的贸易便利化绩效平均值为1.341。其中，捷克和波兰贸易便利化平均绩效高于中国，哈萨克斯坦和白俄罗斯的贸易便利化绩效则低于中国。捷克与波兰作为发达国家，对《贸易便利化协定》各类条款的承诺执行率为 100%，但哈萨克斯坦的承诺执行率较低，白俄罗斯尚未加入《贸易便利化协定》。新亚欧大陆桥经济走廊沿线各国对协定的实施情况具有较大的区域内差异。

1. 贸易便利化绩效

在 OECD 划分下，哈萨克斯坦与白俄罗斯同属中上收入国家集团，而捷克和波兰属于经合组织经济集团。因此，新亚欧大陆桥经济走廊各国家的贸易便利化绩效表现存在较大的区域内差异。哈萨克斯坦在预裁定、规费和费用方面超过或接近样本中的最佳表现，得分分别是 2 和 1.77 分。2017 年至 2019 年间，哈萨克斯坦在预裁定、简化和统一单证、边境机构合作自动化、简化流程等领域的绩效有所提高。白俄罗斯在贸易商参与度、预裁定、简化和统一单证、边境机构合作、自动化、简化流程等领域的业绩有所改善，但得分较低。捷克共和国在预裁定、规费和费用、简化和统一单证、边境自动化、简化流程、跨境机构合作方面超过或最接近整个样本的最佳表现，其中自动化方面在新亚欧大陆桥经济走廊国家中表现最好，得分为 1.62 分。波兰在信息可获得性、贸易商参与度、预裁定、简化流程、内部边境机构合作、外部边境机构合作、管理和公正性方面超过或最接近整个样本的最佳表现。除预裁定、上诉程序和自动化这三个 TFI 领域外，波兰的贸易便利化绩效都略高于捷克和哈萨克斯坦，且远高于白俄罗斯，表现最好。

在需改善的方面，哈萨克斯坦和白俄罗斯需改善的领域相对较多，它们将受益于以下方面的持续改进：提高与第三国协议信息的可获得性和用户友好性，提高进出口流程信息的可获得性和用户友好性；提高与私营部门协商的包容性；提高上诉程序信息的可获得性和全面性；扩大对文件副本的接受，减少进出口所需的文件数量和准备这些文件所需的时间；提高 IT 系统以电子方式交换数据的能力；完成目前正在制定中的单一窗口的发展，扩大货物在最终确定和支付关税之前放行的可能性，进一步简化相关时间和成本程序，充分调整海关工作时间以适应商业需要等。捷克和波兰需改善的方面较少，它们将在以下领域改善中获益：改善海关热线的运作；改善有关上诉程序、刑罚规定和司法裁定的全面资料；以电子方式简化文件要求；通过风险管理系统扩大其他边境机构到达前自动处理支助控制的使用范围；扩大授权操作员（AOs）方案的使用等。

表 1-3　新亚欧大陆桥经济走廊贸易便利化绩效

序号	项目	中国	哈萨克斯坦	白俄罗斯	捷克	波兰
	贸易便利化平均绩效	1.561	1.103	0.694	1.567	1.779
A	信息可获得性	1.48	0.7	0.9	1.43	1.86
B	贸易商的参与度	1.86	1.29	0.71	1.38	1.63
C	预裁定	2	2	1.286	1.909	1.909
D	上诉程序	1.63	1.44	0.38	1.5	1.46
E	规费和费用	1.92	1.77	0.2	1.86	2
F	单证	1.5	1.13	1.13	1.67	1.88
J	自动化	1.6	1.4	0.7	1.62	1.54
H	流程	1.52	1.2	0.96	1.58	1.85
I	内部边境机构合作	1	0.46	0.44	0.91	1.46
J	外部边境机构合作	0.8	0.5	0.6	1.73	2
K	管理与公正性	1.88	0.25	0.33	1.67	2

资料来源：整理自 OECD 网站贸易便利化指标国别比较数据[①]。

2.《贸易便利化协定》执行情况

哈萨克斯坦于 2016 年 5 月 26 日加入 WTO《贸易便利化协定》，承诺执行率为 44.5%。其中 A、B、C 三类措施在所有被通知项目中所占比重分别为 44.5%、47.9% 和 7.6%。目前仅 A 类措施已实施，B 类、C 类措施仍待未来实施，未来实施日期为 2023 年 2 月 22 日。哈萨克斯坦的 A 类措施

[①] https://www.compareyourcountry.org/trade-facilitation/en/1/default/CHN/default；https://www.compareyourcountry.org/trade-facilitation/en/1/default/KAZ/default；https://www.compareyourcountry.org/trade-facilitation/en/1/default/BLR/default；https://www.compareyourcountry.org/trade-facilitation/en/1/default/CZE/default；https://www.compareyourcountry.org/trade-facilitation/en/1/default/POL/default.

主要涉及过境自由、上诉或审查程序、处罚纪律，B 类措施主要涉及海关合作、预裁定和对经认证经营者的贸易便利化措施，C 类措施主要涉及快运货物。此外，哈萨克斯坦请求为总共三项措施的能力建设提供援助和支持，此三项措施均涉及立法与监管框架、人力资源与培训，部分涉及信息和通信技术、基础设施与设备以及机构程序。白俄罗斯目前还未加入 WTO 的《贸易便利化协定》。捷克与波兰于 2015 年 10 月 5 日批准加入《贸易便利化协定》。

表 1-4　新亚欧大陆桥经济走廊《贸易便利化协定》实施情况

国家	条款类别	数量	主要涉及的措施	实施日期
哈萨克斯坦	A	106	过境自由 上诉或审查程序 处罚纪律	2017/2/22
	B	114	海关合作 预裁定 对经认证的经营者的贸易便利化措施	2023/2/22
	C	18	快运货物	2023/2/22
白俄罗斯	A	–	–	–
	B			
	C			
捷克	A	238	全部	2017/2/22
	B	–	–	–
	C			
波兰	A	238	全部	2017/2/22
	B	–	–	–
	C			

资料来源：整理自 WTO-TFAD 国家《贸易便利化协定》全面实施计划[①]。

---

　　① https://tfadatabase.org/members/kazakhstan/breakdown-by-measure；https://tfadatabase.org/members/czech-republic；https://tfadatabase.org/members/poland.

由于《贸易便利化协定》规定发达国家没有资格受益于 TFA 第二节包含的特殊与差别待遇（SDT）条款，发达国家以及任何选择不利用该灵活性措施的发展中国家和最不发达国家或地区，都必须在《贸易便利化协定》生效时实施其全部内容。因此，捷克和波兰对《贸易便利化协定》的承诺执行率为 100%，实施情况显著优于哈萨克斯坦与白俄罗斯。

表 1-5　哈萨克斯坦《贸易便利化协定》全面实施计划

措施名称	条款	类型	指示性实施日期	最终实施日期
公布	1.1.1 (a)	B	2023 年 2 月 22 日	2023 年 2 月 22 日
	1.1.1 (b)	B	2023 年 2 月 22 日	2023 年 2 月 22 日
	1.1.1 (c)	B	2023 年 2 月 22 日	2023 年 2 月 22 日
	1.1.1 (d)	B	2023 年 2 月 22 日	2023 年 2 月 22 日
	1.1.1 (e)	B	2023 年 2 月 22 日	2023 年 2 月 22 日
	1.1.1 (f)	B	2023 年 2 月 22 日	2023 年 2 月 22 日
	1.1.1 (g)	B	2023 年 2 月 22 日	2023 年 2 月 22 日
	1.1.1 (h)	B	2023 年 2 月 22 日	2023 年 2 月 22 日
	1.1.1 (i)	B	2023 年 2 月 22 日	2023 年 2 月 22 日
	1.1.1 (j)	B	2023 年 2 月 22 日	2023 年 2 月 22 日
通过互联网提供的信息	1.2.1 (a)	B	2023 年 2 月 22 日	2023 年 2 月 22 日
	1.2.1 (b)	B	2023 年 2 月 22 日	2023 年 2 月 22 日
	1.2.1 (c)	B	2023 年 2 月 22 日	2023 年 2 月 22 日
	1.2.2	B	2023 年 2 月 22 日	2023 年 2 月 22 日
	1.2.3	B	2023 年 2 月 22 日	2023 年 2 月 22 日

续表

措施名称	条款	类型	指示性实施日期	最终实施日期
咨询点	1.3.1	B	2023 年 2 月 22 日	2023 年 2 月 22 日
	1.3.2	B	2023 年 2 月 22 日	2023 年 2 月 22 日
	1.3.3	B	2023 年 2 月 22 日	2023 年 2 月 22 日
	1.3.4	B	2023 年 2 月 22 日	2023 年 2 月 22 日
通知	1.4 (a)	B	2023 年 2 月 22 日	2023 年 2 月 22 日
	1.4 (b)	B	2023 年 2 月 22 日	2023 年 2 月 22 日
	1.4 (c)	B	2023 年 2 月 22 日	2023 年 2 月 22 日
评论机会和生效前信息	2.1.1	A		2017 年 2 月 22 日
	2.1.2	A		2017 年 2 月 22 日
	2.1.3	A		2017 年 2 月 22 日
磋商	2.2	B	2023 年 2 月 22 日	2023 年 2 月 22 日
预裁定	3.1	B	2023 年 2 月 22 日	2023 年 2 月 22 日
	3.2 (a)	B	2023 年 2 月 22 日	2023 年 2 月 22 日
	3.2 (b)	B	2023 年 2 月 22 日	2023 年 2 月 22 日
	3.3	B	2023 年 2 月 22 日	2023 年 2 月 22 日
	3.4	B	2023 年 2 月 22 日	2023 年 2 月 22 日
	3.5	B	2023 年 2 月 22 日	2023 年 2 月 22 日
	3.6 (a)	B	2023 年 2 月 22 日	2023 年 2 月 22 日
	3.6 (b)	B	2023 年 2 月 22 日	2023 年 2 月 22 日
	3.6 (c)	B	2023 年 2 月 22 日	2023 年 2 月 22 日
	3.7	B	2023 年 2 月 22 日	2023 年 2 月 22 日
	3.8	B	2023 年 2 月 22 日	2023 年 2 月 22 日

续表

措施名称	条款	类型	指示性实施日期	最终实施日期
预裁定	3.9 (a) (i)	B	2023 年 2 月 22 日	2023 年 2 月 22 日
	3.9 (a) (ii)	B	2023 年 2 月 22 日	2023 年 2 月 22 日
	3.9 (b) (i)	B	2023 年 2 月 22 日	2023 年 2 月 22 日
	3.9 (b) (ii)	B	2023 年 2 月 22 日	2023 年 2 月 22 日
	3.9 (b) (iii)	B	2023 年 2 月 22 日	2023 年 2 月 22 日
	3.9 (b) (iv)	B	2023 年 2 月 22 日	2023 年 2 月 22 日
	3.9 (c)	B	2023 年 2 月 22 日	2023 年 2 月 22 日
	3.9 (d)	B	2023 年 2 月 22 日	2023 年 2 月 22 日
上诉或审查程序	4.1 (a)	A		2017 年 2 月 22 日
	4.1 (b)	A		2017 年 2 月 22 日
	4.2	A		2017 年 2 月 22 日
	4.3	A		2017 年 2 月 22 日
	4.4 (a)	A		2017 年 2 月 22 日
	4.4 (b)	A		2017 年 2 月 22 日
	4.4 最后一款	A		2017 年 2 月 22 日
	4.5	A		2017 年 2 月 22 日
	4.6	A		2017 年 2 月 22 日
增强监管或检查的通知	5.1 (a)	A		2017 年 2 月 22 日
	5.1 (b)	A		2017 年 2 月 22 日
	5.1 (c)	A		2017 年 2 月 22 日
	5.1 (d)	A		2017 年 2 月 22 日
扣留	5.2	A		2017 年 2 月 22 日
检验程序	5.3.1	A		2017 年 2 月 22 日

续表

措施名称	条款	类型	指示性实施日期	最终实施日期
检验程序	5.3.2	A		2017 年 2 月 22 日
	5.3.3	A		2017 年 2 月 22 日
对进出口征收或与进出口相关的规费和费用的一般纪律	6.1.1	A		2017 年 2 月 22 日
	6.1.2	A		2017 年 2 月 22 日
	6.1.3	A		2017 年 2 月 22 日
	6.1.4	A		2017 年 2 月 22 日
	6.2 (i)	A		2017 年 2 月 22 日
	6.2 (ii)	A		2017 年 2 月 22 日
处罚纪律	6.3.1	A		2017 年 2 月 22 日
	6.3.2	A		2017 年 2 月 22 日
	6.3.3	A		2017 年 2 月 22 日
	6.3.4 (a)	A		2017 年 2 月 22 日
	6.3.4 (b)	A		2017 年 2 月 22 日
	6.3.5	A		2017 年 2 月 22 日
	6.3.6	A		2017 年 2 月 22 日
	6.3.7	A		2017 年 2 月 22 日
抵达前业务办理	7.1.1	A		2017 年 2 月 22 日
	7.1.2	A		2017 年 2 月 22 日
电子支付	7.2	A		2017 年 2 月 22 日
将货物放行与关税、国内税、规费及费用的最终确定相分离	7.3.1	A		2017 年 2 月 22 日

续表

措施名称	条款	类型	指示性实施日期	最终实施日期
将货物放行与关税、国内税、规费及费用的最终确定相分离	7.3.2 (a)	A		2017 年 2 月 22 日
	7.3.2 (b)	A		2017 年 2 月 22 日
	7.3.3	A		2017 年 2 月 22 日
	7.3.4	A		2017 年 2 月 22 日
	7.3.5	A		2017 年 2 月 22 日
	7.3.6	A		2017 年 2 月 22 日
风险管理	7.4.1	A		2017 年 2 月 22 日
	7.4.2	A		2017 年 2 月 22 日
	7.4.3	A		2017 年 2 月 22 日
	7.4.4	A		2017 年 2 月 22 日
后续稽查	7.5.1	A		2017 年 2 月 22 日
	7.5.2	A		2017 年 2 月 22 日
	7.5.3	A		2017 年 2 月 22 日
	7.5.4	A		2017 年 2 月 22 日
确定和公布平均放行时间	7.6.1	C	2023 年 2 月 22 日	2023 年 2 月 22 日
	7.6.2	C	2023 年 2 月 22 日	2023 年 2 月 22 日
对经认证经营者的贸易便利化措施	7.7.1	B	2023 年 2 月 22 日	2023 年 2 月 22 日
	7.7.2 (a) (i)	B	2023 年 2 月 22 日	2023 年 2 月 22 日
	7.7.2 (a) (ii)	B	2023 年 2 月 22 日	2023 年 2 月 22 日
	7.7.2 (a) (iii)	B	2023 年 2 月 22 日	2023 年 2 月 22 日
	7.7.2 (a) (iv)	B	2023 年 2 月 22 日	2023 年 2 月 22 日
	7.7.2 (b) (i)	B	2023 年 2 月 22 日	2023 年 2 月 22 日
	7.7.2 (b) (ii)	B	2023 年 2 月 22 日	2023 年 2 月 22 日

续表

措施名称	条款	类型	指示性实施日期	最终实施日期
对经认证经营者的贸易便利化措施	7.7.3 (a)	B	2023 年 2 月 22 日	2023 年 2 月 22 日
	7.7.3 (b)	B	2023 年 2 月 22 日	2023 年 2 月 22 日
	7.7.3 (c)	B	2023 年 2 月 22 日	2023 年 2 月 22 日
	7.7.3 (d)	B	2023 年 2 月 22 日	2023 年 2 月 22 日
	7.7.3 (e)	B	2023 年 2 月 22 日	2023 年 2 月 22 日
	7.7.3 (f)	B	2023 年 2 月 22 日	2023 年 2 月 22 日
	7.7.3 (g)	B	2023 年 2 月 22 日	2023 年 2 月 22 日
	7.7.4	B	2023 年 2 月 22 日	2023 年 2 月 22 日
	7.7.5	B	2023 年 2 月 22 日	2023 年 2 月 22 日
	7.7.6	B	2023 年 2 月 22 日	2023 年 2 月 22 日
快运货物	7.8.1 (a)	C	2023 年 2 月 22 日	2023 年 2 月 22 日
	7.8.1 (b)	C	2023 年 2 月 22 日	2023 年 2 月 22 日
	7.8.1 (c)	C	2023 年 2 月 22 日	2023 年 2 月 22 日
	7.8.1 (d)	C	2023 年 2 月 22 日	2023 年 2 月 22 日
	7.8.1 (e)	C	2023 年 2 月 22 日	2023 年 2 月 22 日
快运货物	7.8.1 (f)	C	2023 年 2 月 22 日	2023 年 2 月 22 日
	7.8.1 (g)	C	2023 年 2 月 22 日	2023 年 2 月 22 日
	7.8.1 (h)	C	2023 年 2 月 22 日	2023 年 2 月 22 日
	7.8.2 (a)	C	2023 年 2 月 22 日	2023 年 2 月 22 日
	7.8.2 (b)	C	2023 年 2 月 22 日	2023 年 2 月 22 日
	7.8.2 (c)	C	2023 年 2 月 22 日	2023 年 2 月 22 日
	7.8.2 (d)	C	2023 年 2 月 22 日	2023 年 2 月 22 日
	7.8.3	C	2023 年 2 月 22 日	2023 年 2 月 22 日

续表

措施名称	条款	类型	指示性实施日期	最终实施日期
易腐货物	7.9.1 (a)	A		2017 年 2 月 22 日
	7.9.1 (b)	A		2017 年 2 月 22 日
	7.9.2	A		2017 年 2 月 22 日
	7.9.3	A		2017 年 2 月 22 日
	7.9.4	A		2017 年 2 月 22 日
边境机构合作	8.1	A		2017 年 2 月 22 日
	8.2 (a)	A		2017 年 2 月 22 日
	8.2 (b)	A		2017 年 2 月 22 日
	8.2 (c)	A		2017 年 2 月 22 日
	8.2 (d)	A		2017 年 2 月 22 日
	8.2 (e)	A		2017 年 2 月 22 日
受海关监管的进口货物的移动	9	A		2017 年 2 月 22 日
手续和单证要求	10.1.1 (a)	A		2017 年 2 月 22 日
	10.1.1 (b)	A		2017 年 2 月 22 日
	10.1.1 (c)	A		2017 年 2 月 22 日
	10.1.1 (d)	A		2017 年 2 月 22 日
副本的接受	10.2.1	A		2017 年 2 月 22 日
	10.2.2	A		2017 年 2 月 22 日
	10.2.3	A		2017 年 2 月 22 日
国际标准的使用	10.3.1	B	2023 年 2 月 22 日	2023 年 2 月 22 日
	10.3.2	B	2023 年 2 月 22 日	2023 年 2 月 22 日

续表

措施名称	条款	类型	指示性实施日期	最终实施日期
单一窗口	10.4.1	B	2023 年 2 月 22 日	2023 年 2 月 22 日
	10.4.2	B	2023 年 2 月 22 日	2023 年 2 月 22 日
	10.4.3	B	2023 年 2 月 22 日	2023 年 2 月 22 日
	10.4.4	B	2023 年 2 月 22 日	2023 年 2 月 22 日
装运前检验	10.5.1	A		2017 年 2 月 22 日
	10.5.2	A		2017 年 2 月 22 日
报关代理的使用	10.6.1	A		2017 年 2 月 22 日
	10.6.2	A		2017 年 2 月 22 日
	10.6.3	A		2017 年 2 月 22 日
共同边境程序和统一单证要求	10.7.1	A		2017 年 2 月 22 日
	10.7.2 (a)	A		2017 年 2 月 22 日
	10.7.2 (b)	A		2017 年 2 月 22 日
	10.7.2 (c)	A		2017 年 2 月 22 日
	10.7.2 (d)	A		2017 年 2 月 22 日
	10.7.2 (e)	A		2017 年 2 月 22 日
拒绝入境货物	10.8.1	A		2017 年 2 月 22 日
	10.8.2	A		2017 年 2 月 22 日
货物暂准进口	10.9.1	A		2017 年 2 月 22 日
	10.9.2 (a)	A		2017 年 2 月 22 日
	10.9.2 (b)	A		2017 年 2 月 22 日
	10.9.2 (c)	A		2017 年 2 月 22 日

续表

措施名称	条款	类型	指示性实施日期	最终实施日期
过境自由	11.1 (a)	A		2017 年 2 月 22 日
	11.1 (b)	A		2017 年 2 月 22 日
	11.2	A		2017 年 2 月 22 日
	11.3	A		2017 年 2 月 22 日
	11.4	A		2017 年 2 月 22 日
	11.5	C	2023 年 2 月 22 日	2023 年 2 月 22 日
	11.6 (a)	A		2017 年 2 月 22 日
	11.6 (b)	A		2017 年 2 月 22 日
	11.7	A		2017 年 2 月 22 日
	11.8	A		2017 年 2 月 22 日
	11.9	A		2017 年 2 月 22 日
	11.1	A		2017 年 2 月 22 日
	11.11	A		2017 年 2 月 22 日
	11.12	A		2017 年 2 月 22 日
	11.13	C	2023 年 2 月 22 日	2023 年 2 月 22 日
	11.14	A		2017 年 2 月 22 日
	11.15	A		2017 年 2 月 22 日
	11.16 (a)	A		2017 年 2 月 22 日
	11.16 (b)	A		2017 年 2 月 22 日
	11.16 (c)	A		2017 年 2 月 22 日
	11.17	C	2023 年 2 月 22 日	2023 年 2 月 22 日
海关合作	12.1.1	B	2023 年 2 月 22 日	2023 年 2 月 22 日
	12.1.2	B	2023 年 2 月 22 日	2023 年 2 月 22 日

续表

措施名称	条款	类型	指示性实施日期	最终实施日期
海关合作	12.2.1	B	2023 年 2 月 22 日	2023 年 2 月 22 日
	12.2.2	B	2023 年 2 月 22 日	2023 年 2 月 22 日
	12.3	B	2023 年 2 月 22 日	2023 年 2 月 22 日
	12.4.1 (a)	B	2023 年 2 月 22 日	2023 年 2 月 22 日
	12.4.1 (b)	B	2023 年 2 月 22 日	2023 年 2 月 22 日
	12.4.1 (c)	B	2023 年 2 月 22 日	2023 年 2 月 22 日
	12.4.1 (d)	B	2023 年 2 月 22 日	2023 年 2 月 22 日
	12.4.1 (e)	B	2023 年 2 月 22 日	2023 年 2 月 22 日
	12.4.1 (f)	B	2023 年 2 月 22 日	2023 年 2 月 22 日
	12.4.2	B	2023 年 2 月 22 日	2023 年 2 月 22 日
	12.5.1 (a)	B	2023 年 2 月 22 日	2023 年 2 月 22 日
	12.5.1 (b)	B	2023 年 2 月 22 日	2023 年 2 月 22 日
	12.5.1 (c)	B	2023 年 2 月 22 日	2023 年 2 月 22 日
	12.5.1 (d)	B	2023 年 2 月 22 日	2023 年 2 月 22 日
	12.5.1 (e)	B	2023 年 2 月 22 日	2023 年 2 月 22 日
	12.5.1 (f)	B	2023 年 2 月 22 日	2023 年 2 月 22 日
	12.5.2	B	2023 年 2 月 22 日	2023 年 2 月 22 日
	12.5.3	B	2023 年 2 月 22 日	2023 年 2 月 22 日
	12.6.1 (a)	B	2023 年 2 月 22 日	2023 年 2 月 22 日
	12.6.1 (b)	B	2023 年 2 月 22 日	2023 年 2 月 22 日
	12.6.1 (c)	B	2023 年 2 月 22 日	2023 年 2 月 22 日
	12.6.1 (d)	B	2023 年 2 月 22 日	2023 年 2 月 22 日
	12.6.1 (e)	B	2023 年 2 月 22 日	2023 年 2 月 22 日

续表

措施名称	条款	类型	指示性实施日期	最终实施日期
海关合作	12.6.2	B	2023 年 2 月 22 日	2023 年 2 月 22 日
	12.7.1 (a)	B	2023 年 2 月 22 日	2023 年 2 月 22 日
	12.7.1 (b)	B	2023 年 2 月 22 日	2023 年 2 月 22 日
	12.7.1 (c)	B	2023 年 2 月 22 日	2023 年 2 月 22 日
	12.7.1 (d)	B	2023 年 2 月 22 日	2023 年 2 月 22 日
	12.7.1 (e)	B	2023 年 2 月 22 日	2023 年 2 月 22 日
	12.7.2	B	2023 年 2 月 22 日	2023 年 2 月 22 日
	12.8	B	2023 年 2 月 22 日	2023 年 2 月 22 日
	12.9.1	B	2023 年 2 月 22 日	2023 年 2 月 22 日
	12.9.2	B	2023 年 2 月 22 日	2023 年 2 月 22 日
	12.10 (a)	B	2023 年 2 月 22 日	2023 年 2 月 22 日
	12.10 (b)	B	2023 年 2 月 22 日	2023 年 2 月 22 日
	12.10 (c)	B	2023 年 2 月 22 日	2023 年 2 月 22 日
	12.10 (d)	B	2023 年 2 月 22 日	2023 年 2 月 22 日
	12.10 (e)	B	2023 年 2 月 22 日	2023 年 2 月 22 日
	12.10 (f)	B	2023 年 2 月 22 日	2023 年 2 月 22 日
	12.10 (g)	B	2023 年 2 月 22 日	2023 年 2 月 22 日
	12.10 (h)	B	2023 年 2 月 22 日	2023 年 2 月 22 日
	12.11.1 (a)	B	2023 年 2 月 22 日	2023 年 2 月 22 日
	12.11.1 (b)	B	2023 年 2 月 22 日	2023 年 2 月 22 日
	12.11.1 (c)	B	2023 年 2 月 22 日	2023 年 2 月 22 日
	12.11.2	B	2023 年 2 月 22 日	2023 年 2 月 22 日
	12.12.1	B	2023 年 2 月 22 日	2023 年 2 月 22 日
	12.12.2	B	2023 年 2 月 22 日	2023 年 2 月 22 日

资料来源：https://tfadatabase.org/members/kazakhstan/breakdown-by-measure。

（二）中蒙俄经济走廊

中蒙俄经济走廊的贸易便利化绩效平均值为 1.477。中国、蒙古国、俄罗斯三个国家贸易便利化绩效水平相当，其中俄罗斯较高、中国居中、蒙古国稍低。俄罗斯作为发达国家，对《贸易便利化协定》各类条款的承诺执行率为 100%，但蒙古国《贸易便利化协定》承诺执行率较低，为56.3%，中蒙俄经济走廊在《贸易便利化》的实施上具有一定国别差异。

1. 贸易便利化绩效

如表 1-6 所示，蒙古国在上诉程序方面最接近样本中的最佳表现，得分为 1.75 分，并在上诉程序、简化和统一单证方面业绩有所改善。除贸易

表 1-6　中蒙俄经济走廊贸易便利化绩效

序号	项目	中国	蒙古国	俄罗斯
	贸易便利化平均绩效	1.561	1.171	1.699
A	信息可获得性	1.48	1.24	1.91
B	贸易商参与度	1.86	1.29	1.88
C	预裁定	2	0.75	1.7
D	上诉程序	1.63	1.75	1.39
E	规费和费用	1.92	1.54	1.86
F	单证	1.5	1	1.75
J	自动化	1.6	0.7	1.77
H	流程	1.52	1.11	1.63
I	内部边境机构合作	1	1	1.64
J	外部边境机构合作	0.8	0.73	1.18
K	管理与公正性	1.88	1.78	2

资料来源：整理自 OECD 网站贸易便利化指标国别比较数据[①]。

---

① https://www.compareyourcountry.org/trade-facilitation/en/1/default/CHN/default；https://www.compareyourcountry.org/trade-facilitation/en/1/default/MNG/default；https://www.compareyourcountry.org/trade-facilitation/en/1/default/RUS/default.

商参与度、自动化、内部边境机构合作外，其他领域的业绩保持稳定。俄罗斯在信息可获得性、贸易商参与度、简化和统一单证、自动化、简化流程、内外部边境机构合作、管理和公正性方面超过或最接近整个样本的最佳表现，也达到中蒙俄经济走廊的最高分，得分分别为 1.91、1.88、1.75、1.77、1.63、1.64、1.18 和 2 分，并且除上诉程序外，其他领域的业绩保持稳定。

在需要改善的贸易便利化指标领域，俄罗斯将受益于：进一步改进提供充分和及时的监管变化信息；减少收费的数量和多样性；促进技术在单一窗口开发中的应用；通过风险管理系统完成目前正在制定的其他边境机构支助控制下的单一窗口的发展等。蒙古国将获益于：减少进出口所需的文件数量和准备此类文件的必要时间；提高电信和 IT 的质量，支持边境流程的自动化；降低物理检查百分比，充分调整海关工作时间，满足商业需要等。

表 1-7　中蒙俄经济走廊《贸易便利化协定》实施情况

国家	条款类别	数量	主要涉及的措施	实施日期
蒙古	A	56	过境自由	2017/2/22
			上诉或审查程序	
			共同边境程序和统一单证要求	
	B	86	海关合作	2019/12/31 —2021/12/31
			处罚纪律	
			将货物放行与关税、国内税、规费及费用的最终确定相分离	
	C	96	预裁定	2020/12/31 —2025/12/31
			对经认证经营者的贸易便利化措施	
			快运货物	
俄罗斯	A	238	全部	2017/2/22
	B	—	—	—

资料来源：整理自 WTO-TFAD 国家《贸易便利化协定》全面实施计划[①]。

---

① https://tfadatabase.org/members/mongolia/breakdown-by-measure
https://tfadatabase.org/members/russian-federation.

2.《贸易便利化协定》执行情况

蒙古国于 2016 年 11 月 28 日签署了《贸易便利化协定》议定书，迄今为止其承诺执行率为 56.3%。A 类措施当前实施了 23.5%；B 类当前实施了 31.5%，未来将实施 4.6%；C 类当前实施了 1.3%，未来将实施 39.1%。实施时限从 2017 年 2 月至 2025 年 12 月。其中，A 类措施主要涉及过境自由、上诉或审查程序、共同边境流程和统一单证要求；B 类措施主要涉及海关合作、处罚纪律以及将货物放行与关税、国内税、规费和费用的最终确定相分离等；C 类措施主要涉及预裁定、对经认证经营者的贸易便利化措施、快运货物等。俄罗斯于 2016 年 4 月 22 日加入《贸易便利化协定》，作为发达国家，俄罗斯对《贸易便利化协定》的承诺执行率为 100%。

（三）中国—中亚—西亚经济走廊

中国—中亚—西亚经济走廊主要涉及中国、阿富汗、阿塞拜疆、格鲁吉亚、伊朗、吉尔吉斯斯坦、俄罗斯、塔吉克斯坦、土耳其、土库曼斯坦、乌兹别克斯坦，该区域的贸易便利化绩效平均值为 1.279。其中，格鲁吉亚和俄罗斯的贸易便利化平均绩效高于中国，其余国家的贸易便利化绩效则低于中国。除格鲁吉亚、土耳其和俄罗斯外，其余国家的《贸易便利化协定》实施水平较低，且有超过三分之一的国家尚未加入《贸易便利化协定》。

1. 贸易便利化绩效

就贸易便利化各项指标的得分而言，格鲁吉亚、俄罗斯、土耳其绩效水平较高，阿塞拜疆处于中等，而吉尔吉斯斯坦、塔吉克斯坦、乌兹别克斯坦绩效水平较低，伊朗、土库曼斯坦、阿富汗无贸易便利化绩效数据。

具体来看，格鲁吉亚在信息可获得性、贸易商参与度、单证（简化和统一）、自动化、流程、内部边境机构合作等方面超过或接近整个样本的最佳表现，且在中国—中亚—西亚经济走廊区域国家中，在贸易商参与度、单证、自动化、流程、内部边境机构合作、管理与公正性方面得分最高，分别为 1.88、1.78、1.85、1.65、1.73 和 2 分；土耳其在贸易商参与度、单证（的简化和统一）、自动化、流程、内部边境机构的合作、管理和公正性方面超过或接近整个样本的最佳表现。信息可获得性、贸易商参与度、外部边境机构合作和管理与公平性方面俄罗斯得分最高，分别为1.91、1.88、1.18和2分；预裁定、上诉程序、规费和费用方面中国得分最高。

表1-8　中国—中亚—西亚经济走廊贸易便利化绩效

序号	项目	中国	格鲁吉亚	土耳其	阿塞拜疆	俄罗斯	吉尔吉斯斯坦	塔吉克斯坦	乌兹别克斯坦
	平均贸易便利化绩效	1.561	1.584	1.558	1.231	1.699	0.975	0.908	0.713
A	信息可获得性	1.48	1.62	1.48	1.48	1.91	1.1	0.38	0.68
B	贸易商参与度	1.86	1.88	1.75	1.14	1.88	1.17	0.83	1.14
C	预裁定	2	1.273	1.364	1.333	1.7	1.6	1	1.333
D	上诉程序	1.63	1.15	1.4	1.25	1.39	1.22	0.78	1.29
E	规费和费用	1.92	1.5	1.62	1.39	1.86	1.17	1.67	0.92
F	单证	1.5	1.78	1.75	1.13	1.75	0.44	1	0.63
J	自动化	1.6	1.85	1.67	1.3	1.77	0.67	0.78	0.31
H	流程	1.52	1.65	1.61	1.27	1.63	0.78	1.24	0.76
I	内部边境机构合作	1	1.73	1.7	0.9	1.64	0.36	0.36	0.36
J	外部边境机构合作	0.8	1	0.91	0.8	1.18	0.55	0.5	0.27
K	管理与公正性	1.88	2	1.89	1.56	2	1.67	1.44	0.14

资料来源：整理自OECD网站贸易便利化指标国别比较数据①。

---

① https://www.compareyourcountry.org/trade-facilitation/en/1/default/CHN/default；https://www.compareyourcountry.org/trade-facilitation/en/1/default/GEO/default；https://www.compareyourcountry.org/trade-facilitation/en/1/default/TUR/default；https://www.compareyourcountry.org/trade-facilitation/en/1/default/AZE/default；https://www.compareyourcountry.org/trade-facilitation/en/1/default/RUS/default；https://www.compareyourcountry.org/trade-facilitation/en/1/default/KGZ/default；https://www.compareyourcountry.org/trade-facilitation/en/1/default/TJK/default；https://www.compareyourcountry.org/trade-facilitation/en/1/default/UZB/default.

伊朗、土库曼斯坦、阿富汗无贸易便利化绩效指数。

与上述国家不同，吉尔吉斯斯坦、塔吉克斯坦和乌兹别克斯坦的贸易便利化绩效水平整体偏低。其中，吉尔吉斯斯坦在上诉程序、单证、自动化等领域的绩效有所提高；乌兹别克斯坦在贸易商参与度、单证、流程等领域的业绩有所改善。但是，塔吉克斯坦和乌兹别克斯坦在多个 TFI 领域取得本经济走廊区域国家中的最低分，如塔吉克斯坦的信息可获得性、贸易商参与度、预裁定、上诉程序最低，乌兹别克斯坦的规费和费用、自动化、流程、内/外部边境机构合作、管理与公正性方面得分最低。

关于需改善的贸易便利化领域，因土耳其属于经合组织经济集团，故其将受益于：提高与第三国协议、上诉程序和司法裁决信息的可获得性和及时性；提高海关网站适用收费信息的综合性；扩大授权操作程序的使用，扩大单一窗口的覆盖范围等。阿塞拜疆、俄罗斯、格鲁吉亚属于中上收入国家集团，其将受益于：进一步完善并提供充分及时的监管改革信息，改善私营部门在引入或修订与贸易有关的条例之前发表评论的机会；减少收费的数量和多样性；扩大对文件副本的接受，减少进出口所需的文件数量和准备这些文件所需的时间；发展 IT 系统以提升电子方式交换数据的能力；扩大后续稽查（PCAs）的应用等。

由于吉尔吉斯斯坦、塔吉克斯坦和乌兹别克斯坦贸易便利化绩效水平较低，三个国家均须在 TFI 各领域有所加强，尤其是单证、自动化及流程方面，应考虑在边境过程中引入自动化风险管理程序，提高信息技术系统以电子方式交换数据的能力；开发单一窗口，减少平均清关时间和实际检查的百分比，对易腐货物提供加速控制，并在放行与清关之间进行隔离方面给予优惠；在相关成本方面进一步简化程序；调整海关工作时间以适应商业需求等。

2.《贸易便利化协定》执行情况

《贸易便利化协定》的执行方面，格鲁吉亚、土耳其、俄罗斯的承诺执行率均为 100%。其中，格鲁吉亚的 A 类措施占 92.4%，C 类措施占 7.6%，主要涉及对经认证经营者的贸易便利化措施；土耳其 A 类措施占 100%。

相比之下，塔吉克斯坦、吉尔吉斯斯坦、阿富汗对《贸易便利化协定》

的承诺执行率较低，B类、C类措施所占比例也较高。

表 1-9 中国—中亚—西亚经济走廊《贸易便利化协定》实施情况

国家	条款类别	数量	主要涉及的措施	实施日期
格鲁吉亚	A	220	海关合作 过境自由 预裁定	2017/2/22
	B	—	—	—
	C	18	对经认证经营者的贸易便利化措施	2018/12/31 — 2019/12/31
土耳其	A	238	全部	2017/2/22
	B	—		—
	C			
阿塞拜疆	A	—	—	—
	B			
	C			
俄罗斯	A	238	全部	2017/2/22
	B	—	—	—
	C			
吉尔吉斯斯坦	A	39	上诉或审查程序 处罚纪律	2017/2/22
	B	41	海关合作 （信息）公布	2020/12/31 — 2023/12/31
	C	158	海关合作 对经认证的经营者的贸易便利化措施 过境自由	2020/12/31 — 2023/12/31

续表

国家	条款类别	数量	主要涉及的措施	实施日期
塔吉克斯坦	A	133	过境自由 快运货物 （信息）公布	2017/2/22
	B	52	海关合作	2019/12/22 — 2020/12/31
	C	53	预裁定 对经认证经营者的贸易便利化措施	2021/12/22 — 2023/12/22
阿富汗	A	27	过境自由 将货物放行与关税、国内税、规费及费用的最终确定相分离	2017/2/22
	B	65	（信息）公布 过境自由 上诉或审查程序	2020/12/31 — 2027/12/31
	C	146	海关合作 预裁定 对经认证经营者的贸易便利化措施	待定
乌兹别克斯坦	A	—	—	—
	B			
	C			
伊朗	A	—	—	—
	B			
	C			
土库曼斯坦	A	—	—	—
	B			
	C			

资料来源：整理自 WTO-TFAD 国家《贸易便利化协定》全面实施计划[①]。

---

① https://tfadatabase.org/members/georgia/breakdown-by-measure；https://tfadatabase.org/members/turkey/breakdown-by-measure；

https://tfadatabase.org/members/russian-federation；

https://tfadatabase.org/members/kyrgyz-republic/breakdown-by-measure；https://tfadatabase.org/members/tajikistan/breakdown-by-measure；https://tfadatabase.org/members/afghanistan。

塔吉克斯坦的承诺执行率为 77.7%，其中 A 类措施当前实施占 55.9%，B 类措施当前实施 21.8%，C 类措施未来实施占 22.3%。塔吉克斯坦的 A 类措施主要涉及过境自由、快运货物、（信息）公布，B 类措施主要涉及海关合作，C 类措施主要涉及预裁定和对经认证经营者的贸易便利化措施等。

吉尔吉斯斯坦的承诺执行率为 60.1%，其中 A 类措施当前实施占 16.4%，B 类当前实施占 13.4%、未来实施占 3.8%，C 类当前实施占 30.3%、未来实施占 36.1%。吉尔吉斯斯坦的 C 类措施主要涉及海关合作、对经认证经营者的贸易便利化措施、过境自由等，其实施现状与 TFA 要求有较大差距。

阿富汗于 2016 年 7 月 29 日加入《贸易便利化协定》，目前的承诺执行率为 26.9%，其中 A 类措施当前实施占 11.3%，B 类措施当前实施占 4.2%、未来实施占 23.1%，C 类措施当前实施占 11.3%、未来实施占 50%。阿富汗的 C 类措施主要涉及海关合作、预裁定、对经认证经营者的贸易便利化措施等。此外，阿富汗请求为共计 20 项措施的能力建设提供援助和支持，大部分涉及立法与监管框架、人力资源与培训，信息和通信技术，基础设施和提高认识。

此外，阿塞拜疆、伊朗、土库曼斯坦、乌兹别克斯坦目前还未加入 WTO 的《贸易便利化协定》。

（四）中国—中南半岛经济走廊

中国—中南半岛经济走廊包括中国、柬埔寨、老挝、马来西亚、缅甸、新加坡、泰国和越南，该区域的贸易便利化绩效平均值为 1.347。其中，新加坡的贸易便利化平均绩效显著高于中国，泰国、越南贸易便利化绩效水平与中国接近，其余国家的贸易便利化绩效则低于中国。《贸易便利化协定》实施方面，中国—中南半岛经济走廊区域国家中过半数国家执行协定的程度较好，承诺执行率在 90% 以上；但越南、老挝、缅甸的承诺执行率较低，仍需进一步提升。

1. 贸易便利化绩效

就平均贸易便利化绩效而言，新加坡水平最高，为 1.804 分；老挝水平最低，为 0.891 分，国与国之间差距较大。

　　具体来看，新加坡在所有领域都超过或接近样本的最佳表现，且在贸易界参与、上诉程序、规费和费用等领域的业绩有所改善，其他领域的业绩保持稳定。除外部边境机构合作外，新加坡所有 TFI 领域在中国—中南半岛经济走廊区域国家中取得最高分，指标 A 至 K 得分分别为 1.91、2、2、1.88、1.92、1.88、2、1.85、1.5、0.91 和 2 分。

　　泰国在贸易商参与度、上诉程序、单证的简化和统一、边境程序的自动化、流程的简化方面超过或最接近整个样本的最佳表现，在该区域国家中，泰国单证方面得分最高，为 1.88 分，但在内部边境机构合作方面得分最低，为 0.6 分。

　　越南在信息可获得性、预裁定、上诉程序、费用和收费、简化程序等方面最接近整个样本的最佳表现。马来西亚在预裁定、上诉程序、规费和费用、流程的简化等方面最接近整个样本的最佳表现。

　　柬埔寨在上诉程序方面超过或接近样本中的最佳表现，但其管理与公正性领域得分在中国—中南半岛经济走廊区域国家中最低，为 0.75 分。

　　老挝在贸易参与度、预裁定、上诉程序、规费和费用、单证领域的得分在中国—中南半岛经济走廊区域国家中最低，分别为 0.57、0、1.56、0.92 和 0.44 分，但在外部边境机构合作方面得分较高。

　　缅甸在上诉程序领域接近样本中的最佳表现，虽然在信息可获性、贸易商参与度、预裁定、上诉程序、规费和费用、单证的简化和统一、流程的简化、内部边境机构合作、治理和公正性等领域持续改善，但水平较低。中国—中南半岛经济走廊区域国家中，缅甸在信息可获性、自动化、流程、外部边境机构合作方面得分最低，分别为 0.9、0.46、0.85 和 0.64 分。

　　新加坡属于高收入国家，其将从以下领域改善中获益：进一步减少收费的数量和多样性；继续简化关于时间和成本的程序。

　　泰国、马来西亚属中高收入国家，其将获益于：扩大进出口单证电子通关；通过风险管理系统支持其他边境机构的控制，扩大清关后审计（PCAs）的应用，进一步改进并提供充分及时的监管改革信息，提高与私营部门协商的包容性；扩大授权操作员方案的覆盖范围，进一步简化相关费用的程序等。

表 1-10 中国—中南半岛经济走廊贸易便利化绩效

序号	项目	中国	柬埔寨	老挝	马来西亚	缅甸	新加坡	泰国	越南
	平均贸易便利化绩效	1.561	1.132	0.891	1.418	1.038	1.804	1.439	1.49
A	信息可获得性	1.48	1.1	1.43	1.3	0.9	1.91	1.3	1.57
B	贸易商参与度	1.86	1.33	0.57	1.57	0.75	2	1.71	1.43
C	预裁定	2	2	0	2	1.273	2	1.714	2
D	上诉程序	1.63	1.56	1.56	1.63	1.86	1.88	1.75	1.63
E	规费和费用	1.92	1.67	0.92	1.77	1.14	1.92	1.08	1.85
F	单证	1.5	0.75	0.44	1.38	0.67	1.88	1.88	1.63
J	自动化	1.6	0.56	0.7	1.09	0.46	2	1.82	1.39
H	流程	1.52	1.22	0.93	1.61	0.85	1.85	1.74	1.56
I	内部边境机构合作	1	0.8	1	0.9	1.1	1.5	0.6	1
J	外部边境机构合作	0.8	0.73	1	0.8	0.64	0.91	0.91	0.8
K	管理与公正性	1.88	0.75	1.25	1.56	1.78	2	1.33	1.56

资料来源：整理自 OECD 网站贸易便利化指标国别比较数据①。

越南、柬埔寨、老挝和缅甸属中低收入国家，其将获益于：提高预裁定信息的可获得性；减少收取的规费及费用的数量和多样性，减少正常工作时间的服务费用；提高 IT 系统以电子方式交换数据的能力，促进海关提供全时段自动处理，进一步降低实物检查百分比，扩大在最终确定和支付各类货物关税之前放行货物的可能性；在网上提供边境手续所需的所有表

① https://www.compareyourcountry.org/trade-facilitation/en/1/default/CHN/ default；https://www.compareyourcountry.org/trade-facilitation/en/1/default/KHM/ default；https://www.compareyourcountry.org/trade-facilitation/en/1/default/LAO/default； https://www.compareyourcountry.org/trade-facilitation/en/1/default/MYS/default； https://www.compareyourcountry.org/trade-facilitation/en/1/default/MMR/default； https://www.compareyourcountry.org/trade-facilitation/en/1/default/SGP/default；https:// www.compareyourcountry.org/trade-facilitation/en/1/default/THA/default；https://www. compareyourcountry.org/trade-facilitation/en/1/default/VNM/default.

格和文件;扩大对文件副本的接受,减少进出口所需的文件数量和准备这些文件所需的时间;扩大授权操作程序的使用,进一步简化关于时间的程序,调整海关工作时间以适应商业需要等。

2.《贸易便利化协定》执行情况

《贸易便利化协定》的执行方面,新加坡的承诺执行率为100%。泰国目前的承诺执行率为97.1%,其中A类措施当前实施91.5%,B类措施当前实施5.5%、未来实施2.9%,没有C类措施通知,且其B类措施主要涉及海关合作和过境自由条款。马来西亚目前的承诺执行率为94.1%,其中A类措施当前实施94.1%,B类措施未来实施5.9%,没有C类措施通知,且其B类措施主要涉及快运货物相关条款。柬埔寨目前的承诺执行率为93.7%,其中A类措施当前实施82.8%,B类措施当前实施1.7%、未来实施2.1%,C类措施当前实施9.2%、未来实施4.2%。柬埔寨的A类措施主要涉及海关合作、预裁定、过境自由,B类措施主要涉及过境自由、易腐货物,C类措施主要涉及对经认证经营者的贸易便利化措施条款。此外,柬埔寨有6项措施请求协助和支持能力建设,主要涉及人力资源和培训、立法和监管框架方面。

相比之下,越南、老挝和缅甸实施《贸易便利化协定》的情况并不乐观。越南目前的承诺执行率为26.9%,其中A类措施当前实施26.5%,B类措施当前实施0.4%、未来实施48.3%,C类措施未来实施24.8%。越南的B类措施最多,主要涉及海关合作、对经认证经营者的贸易便利化措施和公布相关条款。同时,越南有9项措施请求协助和支持能力建设,最多涉及人力资源和培训、信息和通信技术以及立法和监管框架。老挝目前的承诺执行率为32.8%,其C类措施有160项,主要涉及海关合作、过境自由、预裁定,共有17项措施请求协助和支持能力建设,其中16项涉及人力资源和培训,14项涉及立法和监管框架。缅甸目前的承诺执行率仅为5.5%,其中A类措施当前实施5.5%,B类措施未来实施9.2%,绝大部分是C类措施有待执行,未来实施占比85.3%,且C类措施主要涉及海关合作、过境自由、预裁定等。缅甸有27项措施请求协助和支持能力建设,且实施日期、援助者、进度全部为待定。

表 1-11 中国—中南半岛经济走廊《贸易便利化协定》实施情况

国家	条款类别	数量	主要涉及的措施	实施日期
柬埔寨	A	197	海关合作 预裁定 过境自由	2017/2/22
	B	9	过境自由 易腐货物	2020/12/31 — 2025/12/31
	C	32	对经认证经营者的贸易便利化措施	待定
老挝	A	50	（信息）公布 上诉或审查程序	2017/2/22
	B	28	处罚纪律 将货物放行与关税、国内税、规费及费用的最终确定相分离	2020/12/31
	C	160	海关合作 过境自由 预裁定	待定
马来西亚	A	224	海关合作 过境自由 预裁定	2017/2/22
	B	14	快运货物	2022/2/22
	C	—	—	—
缅甸	A	13	上诉或审查程序	2017/2/22
	B	22	处罚纪律	2022/12/31 — 2025/12/31
	C	203	海关合作 过境自由 预裁定	待定

续表

国家	条款类别	数量	主要涉及的措施	实施日期
新加坡	A	238	全部	2017/2/22
	B	—	—	—
	C			
泰国	A	218	海关合作	2017/2/22
			预裁定	
			过境自由	
			对经认证经营者的贸易便利化措施	
	B	20	海关合作	2018/2/22 — 2024/2/22
			过境自由	
	C	—		—
越南	A	63	快运货物	2017/2/22
			上诉或审查程序	
	B	116	海关合作	2020/12/31 — 2023/12/31
			对经认证经营者的贸易便利化措施	
			（信息）公布	
	C	59	预裁定	2021/12/31 — 2024/12/31
			过境自由	

资料来源：整理自 WTO-TFAD 国家《贸易便利化协定》全面实施计划①。

---

① https://tfadatabase.org/members/cambodia/breakdown-by-measure;
https://tfadatabase.org/members/lao-peoples-democratic-republic/breakdown-by-measure; https://tfadatabase.org/members/malaysia/breakdown-by-measure; https://tfadatabase.org/members/myanmar/breakdown-by-measure; https://tfadatabase.org/members/singapore/breakdown-by-measure; https://tfadatabase.org/members/thailand/breakdown-by-measure; https://tfadatabase.org/members/viet-nam/breakdown-by-measure.

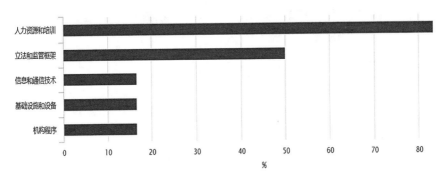

图 1-4　柬埔寨请求的技术援助类型

资料来源：https://tfadatabase.org/members/cambodia/technical-assistance-projects.

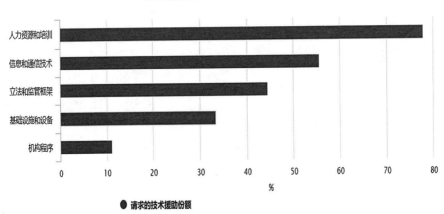

图 1-5　越南请求的技术援助类型

资料来源：https://tfadatabase.org/members/viet-nam/technical-assistance-projects.

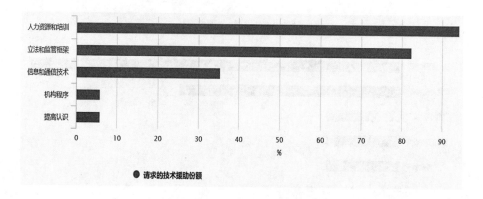

图1-6 老挝请求的技术援助类型

资料来源: https://tfadatabase.org/members/lao-peoples-democratic-republic/technical-assistance-projects.

（五）中巴经济走廊

中巴经济走廊的贸易便利化绩效平均值为1.454; 其中, 巴基斯坦对《贸易便利化协定》各类条款的承诺执行率为86.1%。总体上, 中国的贸易便利化绩效及《贸易便利化协定》实施情况均优于巴基斯坦。

1. 贸易便利化绩效

巴基斯坦在上诉程序、收费、治理和公正性方面最接近样本中的最佳表现, 得分分别是1.63、1.77和1.89分。2017年至2019年期间, 巴基斯坦在预裁定、上诉程序、简化和协调单证、简化程序、内部边境机构合作等领域的业绩有所改善, 其他领域的业绩保持稳定。

巴基斯坦将从以下方面的持续改进中获益: 进一步完善并提供充分及时的监管改革信息, 改善私营部门在引入或修订与贸易有关的条例之前发表评论的机会; 提高海关网站上有关适用收费的综合信息; 扩大对文件副本的接受, 减少进出口所需的文件数量和准备这些文件的必要时间; 提高IT系统以电子方式交换数据的能力, 促进海关提供全时段自动处理; 完成目前正在拟订的单一窗口的开发, 进一步降低物理检查百分比, 促进对易腐货物的加速控制, 扩大授权操作程序的使用, 扩展清关后审计（PCAs）的应用, 进一步简化相关时间和成本方面的程序。

表 1-12　中巴经济走廊贸易便利化绩效

序号	项目	中国	巴基斯坦
	平均贸易便利化绩效	1.561	1.346
A	信息可获得性	1.48	1.4
B	贸易商参与度	1.86	1.43
C	预裁定	2	1.6
D	上诉程序	1.63	1.63
E	规费和费用	1.92	1.77
F	单证	1.5	1.11
J	自动化	1.6	1.23
H	流程	1.52	1.2
I	内部边境机构合作	1	1.1
J	外部边境机构合作	0.8	0.46
K	管理与公正性	1.88	1.89

资料来源：整理自 OECD 网站贸易便利化指标国别比较数据[①]。

2.《贸易便利化协定》执行情况

巴基斯坦于 2015 年 10 月 27 日接受 WTO《贸易便利化协定》，成为南亚地区第 1 个、全球第 51 个接受议定书的成员。据 WTO 贸易便利化协定数据库资料，巴基斯坦目前的承诺执行率为 79%，其中 A 类措施当前实施 25.6%，B 类措施当前实施 40.3%、未来实施 2.5%，C 类措施当前实施 13%、未来实施 18.5%。其 A 类措施主要涉及过境自由、（信息）公布、处罚纪律，B 类措施主要涉及海关合作、上诉或审查程序，C 类措施主要涉及预裁定、对经认证经营者的贸易便利化措施和快运货物。对于 C 类需要技术援助的项目，巴基斯坦总共需要 11 项技术援助。其中，信息通信技

---

① https://www.compareyourcountry.org/trade-facilitation/en/1/default/CHN/default;
https://www.compareyourcountry.org/trade-facilitation/en/1/default/PAK/default.

术（ICT）援助的请求数量为 11 项，占所有 C 类措施的 100%，人力资源与培训技术援助请求占 81.8%，基础设施和设备、机构程序、增强意识技术援助请求均占 18.2%，诊断和需求评估占 9.1%（参见图 1-7）。

表 1-13　中巴经济走廊《贸易便利化协定》实施情况

国家	条款类别	数量	主要涉及的措施	实施日期
巴基斯坦	A	61	过境自由	2017/2/22
			（信息）公布	
			处罚纪律	
	B	102	海关合作	2017/12/31 — 2023/6/30
			上诉或审查程序	
	C	75	预裁定	2018/6/30 — 2024/12/31
			对经认证经营者的贸易便利化措施	
			快运货物	

资料来源：整理自 WTO-TFAD 国家《贸易便利化协定》全面实施计划。[①]

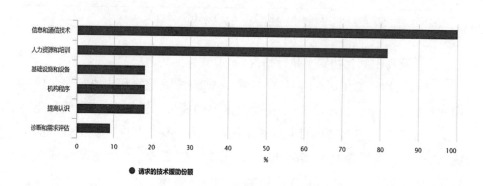

图 1-7　巴基斯坦请求的技术援助类型

资料来源：https://tfadatabase.org/members/pakistan/technical-assistance-projects.

---

① 　https://tfadatabase.org/members/pakistan/breakdown-by-measure.

（六）孟中印缅经济走廊

孟中印缅经济走廊的贸易便利化绩效平均值为 1.269；除印度外，孟加拉国和缅甸对《贸易便利化协定》各类条款的承诺执行率较低，C 类措施所占比例较高。孟加拉国、印度、缅甸三个国家中，印度在贸易便利化实施方面表现最好，但仍不及中国。

1. 贸易便利化绩效

孟加拉国在贸易商参与度方面最接近整个样本中的最佳表现，得分为 1.14 分。2017 年至 2019 年期间，孟加拉国在信息可得性、预裁定、上诉程序等领域的业绩有所改善，除贸易商参与度之外的其他领域业绩保持稳定。在孟中印缅经济走廊区域国家中，缅甸在信息可获得性、贸易商参与度、单证、自动化指标领域得分最低，分别为 0.9、0.75、1.14、0.67 和 0.46 分。印度在信息可获得性、自动化、内部边境机构合作方面超过或最接近样本中的最佳表现，并于 2017 年至 2019 年期间，在信息可获得性、规费用费用、单证（简化和统一）、自动化、流程（的简化）、内部边境机构合作、外部边境机构合作、管理和公正性等领域有所改善。孟、印、缅三个国家中，印度的平均贸易便利化绩效水平最高，除上诉程序、管理与公正性外，其他指标均高于孟加拉国和缅甸；缅甸在上诉程序方面具有优势，但信息可获得性、贸易商参与度、规费和费用、单证、自动化领域有明显短板。

因此，在需进行改善的领域，因孟加拉国、印度、缅甸均属中低收入国家，孟加拉国、缅甸将受益于以下方面的持续改进：在线提供边境手续所需的所有表格和文件，提高与第三国协议信息的可获得性和用户友好性；提高与私营部门协商的包容性；提高海关网站上有关适用收费的综合信息；扩大对文件副本的接受，鉴于遵守国际标准公约，努力减少进出口所需的文件数量和编写此类文件所需的时间；完成目前正在制定的风险管理程序的制定，提高 IT 系统以电子方式交换数据的能力；完成目前正在拟订的单一窗口的开发，降低实物检查百分比，完成进口单证到达前处理的开发，扩大在最终确定和支付关税之前放行货物的可能性，扩大授权操作程序的使用，进一步简化相关成本方面的程序。相比之下，印度的建议改善领域相对较少，其将受益于：扩大对文件副本的接受，减少进出口所需的文件数量和准备此类文件的时间；改善边境各行政当局之间的实地合作。

表1-14 孟中印缅经济走廊贸易便利化绩效

序号	项目	中国	孟加拉国	印度	缅甸
	平均贸易便利化绩效	1.561	0.951	1.524	1.038
A	信息可获得性	1.48	1.25	1.91	0.9
B	贸易商参与度	1.86	1.14	1.43	0.75
C	预裁定	2	1.143	1.3	1.273
D	上诉程序	1.63	1.63	1.25	1.86
E	规费和费用	1.92	1.46	1.69	1.14
F	单证	1.5	0.78	1.44	0.67
J	自动化	1.6	0.46	1.69	0.46
H	流程	1.52	0.7	1.49	0.85
I	内部边境机构合作	1	0.55	1.91	1.1
J	外部边境机构合作	0.8	0.36	0.91	0.64
K	管理与公正性	1.88	1	1.75	1.78

资料来源：整理自 OECD 网站贸易便利化指标国别比较数据[①]。

2.《贸易便利化协定》执行情况

孟加拉国于 2016 年 9 月 27 日批准加入《贸易便利化协定》，迄今为止承诺执行率为 34.5%，其中 A 类措施当前实施占 34.5%，B 类措施未来实施占 36.6%，C 类措施未来实施占 29%。孟加拉国的 A 类措施主要涉及预裁定、过境自由、上诉或审查程序、（信息）公布，B 类措施主要涉及海关合作和处罚纪律，C 类措施主要涉及对经认证经营者的贸易便利化措

---

① https://www.compareyourcountry.org/trade-facilitation/en/1/default/CHN/default; https://www.compareyourcountry.org/trade-facilitation/en/1/default/BGD/default; https://www.compareyourcountry.org/trade-facilitation/en/1/default/IND/default; https://www.compareyourcountry.org/trade-facilitation/en/1/default/MMR/default.

施、快运货物等。缅甸目前的承诺执行率仅为5.5%，其中A类措施当前实施占5.5%，B类措施未来实施占9.2%，绝大部分是C类措施，未来实施占85.3%，且C类措施主要涉及海关合作、过境自由、预裁定等。缅甸有27项措施请求协助和支持能力建设，且实施日期、援助者、进度全部为待定，其实施现状与《协定》要求有较大差距，总体来说执行效率较低。与孟加拉国和缅甸相比，印度在执行《贸易便利化协定》方面表现较好，A类措施当前实施占72.3%、B类措施当前实施占5.9%、未来实施占21.8%，且没有C类措施通知，迄今为止承诺执行率为78.2%，执行时限为2017年2月至2022年2月。其中，印度的A类措施主要涉及海关合作、对经认证经营者的贸易便利化措施、过境自由，B类措施主要涉及预裁定、过境自由，将货物放行与关税、国内税、规费及费用的最终确定相分离等。

表1-15　孟中印缅经济走廊《贸易便利化协定》实施情况

国家	条款类别	数量	主要涉及的措施	实施日期
孟加拉国	A	82	预裁定	2017/2/22
			过境自由	
			上诉或审查程序	
			（信息）公布	
	B	87	海关合作	2021/6/30—2023/12/31
			处罚纪律	
	C	69	对经认证经营者的贸易便利化措施	待定
			快运货物	
印度	A	172	海关合作	2017/2/22
			对经认证经营者的贸易便利化措施	
			过境自由	
	B	66	预裁定	2019/4/14—2022/2/22
			过境自由	
			将货物放行与关税、国内税、规费及费用的最终确定相分离	
	C	—	—	—

续表

国家	条款类别	数量	主要涉及的措施	实施日期
缅甸	A	13	上诉或审查程序	2017/2/22
	B	22	处罚纪律	2022/12/31 — 2025/12/31
	C	203	海关合作	待定
			过境自由	
			预裁定	

资料来源：整理自 WTO-TFAD 国家《贸易便利化协定》全面实施计划[①]。

（七）比较性小结

从 OECD 提供的贸易便利化指标数据来看，"一带一路"六大经济走廊中，中蒙俄经济走廊平均贸易便利化绩效水平最高，为 1.477 分；中巴经济走廊平均得分与中蒙俄经济走廊相当，为 1.454 分。中国—中南半岛经济走廊与新亚欧大陆桥经济走廊平均贸易便利化绩效水平为中等，得分分别为 1.347 和 1.341 分。中国—中亚—西亚经济走廊得分相对较低，为 1.279 分；孟中印缅经济走廊平均贸易便利绩效水平最低，为 1.269 分。

具体而言，"一带一路"六大经济走廊中，新亚欧大陆桥经济走廊在预裁定、单证、流程、外部边境机构合作方面便利化水平较高；中蒙俄经济走廊在信息可获得性、贸易商参与度、内部边境机构合作方面便利化水平较高；中国—中南半岛经济走廊在上诉程序方面便利化水平较高；中巴经济走廊在规费和费用、自动化、管理与公正性方面便利化水平较高。

[①] https://tfadatabase.org/members/bangladesh/breakdown-by-measure; https://tfadatabase.org/members/india/breakdown-by-measure; https://tfadatabase.org/members/myanmar/breakdown-by-measure.

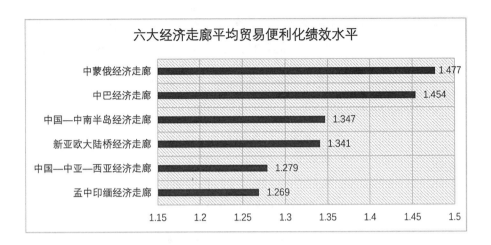

图 1-8　六大经济走廊平均贸易便利化绩效

资料来源：整理自 OECD 网站贸易便利化指标国别比较数据①。

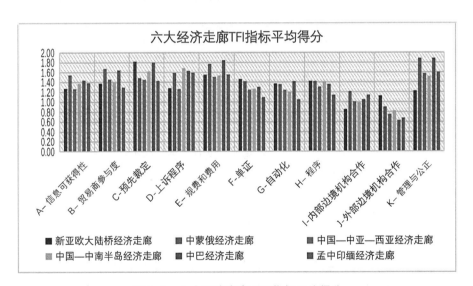

图 1-9　六大经济走廊 TFI 指标平均得分

资料来源：整理自 OECD 网站贸易便利化指标国别比较数据②。

①② www.compareyourcountry.org/trade-facilitation/en/0/default/all/default/2019.

从 WTO 贸易便利化协定数据库（TFAD）提供的指标来看，"一带一路"六大经济走廊中，中巴经济走廊的 TFA 承诺执行率最高，为 90%；新亚欧大陆桥经济走廊次之，为 86%。中国—中亚—西亚经济走廊与中蒙俄经济走廊平均承诺执行率居中，分别为 81% 和 75%。中国—中南半岛经济走廊 TFA 承诺执行率较低，为 69%，孟中印缅经济走廊平均 TFA 承诺执行率最低，仅为 53%。综上可见，孟中印缅经济走廊《贸易便利化协定》实施情况有待加强。

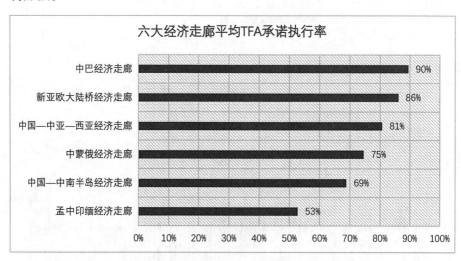

图 1-10　六大经济走廊平均 TFA 承诺执行率

资料来源：整理自世界贸易组织 TFAD 数据库[①] 。

三、其他沿线国家的比较分析

除"六大经济走廊"外，其他"一带一路"国家在贸易上与中国也有较多往来，现选取这些国家中与中国进出口贸易额较高的十个国家，即东南亚国家中的印度尼西亚、菲律宾，西亚北非国家中的阿联酋、科威特、卡塔尔、沙特阿拉伯、以色列、埃及，中东欧国家中的匈牙利、斯洛伐克，

---

① 　https://tfadatabase.org/members.

再根据 OECD 贸易便利化指标数据及 WTO 贸易便利化协定数据分析这些国家对《贸易便利化协定》的实施情况。

（一）贸易便利化绩效

东南亚国家印度尼西亚和菲律宾的贸易便利化水平分别接近新亚欧大陆桥经济走廊和孟中印缅经济走廊的平均绩效水平，得分是 1.34 和 1.229 分。其中，印度尼西亚在贸易商参与度、流程、管理与公正性领域得分超过 1.55 分，相对其他领域较高；菲律宾在贸易商参与度、规费和费用领域得分超过 1.5 分，相对其他领域表现较好。

表 1-16　其他东南亚主要国家贸易便利化绩效

序号	项目	印度尼西亚	菲律宾
	平均贸易便利化绩效	1.340	1.229
A	信息可获得性	1.52	1.05
B	贸易商参与度	1.57	1.57
C	预裁定	1.400	1.250
D	上诉程序	1.50	1.38
E	规费和费用	1.54	1.54
F	单证	1.38	1.25
J	自动化	1.00	1.00
H	流程	1.56	1.37
I	内部边境机构合作	0.90	1.00
J	外部边境机构合作	0.82	0.78
K	管理与公正性	1.56	1.33

资料来源：整理自 OECD 网站贸易便利化指标国别比较数据[①]。

西亚北非国家阿联酋、科威特、卡塔尔、沙特阿拉伯、以色列、埃及

[①]　https://www.compareyourcountry.org/trade-facilitation/en/1/default/IDN/default；https://www.compareyourcountry.org/trade-facilitation/en/1/default/PHL/default.

的贸易便利化平均绩效水平相差比较大。总体来看，以色列平均贸易便利化绩效最高，为1.523分；沙特阿拉伯居其次，为1.469分，科威特较低，为0.953分。具体指标方面，以色列在信息可获得性、上诉程序、自动化、流程、管理与公正性指标领域得分最高，分别为1.71、1.64、2、1.36和1.78分；卡塔尔在预裁定领域达到了可实现的最佳绩效，在规费和费用、单证领域得分也较高，分别为1.85和1.75分；沙特阿拉伯在规费和费用、流程领域表现较好，埃及在贸易商参与度、外部边境机构合作方面也在以上国

表1-17　其他西亚北非主要国家贸易便利化绩效

序号	项目	阿联酋	科威特	卡塔尔	沙特阿拉伯	以色列	埃及
	平均贸易便利化绩效	1.344	0.953	1.290	1.469	1.523	1.194
A	信息可获得性	1.52	1.05	1.15	1.43	1.71	1.29
B	贸易商参与度	1.57	0.86	1.57	1.63	1.57	1.75
C	预裁定	0.857	1.600	2.000	1.667	1.364	0.000
D	上诉程序	1.22	1.11	1.44	1.33	1.64	1.56
E	规费和费用	1.77	1.39	1.85	1.85	1.77	1.62
F	单证	1.63	0.88	1.75	1.56	1.63	1.13
J	自动化	1.83	0.60	0.90	1.62	2.00	0.60
H	流程	1.48	1.00	1.28	1.60	1.39	1.35
I	内部边境机构合作	1.00	0.67	0.73	0.91	1.36	0.90
J	外部边境机构合作	0.90	0.46	0.64	0.91	0.55	1.18
K	管理与公正性	1.00	0.89	0.89	1.67	1.78	1.78

资料来源：整理自OECD网站贸易便利化指标国别比较数据[1]。

---

[1]　https://www.compareyourcountry.org/trade-facilitation/en/1/default/ARE/default；https://www.compareyourcountry.org/trade-facilitation/en/1/default/KWT/default；https://www.compareyourcountry.org/trade-facilitation/en/1/default/QAT/default；https://www.compareyourcountry.org/trade-facilitation/en/1/default/SAU/default；https://www.compareyourcountry.org/trade-facilitation/en/1/default/ISR/default；https://www.compareyourcountry.org/trade-facilitation/en/1/default/EGY/default.

家中取得较高水平。相比之下，科威特在预裁定领域之外的其他指标领域得分均较低。

中东欧国家匈牙利、斯洛伐克的平均贸易便利化绩效水平较高，其中匈牙利得分为 1.464 分，斯洛伐克得分为 1.632 分。具体指标领域方面，匈牙利在预裁定、规费和费用、自动化、管理与公正性方面表现较好，得分分别是 1.9、1.77、1.69 和 1.67 分；但在内部边境机构合作方面，匈牙利得分较低，为 0.91 分。斯洛伐克在贸易界的参与、预裁定、规费和费用、自动化、流程、外部边境机构合作、管理与公正性领域得分较高，分别为 1.71、1.909、1.75、1.83、1.73、1.73 和 1.89 分。

表 1-18 其他中东欧主要国家贸易便利化绩效

序号	项目	匈牙利	斯洛伐克
	平均贸易便利化绩效	1.464	1.632
A	信息可获得性	1.29	1.57
B	贸易商参与度	1.57	1.71
C	预裁定	1.900	1.909
D	上诉程序	1.23	1.31
E	规费和费用	1.77	1.75
F	单证	1.44	1.33
J	自动化	1.69	1.83
H	流程	1.45	1.73
I	内部边境机构合作	0.91	1.18
J	外部边境机构合作	1.18	1.73
K	管理与公正性	1.67	1.89

资料来源：整理自 OECD 网站贸易便利化指标国别比较数据[①]。

[①] https://www.compareyourcountry.org/trade-facilitation/en/1/default/HUN/default；
https://www.compareyourcountry.org/trade-facilitation/en/1/default/SVK/default.

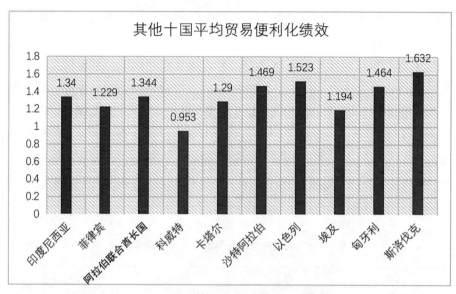

图 1-11　其他十国平均贸易便利化绩效

资料来源：整理自 OECD 网站贸易便利化指标国别比较数据①。

（二）《贸易便利化协定》执行情况

东南亚国家印度尼西亚和菲律宾对《贸易便利化协定》的承诺执行率为 88.7% 和 98.3%，菲律宾的执行情况较印度尼西亚而言比较好。其中，印度尼西亚的 A 类措施通报当前实施占 88.7%，B 类措施通报未来实施占 11.3%，菲律宾的 A 类措施通报当前实施占 93.3%，B 类措施通报当前实施占 5%，C 类措施通报未来实施占 1.7%。

西亚北非国家阿拉伯联合酋长国、科威特、卡塔尔、沙特阿拉伯、以色列、埃及的《贸易便利化协定》承诺执行率分别为占 97.9%、59.2%、92.9%、100%、100%、23.1%，除科威特和埃及外，其他国家执行情况较好。其中，阿联酋的 A 类措施当前实施占 97.1%，B 类措施当前实施占 0.8%、未来实施占 2.1%；科威特 A 类措施当前实施占 59.2%，未知占 40.8%；卡塔尔 A 类措施当前实施占 92.9%，未知占 7.1%；埃及 A 类措施当前实施占

---

① www.compareyourcountry.org/trade-facilitation/en/0/default/all/default/2019.

23.1%，B 类措施未来实施占 2.5%，C 类措施未来实施占 74.4%。

中东欧国家匈牙利、斯洛伐克为发达国家，根据 TFA 规定的发达国家执行义务，匈牙利和斯洛伐克两个国家的《贸易便利化协定》承诺执行率均为 100%。

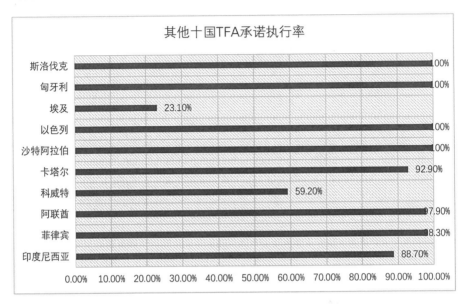

图 1-12　其他十国 TFA 承诺执行率

资料来源：整理自世界贸易组织 TFAD 数据库①。

---

① https://tfadatabase.org/members.

第二章

"一带一路"沿线国家跨境贸易
通关便利化水平比较

第一节 跨境贸易通关便利化水平评估

一、整体概述

在《营商环境报告》中，跨境贸易是评估营商环境的一大指标，通过比较"一带一路"沿线国家跨境贸易排名和得分可以对各国跨境贸易便利化水平进行评估；而出口比较优势产品和进口汽车零部件的时间和成本又是衡量跨境贸易得分的因素，因此通过以上指标可以对跨境贸易便利化水平进行进一步详细评估。

根据世界银行发布的《营商环境报告 2020》，可整理得到"一带一路"沿线 66 个国家 2020 年的跨境贸易排名和得分，如表 2-1 所示：

表 2-1 "一带一路"沿线 66 个国家的跨境贸易便利化水平

区域	国家	排名（188）	得分（100）
东亚 2 国	蒙古	143	60.8
	中国	56	86.5
东盟 10 国	新加坡	47	89.6
	马来西亚	49	88.5
	印度尼西亚	116	67.5
	缅甸	168	47.7
	泰国	62	84.6
	老挝	78	78.1
	柬埔寨	118	67.3

续表

区域	国家	排名（188）	得分（100）
东盟 10 国	越南	104	70.8
	文莱	149	58.7
	菲律宾	113	68.4
西亚 18 国	伊朗	123	66.2
	伊拉克	181	25.3
	土耳其	44	91.6
	叙利亚	178	29.8
	约旦	75	79.0
	黎巴嫩	153	57.9
	以色列	67	83.4
	巴勒斯坦	—	—
	沙特阿拉伯	86	76.0
	也门	188	0.0
	阿曼	64	84.1
	阿联酋	92	74.1
	卡塔尔	101	71.5
	科威特	162	52.6
	巴林	77	78.7
	希腊	34	93.7
	塞浦路斯	50	88.4
	埃及的西奈半岛	—	—
南亚 8 国	印度	68	82.5
	巴基斯坦	111	68.8
	孟加拉国	176	31.8

续表

区域	国家	排名（188）	得分（100）
南亚 8 国	阿富汗	177	30.6
	斯里兰卡	96	73.3
	马尔代夫	157	55.9
	尼泊尔	60	85.1
	不丹	30	94.2
中亚 5 国	哈萨克斯坦	105	70.4
	乌兹别克斯坦	152	58.2
	土库曼斯坦	—	—
	塔吉克斯坦	141	60.9
	吉尔吉斯斯坦	89	74.7
独联体 7 国	俄罗斯	99	71.8
	乌克兰	74	80.1
	白俄罗斯	24	96.5
	格鲁吉亚	45	90.1
	阿塞拜疆	83	77.0
	亚美尼亚	43	91.7
	摩尔多瓦	38	92.3
中东欧 16 国	波兰	1	100
	立陶宛	—	—
	爱沙尼亚	17	99.9
	拉脱维亚	28	95.3
	捷克	1	100
	斯洛伐克	1	100
	匈牙利	1	100

续表

区域	国家	排名（188）	得分（100）
中东欧 16 国	斯洛文尼亚	1	100
	克罗地亚	1	100
	波黑	27	95.7
	黑山	41	91.1
	塞尔维亚	23	96.6
	阿尔巴尼亚	25	96.3
	罗马尼亚	1	100
	保加利亚	21	97.4
	马其顿	32	93.9

资料来源：《营商环境报告》2020。

计算各区域国家的排名和得分的平均，数如表 2-2 所示：

表 2-2　各区域跨境贸易便利化水平

区域	平均排名（188）	平均得分（100）
东亚 2 国	99.50	73.65
东盟 10 国	100.40	72.12
西亚 18 国（除巴勒斯坦和埃及的西奈半岛）	104.70	65.77
南亚 8 国	109.40	65.28
中亚 5 国	121.80	66.05
独联体 7 国	58.00	85.64
中东欧 16 国（除立陶宛）	14.73	97.75
"一带一路"沿线国家	86.80	75.18

由表 2-2 可知，"一带一路"沿线国家总体跨境贸易排名处于中上水平。

其中以中东欧16国跨境贸易的平均排名和得分为最高，分别为第15名和85.64分；中亚5国跨境贸易平均排名最低，为第122名，而南亚8国跨境贸易平均得分最低，仅65.28分。

根据《营商环境报告2020》整理的六大经济走廊跨境贸易指标平均数据如表2-3所示：

表2-3　六大经济走廊跨境贸易便利化水平

经济走廊	新亚欧大陆桥	中蒙俄	中国—中亚—西亚	中国—中南半岛	中巴	孟中印缅	平均
排名	37.4	99.3	100.9	85.25	83.5	117	87.225
跨境交易的DTF得分（0~100）	90.68	73	70.76	76.64	77.65	62.125	75.1425
出口时间							
单证合规（小时）	28.6	67.3	56.8	52.25	32	78	52.475
边境合规（小时）	26.6	73.7	33.3	44.625	39.5	95.75	52.25
出口成本							
单证合规（美元）	54.6	56.3	154.6	99.375	65.5	109	89.9
边境合规（美元）	114.2	280.3	274.9	255.5	162	272	226.5
进口时间							
单证合规（小时）	17.8	78.3	88.1	50.875	86.5	72.25	65.6375
边境合规（小时）	48.6	106.3	83.1	83.125	180.5	188	114.9375
进口成本							
单证合规（美元）	40	145.3	249.8	121.375	165	220	159.9125
边境合规（美元）	60	343.3	397.2	282.5	293.5	480.75	309.54

由表2-3可知，在跨境贸易排名方面，六大经济走廊中新亚欧大陆桥经济走廊最高，孟中印缅经济走廊最低；此外，中国—中南半岛经济走廊、中巴经济走廊高于平均水平，中蒙俄经济走廊、中国—中亚—西亚经济走

廊低于平均水平。

二、六大经济走廊的国别比较研究

（一）新亚欧大陆桥经济走廊

2015年3月28日，国家发改委、外交部、商务部联合发布的《推动共建丝绸之路经济带和21世纪海上丝绸之路的愿景与行动》勾勒出了"一带一路"的大框架，其中共建国际大通道和经济走廊建设被置于重要位置，新亚欧大陆桥经济走廊建设居于前列。

新亚欧大陆桥与中国古丝绸之路重合较多，在"一带一路"倡议中占有极为重要的地位，中国无疑在新亚欧大陆桥建设上将发挥突出的作用。

中国与全球化智库"一带一路"研究所所长黄日涵表示："新亚欧大陆桥经济走廊是六大经济走廊中的第一个，从中国出发连通欧亚是'一带一路'在贸易畅通领域以及设施相通中重要的一环，为货物便捷化的通关提供有力的保障。"

国际政治经济研究中心主任，中国人民大学国际关系学院教授保健云表示："第一，新亚欧大陆桥经济走廊是丝绸之路经济带的重要载体，中国是推动经济走廊的核心推动力量。第二，在地理区位上对其他的经济走廊的建设具有引领，示范效应。第三，由于面对的外部影响因素有限，新亚欧大陆桥经济走廊建设比较容易推进'一带一路'建设。"

新亚欧大陆桥经济走廊的沿线国家有中国、白俄罗斯、捷克、哈萨克斯坦、波兰。由表2-4可知，2020年新亚欧大陆桥经济走廊沿线国家跨境贸易便利化水平在世界范围内整体较高，尤其是捷克和波兰，跨境贸易排名并列第一名，得分为100分，基本可以做到进出口通关0时间和0成本。

据哈萨克斯坦国家统计委员会发布的数据，2019年哈萨克斯坦主要出口商品为能矿产品（占72.8%）、金属制品（13.5%）、农产品和食品（5.7%）；主要进口商品为机械设备（44.2%）、化工产品（14.2%）、金属及其制品（12%）、农产品及食品（10.2%）[①]。

表2-4　新亚欧大陆桥经济走廊沿线国家跨境贸易便利化水平

国家	哈萨克斯坦	中国	白俄罗斯	捷克	波兰	平均
世界排名	105	56	24	1	1	37.4
跨境交易的DTF得分（0-100）	70.4	86.5	96.5	100	100	90.68
出口时间						
单证合规（小时）	128	9	4	1	1	28.6
边境合规（小时）	105	21	7	0	0	26.6
出口成本						
单证合规（美元）	200	13	60	0	0	54.6
边境合规（美元）	470	36	65	0	0	114.2
进口时间						
单证合规（小时）	6	77	4	1	1	17.8
边境合规（小时）	2	241	0	0	0	48.6
进口成本						
单证合规（美元）	0	200	0	0	0	40
边境合规（美元）	0	300	0	0	0	60

资料来源：《营商环境报告2020》。

哈萨克斯坦于2013年1月1日开始对出口货物试行电子申报，2015年可以实现对其境内的全部海关推行电子申报，并开始对其境内海关人员进行"单一窗口"业务的培训，但进度相对缓慢[②]。

随着近年来的快速发展，哈萨克斯坦在海关政策和贸易便利化措施上也做出了大幅改善，尤其在2015年加入世贸组织后，其政策的标准化和透

---

① 《对外投资合作国别（地区）指南：哈萨克斯坦2020》。
② 门思源.《中国与哈萨克斯坦贸易便利化分析》，首都经济贸易大学。

明度有了明显提升。然而，哈萨克斯坦的海关政策依然存在不稳定的问题。哈萨克斯坦的规制环境有如下特点：

第一，通关制度不断完善，政策不断优化。由于哈萨克斯坦工业发展落后，为保护其国内市场，哈萨克斯坦曾实施严格的贸易救济制度，在海关管理上具体体现为通关程序复杂、贸易成本高。加入 WTO 后，哈萨克斯坦逐步建立了标准化的通关措施和税收政策。由于欧亚经济联盟成员国身份的特殊性，哈萨克斯坦经历二十年的谈判才成功加入世贸组织。谈判过程中，为符合世贸组织关税的规定，哈国做出了很多政策上的让渡，以增加其贸易制度的标准化和透明度。2016 年，哈萨克斯坦出台《关于对部分税收和海关行政法进行修订和补充的法律》，从法律层面调整了部分商品的消费税和增值税，完善了海关税收管理体制。

第二，政策不稳定。近年来，哈萨克斯坦发展快速，其法律和制度不断更新和修改，这便也造成了哈萨克斯坦的法律变更频繁、贸易政策不稳定。例如，哈萨克斯坦海关设立于 1991 年，起初由总统直接管辖，经历多次变化后，转变为由部长会议主席领导的海关委员会，之后又改为国家收入部的内设局，2004 年改为隶属财政部的海关监管委员会，2014 年与税务委员会合并成为国家收入委员会。再以原油出口关税为例，哈萨克斯坦对原油出口关税调整频繁，且幅度较大。2008 年 5 月开始，对原油征出口关税每吨 109.91 美元；随着油价上涨，五个月后税率提高到每吨 203.8 美元。金融危机后，油价大幅下降，哈萨克斯坦将关税调至零。2014 年调高至每吨 80 美元，2015 年又降至每吨 60 美元。政策上的不稳定潜在增加了进出口企业的成本。

第三，海关执法具有随意性。哈萨克斯坦海关执法人员变动大，执法行为相对不规范。例如，《哈萨克斯坦共和国海关事务法》规定，货物及其运输工具不在规定的地点和海关工作时间办理海关手续时，按照哈萨克斯坦政府确定的数额收取手续费，这就对哈萨克斯坦海关工作时间以及收取手续费的标准性有很高要求。另外，法典中还规定该国海关部门独立鉴定货物的价值、质量和数量，这往往造成了货物价值的高估。另外，哈萨克斯坦海关人事变动频繁，关长任期较短，一般只有三到六个月，这不利于海关监管工作的连续性。根据哈萨克斯坦国家收入委员会 2015 年的调查，哈国海关存在灰色清关等不规范现象。

新冠肺炎疫情暴发以来，哈萨克斯坦政府推出了一系列行政审批便利化措施。为保证国内市场供应，政府简化了农产品进口程序，取消了海关壁垒，简化了海关查验，为食品进口开辟了"绿色通道"；简化了药品认证程序，缩短了审批时间，延长了单一渠道特殊政府采购的时限；简化了未注册抗疫药物的进口程序，加快了国产厂商抗疫药物注册程序。

哈萨克斯坦是新亚欧大陆桥经济走廊沿线国家中跨境贸易便利化水平最差的国家，在世界范围内也处于中下水平。由表 2-4 可知，哈萨克斯坦单证合规和边境合规的进口时间和进口成本均超过新亚欧大陆桥经济走廊沿线国家的平均便利化水平，但单证合规和边境合规的出口时间和出口成本远低于新亚欧大陆桥经济走廊沿线国家的平均便利化水平，因此哈萨克斯坦在出口方面的跨境贸易水平亟待提升。

白俄罗斯的跨境贸易便利化水平在新亚欧大陆桥经济走廊沿线国家中处于中上水平。由表 2-4 可知，白俄罗斯单证合规的出口成本略低于新亚欧大陆桥经济走廊沿线国家的平均便利化水平，其余均高于平均便利化水平。

（二）中蒙俄经济走廊

中蒙俄经济走廊是丝绸之路经济带的一部分。国家主席习近平 2014 年 9 月 11 日在中俄蒙三国元首会晤时提出共建丝绸之路经济带倡议，获得俄方和蒙方的积极响应。习近平指出，中俄蒙三国发展战略高度契合，可以把丝绸之路经济带同俄罗斯跨欧亚大铁路、蒙古国草原之路倡议进行对接，打造中蒙俄经济走廊，加强铁路、公路等互联互通建设，推进通关和运输便利化，促进过境运输合作，研究三方跨境输电网建设，开展旅游、智库、媒体、环保、减灾救灾等领域的务实合作。三方可以深化在上海合作组织框架内的合作，共同维护地区安全，实现共同发展。三方还要加强国际合作，共同维护国际关系基本准则，共同倡导互信、互利、平等、协作的新安全观，共同推动以和平方式，通过对话谈判，政治解决国际争端和热点问题。

中蒙俄经济走廊的沿线国家有中国、蒙古、俄罗斯，2020 年各国跨境贸易世界排名和得分情况具体参表 2–5：

表 2–5　中蒙俄经济走廊沿线国家跨境贸易便利化水平

	蒙古国	俄罗斯	中国	平均
世界排名	143	99	56	99.3
跨境交易的 DTF 得分（0–100）	60.8	71.8	86.5	73
出口时间				
单证合规（小时）	168	25	9	67.3
边境合规（小时）	134	66	21	73.7
出口成本				
单证合规（美元）	64	92	13	56.3
边境合规（美元）	225	580	36	280.3
进口时间				
单证合规（小时）	115	43	77	78.3
边境合规（小时）	48	30	241	106.3
进口成本				
单证合规（美元）	83	153	200	145.3
边境合规（美元）	210	520	300	343.3

资料来源：《营商环境报告 2020》。

由表 2–5 可知 2020 年中蒙俄经济走廊沿线国家跨境贸易便利化水平在世界范围内处于中等略偏下水平，其中中国的跨境贸易便利化水平在中蒙俄三国中是最高的，中国边境合规的进口时间和单证合规的进口成本低于中蒙俄经济走廊沿线国家的平均便利化水平。

1. 蒙古国

蒙古国位于亚洲中部，处于中国和俄罗斯之间，是被两国包围的一个内陆国家，国土面积为 156.65 万平方公里，是世界上国土面积第 19 大的国家，也是仅次于哈萨克斯坦的世界第二大内陆国。根据 2018 年的人口统计，蒙古人口约 317 万人，是世界上人口密度最小的国家。该国耕地较少，大部分国土被草原覆盖。

据世界贸易组织的统计资料看，蒙古的出口产品种类仍主要集中在采矿相关行业，近年来煤炭出口份额大幅增加。矿物燃料和运输设备仍然是蒙古主要的进口产品。蒙古的进口产品中，80% 以上来自中国、俄罗斯、欧盟、日本、韩国五个经济体；其产品出口主要面向中国。

蒙古海关已用海关自动信息系统（CAIS）取代了此前的国家海关信息管理自动化系统（GAMAS），用于控制跨境货物、海关报关、存放海关相关文件、实物检查和货物放行。CAIS 允许海关 100% 通过在线审批程序来接收、处理和签发进出口通关文件，还提供了用于关税在线支付的系统。在此背景下，货物通关所需时间已减少到 23 分钟（采用 CAIS 之前是 3 小时 6 分钟），行政违法行为减少了 3%。

出口商必须在国家注册处注册，并为出口清关目的注册为税收经济实体。海关的出口通关程序和文件要求由《海关法》来规定。报关的主要文件是《海关申报表》（CDF）；海关可能要求出口商出示其他文件，例如发票、装箱单和原产地证明。出口货物的海关价值是它们在蒙古边境的价值。与进口一样，海关自动化信息系统（CAIS）提供电子清关服务，并允许通过国内单一窗口在国内以及国外与蒙古的贸易伙伴交换信息。当局表示，自动化系统消除了对出口商的不必要障碍，最大限度地减少了与海关官员的面对面接触，并引入了基于互联网的出口报关单，以进一步促进贸易。

蒙古的跨境贸易便利化水平在中蒙俄经济走廊沿线国家中处于中下水平。由表 2-1 可知，蒙古边境合规的出口成本、边境合规的进口时间、单证合规和边境合规的进口成本超过中蒙俄经济走廊沿线国家的平均水平，其余低于平均水平，因此总体来说蒙古在出口方面的跨境贸易水平亟待提升。

2. 俄罗斯

俄罗斯联邦是由 22 个自治共和国、46 个州、9 个边疆区、4 个自治区、1 个自治州、3 个联邦直辖市组成的联邦半总统制共和国。位于欧亚大陆北部，地跨欧亚两大洲，国土面积为 1709.82 万平方公里，是世界上面积最大的国家，也是一个由 194 个民族构成的统一多民族国家，主体民族为俄罗斯人，约占全国总人口的 77.7%。

根据俄罗斯《海关法典》第 196 条的规定，货物通常在进口申报后的工作日结束前放行。在少数情况下（占报关单的不足 1%。例如，因为没有支付关税），海关会拒绝办理报关登记，这实际上意味着货物没有被放行。如果已做了初步申报，进口商有 30 天的时间提交货物并做最后申报。根据《海关法典》第 193 条的规定，未向海关登记机关申报的，海关可以拒绝放行或在初步申报后的 30 日内，向该国依法规定的另一个海关当局申报。

《海关法典》规定，符合下列具体条件的经营者，可以简化海关手续：

（1）提供纳税担保；

（2）从事对外经济活动满一年的；

（3）无欠税或未履行支付海关费用、利息、罚金义务的；

（4）上一年度无重复性（两次或以上）海关行政违法行为；

（5）没有根据简化程序进行海关工作的总干事（负责人）和雇员被定罪为经济刑事罪行的记录；

（6）使用一套会计系统，使海关当局能够检查报关资料的准确性。

2016 年 3 月底，欧亚经济委员会正在研究建立单一窗口机制，包括简化和协调海关手续。有关当局已拟订计划，在若干阶段执行统一的单一窗口系统，包括：电子申报（已采用）、主管部门之间的电子接口、航空和海运港口的单一窗口系统等。

俄罗斯海关正采取相关行动来改善海关业务，并制定了一系列措施，以简化海关程序和提高进出口货物的效率。包括：

（1）自 2014 年 1 月 1 日起，电子申报成为强制性的。从那时起，几乎所有的申报都是在线提交的。

（2）分别于 2014 年 10 月 1 日起对公路运输、2013 年 9 月 17 日起对铁路运输、2016 年起对空运实施强制提前通知。此外，任何有关实体可就海运货物提供初步通知。

（3）海关付款可于入境时以电子方式做出，或于快易通网上付款。

（4）引入风险管理系统，以识别违反规定的风险较低的进口商。该系统已将 2000 名商号列为"低风险"，占报关货物总值的 44% 及关税总值的55%。风险管理系统包括基于代理人的标准（其中包括代理人的经济活动类型及其过往记录）以及基于货物的标准（其中包括货物类型）。该系统在区域和联邦一级工作，并定期更新。

（5）边境管制站已把管制的重点由入境管制转至低风险类别的事后管制。

（6）进出口所需的单证数量因货物而异，并在持续减少。

俄罗斯的跨境贸易便利化水平在中蒙俄经济走廊沿线国家中处于中等略偏上水平，但在世界范围内处于中下水平。由表2-5可知，俄罗斯单证合规和边境合规的进出口成本低于中蒙俄经济走廊沿线国家的平均便利化水平，其余高于平均便利化水平，因此俄罗斯在进出口成本方面需要进一步降低。

（三）中国—中亚—西亚经济走廊

中国—中亚—西亚经济走廊东起中国，向西经中亚至阿拉伯半岛，是丝绸之路经济带的重要组成部分。这条经济走廊由新疆出发，抵达波斯湾、地中海沿岸和阿拉伯半岛，主要涉及中亚五国（哈萨克斯坦、吉尔吉斯斯坦、塔吉克斯坦、乌兹别克斯坦、土库曼斯坦）和伊朗、土耳其等国。

从中国与中亚国家的政策沟通来看，依托常态化的高层互访和政府间合作机制，中国积极推进"丝绸之路"经济带战略，并与哈萨克斯坦"光明之路"等发展战略进行全面对接，同哈萨克斯坦、塔吉克斯坦、吉尔吉斯斯坦、乌兹别克斯坦等国家签署了与共建丝绸之路经济带相关的双边合作协议，为中国同中亚国家加强务实合作创造了良好的政策条件。

2014年6月5日，中国—阿拉伯国家合作论坛第六届部长级会议在北京召开。国家主席习近平在会议开幕式上发表重要讲话，倡导构建中阿"1+2+3"合作格局，即以能源合作为主轴，以基础设施建设、贸易和投资便利化为两翼，以核能、航天卫星、新能源三大领域为新的突破口，全面加强中国同阿拉伯国家之间的合作，这为中阿关系发展和丝绸之路经济带建设创造了良好条件。此外，自2013年以来中国同西亚国家高层互访频繁，加强了中国同西亚国家之间的政策协调。

中国—中亚—西亚经济走廊的沿线国家有中国、阿富汗、阿塞拜疆、格鲁吉亚、伊朗、吉尔吉斯斯坦、俄罗斯、塔吉克斯坦、土耳其、土库曼斯坦、乌兹别克斯坦，2020 年各国跨境贸易便利化水平如表 2-6（土库曼斯坦除外）所示：

表 2-6　中国—中亚—西亚经济走廊沿线国家跨境贸易便利化水平

	阿塞拜疆	格鲁吉亚	伊朗	吉尔吉斯斯坦	土耳其	中国	阿富汗	俄罗斯	塔吉克斯坦	乌兹别克斯坦	平均
世界排名	83	45	123	89	44	56	177	99	141	152	100.9
跨境交易的 DTF 得分（0-100）	77	90.1	66.2	74.7	91.6	86.5	30.6	71.8	60.9	58.2	70.76
出口时间											
单证合规（小时）	33	2	33	72	4	9	228	25	66	96	56.8
边境合规（小时）	17	6	101	5	10	21	48	66	27	32	33.3
出口成本											
单证合规（美元）	250	0	60	110	55	13	344	92	330	292	154.6
边境合规（美元）	214	112	415	10	338	36	453	580	313	278	274.9
进口时间											
单证合规（小时）	33	2	40	84	2	77	324	43	126	150	88.1
边境合规（小时）	14	15	141	69	7	241	96	30	107	111	83.1
进口成本											
单证合规（美元）	200	198	90	200	55	200	900	153	260	242	249.8
边境合规（美元）	300	396	660	499	46	300	750	520	223	278	397.2

资料来源：《营商环境报告 2020》。

　　由表 2-6 可知，中国—中亚—西亚经济走廊沿线国家跨境贸易便利化水平在世界范围内处于中等略偏下水平。

1. 阿塞拜疆

阿塞拜疆共和国，简称阿塞拜疆（Azerbaijan），地处欧亚大陆心脏地带，位于南高加索地区东部，国土面积 8.66 万平方公里，人口约 990 万，是古丝绸之路沿线的重要国家，是连接欧亚地区的交通枢纽，具有得天独厚的区位优势，战略位置十分重要。

阿塞拜疆坚持独立自主、多元平衡的外交政策：注重发展同俄罗斯的战略合作伙伴关系；积极发展同美国和欧盟的合作，将融入欧洲作为对外战略目标；努力发展与土耳其、伊朗和格鲁吉亚等周边邻国的双边关系；积极参与独联体事务。

2019 年，阿塞拜疆与 195 个国家（地区）有贸易往来，出口商品 3124 种，进口商品 7503 种。石油、石油产品和天然气仍是阿塞拜疆重要的出口产品，表明阿塞拜疆出口以资源性产品为主，经济转型任重道远。阿塞拜疆进口商品几乎涵盖了各大类商品，主要有机电产品、食品、交通工具及其配件、黑色金属及其制品、塑料及其制品、医药产品、原木及其制品、服装等[①]。

阿塞拜疆的跨境贸易便利化水平在中国—中亚—西亚经济走廊沿线国家中处于中上水平，在世界范围内也处于中上水平。由表 2-6 可知，阿塞拜疆单证合规的出口成本低于中国—中亚—西亚经济走廊沿线国家的平均便利化水平，其余均高于平均便利化水平。

2. 格鲁吉亚

格鲁吉亚位于南高加索地区中西部，1990 年改名格鲁吉亚共和国，1991 年 4 月 9 日宣布独立。该国农业构成主要为种植业、畜牧业、农产品加工业、林业、渔业等；工业主要有开采业、制造业、电气和供水等。格鲁吉亚的贸易伙伴主要是土耳其、阿塞拜疆、乌克兰、中国、德国、俄罗斯、美国、保加利亚、亚美尼亚和意大利。

自 2009 年以来，格鲁吉亚的海关手续进一步简化，进出口所需的文件

---

① 《对外投资合作国别（地区）指南：阿塞拜疆 2020》。

数量减少，时间缩短，成本降低。根据世界银行（World Bank）的数据，2015年，在跨境贸易便利程度方面，格鲁吉亚在178个经济体中排名第33位（参见表2-7）。

表2-7 格鲁吉亚跨境贸易便利化年度比较

	（178个经济体）排名	进口单证（编号）	进口时间（天）	进口成本（折算）美元/集装箱	出口单据（编号）	出口时间（天）	出口成本（已平减）美元/集装箱
2009年	—	7	14	1,726	8	12	1,777
2010年	—	4	11	1,467	4	10	1,491
2011年	—	4	11	1,576	4	10	1,592
2012年	—	4	11	1,893	4	10	1,495
2013年	—	4	10	1,604	4	9	1,363
2014年	31	4	10	1,584	4	9	1,345
2015年	33	4	10	1,595	4	9	1,355

资料来源：世界银行《营商环境在线信息》。

2010年以来，格鲁吉亚降低了贸易成本，简化了文件要求，并开放了第一个通关区（CCZ）。目前有6个自贸区提供贸易便利化服务，诸如：填写海关报关单；进行清关、检查和检验；签发证书及许可证；为银行服务供应商提供泊车区及专用泊车区；并提供咨询服务。格鲁吉亚政府当局表示，将所有服务集中在一个区域简化了海关手续。

格鲁吉亚海关的平均清关时间少于一个工作日，具体根据是否预先提交进口报关单、货物形式以及适用的海关管制类别（如两用物品、危险品等）而定。

"黄金名单"成员的货物可获简化报关手续。这些货物可以直接在边境放行，也可以运到进口商的仓库。进口上述货物可延期30天缴纳关税、增值税和消费税。当所有纸质文件存放在报关行处所时，可以电子方式提交报关所需的证明文件。成为"黄金名单"成员的条件包括：公司必须注册为增值税纳税人；年贸易额不低于500万欧元；已缴纳进口关税金额不低于90万美元和/或已提交至少100份进出口商品报关单；在过去12个月内无任何严重违反海关条例的行为。

税务局根据风险管理制度，按照随机和选择性的准则，办理海关手续。通过ASYCUDA World及其配套软件（如Oracle®system），所有海关业务均已实现全自动化，且配有不同的风险渠道，包括：

● 绿色通道：货物无须单据查验，无须商品检验，立即放行；

● 蓝色通道：货物放行后检查（清关后控制）；

● 黄色通道：货物需进行全单据核对，无商品检验；

● 红色通道：货物要接受单据检查和商品检验。

根据格鲁吉亚总统条例第543号的规定，装运前检验已于2001年废除。与欧洲国家（非经合组织成员）、中亚和中低收入国家的平均便利化水平相比，格鲁吉亚在单证（简化和统一）、自动化和内部边境机构合作等方面表现更好。但在预先裁定方面的表现低于东欧、中亚和中低收入国家的平均便利化水平。

格鲁吉亚的跨境贸易便利化水平在中国—中亚—西亚经济走廊沿线国家中处于较高水平，在世界范围内也处于中上水平。由表2-6可知，格鲁吉亚各指标均高于中国—中亚—西亚经济走廊沿线国家的平均便利化水平。

3. 伊朗

伊朗伊斯兰共和国（Islamic Republic of Iran，Iran），简称"伊朗"，位于西亚，属中东国家。

对外贸易在伊朗国民经济中占有重要地位。由于工业欠发达，农业较落后，伊朗每年需使用大量外汇进口生产资料、零配件和生活必需品等。20世纪90年代初中期，由于国际市场石油价格大幅下跌，导致伊朗石油收入减少、外汇紧缺，为此伊朗在对外贸易领域实行"积极推行私有化，鼓励非石油产品出口"等贸易政策。为应对美国等国家的经济制裁，2012年8月，伊朗领袖哈梅内伊提出发展抵抗型经济的战略，以促进经济的自力更生，减少对石油出口收入的依赖。

伊朗的贸易伙伴依次是亚洲、欧洲和非洲大陆，其中与亚洲的外贸总额占 68% 以上。2019 年伊朗分别向 40 个欧洲国家、21 个亚洲国家、28 个非洲国家和 12 个美洲国家出口了产品。伊朗出口产品除原油外，还包括液化天然气、液化丙烷、甲醇、轻油、聚乙烯、液化丁烷、尿素、钢铁制品及石油沥青等；进口商品主要有玉米、机动车辆及零附件、大米、大豆、通信设备、肉类、机械设备、香蕉、药品及医疗设备等[①]。伊朗凭其地理及资源优势，对伊拉克、土耳其、阿富汗、巴基斯坦、波斯湾沿岸国家、高加索国家、中亚独联体国家市场有较好的辐射作用。

伊朗的跨境贸易便利化水平在中国—中亚—西亚经济走廊沿线国家中处于中下水平，在世界范围内也处于中下水平。由表 2-6 可知，伊朗单证合规的进出口时间和出口成本高于中国—中亚—西亚经济走廊沿线国家的平均便利化水平，而边境合规的进出口时间和出口成本低于中国—中亚—西亚经济走廊沿线国家的平均便利化水平，因此伊朗在边境合规的跨境贸易便利化水平还亟待提高。

4. 吉尔吉斯斯坦

吉尔吉斯斯坦是位于中亚的一个内陆国家。在外交上，该国始终奉行大国平衡、全方位的务实外交政策，吸引外资、寻求外援为国内经济建设服务是其外交重点，并努力推进同伊斯兰国家的关系，积极参与地区经济合作。自独立之初，吉尔吉斯斯坦就主张对外贸易自由化，任何个人、企业和组织都有权从事进出口贸易业务。

吉尔吉斯斯坦目前以矿业为经济支柱。能源短缺、加工业落后的国民经济现状，导致吉尔吉斯斯坦以矿产出口为主、以能源和工业制成品进口为主的外贸结构在中短期内难以发生显著改变。其出口产品主要是贵金属、农产品等，进口商品主要有机械设备、化工产品、石油产品、天然气、轻工纺织品等。

吉尔吉斯斯坦在国际援助下开展了一系列旨在促进贸易的海关改革，如单一窗口和无纸化改革，但这些项目仍处于开发和实施中。

（1）单一窗口项目是为了促进和加速获得外贸业务许可，以确保海关

---

① 《对外投资合作国别（地区）指南：伊朗 2020》。

与 SWIS 信息系统之间的互动，促进海关流程所需数据的传输和处理。目前，该项目涉及 19 个部委中的 4 个，以及大约 600 个许可证和 3000 个用户。目前它是进口商和出口商的自愿计划项目。

（2）"无纸贸易"倡议即将完成，并提供统一的电子提交海关文件。大约 50% 的海关职位全面实施。

（3）海关风险评估标准。风险评估过程包括六个标准和三个级别（510 或 15）。六个标准是：进口量；出生国家；协调制度中的分类；免税额；交通方式；以往违反海关法律的行为。据当局称，虽然立法和相关法规已经到位，但风险评估程序尚未全面运作。

（4）促进海关事务的区域合作。这项工作最重要的组成部分之一是为海关服务开发统一的自动化信息系统。特定软件的开发始于 2010 年，随后在 2011—2012 年期间进行了测试改进。虽然大型数据库能够为电子海关处理创造条件，但仍需大量改进。

（5）为了简化边境个人运送货物的海关管制，吉尔吉斯斯坦于 2013 年推出了"双廊"系统，允许个人选择绿色或红色走廊进行清关。

（6）简化导入程序。自 2004 年以来，吉尔吉斯斯坦制定了特别立法（关于简化海关程序），以便物流人员将货物和车辆运往边境，供个人使用而不是用于商业生产。货物的清关以简化的特权方式进行，以进一步简化货物和车辆越过边境的程序。

吉尔吉斯斯坦的跨境贸易便利化水平在中国—中亚—西亚经济走廊沿线国家中处于中上水平，在世界范围内也处于中上水平。由表 2-6 可知，吉尔吉斯斯坦单证合规的出口时间、边境合规的进口成本低于中国—中亚—西亚经济走廊沿线国家的平均便利化水平，其余均高于平均便利化水平。

5. 土耳其

土耳其横跨欧亚两洲，在政治、经济、文化等领域均实行欧洲模式。土耳其是北约成员国，也是经济合作与发展组织创始会员国和二十国集团的成员国。它拥有雄厚的工业基础，为世界新兴经济体之一，亦是全球发展最快的国家之一。

随着国民经济的快速发展，土耳其对外贸易总值和数量不断增加，其主要进口产品为原油、天然气、化工产品、机械设备、钢铁等，主要出口产品是农产品、食品、纺织品、服装、金属产品、车辆及零配件等。近年来，钢铁、汽车、家电及机械产品等逐步进入国际市场。

为了便利土耳其的边境贸易，海关和贸易部在位于卡皮库勒的保加利亚—土耳其陆地边界大门开展了一项"一站式商店"试点项目。当局表示，此举旨在通过协调和同步执行向乘客、车辆和货物提供海关服务有关的所有程序，来减少海关处理延误。一个类似的试点项目将在格鲁吉亚—土耳其边境口岸 Sarp 实施，然后扩展到其他相关边境口岸。双方已经完成了所有的内部程序（生效的协议和所有相关的协议，有关乘客、车辆及货物的国际流动的电子数据交换详情，以及数据交换系统的技术规范文件）。

签订协议的主要目的是在上述过境点(陆路海关过境点)提供联合服务，以确保便利旅客、车辆和货物的国际运输。该项目还旨在避免重复相同的海关程序。例如，关于旅客、车辆和货物的申报只能在出境国进行，入境国应当以这些申报为依据。交存于出境国边境海关的车辆、货物的一般情况，应当以电子方式转送入境国，由入境国核实其真实性。两国间的数据交换技术研究仍在继续，"Sarp-Sarpi"过境点项目已于2016年实施。

土耳其于2013年1月启动了经认证经宫者计划（AEO 认证制度）。该制度的目的是通过减少所需的交货时间和成本来促进其贸易商的对外贸易业务，并通过鼓励最佳做法来加强整个供应链的安全。为了取得 AEO 证书，各公司除其他要求外，必须证明自己有可追溯的文件，财务上有偿还能力，已实行必要的安全和保障措施，公司在土耳其设立并已至少运作三年。符合条件的公司向与其合作的区域海关和贸易理事会提出申请。如有必要，应将其资料送交海关和贸易部进行评估，随后进行审计。AEO 证书的有效期是无限期的，但公司需要接受定期检查。

经授权的经营者主要拥有以下三种便利：本地清关权、授权发货人身份和授权收货人身份。本地清关意味着所有必要的海关过境交易和控制（自2013年以来的出口和自2015年初以来的进口）都可以在公司的交易设施中执行。拥有授权发货人身份的船运公司可以在不经过海关的情况下将客户的货物转运出口。获得授权收货人身份，可使航运公司在自己的设施或拥有本地清关权的公司的设施内完成进口货物的海关过境交易。对于授权发货人和授权收货人，所有必要的控制和密封活动也可在船运公司的设施中进行。向 AEO 证书持有人提供的其他福利包括：使用一次性或部分担保；自我发行的权利；TR 移动证书和欧元；医疗发票声明；能够提交不完整的声明和文件；减少简要声明所需的数据；减少文件和物理控制以及控制优先级。

土耳其的跨境贸易便利化水平在中国—中亚—西亚经济走廊沿线国家中是最高的，在世界范围内也处于中上水平。由表 2-6 可知，土耳其边境合规的出口成本低于中国—中亚—西亚经济走廊沿线国家的平均便利化水平，其余均高于平均便利化水平。

6. 其他国家

（1）阿富汗

阿富汗的跨境贸易便利化水平在中国—中亚—西亚经济走廊沿线国家中是最低的，在世界范围内也处于较低水平。由表 2-6 可知，阿富汗所有指标都低于中国—中亚—西亚经济走廊沿线国家的平均便利化水平。

（2）塔吉克斯坦

塔吉克斯坦的跨境贸易便利化水平在中国—中亚—西亚经济走廊沿线国家中处于中下水平，在世界范围内也处于中下水平。由表 2-6 可知，塔吉克斯坦边境合规的出口时间和进口成本高于中国—中亚—西亚经济走廊沿线国家的平均便利化水平，其余均低于平均便利化水平。

2018/2019 年度，塔吉克斯坦通过优先处理易腐货物出口清关，加快了出口速度。

（3）乌兹别克斯坦

乌兹别克斯坦的跨境贸易便利化水平在中国—中亚—西亚经济走廊沿线国家中处于较低水平，在世界范围内也处于较低水平。由表 2-6 可知，乌兹别克斯坦边境合规的出口时间、单证合规和边境合规的进口成本高于中国—中亚—西亚经济走廊沿线国家的平均便利化水平，其余均低于便利化平均水平。

2018/2019 年度，乌兹别克斯坦通过引入基于风险的货物检验和简化进口单证合规性,简化了跨境贸易。

(四)中国—中南半岛经济走廊

中国—中南半岛经济走廊以中国(广西南宁和云南昆明)为起点,以新加坡为终点,纵贯中南半岛的越南、老挝、柬埔寨、泰国、缅甸、马来西亚等国家,是中国连接中南半岛的大陆桥,也是中国与东盟合作的跨国经济走廊。

中国—中南半岛经济走廊的沿线国家有中国、柬埔寨、老挝、马来西亚、缅甸、新加坡、泰国、越南,2020年各国跨境贸易便利化水平如表2-8所示。

表2-8 中国—中南半岛经济走廊沿线国家跨境贸易便利化水平

	缅甸	柬埔寨	老挝	马来西亚	新加坡	泰国	越南	中国	平均
世界排名	168	118	78	49	47	62	104	56	85.25
跨境交易的DTF得分(0-100)	47.7	67.3	78.1	88.5	89.6	84.6	70.8	86.5	76.64
出口时间									
单证合规(小时)	144	132	60	10	2	11	50	9	52.25
边境合规(小时)	142	48	9	28	10	44	55	21	44.625
出口成本									
单证合规(美元)	140	100	235	35	37	97	139	13	99.375
边境合规(美元)	432	375	140	213	335	223	290	36	255.5
进口时间									
单证合规(小时)	48	132	60	7	3	4	76	77	50.875
边境合规(小时)	230	8	11	36	33	50	56	241	83.125
进口成本									
单证合规(美元)	210	120	115	60	40	43	183	200	121.375
边境合规(美元)	457	240	224	213	220	233	373	300	282.5

资料来源:《营商环境报告2020》。

由表 2-8 可知，中国—中南半岛经济走廊沿线国家跨境贸易便利化水平在世界范围内整体处于中等略偏上水平。

1. 缅甸

缅甸是东南亚国家联盟成员国之一，西南临安达曼海，西北与印度和孟加拉国为邻，东北靠中国，东南接泰国和老挝，首都为内比都。在外交上，缅甸奉行不结盟、积极、独立的外交政策，按照和平共处五项原则处理国与国之间的关系。1997 年加入东盟后，与东盟及周边国家关系有较大发展。随着"一带一路"建设的持续推进，中缅经贸合作快速发展，中国对缅甸投资步伐加快，两国经济联系日趋紧密。

缅甸主要出口农产品、畜牧产品、林产品、矿产、海产品、制成品等，包括天然气、大米、玉米、各种豆类、橡胶、木材、珍珠、宝石等商品；主要进口生产资料、工业原料、消费品，诸如日用消费品、电子设备、汽车和汽车配件，以及中间产品等[①]。

缅甸的跨境贸易便利化水平在中国—中南半岛经济走廊沿线国家中是最低的，在世界范围内也处于较低水平。由表 2-8 可知，缅甸单证合规的进口时间高于中国—中南半岛经济走廊沿线国家的平均便利化水平，其余均低于平均便利化水平。

2. 柬埔寨

柬埔寨自成为东盟成员国并加入 WTO 后，经济发展较快，进出口贸易连年增长。据柬埔寨海关统计，中国是柬埔寨最大的进口来源国，2019 年中柬双边贸易占柬埔寨进口总额的 43%。柬埔寨工业产业结构近年来无明显变化和改进，服装、鞋类、机械设备及零件、大米和橡胶等是柬埔寨主要出口商品。此外，水产品及木制品也有少量出口。柬埔寨主要进口商品为成衣原辅料、燃油、机械、建材、汽车、食品、饮料和化妆品等[②]。

柬埔寨的跨境贸易便利化水平在中国—中南半岛经济走廊沿线国家中处于较低水平，在世界范围内也处于中下水平。由表 2-8 可知，柬埔寨边

---

① 《对外投资合作国别（地区）指南：缅甸 2020》。
② 《对外投资合作国别（地区）指南：柬埔寨 2020》。

境合规的进口时间、单证合规的进口成本高于中国—中南半岛经济走廊沿线国家的平均便利化水平，其余均低于平均便利化水平。

柬埔寨政府近年来不断改进海关管理制度，致力于实现简洁、高效、透明和可预测的海关管理。为简化海关程序，政府决定推行使用"海关一站式服务系统"，并计划在西哈努克港安装自动化海关数据系统终端。

3. 老挝

老挝工贸部努力采取措施提高农产品质量和数量，提高生产和管理效率，开展企业培训，减少企业申请出口材料审批程序，通过电子商务平台促进中小企业发展。老挝出口商品以矿产品、电力、农产品、手工业产品为主，主要进口工业品、加工制成品、建材、日用品及食品、家用电器等。当前，老挝出口商品主要有电力、铜制品、木粉和饮料等；进口商品主要有柴油、铁及铁制品、钢筋、车辆、机械、电器和电器器材等[①]。

老挝的跨境贸易便利化水平在中国—中南半岛经济走廊沿线国家中处于中上水平，在世界范围内也处于中上水平。由表 2-8 可知，老挝边境合规的进出口时间和进出口成本、单证合规的进口成本高于中国—中南半岛经济走廊沿线国家的平均便利化水平，其余均低于平均便利化水平。因此总体来看，单证合规的跨境贸易便利化水平有待提高。

4. 马来西亚

马来西亚主要出口产品分别是电子电器产品、石油产品、化工及化学产品、棕榈油及制品、液化天然气；主要进口产品分别是电子电器产品、化工及化学产品、石油产品、机械设备及零件、金属制品[②]。

马来西亚的跨境贸易便利化水平在中国—中南半岛经济走廊沿线国家中处于较高水平，在世界范围内也处于中上水平。由表 2-8 可知，马来西亚所有指标均高于中国—中南半岛经济走廊沿线国家的平均便利化水平。

5. 新加坡

新加坡的货物贸易伙伴主要集中在邻近的东南亚地区以及中、日、韩

---

① 《对外投资合作国别（地区）指南：老挝 2020》。
② 《对外投资合作国别（地区）指南：马来西亚 2020》。

和美国。其主要出口市场为中国、香港地区、马来西亚、美国、印度尼西亚、日本、台湾地区、泰国和韩国；主要进口来源地为中国、美国、马来西亚、台湾地区、日本、印度尼西亚、韩国和法国。中国为新加坡第一大货物贸易伙伴、第一大出口市场和第一大进口来源国。新加坡非石油类主要出口商品是机电产品、矿产品和化工产品；主要进口商品为机电产品和矿产品[①]。

新加坡的跨境贸易便利化水平在中国—中南半岛经济走廊沿线国家中是最高的，在世界范围内也处于中上水平。由表2-8可知，新加坡边境合规的出口成本低于中国—中南半岛经济走廊沿线国家的平均便利化水平，其余均高于平均便利化水平。

6. 泰国

泰国的主要贸易伙伴为中国、日本、美国、东盟、欧盟等。其主要进口商品是原料及半成品、资本商品和燃料，主要出口商品是工业制成品、农产品、农业加工品和矿产品[②]。

2018年，泰国海关根据世界海关组织（WCO）指南进行了最新放行时间研究；审查了苏万那普机场海关（空运）和莱姆沙邦港海关（海运）的进出口货物清关流程；比较了在预到港处理和常规进口清关程序下进口货物的进口清关时间，发现前者导致了时间显著缩短。

泰国的跨境贸易便利化水平在中国—中南半岛经济走廊沿线国家中处于中上水平，在世界范围内也处于中上水平。由表2-8可知，泰国各指标均高于中国—中南半岛经济走廊沿线国家的平均便利化水平。

7. 越南

近年来，越南出口结构逐步改善，出口商品技术含量和附加值有所提高，电子产品和普通机械设备出口比重增加。其主要出口商品包括手机及零件、计算机及电子零件、纺织品、机械设备、鞋类、木和木制品，这些商品出口额约占越南出口总额的60%以上；进口商品以计算机及电子零件、机械设备和零部件、汽车、各类煤炭、原油为主[③]。

---

① 《对外投资合作国别（地区）指南：新加坡2020》。
② 《对外投资合作国别（地区）指南：泰国2020》。
③ 《对外投资合作国别（地区）指南：越南2020》。

越南的跨境贸易便利化水平在中国—中南半岛经济走廊沿线国家中处于中下水平，在世界范围内也处于中下水平。由表2-8可知，越南单证合规的出口时间、边境合规的进口时间高于中国—中南半岛经济走廊沿线国家的平均便利化水平，其余均低于平均便利化水平。

（五）中巴经济走廊

中巴经济走廊是中国总理李克强于2013年5月访问巴基斯坦时提出的，初衷是加强中巴之间交通、能源、海洋等领域的交流与合作，加强两国互联互通，促进两国共同发展。该项目于2015年4月20日启动。中巴经济走廊通过全方位、多领域的合作，有助于进一步密切和强化中巴全天候战略合作伙伴关系，它既是中国"一带一路"倡议的样板工程和旗舰项目，也为巴基斯坦的发展提供了重要机遇。

表 2-9 中巴经济走廊沿线国家跨境贸易便利化水平

	巴基斯坦	中国	平均
世界排名	111	56	83.5
跨境交易的 DTF 得分（0–100）	68.8	86.5	77.65
出口时间			
单证合规（小时）	55	9	32
边境合规（小时）	58	21	39.5
出口成本			
单证合规（美元）	118	13	65.5
边境合规（美元）	288	36	162
进口时间			
单证合规（小时）	96	77	86.5
边境合规（小时）	120	241	180.5
进口成本			
单证合规（美元）	130	200	165
边境合规（美元）	287	300	293.5

资料来源：《营商环境报告2020》。

由表 2-9 可知中巴经济走廊沿线国家跨境贸易便利化水平在世界范围内整体处于中等略偏上水平。

巴基斯坦的主要出口商品包括纺织品、棉花、谷物、皮革、矿产品等；主要进口商品包括矿物燃料及矿物油、锅炉、机械设备、电机电气设备、音像设备、钢铁制品、有机化学品、车辆及零附件、塑料制品、动植物油脂等[①]。

巴基斯坦海关当局一直在实施现代化计划，改革措施包括建立一个国家单一窗口、单一行政文件、电子提交和处理、海港及主要陆地边界和主要国际机场的申报。以前海关用于提交货物申报的私人开发的 IT 系统——巴基斯坦海关计算机系统（PACCS），已被联邦政府开发的新系统（WeBOC[②]）所取代。据当局称，2011 年试点的 WeBOC 将在 2015 年底在巴基斯坦全面实施，并将提供无纸化和全自动化环境，包括风险管理系统。到 2014 年底，WeBOC 承担了 91% 海上清关、69% 内陆陆港清关和 60% 机场清关。估计目前，大约 60% 的进口货物通过绿色和黄色通道进清关，这样可以更快地放行产品，而且不需要对托运货物进行查验。同样据估计，40% 的进口货物通过了红色通道，包括对单个货物的检查。尽管有了这些改进，但有关检查的决定通常基于非正式条款，而过境货物检查程序往往效率低下，缺乏透明度。

出口商必须具有国家税务编号和增值税登记编号。一般来说，出口商不必在巴基斯坦贸易展署（TDAP）注册。但是，所有食品出口商必须在各自的行业协会注册，如果没有此类实体，则必须在 TDAP 进行强制性注册。[③]自 1998 年以来，加快贸易流通的改革取得了渐进式进展，但巴基斯坦海关 WebOC 系统的推出似乎提供了一个更加完整、基本自动化的平台，其中包括一个风险管理系统，现在可以根据该系统评估出口清关情况。据有关部门称，98% 的出口货物目前通过绿色和黄色通道清关，允许产品放行速度

---

① 《对外投资合作国别（地区）指南：巴基斯坦 2020》。

② 基于 Web 的一个海关在线信息。浏览网址：https://www.weboc.gov.pk/.

③ 例如，大米出口商必须属于大米出口商协会。园艺商品的出口商必须在巴基斯坦园艺发展和出口委员会注册。

更快，但不涉及对托运货物的检查。通过红色通道的出口产品进行检查和评估，会延迟平均2~4天。据有关部门称，出口货物需要五份单证，即提单、商业发票、海关出口报关单、电子表格和装箱单。

巴基斯坦的跨境贸易便利化水平在中巴经济走廊沿线国家中处于较低水平，在世界范围内也处于中下水平。由表2-9可知，巴基斯坦边境合规的进口时间、单证合规和边境合规的进口成本高于中巴经济走廊沿线国家的平均便利化水平，其余低于平均便利化水平。因此总体来看，巴基斯坦出口贸易便利化水平有待提高。

（六）孟中印缅经济走廊

孟中印缅经济走廊建设倡议是2013年5月国务院李克强总理访问印度期间提出的，得到印度、孟加拉国、缅甸三国的积极响应。该倡议对深化四国间友好合作关系，建立东亚与南亚两大区域互联互通有重要意义。孟中印缅经济走廊建设的辐射作用将带动南亚、东南亚、东亚三大经济板块联合发展。中国西南部、印度东部、缅甸、孟加拉国相对而言均不发达，此前邦省级别的合作动力有限，将打造"经济走廊"上升至国家层面，能够通过四国延伸带动亚洲经济最重要三块区域的联动发展。

由表2-10可知，孟中印缅经济走廊沿线国家跨境贸易便利化水平在世界范围内整体处于中下水平。

1. 孟加拉国

孟加拉国主要进口商品为纺织品及手工艺品、机电产品、金属及其制品等；主要出口商品为成衣、黄麻及其制品、皮革及其制品、冷冻鱼虾、家用纺织品、医药产品等[①]。

孟加拉国在其海关现代化行动计划（2013—2017）背景下进行了促进行动，并实施了诸如WTO贸易便利化协议（TFA）和世界海关组织修订的京都公约（RKC）等国际承诺。孟加拉国国家税收委员会将TFA和RKC的条款纳入拟议的新海关法案中。此外，还实施了单独的法规来执行TFA和RKC的规定。例如，自2016年6月起，货物分类的预裁定制度已经到位；

---

① 《对外投资合作国别（地区）指南：孟加拉国2020》。

到目前为止,已通过预裁定制度处理了 14 项裁决,主要涉及电子产品、食品和塑料制品。经认证的经营者(AEO)制度于 2018 年 6 月实施,并由国家税务局管理。进出口税费的电子支付系统于 2014 年在吉大港海关开始运作。这些举措使海关手续和流程更简单、更透明、更有效。

表 2-10　孟中印缅经济走廊沿线国家跨境贸易便利化水平

	孟加拉国	印度	中国	缅甸	平均
世界排名	176	68	56	168	117
跨境交易的 DTF 得分(0-100)	31.8	82.5	86.5	47.7	62.125
出口时间					
单证合规(小时)	147	12	9	144	78
边境合规(小时)	168	52	21	142	95.75
出口成本					
单证合规(美元)	225	58	13	140	109
边境合规(美元)	408	212	36	432	272
进口时间					
单证合规(小时)	144	20	77	48	72.25
边境合规(小时)	216	65	241	230	188
进口成本					
单证合规(美元)	370	100	200	210	220
边境合规(美元)	900	266	300	457	480.75

资料来源:《营商环境报告 2020》。

孟加拉国受益于海关数据自动化系统——由联合国贸发会议设计的海关数据自动化系统(ASYCUDA),于 2013 年 7 月开始适用。海关现代化行动方案是一个持续的过程,孟加拉国特别关注风险管理、审批程序和评估系统,并得到世界银行集团、亚洲开发银行和美国国际开发署(USAID)的支持。孟加拉国致力于建设国家单一窗口,一个包括银行和金融机构、运营商、海关报关行和贸易经营者、港口和机场当局、政府机构等贸易利益攸关方的海关信息系统。孟加拉国国家税收委员会已与38个政府机构签署了谅解备忘录（MoU），以促进国家单一窗口系统的实施。

海关会在征收关税和税款后发出清关命令，并在完成港口手续后，清查货物。自2013年起，60%的已完成申报会在同一天由海关进行评估和清关。对于进口动物、植物和植物产品的清关，必须遵守检疫条件（如检疫、熏蒸等证明）。对于在西半球生产和包装的进口原棉，必须进行熏蒸。

在主要海港吉大港，孟加拉国海关实施了一个分类系统，根据预先确定的风险标准对货物进行筛选，然后通过适当的渠道进行处理。其类别包括："绿色通道"进口，享受最少的单证检查和非实物检查；进行全面单证检查的"黄色通道"进口；及占总数10%至12%的"红色通道"进口，需要同时完成完整的单证和实物检查。

孟加拉国的跨境贸易便利化水平在孟中印缅经济走廊沿线国家中处于最低水平，在世界范围内也处于较低水平。由表2-10可知，孟加拉国所有指标均低于孟中印缅经济走廊沿线国家的平均便利化水平。

2.印度

矿物燃料产品（HS27）、贵金属及制品（HS71）、机械设备（HS84）是印度的主要出口产品，约占出口总额的三分之一；矿物燃料产品（HS27）、贵金属及制品（HS71）、机电产品（HS85）则是印度的主要进口商品，约占进口总额的一半多。

印度是南亚唯一进入世界前十的改革经济体，近年来在贸易便利化方面进行了积极改革。在废除加班费后，德里和孟买的出口和进口边境合规成本也有所降低。由于电子方式和移动平台的使用增加，自2016年7月以来，经认证经营者（AEO）制度下的进口商能够通过简化的海关程序更快地清关。

根据《营商环境报告2019》，印度专注于精简业务流程。根据其2017—2020年国家贸易便利化行动计划，印度实施了若干举措以提高跨境贸易的效率，已减少了出口和进口方面的单证合规时间。随着风险管理系统的强化，现在出口商可在自己的设施内以电子方式密封集装箱；仅5%

的货物须接受开箱查验。同时印度还投资了港口设备，加强了管理并改善了电子单证流程。2017 年下半年起在新德里实施了单一窗口清关系统。

印度的跨境贸易便利化水平在孟中印缅经济走廊沿线国家中处于中上水平，在世界范围内也处于中上水平。由表 2-10 可知，印度所有指标均高于孟中印缅经济走廊沿线国家的平均便利化水平。

在 2018/2019 年度，印度通过实施清关后审计、将贸易利益相关者整合到一个电子平台、升级港口基础设施和加强单证的电子化提交，简化了跨境贸易；这项改革同时适用于德里和孟买。

3. 缅甸

缅甸的跨境贸易便利化水平在孟中印缅经济走廊沿线国家中处于较低水平，在世界范围内也处于较低水平。由表 2-10 可知，缅甸单证合规的进口时间和进口成本高于孟中印缅经济走廊沿线国家的平均便利化水平，其余均低于平均便利化水平。

三、其他沿线国家比较分析

根据《营商环境报告 2020》，营商环境改善最显著的经济体是沙特阿拉伯、约旦、多哥、巴林、塔吉克斯坦、巴基斯坦、科威特、中国、印度和尼日利亚，其中 8 个是"一带一路"沿线国家。

如图 2-11 所示，沙特阿拉伯等四国的跨境贸易便利化水平在世界范围内处于中等略偏上水平，在进出口成本上还有提升空间。2018/2019 年度，沙特阿拉伯通过加强电子贸易单一窗口、启用基于风险管理的检查、推出进口货物认证在线平台以及升级吉达港的基础设施等措施简化了进出口程序[①]；巴林通过部署新的扫描仪加快了出口清关；科威特通过改进海关风险管理系统和实施新的电子清关系统，使其跨境贸易更加便利。

---

① 《营商环境报告 2020》。

表 2-11 沙特等四国跨境贸易便利化水平

	沙特阿拉伯	约旦	巴林	科威特
世界排名	86	75	77	162
跨境交易的DTF得分（0-100）	76	79	78.7	52.6
出口时间				
单证合规（小时）	11	6	24	72
边境合规（小时）	37	53	59	84
出口成本				
单证合规（美元）	73	100	100	227
边境合规（美元）	319	131	47	665
进口时间				
单证合规（小时）	32	55	60	96
边境合规（小时）	72	79	42	72
进口成本				
单证合规（美元）	267	190	130	332
边境合规（美元）	464	206	397	634

资料来源：《营商环境报告2020》。

第二节 跨境贸易通关便利化水平对中国出口贸易的影响

一、模型构建及变量选取

引力模型的思想源自物理学的万有引力定律。20世纪60年代，丁伯根（Tinbergen，1962）和波伊堆农（Poyhonon，1963）最早将引力模型引入国际贸易的研究领域。研究结果表明，"两个国家之间的贸易流量与两

国的经济规模成正比,与两国之间的距离成反比"。基本的贸易引力模型的表达式如下:

$$X_{ij} = \alpha_0 Y_i^{\alpha 1} Y_j^{\alpha 2} D_{ij}^{\alpha 3} A_{ij}^{\alpha 4}$$

其中,X_{ij} 为某一时期 i 国对 j 国的出口额;$Y_i^{\alpha 1}$ 为出口国的 GDP,$Y_j^{\alpha 2}$ 是进口国的 GDP,$D_{ij}^{\alpha 3}$ 为两国之间的距离,$A_{ij}^{\alpha 4}$ 为其他与国际贸易相关的变量。为了便于回归,一般将原模型转化为双对数模型,得到:

$$\ln X_{ij} = \alpha_0 + \alpha_1 \ln Y_i + \alpha_2 \ln Y_j + \alpha_3 D_{ij} + \alpha_4 \ln A_{ij} + \mu_{ij}$$

尽管表述形式比较简单,但该模型对国家或地区间的双边贸易进行了量化,为国际贸易开辟了计量研究的新空间,因而在国际贸易领域得到了广泛的应用。为了研究"一带一路"沿线国家海关通关便利化水平对中国出口贸易的影响,本章在引力模型的基本变量基础上,增加了口岸通关便

表 2-12 变量的含义、预期符号、具体解释及资料来源

变量	含义	预期符号	具体解释	资料来源
$Export_{i,t}$	中国对贸易伙伴的出口贸易额		第 t 年中国对"一带一路"沿线 i 国的出口贸易额	国家统计局网站 – 国家数据
$GDP_{i,t}$	进口国的经济规模	+	进口国经济规模越大,对国外货物的购买力越强,潜在需求越大	世界银行数据库
$Distance_{i,t}$	进口国与中国的距离	−	贸易双方距离越远,货物运输时间越长,贸易成本越高,是贸易发展的不利因素	GPS 经纬度查询网(各国首都之间的距离)
$Tatiff_{i,t}$	进口国的关税水平	−	进口国的关税水平越高,越可能对进口产生阻碍	《全球竞争力报告》
$FTA_{i,t}$	进口国是否与中国签订自由贸易协定	+	进口国与中国签订自由贸易协定,会对两国贸易产生促进作用	商务部 – 自由贸易协定专栏
$Shanghai_{i,t}$	进口国是否为上海合作组织成员	+	进口国为上海合作组织成员,与中国会有更多的贸易往来	上海合作组织官网
$ICT_{i,t}$	进口通关时间	−	通关时间越短,越有利于货物在国家间的自由流动	《营商环境报告》
$ICC_{i,t}$	进口通关成本	−	通关成本越低,越有利于国际贸易的发展	《营商环境报告》

利化水平的两个直接衡量变量,即进口国的进口通关时间和进口通关成本。此外,还纳入了进口国的平均关税水平、是否与中国签有自由贸易协定、是否为上海合作组织成员国等变量(如表 2-12),建立了如下拓展的引力模型:

$$\ln Export_{i,t} = \beta_0 + \beta_1 \ln GDP_{i,t} + \beta_2 \ln Distance_{i,t} + \beta_3 Tatiff_{i,t} + \beta_4 FTA_{i,t}$$
$$+ \beta_5 Shanghai_{i,t} + \beta_6 \ln ICT_{i,t} + \beta_7 \ln ICC_{i,t} + \mu_{i,t}$$

由于这里是研究"一带一路"沿线国家口岸通关便利化水平对于我国对其出口的影响,研究重点侧重于进口国,因此在基本的贸易引力模型中去除了出口国(中国)的 GDP 这一变量。

二、资料来源与描述

由于"一带一路"沿线部分国家的 GDP 和关税水平的数据不可得,考虑到数据的完整性,本书共选取"一带一路"沿线五大区域的 52 个国家 2013—2017 年的数据,样本容量为 260(如表 2-13 所示)。

表 2-13　国家样本一览表

东南亚 8 国	新加坡、马来西亚、印度尼西亚、泰国、老挝、柬埔寨、越南、菲律宾
南亚 6 国	印度、巴基斯坦、孟加拉国、斯里兰卡、尼泊尔、不丹
中亚及蒙古 4 国	哈萨克斯坦、塔吉克斯坦、吉尔吉斯斯坦、蒙古国
西亚及北非 13 国	阿拉伯联合酋长国、阿塞拜疆、科威特、土耳其、卡塔尔、阿曼、黎巴嫩、沙特阿拉伯、巴林、以色列、埃及、伊朗、约旦
中东欧 21 国	波兰、俄罗斯、阿尔巴尼亚、格鲁吉亚、爱沙尼亚、立陶宛、亚美尼亚、斯洛文尼亚、保加利亚、捷克共和国、匈牙利、马其顿、塞尔维亚、罗马尼亚、乌克兰、斯洛伐克、克罗地亚、摩尔多瓦、拉脱维亚、波黑、黑山

中国对"一带一路"沿线各国的出口贸易额资料来源于国家统计局网站的对外经济贸易年度数据;"一带一路"沿线各国的 GDP 资料来源于世界银行数据库;中国与"一带一路"沿线各国的地理距离来源于 GPS 经纬

度查询网所测算的两国首都之间的直线距离;"一带一路"沿线各国的平均关税水平资料来源于世界经济论坛《全球竞争力报告》;进口国是否与中国签订自由贸易协定,参考了商务部网站的自由贸易协定专栏;进口国是否为上海合作组织成员,参考了上海合作组织官方网站;"一带一路"沿线各国的进口通关时间资料来源于世界银行《营商环境报告》跨境贸易板块发布的进口跟单合规时间与进口边境合规时间之和,进口通关成本数据则为进口跟单合规成本与进口边境合规成本之和。

根据《营商环境报告》的定义,边境合规指跨境贸易货物在进出口过程中遵循以海关为主体的相关政府机构的法律法规,跟单合规指跨境贸易货物在进出口过程中获取、准备和提交进口国、出口国、转运国相关政府机构依据法律法规或实践所要求的所有纸质和电子文件。因此,边境合规与跟单合规的时间之和以及成本之和,涵盖了国际贸易货物前期单证准备和海关通关过程的整体通关时间和成本,可以较好地反映一国的整体通关便利化水平。

描述性统计结果显示(如表2-14所示),$Export_{i,t}$、$lnGDP_{i,t}$、$lnICT_{i,t}$、$lnICC_{i,t}$、$Tatiff_{i,t}$的方差相对较大,说明中国对各国的出口贸易额以及"一带一路"沿线各国的经济规模、进口通关时间、进口通关成本和平均关税水平均存在较大差异;$Tatiff_{i,t}$平均值为6.11,代表"一带一路"沿线52国过去五年的平均关税水平为6.11%。$FTA_{i,t}$、$Shanghai_{i,t}$的平均值小于0.50,表明在"一带一路"沿线国家中,上海合作组织的成员国以及与中国签有自由贸易协定的国家覆盖面仍比较小;$lnICT_{i,t}$、$lnICC_{i,t}$的偏度为负,呈左偏态,表明"一带一路"沿线多国的进口通关时间和进口通关成本大量聚集在平均值以上。与此同时,一篮子欧盟成员国以其高度协调、统一、高效的海关制度实现了较高水平的国际货物流动,通关时间和通关成本很低,使得"一带一路"国家进口通关时间和进口通关成本的平均值有所降低。

表2-14 描述性统计分析

变量	平均值	最小值	最大值	标准差	偏度	峰度
$\ln Export_{i,t}$	12.63	6.18	15.78	1.96	−0.61	3.24
$lnGDP_{i,t}$	25.05	21.33	28.60	1.63	−0.20	2.25
$lnDistance_{i,t}$	8.57	7.06	8.95	0.40	−1.47	5.28
$Tatiff_{i,t}$	6.11	0	29.50	5.78	1.77	6.16
$FTA_{i,t}$	0.18	0	1	0.38	1.69	3.87
$Shanghai_{i,t}$	0.08	0	1	0.28	2.99	9.91
$ICT_{i,t}$	3.47	0	6.22	2.06	−0.66	1.98
$ICC_{i,t}$	4.70	0	7.35	2.64	−1.10	2.44

三、实证分析

本书以中国对"一带一路"沿线国家的出口贸易总额作为因变量,在基础贸易引力模型的基础上,逐步引入进口国的关税水平、是否与中国签订了自由贸易协定、是否为上海合作组织成员、进口通关时间、进口通关成本等变量,进行 OLS 回归,结果如表2-15所示。

根据表2-15的回归结果(4),单独将进口通关时间纳入模型,进口通关时间的符号与预期不符。根据回归结果(5),单独将进口通关成本纳入模型,进口通关成本对于我国出口贸易额的影响不显著且符号与预期不符。根据回归结果(6),将进口通关时间和进口通关成本均纳入模型中,二者对于我国出口贸易额的影响虽然显著,但进口通关时间的系数与预期不符。由此推测,进口通关时间和进口通关成本对于我国的出口贸易额的影响不是简单的线性关系,二者之间可能存在相互影响。因此,笔者进一步在模型中加入交互项,将进口通关时间和进口通关成本分别纳入模型,回归结果证实了进口通关时间与进口通关成本相互影响的推测。根据回归结果(7)和(8),在将进口通关时间与进口通关成本的交互项纳入模型后,分别引入进口通关时间和进口通关成本，进口通关时间的系数在纳入交互项后变化较大，从 0.51 变为 –0.52，在 1% 的显著性水平下显著；进口通关成本的系数在纳入交互项前后变化较小，从 –0.33 变为 –0.39，仍在 1% 的显著性水平下显著。

表 2–15　OLS 分步回归结果[①]

解释变量	扩展的引力模型							
	（1）	（2）	（3）	（4）	（5）	（6）	（7）	（8）
常数项	–2.32* （2.03）	–5.60*** （1.97）	–4.17*** （1.50）	–4.62*** （1.52）	–4.33*** （1.55）	–5.26*** （1.38）	–2.49* （1.49）	–3.01** （1.29）
$lnGDP_{i,t}$	1.04*** （0.05）	0.98*** （0.04）	0.99*** （0.04）	0.97*** （0.04）	0.99*** （0.04）	0.89*** （0.03）	0.93*** （0.03）	0.83*** （0.03）
$lnDistance_{i,t}$	–1.31*** （0.15）	–0.77*** （0.16）	–0.95*** （0.13）	–0.83*** （0.14）	–0.94*** （0.14）	–0.54*** （0.15）	–0.97*** （0.16）	–0.61*** （0.15）
$Shanghai_{i,t}$	0.81*** （0.28）	1.01*** （0.28）	1.09*** （0.27）	1.05*** （0.26）	1.09*** （0.27）	0.88*** （0.26）	1.26*** （0.18）	1.04*** （0.16）
$FTA_{i,t}$		1.05*** （0.13）	0.98*** （0.12）	0.92*** （0.12）	0.96*** （0.12）	1.06*** （0.13）	1.01*** （0.15）	1.16*** （0.14）
$Tatiff_{i,t}$			–0.02** （0.01）	–0.04*** （0.01）	–0.03** （0.01）	–0.04*** （0.01）	–0.04*** （0.01）	–0.04*** （0.01）
$lnICT_{i,t}$				0.10*** （0.03）		0.51*** （0.08）	–0.52*** （0.13）	
$lnICC_{i,t}$					0.02 （0.02）	–0.33*** （0.06）		–0.39*** （0.05）
$lnICT_{i,t} *$ $lnICC_{i,t}$							0.09*** （0.02）	0.09*** （0.01）
R^2	0.8011	0.8299	0.8342	0.8410	0.8347	0.8614	0.8543	0.8791
F	281.34	265.98	235.33	194.88	196.17	210.45	211.09	261.85
Prob.>F	0.0000	0.0000	0.0000	0.0000	0.0000	0.0000	0.0000	0.0000

通过对纳入交互项前后的回归结果进行对比，可以发现，进口通关时间和进口通关成本二者存在相互影响，且共同作用于我国的出口贸易；从系数上看，进口通关时间每百分比的缩减相比进口通关成本每百分比的降

---

① 　括号内为标准差；*** 表示回归系数在 1% 的显著性水平下显著，** 表示回归系数在 5% 的显著性水平下显著，* 表示回归系数在 10% 的显著性水平下显著。

低所带来的我国出口贸易额的增长更大；但从稳健性上看，进口通关时间
对于进口通关成本的依赖性更大，进口通关成本对于我国出口贸易的影响
相对而言更加稳健。

经检验，回归结果（7）存在多重共线性和异方差问题，回归结果（8）
不存在共线性问题，但存在异方差问题。为了解决上述问题，笔者进一步
运用 PPML 模型和 GLS 模型进行回归。回归结果如表 2-16 所示：

表 2-16　PPML 和 GLS 模型回归结果[①]

解释变量	PPLM 模型		GLS 模型	
	（9）	（10）	（11）	（12）
常数项	1.36*** (0.14)	1.31*** (0.11)	−1.49** (0.75)	−3.46*** (0.75)
$lnGDP_{i,t}$	0.08*** (0.03)	0.06*** (0.00)	0.91*** (0.01)	0.84*** (0.02)
$lnDistance_{i,t}$	−0.08*** (0.01)	−0.05*** (0.01)	−1.02*** (0.08)	−0.57*** (0.08)
$Shanghai_{i,t}$	0.09*** (0.02)	0.08*** (0.01)	1.37*** (0.13)	0.75*** (0.10)
$FTA_{i,t}$	0.07*** (0.01)	0.09*** (0.01)	0.94*** (0.07)	1.25*** (0.09)
$Tatiff_{i,t}$	−0.00*** (0.00)	−0.00*** (0.00)	−0.03*** (0.01)	−0.03*** (0.01)
$lnICT_{i,t}$	−0.04*** (0.01)		−0.58*** (0.06)	
$lnICC_{i,t}$		−0.04*** (0.00)		−0.39*** (0.02)
$lnICT_{i,t}*lnICC_{i,t}$	0.01*** (0.00)	0.01*** (0.00)	0.09*** (0.01)	0.08*** (0.00)

PPML 和 GLS 模型的回归结果再一次证明了经典贸易引力模型"两国
之间的贸易流量与两国的经济规模成正比、与两国之间的距离成反比"的
结论。此外，基于上述回归结果，一方面，"一带一路"沿线国家经济规
模的扩大、与中国签订 FTA 以及加入上海合作组织，对于中国的出口贸

---

① 括号内为标准差；*** 表示回归系数在 1% 的显著性水平下显著，** 表示回归系数
在 5% 的显著水平下显著，* 表示回归系数在 10% 的显著水平下显著。

易具有显著的积极的促进意义。根据 GLS 模型（12）的回归结果，进口国 GDP 每增长 1%，中国对该国的出口贸易额可以增长 0.84%；中国与"一带一路"沿线国家签订 FTA 所带来的积极作用最明显，可以带来中国对该国出口贸易额 125% 的增长；"一带一路"沿线国家加入上海合作组织，中国对该国的出口贸易额可以增长 75%。因此，中国与更多的"一带一路"国家促成 FTA 的签订，鼓励更多国家加入以上海合作组织为代表的区域经济和政治组织中，加强与"一带一路"沿线国家的经贸往来，谋求经济上的共同发展，均可以有效地促进中国对"一带一路"沿线国家的出口贸易。另一方面，地理距离、平均关税水平、进口通关时间和进口通关成本，是中国产品出口至"一带一路"沿线国家的阻碍因素。其中，地理距离是最大的阻碍因素。"一带一路"沿线各国平均关税水平降低 1%，所带来的中国对其出口贸易的增长仅为 0.03%。通关便利化水平的改善对于中国出口贸易额的影响更大。根据 GLS 模型的回归结果，"一带一路"沿线国家进口通关时间每降低 1%，中国对该国的出口贸易额有望提升 0.58%；"一带一路"沿线国家进口通关成本每降低 1%，中国对该国的出口贸易额有望提升 0.39%。根据《营商环境报告》发布的数据进行测算，2017 年"一带一路"沿线 60 国的平均进口通关时间为 103.40 小时，平均进口通关成本为 406.40 美元 / 标箱，与欧盟成员国几近零通关时间和零通关成本的全球最佳做法仍有很大差距，"一带一路"沿线国家海关通关便利化水平改善的空间和潜力大。随着"一带一路"倡议的进一步深化和《贸易便利化协定》的推动，"一带一路"沿线国家海关将进一步优化资源配置，简化通关程序。这一趋势将有效压缩进口国通关时间、降低通关成本，推动我国的对外贸易额持续增长。

四、稳健性检验

为进一步明确"一带一路"沿线国家的口岸便利化水平对中国出口贸易的影响效应，应对可能存在的内生性问题，下面再用"一带一路"沿线国家口岸便利化水平的截面数据进行回归分析，用口岸基础设施（Port）为工具变量，替代通关时间和通关成本。

基于引力模型的实证回归结果显示口岸基础设施变量显著，说明其对一国贸易便利化水平提高和促进中国出口贸易的作用显著。为了探究口岸基础设施中具体因素对于中国出口贸易的影响程度，笔者分别以口岸基础设施指标中的国际物流基础设施（ILI）、海港服务效率（PE）和海港基础设施质量（PI）进行回归，结果如表2-17所示：

表 2-17　口岸基础设施对中国出口贸易的影响

解释变量	模型（1） 国际物流基础设施	模型（2） 海港服务效率	模型（3） 海港基础设施质量
$\ln$ GDP	0.89***（4.37）	1.05***（6.48）	1.09***（6.52）
$\ln$ POP	0.01（0.54）	−0.016（−0.11）	−0.04（−0.22）
$\ln$ DIS	−1.01***（−4.24）	−1.13***（−4.45）	−1.14***（−4.49）
Open	0.05（0.26）	0.39*（0.054）	0.34（1.64）
FTA	1.00***（5.34）	0.86***（4.31）	0.83***（3.66）
ILI	3.68*（1.87）		
PE		1.90*（1.75）	
PI			1.63*（1.71）
_cons	4.09	3.77	3.34
R^2	0.9116	0.9189	0.9151

注："***"表示满足1%显著程度，"**"表示满足5%显著程度，"*"表示满足10%显著程度。括号内为解释变量的T检验值。

通过比较发现，"一带一路"沿线国家的口岸基础设施中对于中国出口影响最大的因素是国际物流基础设施（ILI），其次是海港服务效率（PE）和海港基础设施质量（PI）。世界银行发布的物流绩效指数（LPI）对于国际物流基础设施的定义为：道路、铁路、水路和空运交通基础设施的质量和延伸。作为组成物流绩效指数的六大支柱之一，世界银行专家认为：更加通达的地区一般会更繁荣。健全的基础设施能够降低交通和交易成本，便利货物、人员的移动和信息交换。海港服务效率（PE）是对口岸装卸设备、信息系统与管理手段的衡量，直接影响港口作业处理效率和物流成本。海港基础设施质量则是指码头、防波堤、进口港航道及其他生产与生产辅助设施。

第三节　跨境贸易通关便利化的影响因素

一、主要影响因素梳理

一国的通关便利化虽然从最终结果上表现为通关成本的降低和通关时间的缩短，但实际上受到一系列与海关密切相关的制度或措施的共同影响。基于 WCO 海关现代化能力建设的要求以及 SAFE 的三大支柱，本节将从海关能力建设、海关与商界的合作、海关与边境机构的合作、海关国际合作四个角度，分析通关便利化水平的内在影响因素。

（一）海关能力建设

海关能力建设是单纯与海关相关的要素，体现在机构设置、信息化水平、程序烦琐度、制度改革、清廉水平等方面，是世界海关组织推动各国建设现代化海关的基本要求。

1. 海关机构设置

不同的海关机构设置，使得各国海关在其机构的独立程度、职能偏重上有所不同，可能会影响一国进出口环节的效率和通关便利化水平。根据世界海关组织发布的 2017—2018 年度报告，世界上 36.8% 的国家海关机构为 Ministry Department，即海关事务由一国政府某一部门的子部门来管理，海关政策在制定和执行过程中或会受到上级部门的影响和制约；31.9% 的国家海关机构为 Customs Agencies，即设立单独的海关机构履行海关的各项职能，其政策颁布和执行的自主性、独立性较强；29.7% 的国家海关机构为 Revenue Authorities，即将海关视为一国的税务机构，海关的职能偏重于关税的征收；仅有 1.6% 的国家海关机构类型为 Border Protection Service，即将海关视为一国的边境安全保护机构，海关的职能也偏重国家安全的保护。一国海关受其海关机构设置的影响，在通关时间缩减和通关成本降低的重要性上可能持有不同的观点并做出不同程度的努力。例如，单独设立的海关机构在面对复杂的海关问题时能够较为灵活高效地进行上传下达，较快地颁布相关政策来解决问题；而将职能定位于国家安全保护的国家在进出口环节会加强安全检查的力度，增加查验环节，提高查验率，从而可能增加货物通关的成本，延长货物通关的时间。

2. 海关信息化水平

提升信息技术水平是建设现代海关的应有之义，也是海关顺应时代发展的必要之举。海关信息技术水平体现在海关的无纸化通关改革，即实现进出口报关单、随附单证的无纸化，也体现在海关内部建设电子信息管理系统，有效保障电子数据的安全性和电子信息系统的稳定性。提高海关的信息技术水平，有助于减轻海关作业现场的压力，提升海关的效率和效能，进而提升一国的海关通关便利化水平。

3. 单证准备烦琐度

单证准备发生在国际贸易货物通关环节之前，贸易商须向海关提交进出口报关单和多项随附单证。为正确制备边境口岸部门的各项单证，贸易商需整合货物、合同、运输等各项信息，并以正确的、标准的方式进行填写。单证准备烦琐度体现在进出口环节所需提交的单证数量和所需花费的时间和成本。一的单证准备烦琐度高，意味着贸易商在通关前所需准备的单证数量多、内容复杂，时间成本和资金成本也会相应增加。因此，过高的单证准备烦琐度不利于货物的快速流动，并降低一国的通关便利化水平。

4. 海关制度改革

世界各国海关正处于飞速改革的时代。其中，AEO 认证制度和预裁定制度是海关改革的热点。AEO 认证制度将海关对货物的监管前移并扩大至对企业风险的评估。海关根据企业的内部管理、财务状况、守法规范和贸易安全等信用信息，对企业进行风险评估，将企业划分为不同等级，高资信企业的货物享受通关便利，而低资信企业的货物则接受严密监管，如此有助于海关高效监管和企业快速通关。国家与国家间的 AEO 互认使得高信用企业在互认国同样享受到高效率、低成本通关的优惠待遇，有助于国际货物的高效流动。预裁定制度则是海关依据申请人申请，在货物进口之前做出的商品税则归类、货物原产地、海关价格等事项的书面决定。尽管各国海关预裁定制度涵盖的事项范围有所不同，约束力和有效时间也有所差异，但该制度可以将通关环节中较为复杂、耗时、有争议的问题提前交由海关裁定，从而减少国际贸易货物在通关环节因归类、原产地、估价等原因导致的延迟。一国海关致力于 AEO 认证、预裁定等海关制度改革，将有助于其合理调配资源，提高通关环节时间和成本的可预测性，促进该国通关便利化水平的提升。

5.海关的清廉水平

海关的清廉水平体现在税费的征收是否公开、透明、有法可依，体现在海关自由裁量权的使用是否合理、公正，也可侧面反映一国政府机构现代化水平和政府工作人员的整体素质。海关清廉水平越高，通关环节的成本和时间就越具有可预测性，避免了非常规、不必要的费用和延迟。清廉水平会间接影响贸易商的通关体验和一国的通关便利化水平。

（二）海关与商界的合作

海关与商界的合作是 SAFE 框架的三大支柱之一。为构建一个更加便利的通关环境，各国海关在向着服务型海关转变，海关与商界的关系不再是传统的管理与被管理的关系，而是趋向于平等协商。一国海关政策的透明度情况、海关与商界的磋商程度是一国海关与商界合作水平的重要体现。

1.海关政策的透明度

透明度是世界贸易组织和世界海关组织所要求和推崇的一项重要原则，在《关税及贸易总协定》《贸易便利化协定》等多边国际贸易协定中被不断地进行强化和细化。提升海关政策透明度的措施也越来越具体，如扩大信息公开的范围，增加政策发布的渠道，提升政策的易获取性和易读性。具体如建立海关官网，将法律法规和管理措施进行有效分类、整合、公开并及时更新，利用微博、微信、Facebook、Twitter、YouTube 等大众传媒发布海关政策。海关政策透明度的提升，有助于贸易商及时了解海关政策、通关程序及要求，有效减少通关环节不确定的等待和费用，提升通关时间和通关成本的可预测性，进而提升一国的通关便利化水平。

2. 海关与商界的磋商

海关与商界的磋商，就是在海关相关政策实施前对于贸易商建议和意见的听取和采纳，给予相关方评论的机会，使海关政策符合国际贸易实际。具体体现在海关相关政策确定颁布后，在政策公布与实施间设定较为合适的时间段，给贸易商适应新规定并作出调整和反应的时间，也体现在海关将线上问答与线下咨询点相结合，为贸易商提供多种咨询和沟通的渠道。海关与商界的磋商渠道越畅通、方式越多样、频率越密切，越能回应贸易商的关切，解决进出口环节痛点，提升海关管理的科学性、合理性，进而提升通关效率和通关便利化水平。

（三）海关与边境机构的合作

海关与边境机构的合作是 SAFE 框架的三大支柱之一。国际贸易货物在进出境环节会接受海关、边防检查、港务管理、外汇管理等多个部门的监管，因此边境机构之间的协同合作，如信息互享、监管互认、执法互助，有助于整合边境机构的资源，提升货物进出境的效率。中国海关进行的"三互大通关"改革就是促进边境机构合作的有效举措。在世界范围内，单一窗口制度受到普遍推崇。WTO 在《贸易便利化协定》中明确规定，"单一窗口是边境机构加强合作以便利贸易的方式，使得贸易商能够通过单一接入点向参与单一窗口的边境机构提交货物进口、出口或过境的单证和数据"。其显著特征在于：一次性申报、标准化数据、统一平台处理。它体现了政府机构间的协调监管，同时能够保证共享信息的安全和隐私，使企业和政府双方都得到便利[1]。由此可见，建设单一窗口对于简化通关程序、减少通关单证和数据的多次重复递交具有积极意义，但也对边境机构的协调、统一、配合提出了更高的要求。

---

[1]　王春蕊：《全球价值链视角下中国贸易便利化政策研究》，对外经济贸易大学出版社 2018 年版，第 96—100 页。

（四）海关国际合作

海关与海关的合作是 SAFE 框架的三大支柱之一。各国海关深入合作，有助于国际贸易相关信息在各国海关之间准确、及时地交换和传递，有助于各国海关之间互相学习借鉴、协调合作，有助于一国海关对标国际优秀做法，补齐海关制度短板，优化通关环境，提升通关便利化水平。一国加入 WTO 并实施 WTO 各项协定，加入 WCO 并实施相关公约和协定，建立或加入区域合作组织，与他国签订双边协定或加强双边海关合作，均有助于提升一国整体或所在区域的通关便利化水平。

二、影响效应的实证分析

（一）模型构建与变量选取

1. 模型构建

在理论分析的基础上，笔者进一步构建模型，以通关便利化水平作为因变量，各影响因素作为自变量，分析这些影响因素对通关便利化水平的影响显著性和影响大小。

通关便利化水平分别用进口边境合规时间和进口边境合规成本来衡量。自变量则由海关机构类型、进口电子报关单率、进口跟单合规时间和成本、是否实施 AEO 认证制度、是否实施预裁定制度、海关咨询渠道数量、单一窗口涉及机构数量、区域与双边合作数量、"一带一路"沿线国家所属区域、经济发展水平，一共十个变量构成。

初步建立的多元线性模型如下：

（1）以边境合规时间为通关便利化水平的衡量变量

$$BCT_{i,t} = \beta_0 + \beta_1 OO_{i,t} + \beta_2 EDR_{i,t} + \beta_3 DCT_{i,t} + \beta_4 AEO_{i,t} + \beta_5 AR_{i,t} + \beta_6 Channel_{i,t} + \beta_7 SW_{i,t} + \beta_8 CC_{i,t} + \beta_9 Region_{i,t} + \beta_{10} Economy_{i,t} + \mu_{i,t}$$

（2）以边境合规成本为通关便利化水平的衡量变量

$$BCC_{i,t} = \beta_0 + \beta_1 TOO_{i,t} + \beta_2 EDR_{i,t} + \beta_3 DCC_{i,t} + \beta_4 AEO_{i,t} + \beta_5 AR_{i,t} + \beta_6 Channel_{i,t} + \beta_7 SW_{i,t} + \beta_8 CC_{i,t} + \beta_9 Region_{i,t} + \beta_{10} Economy_{i,t} + \mu_{i,t}$$

2. 变量选取

在因变量的选取上，笔者分别选取边境合规时间和边境合规成本作为通关便利化水平的衡量变量。根据世界银行《营商环境报告》的定义，"边境合规"，指跨境贸易货物在进出口过程中遵循以海关为主体的相关政府机构的法律法规；边境合规时间和成本很好地测度了跨境贸易货物在海关清关和海关监管过程中所花费的时间和成本，直观反映了一国海关的通关效率和通关环节的便利化水平。

在自变量的选取上，（1）从海关能力建设角度，选取了海关机构类型、进口电子报关单率、进口跟单合规时间、进口跟单合规成本、是否实施 AEO 认证制度、是否实施预裁定制度作为自变量。根据世界银行《营商环境报告》的定义，"跟单合规"，指跨境贸易货物在进出口过程中获取、准备和提交进口国、出口国、转运国相关政府机构依据法律法规或实践所要求的所有纸质和电子文件。跟单合规时间和跟单合规成本较好地反映了一国海关的单证准备烦琐度。前期单证准备烦琐度越高，边境合规环节海关审单、查验和处置的时间可能会越长。海关清廉水平原拟用世界经贸论坛《贸易促进报告》（Enabling Trade Report）的"进出口环节非常规支付和贿赂"指标来衡量，但由于《贸易促进报告》每两年发布一次，且 2018 年的报告尚未发布，近年来只能获取 2016 年的报告，得到 2015 年的数据，考虑到数据的完整性，该指标未纳入自变量。（2）从海关与商界的合作角度，选取海关咨询渠道数量作为自变量。海关政策透明度原拟用各国海关官网上每年政策的发布数量来衡量，但由于涉及多种语言、官网披露信息的程度不同、政策与新闻杂糅，得到的数据不具备准确性和科学性，该指标最终未纳入自变量。（3）从海关与边境机构合作角度，本书选取了单一窗口涉及机构数量这一变量。（4）从海关国际合作角度，选取了区域与双边合作数量这一变量。（5）除此以外，模型还增加了进口国所处的"一带一路"区域以及进口国的经济发展水平两个变量，以探讨"一带一路"沿线国家所属区域和经济发展水平对于其通关便利化水平的影响。

表 2-18　变量的含义、预期符号、具体解释及资料来源

变量	变量含义	预期符号	具体解释	资料来源
$BCT_{i,t}$	进口边境合规时间		以海关为主的边境机构进行监管、货物通关以及货物常规装卸的时间（单位为小时）	《营商环境报告》
$BCC_{i,t}$	进口边境合规成本		以海关为主的边境机构进行监管、货物通关以及货物常规装卸的成本，单位为美元/标箱	《营商环境报告》
$TOO_{i,t}$	海关机构类型	不确定	四种不同的海关机构类型（1代表 Ministry Department，2代表 Customs Agencies，3代表 Revenue Authorities，4代表 Border Protection Service）	《世界海关组织年度报告》
$EDR_{i,t}$	进口电子报关单率	−	电子进口报关单数量占总进口报关单数量的比重，数值为0–1	《世界海关组织年度报告》
$DCT_{i,t}$	进口跟单合规时间	+	在港口及边境机构获取、准备和提交与运输、清关和监管等事项有关单证的准备时间（单位为小时）	《营商环境报告》
$DCC_{i,t}$	进口跟单合规成本	+	在港口及边境机构获取、准备和提交与运输、清关和监管等事项有关单证的前期成本（单位为美元/标箱）	《营商环境报告》
$AEO_{i,t}$	是否实施AEO制度	−	值为0或1（0代表某国海关当年未实施了AEO认证制度，1代表某国海关当年实施了AEO制度）	世界贸易组织贸政策审议国别报告，各国海关官网
$AR_{i,t}$	是否实施预裁定制度	−	0或1（0代表某国海关当年未实施了AEO认证制度，1代表某国海关当年实施了AEO制度）	世界贸易组织贸政策审议国别报告，各国海关官网
$Channel_{i,t}$	海关咨询渠道数量	−	一国海关官网上公布的其联络、沟通和咨询方式的种类数量（如：网页在线咨询、线下咨询点、电话、邮箱、传真、Facebook 等）	《世界海关组织年度报告》，各国海关官网
$SW_{i,t}$	单一窗口涉及机构数量	−	一国所建立的单一窗口涉及的机构数量（数值越大，边境机构合作越深）	《世界海关组织年度报告》
$CC_{i,t}$	区域与双边合作数量	−	一国加入的区域合作组织及签订的区域贸易协定数量；两国间签订的海关合作协定和建立的海关伙伴关系数量（数量总和越大，国际海关合作水平越高）	世界贸易组织区域贸易协定数据库，各国海关官网
$Region_{i,t}$	进口国所在区域	−	"一带一路"沿线分为五大区域：东南亚（赋值为1）、南亚（赋值为2）、中亚及蒙古（赋值为3）、西亚及北非（赋值为4）、中东欧（赋值为5）	《"一带一路"沿线国家五通指数报告》对"一带一路"的区域分类
$Economy_{i,t}$	进口国的经济发展水平	−	各国根据其经济发展程度，可以分为低收入国家（赋值为1）、中低收入国家（赋值为2）、中上收入国家（赋值为3）和高收入国家（赋值为4）	世界银行数据库

（二）样本选取与资料来源

1. 样本选取

笔者选取了"一带一路"沿线五大区域、60个国家2014—2018年的数据，样本容量为300（见表2-19）。

表2-19　国家样本一览表

东南亚10国	新加坡、马来西亚、印度尼西亚、缅甸、泰国、老挝、柬埔寨、越南、文莱、菲律宾
南亚7国	印度、巴基斯坦、孟加拉国、斯里兰卡、马尔代夫、尼泊尔、不丹
中亚及蒙古5国	哈萨克斯坦、乌兹别克斯坦、塔吉克斯坦、吉尔吉斯斯坦、蒙古
西亚北非16国	阿拉伯联合酋长国、阿塞拜疆、科威特、土耳其、卡塔尔、阿曼、黎巴嫩、沙特阿拉伯、巴林、以色列、埃及、伊朗、约旦、叙利亚、伊拉克、阿富汗
中东欧22国	波兰、俄罗斯、阿尔巴尼亚、格鲁吉亚、爱沙尼亚、立陶宛、亚美尼亚、斯洛文尼亚、保加利亚、捷克共和国、匈牙利、马其顿、塞尔维亚、罗马尼亚、乌克兰、斯洛伐克、克罗地亚、摩尔多瓦、白俄罗斯、拉脱维亚、波黑、黑山

2. 资料来源

对于因变量通关便利化水平，笔者以世界银行《营商环境报告》（Doing Business Report）发布的进口边境合规成本和进口边境合规时间分别作为衡量变量。

对于各个自变量，海关与商界的磋商用各国海关官网公布的沟通咨询渠道数量来衡量；海关机构设置通过对世界海关组织年度报告（WCO Annual Report）发布的各国"海关机构类型"进行赋值来衡量；海关信息化水平用《世界海关组织年度报告》发布的各国"进口电子报关单率"来衡量；单证准备烦琐度分别用世界银行《营商环境报告》中的"进口跟单合规时间"和"进口跟单合规成本"来衡量；边境机构合作用《世界海关组织年度报告》公布的"单一窗口涉及机构数量"来衡量；国际海关合作用世界贸易组织"区域贸易协定数据库"（Regional Trade Agreement Database）所公布的各国签订的区域贸易协定与各国海关官网上公布的该国签订的双边海关合作协议的数量之和来衡量；海关制度改革则以 AEO 认证制度和预裁定制度为代表，建立"是否实施 AEO 认证制度"和"是否实施预裁定制度"两个 0-1 虚拟变量共同进行衡量，各国各年度实施 AEO 认证制度和预裁定制度的情况参考了世界贸易组织发布的《贸易政策审议国别报告》和各国的海关网站。经济发展水平通过世界银行数据库"根据各国经济发展程度进行的四种国家分类"进行赋值来衡量。所参考的海关官网均是《世界海关组织年度报告》中公布的各国海关官方网址。

（三）描述性统计

对各变量数据进行描述性统计，可以分析得出：（1）进口边境合规成本、进口单证合规成本的标准差分别为 269.59 和 194.71，进口边境合规时间、进口单证合规时间分别为 66.26 和 70.94，表明"一带一路"沿线各国的通关便利化水平以及单证准备烦琐度均存在较大的差异。（2）海关机构类型最小值为 1，最大值为 3，说明"一带一路"沿线国家中尚没有国家将海关作为该国的边境安全保护机构（赋值为 4）。（3）电子通关率平均值为 70%，说明"一带一路"沿线国家中已经有较多国家进行了无纸化通关实践，信息化水平整体较好，但距离完全意义上的电子通关仍有一定距离。（4）是否实施 AEO 认证制度和是否实施预裁定制度的平均数分别为 0.44 和 0.21，表明这两项重要的海关制度改革在"一带一路"沿线国家海关的普及率仍比较低，其中，AEO 认证制度的施行率相比预裁定制度更高。（5）海关平均咨询渠道数量为 4.73，说明"一带一路"沿线国家海关已平均建立起至少 4 种较为有效的沟通渠道。（6）单一窗口涉及机构数的平均值为 7.62，说明"一带一路"沿线国家参与"单一窗口"的边境机构平均达到 7 个以上。（7）国际海关合作平均数为 17.40，说明"一带一路"沿线 60 国海关平均区域合作和双边合作数量超过 17 个，标准差为 18.80，说明不同国家的海关国际合作水平有所较大差异。（8）"一带一路"沿线国家经济发展水平的平均值为 2.85，分布较为均匀。根据世界银行对各国经济发展水平的划分，"一带一路"沿线国家中，低收入国家有 4 个，中低收入国家有 18 个，中高收入国家有 19 个，高收入国家有 19 个。

表 2-20 描述性统计分析结果

变量	平均值	标准差	最小值	最大值
$BCT_{i,t}$	60.64	66.26	0	287.40
$BCC_{i,t}$	309.88	269.59	0	981
$TOO_{i,t}$	1.94	0.87	1	3
$EDR_{i,t}$	0.70	0.43	0	1
$DCT_{i,t}$	60.26	70.94	1	336
$DCC_{i,t}$	159.76	194.71	0	1000
$AEO_{i,t}$	0.44	0.50	0	1
$AR_{i,t}$	0.21	0.41	0	1
$Channel_{i,t}$	4.73	2.80	0	11
$SW_{i,t}$	7.62	11.88	0	88
$CC_{i,t}$	17.40	18.80	1	58
$Region_{i,t}$	3.55	1.49	1	5
$Economy_{i,t}$	2.85	0.93	1	4

（四）实证分析与研究结果

1. 以进口边境合规时间为通关便利化水平的衡量变量

基于前面构建的以边境合规时间为因变量的多元线性模型,笔者首先进行 OLS 模型的回归。OLS 模型通过了 VIF 检验,不存在多重共线性问题,但存在异方差问题。为解决异方差问题,笔者进一步引入 PPML 和 GLS 模型进行回归。

通过对比上述回归结果,可以发现,在最初构建的多元线性回归模型中,海关机构类型、单一窗口涉及机构数量和一国的经济发展水平对于进口边境合规时间的影响不显著或是不稳健。

表 2-21　进口边境合规时间影响因素分析回归结果[①]

变量	OLS 模型		PPML 模型		GLS 模型	
	（1）	（2）	（3）	（4）	（5）	（6）
常数项	44.78** （19.01）	46.23*** （11.47）	4.07** （0.25）	4.27*** （0.16）	49.95*** （5.49）	43.21*** （3.98）
$TOO_{i,t}$	−0.96 （3.16）	—	0.01 （0.05）	—	−1.71* （0.89）	—
$EDR_{i,t}$	22.41*** （8.26）	25.18*** （7.18）	0.38*** （0.08）	0.38*** （0.12）	15.08*** （2.27）	18.49*** （6.91）
$DCT_{i,t}$	0.46*** （0.06）	0.45*** （0.05）	0.01*** （0.07）	0.01*** （0.00）	0.53*** （0.02）	0.53*** （0.02）
$AEO_{i,t}$	−16.60** （7.41）	18.29** （7.73）	0.15 （0.08）	0.23** （0.11）	13.94*** （2.58）	18.84*** （2.68）
$AR_{i,t}$	−20.02*** （6.74）	−20.69*** （6.59）	−0.21** （0.11）	−0.25** （0.11）	−9.90*** （2.01）	−8.53*** （1.81）
$Channel_{i,t}$	2.32*** （0.92）	2.35*** （0.86）	−0.03** （0.02）	0.04*** （0.01）	1.18** （0.27）	1.08*** （0.25）
$SW_{i,t}$	0.33 （0.24）	—	0.01 （0.03）	—	0.19*** （0.07）	—
$CC_{i,t}$	−0.97*** （0.23）	−1.05*** （0.21）	−0.04*** （0.06）	−0.04*** （0.01）	−0.69*** （0.07）	−0.77*** （0.07）
$Region_{i,t}$	−6.77*** （2.47）	−7.58*** （2.58）	−0.19*** （0.03）	−0.18*** （0.03）	−6.50*** （0.77）	−7.06*** （0.82）
$Economy_{i,t}$	−0.40 （4.34）	—	0.06 （0.06）	—	−2.36** （0.99）	—
R^2	0.48	0.48	0.39	0.39	—	—
F	52.98	68.43	—	—	—	—
Prob>F	0.00	0.00	—	—	—	—

通过对回归结果做进一步分析，可以发现：（1）进口单证合规时间与进口边境合规时间呈显著的正相关。根据 GLS 模型回归结果（6），进口单证合规时间每缩减 1 小时，进口边境合规时间可以缩减 0.53 小时，意味着单证准备烦琐度的降低可以较为有效地缩短进口边境合规时间，进而提升一国的通关便利化水平。（2）预裁定制度与进口边境合规时间呈显著的负

---

① 括号内为标准差；*** 表示回归系数在 1% 的显著性水平下显著，** 表示回归系数在 5% 的显著水平下显著，* 表示回归系数在 10% 的显著水平下显著。

相关。预裁定的设计初衷在于将通关过程中较为复杂耗时的归类、原产地、估价等专业问题前置，减少通关环节时间的延误。根据回归结果，实施预裁定制度，进口边境合规时间可以缩减8.53小时，因而一国施行预裁定制度，可以显著而有效地缩减通关时间，提升该国的通关便利化水平。（3）区域合作及双边合作数量与进口边境合规时间呈显著的负相关，每促进一个区域合作和双边海关合作或协定，进口边境合规时间可以整体缩减0.77小时，意味着多边、区域或双边的海关国际合作可以从整体或局部改善一国的通关环境，缩减进口通关时间，提升通关便利化水平。（4）"一带一路"沿线五大区域的进口边境合规时间有显著差异，且所属区域赋值越大的国家，其进口边境合规时间整体越低。

然而，部分变量的回归结果与本书的预期不相符。（1）进口电子报关单率的系数显著为正，意味着电子报关率的提升并不能降低（反而会增加）进口边境合规时间，这一结果不符合预期。这可能受到一国信息化水平和配套设施的局限。例如在部分国家无纸化报关的具体实践中，贸易商需要先将单证打印出来，再将纸质单证扫描进计算机来进行无纸化报关，这反而增加了贸易商的工作时间[①]。以这样的报关方式进行报关，尽管电子报关率较高，但贸易商提供的是扫描版，而非真正意义上的电子数据，令海关的便利化水平无法得到根本性提升。（2）海关咨询渠道的系数显著为正，意味着咨询渠道越多，进口边境合规时间越长，这一结果不符合预期。（3）是否实施 AEO 认证制度这一变量的系数显著为正，意味着实施 AEO 认证制度，会使得一国的进口边境合规时间延长，这一结果不符合预期。

2. 以进口边境合规成本为通关便利化水平的衡量变量

基于前面构建的以边境合规成本为因变量的多元线性模型，首先进行 OLS 模型的回归。OLS 模型通过了 VIF 检验，不存在多重共线性问题，但存在异方差问题。为解决异方差问题，下面进一步引入 PPML 和 GLS 模型进行回归。

---

① 王春蕊：《全球价值链视角下中国贸易便利化政策研究》，对外经济贸易大学出版社 2018 年版，第 96–100 页。

表 2-22　进口边境合规成本影响因素分析回归结果

变量	OLS 模型		PPML 模型		GLS 模型	
	（1）	（2）	（3）	（4）	（5）	（6）
常数项	129.75*** （41.20）	147.63*** （40.00）	1.03*** （0.13）	1.11*** （0.11）	175.61*** （18.41）	198.61*** （15.24）
$TOO_{i,t}$	12.76 （13.54）	–	0.05 （0.04）	–	11.73*** （4.00）	8.35** （8.35）
$EDR_{i,t}$	67.60*** （27.26）	65.64** （27.12）	0.28*** （0.08）	0.24*** （0.08）	13.87 （9.82）	–
$DCC_{i,t}$	0.84*** （0.07）	0.84*** （27.12）	0.18*** （0.01）	0.18*** （0.01）	0.86*** （0.03）	0.80*** （0.03）
$AEO_{i,t}$	–6.41 （25.30）	–	–0.10 （0.08）		6.56 （9.79）	
$AR_{i,t}$	–43.31* （23.30）	–43.03* （24.68）	–0.07 （0.07）		–54.75* （9.79）	–63.92*** （7.92）
$Channel_{i,t}$	–10.18*** （3.21）	–10.09*** （3.18）	–0.04*** （0.01）	–0.04*** （0.01）	–5.23*** （1.12）	–6.52*** （0.94）
$SW_{i,t}$	3.52*** （1.08）	3.62*** （1.02）	0.11*** （0.03）	0.11*** （0.03）	2.15*** （0.51）	3.01*** （0.38）
$CC_{i,t}$	–5.23*** （0.79）	–5.36*** （0.73）	–0.51*** （0.06）	–0.53*** （0.06）	–4.28*** （0.33）	–4.63*** （0.19）
$Region_{i,t}$	–40.67*** （8.76）	–37.62*** （7.27）	–0.20*** （0.03）	–0.19*** （0.03）	–40.51*** （3.56）	–35.46*** （2.97）
$Economy_{i,t}$	85.00*** （12.03）	83.60*** （12.41）	0.28*** （0.04）	0.27*** （0.03）	63.60*** （5.46）	63.96*** （3.61）
R^2	0.69	0.68	0.66	0.66	–	–
F	126.99	151.59	–	–	–	–
Prob>F	0.00	0.00	–	–	–	–

注: 括号内为标准差; *** 表示回归系数在1% 的显著性水平下显著,** 表示回归系数在5% 的显著水平下显著, * 表示回归系数在10% 的显著水平下显著。

通过对比回归结果, 可以发现, 在最初构建的多元线性回归模型中, AEO 认证制度对于进口边境合规成本的影响并不显著, 海关机构设置、电子报关率、预裁定制度对于进口边境合规成本的影响不稳健。

通过对回归结果做进一步分析, 可以发现: （1）进口单证合规成本与进口边境合规成本呈显著的正相关。根据 GLS 模型（6）的回归结果, 每标箱国际贸易货物的进口单证合规成本降低 1 美元, 其进口边境合规成本可以降低 0.8 美元。这意味着前期单证准备烦琐度的降低可以显著而有效地降低通关过程中的成本，从而提升一国的通关便利化水平。（2）海关咨询渠道与进口边境合规成本呈显著的负相关。根据 GLS 模型（6）的回归结果，"一带一路"沿线各国海关每增加一种与商界的沟通渠道，可以使进入该国的每标箱货物的进口边境成本降低 6.52 美元，反映了海关与商界建立有效而顺畅的磋商机制对于降低货物进口成本的重要性。海关咨询渠道越多、渠道越畅通，贸易商越能够反映其利益诉求，实现成本的缩减，使得一国的进口通关体验改善，通关便利化水平提升。（3）区域合作及双边合作数量与进口边境合规成本呈显著的负相关。根据 GLS 模型（6）的回归结果，"一带一路"国家每签订一个区域贸易协定或每建立一个新的双边合作伙伴关系，可以使得每标箱货物的进口通关成本降低 4.63 美元，这意味着各国海关促进多边、区域以及双边的海关合作可以使其通关便利化水平得到改善。（4）"一带一路"沿线五大区域的进口边境合规成本有显著差异，且所属区域赋值越大的国家，其进口边境合规成本整体较低。例如，中东欧国家赋值为 4，其中一篮子欧盟成员国的进口边境合规成本为全球最低水平。

然而，部分变量的回归结果与本研究的预期不相符。（1）单一窗口涉及机构数量与进口边境合规成本呈显著的正相关，意味着单一窗口涉及机构数量的增加反而会增加一国的边境合规成本，这一结论与预期不相符。一方面，这可能是因为单一窗口涉及机构数量的增加会使得边境机构间的制度成本和沟通成本相应增加，进而使边境合规成本增加；另一方面，可能是因为单一窗口涉及机构的数量并不能完全代表一国边境机构合作的深度和单一窗口运行的效率和质量。以我国为例，我国早在 2006 年就建立起包括 13 个边境口岸部门联合的"单一窗口"，以对标国际社会提倡的一个门户网站、一次认证登录、一站式服务的要求，但中国口岸管理部门并未实现真正意义上的边境机构的互联互通，大多数口岸均未配套"一站式"服务，进出口企业要完成每笔进出口业务，仍需在银行、外汇管理局、海关、航务局、船代公司、货代公司等多个部门之间奔走办理各项手续①，未实现一站式服务的"单一窗口"只是各口岸部门名义上的联合，通关成本并没有实现有效缩减。因此，单一窗口的建设应更加注重质量，而非简单追求涉及机构的数量，如此才能真正发挥单一窗口促进贸易便利的作用。（2）经济发展水平的系数显著为正，表明"一带一路"沿线国家的经济发展水平越高，该国的进口边境合规成本也会更高，这一结果不符合预期。这可能与经济发展带来人力成本的提高有关。

3. 研究结果

综合以上分析，降低单证准备烦琐度和增加区域及双边合作数量是提升"一带一路"沿线国家通关便利化水平最有力的两项措施，可以同时降低进口边境合规时间和进口边境合规成本。

在海关能力建设方面，海关机构设置对于进口边境合规时间和进口边境合规成本的影响并不稳健；电子报关单率的提升反而会增加进口边境合规时间，且对于进口边境合规成本的影响不稳健；降低单证准备烦琐度对于提升一国通关便利化水平的影响显著且突出，应当作为通关便利化水平建设的重点内容；在海关制度改革中，AEO认证制度的实施反而会增加进口边境合规时间，且对于进口边境合规成本的影响不显著；预裁定制度的实施对于进口边境合规成本的影响不稳健，但可以明显地缩短进口边境合规时间。在海关与商界的合作方面，海关与商界沟通渠道数量的增加可以有效地降低进口边境合规成本，但会增加进口边境合规时间。在海关与边境机构的合作方面，单一窗口涉及机构数量对于进口边境合规时间的影响并不稳健，但单一窗口涉及机构数量的增加会显著地增加进口边境合规成本，因此在适当减少单一窗口涉及机构数量的同时提升边境机构合作的质量，是通关便利化建设的一项工作任务。在海关国际合作方面，一国参与多边、区域和双边的海关国际合作数量的增加可以有效地缩短进口边境合规时间并降低进口边境合规成本。因此，加强海关的国际合作，是"一带一路"沿线国家进行通关便利化建设的重点。

---

① 王春蕊：《全球价值链视角下中国贸易便利化政策研究》，对外经济贸易大学出版社2018年版，第96–100页。

第三章

"一带一路"沿线国家交通物流便利化水平比较

第一节 交通物流设施质量与服务水平评估

一、指标选择与整体概况

在中国与"一带一路"沿线国家进出口贸易量日趋庞大的背景下，交通物流设施的质量和服务水平是经济带货物贸易畅通的前提和保证。"一带一路"经济带现有六条主要运输通道：亚欧大陆桥物流通道和中巴物流通道，对接我国西部内陆地区，连接中亚、中东和欧洲；中蒙俄物流通道，对接我国东北和华北地区，通过满洲里和二连浩特口岸进入蒙古和俄罗斯；孟中印缅物流通道和中国—中南半岛物流通道，可促进我国南部省份与东盟和南亚对接；海上物流通道，对接我国东部沿海五大港口群，通过航运与东南亚、南亚、中东和欧洲连接。

目前，中国正积极与"一带一路"沿线国家打通港口、铁路、公路和航空通道，由我国主导推动的"一带一路"物流基础设施建设项目正逐步开展落实。据统计，众多国家和地区的一些重要港口已与我国港口建立航线联系，我国累计签订双边和区域海运协定 38 个，覆盖"一带一路"沿线 47 个国家，参与了新加坡港、印度尼西亚雅加达港、巴基斯坦瓜达尔港、沙特阿拉伯吉大港等沿线 34 个国家的 42 个港口的建设运营。中欧班列已逐渐形成东、中、西三条运输通道，分别经满洲里（绥芬河）、二连浩特和阿拉山口（霍尔果斯）口岸出境。此外，中缅铁路、中老铁路、中泰铁路以及中尼铁路等跨境铁路也在逐步推进建设。跨境公路运输方面，昆曼公路作为我国第一条国际高速公路连通中国、老挝和泰国三国，"双西公路"全线贯通使得中国至欧洲实现全程高速，横跨中国、吉尔吉斯斯坦、乌兹别克斯坦的中吉乌公路已正式通车……总计 356 条国际道路运输线路已实现开通。航空方面，我国已与"一带一路"沿线 62 个国家签署双边政府间航空运输协定，与东盟共同签订了区域性航空运输协议。45 个沿线国家已与我国实现直航，每周平均约有 5100 个航班。[①]

为了对"一带一路"沿线经济体的物流基础设施进行评价和比较，笔者选取了《全球物流绩效指数（LPI）报告》的核心组成成分中的物流基础设施和物流服务的质量和能力；全球贸易促进报告的贸易促进指数（ETI）第四支柱和第五支柱；《全球竞争力报告》的第二支柱分支 1 的数据来分析各区域经济体物流基础设施的得分和排名。具体内容见表 3-1。

表 3-1　物流基础设施指标评价表

		含义	组成成分	来源
全球物流绩效指数（LPI）	子要素 2：物流基础设施	属于政策监管领域，指出供应链的主要投入部分	—	2018 年《全球物流绩效指数报告》（满分 5/ 总数 160）
	子要素 4：物流服务的质量和能力	属于政策监管领域，指出供应链的主要投入部分	—	
贸易促进指数（ETI）	支柱 4：物流基础设施的可用性和质量	这一支柱衡量了四种主要运输方式（公路、铁路、航空和海海）中每一种的国内基础设施的可用性和质量	可用航空座位公里数、航空运输基础设施质量、铁路基础设施质量、班轮运输连通性指数、港口基础设施质量、公路质量指数、公路质量	2016 年《全球贸易促进报告》（满分 7/ 总数 136）
	支柱 5：物流服务的可用性和质量	作为对支柱 4 的补充，该支柱评估物流服务的可用性和质量	运输的便利性和经济性、物流能力、跟踪和追踪能力、运输的及时性、邮政服务效率、运输方式变换效率	
全球竞争力指数（GCI）	支柱 2 分支 1：物流基础设施	支柱 2 基础设施中包括物流基础设施和公用基础设施。前者主要指物流，后者主要指水电	公路连通性、公路基础设施质量、铁路密度、火车服务效率、机场连通性、航空运输服务效率、班轮运输连通性、海港服务效率	2019 年《全球竞争力报告》（满分 100/ 总数 141）

[①] 我国与"一带一路"沿线国家物流协作现状、挑战与发展策略
原文链接：https://www.xianjichina.com/news/details_141978.html.

通过"一带一路"沿线经济体与全球物流绩效指数均值的对比（参见表3-2），可以发现，"一带一路"沿线经济体 LPI 均值长期处于落后状态，直到2014年才追平世界均值，这表明沿线经济体整体物流绩效不高，提升的空间还很大。依据 LPI 均值变化趋势可以发现，2007—2016年间"一带一路"沿线经济体 LPI 均值增长速度明显快于世界整体增长趋势，表现出不断改善和提升的积极态势。

表3-2 "一带一路"沿线经济体与全球 LPI 均值对比

年份	中国	沿线经济体	全球	沿线经济体与全球均值差
2007	3.32	2.66	2.74	−0.08
2010	3.49	2.83	2.87	−0.04
2012	3.52	2.84	2.87	−0.03
2014	3.53	2.89	2.89	0.00
2016	3.66	2.88	2.88	0.00

资料来源：世界银行统计数据库。

选取并对比2016年"一带一路"沿线经济体与全球 LPI 六个子要素均值（参见表3-3），可知"一带一路"沿线经济体 LPI 子要素中的海关效率、物流基础设施质量、物流服务质量能力和货物可追溯性皆低于世界均值，其中最低的是海关效率和物流基础设施质量，这表明海关效率和物流基础设施质量是"一带一路"沿线经济体物流绩效改善和提升的关键性因素。[①]

自2013年以来，"一带一路"沿线六大经济走廊的物流基础设施便利化水平均有显著提高，但各走廊间呈现差异化发展，其中新亚欧大陆桥经济走廊表现最佳，中国—中亚—西亚经济走廊表现排在最后。

[①] 刘小军，张滨：中国与一带一路沿线国家的跨境物流协作——基于物流绩效指数，《中国流通经济》2016年第12期，第40—46页。

表 3-3　2016 年"一带一路"沿线国家和地区 LPI 子要素均值对比

	海关效率	物流基础设施质量	国际运输便利性	物流服务的质量和能力	货物可追溯性	货物运输及时性
中国	3.32	3.75	3.70	3.62	3.68	3.90
沿线经济体	2.66	2.74	2.89	2.80	2.85	3.29
全球	2.71	2.75	2.87	2.82	2.86	3.27
均值差	−0.05	−0.01	0.02	−0.02	−0.01	0.02

资料来源：世界银行统计数据库。

参与"一带一路"建设的发展中国家在物流基础设施质量[①]和物流服务能力[②]方面存在巨大差距，这两个组成部分分别代表着各经济体物流基础设施的硬件和软件。根据世界银行 2018 年物流绩效指数（LPI），"一带一路"沿线经济体之间的得分存在很大差异：LPI 排名垫底的 20 个经济体中有 3 个是"一带一路"沿线经济体（阿富汗、不丹和伊拉克），排名前 20 的经济体中也有 3 个是"一带一路"沿线经济体（香港特区、新加坡和阿联酋）。

"一带一路"倡议下物流基础设施质量表现最差的七个经济体是阿富汗（得分为 1.81，总分 5 分）、不丹（1.91 分）、缅甸（1.99 分）、摩尔多瓦（2.02 分）、伊拉克（2.03 分）、蒙古（2.1 分）和也门（2.12 分），表现最好的四个经济体是中国（3.75 分）、香港特区（3.97 分）、阿联酋（4.02 分）和新加坡（4.06 分）。"一带一路"倡议下物流服务的质量和能力表现最差的五个经济体是伊拉克（得分 1.91，总分 5 分）、阿富汗（1.92 分）、蒙古（2.21 分）、格鲁吉亚（2.26 分）和也门（2.26 分），表现最好的五个经济体是中国（3.59 分）、捷克（3.72 分）、阿联酋（3.92 分）、香港特区（3.93 分）和新加坡（4.10 分）。从地区来看，"一带一路"沿线经济体以南亚和西亚地区的基础设施和物流服务得分表现最弱，东亚环太平洋地区和高收入国家得分表现最强。

①　物流基础设施是国际物流绩效指数（LPI）的六个组成部分之一。
②　物流服务的质量和能力是国际物流绩效指数（LPI）的六个组成部分之一。

在"一带一路"沿线经济体中，物流专业人士认为铁路基础设施的差距比公路基础设施的差距更普遍，港口和机场基础设施在感知质量方面得分更高；铁路物流服务的质量和能力普通低于公路、航空和海上物流服务的质量和能力。

表3-4 "一带一路"沿线国家物流基础设施与服务评估

区域	国别	LPI	LPI 物流基础设施质量	LPI 物流服务的质量和能力	ETI 支柱 4：物流基础设施可用性和质量	ETI 支柱 5：物流服务可用性和质量	GCI 支柱 2 分支 1：物流基础设施
		得分 5/ 经济体 160	得分 5/ 经济体 160	得分 5/ 经济体 160	得分 7/ 经济体 136	得分 7/ 经济体 136	得分 100/ 经济体 141
东北亚	中国	3.61/26	3.75/20	3.59/27	5.6/12	4.9/32	68.9/24
	俄罗斯	2.76/75	2.78/61	2.75/71	4.1/37	3.8/82	57.7/49
	蒙古	2.37/130	2.10/135	2.21/140	2.4/127	3.4/111	35.5/119
	均值	2.57/103	2.44/98	2.48/106	3.3/82	3.6/97	46.6/84
东南亚	新加坡	4.00/7	4.06/6	4.10/3	6.3/3	5.9/3	91.7/1
	印度尼西亚	3.15/46	2.89/54	3.10/44	3.6/64	4.2/56	56.1/100
	马来西亚	3.22/41	3.15/40	3.30/36	5.0/17	5.0/29	66.4/29
	泰国	3.41/32	3.14/41	3.41/32	4.2/35	4.5/49	56.8/53
	越南	3.27/39	3.01/47	3.40/33	3.6/66	4.1/60	52.2/66
	菲律宾	2.90/60	2.73/67	2.78/69	2.6/116	3.7/85	41.5/100
	柬埔寨	2.58/98	2.14/130	2.41/111	2.6/113	3.7/87	42.4/96
	缅甸	2.30/137	1.99/143	2.28/128	—	—	—
	老挝	2.70/82	2.44/91	2.65/83	2.4/125	3.2/121	45.3/87
	文莱	2.71/80	2.46/89	2.71/77	3.4/74	3.9/77	47.8/77
	东帝汶	—	—	—			
	均值	3.02/62	2.80/71	3.01/62	3.7/68	4.2/63	55.6/68

续表

区域	国别	LPI	LPI物流基础设施质量	LPI物流服务的质量和能力	ETI支柱4：物流基础设施可用性和质量	ETI支柱5：物流服务可用性和质量	GCI支柱2分支1：物流基础设施
		得分5/经济体160	得分5/经济体160	得分5/经济体160	得分7/经济体136	得分7/经济体136	得分100/经济体141
南亚	印度	3.18/44	2.91/52	3.13/42	4.5/28	4.6/44	66.4/28
	巴基斯坦	2.42/122	2.20/121	2.59/89	3.5/70	4.0/64	51.1/69
	斯里兰卡	2.60/94	2.49/85	2.42/109	3.9/45	4.0/74	57.7/50
	孟加拉国	2.58/100	2.39/100	2.48/102	2.7/109	3.5/100	42.1/100
	尼泊尔	2.51/114	2.19/123	2.46/105	2.1/135	3.2/119	44.1/91
	马尔代夫	2.67/86	2.72/71	2.29/125	—	—	—
	不丹	2.17/149	1.91/150	2.35/115	2.2/131	3.5/103	无数据
	均值	2.59/101	2.40/100	2.53/98	3.2/86	3.8/84	52.3/68
西亚北非	阿联酋	3.96/11	4.02/10	3.92/13	6.3/2	5.6/13	84.1/8
	科威特	2.86/63	3.02/45	2.80/67	3.4/71	4.0/65	47.6/79
	土耳其	3.15/47	3.21/33	3.05/51	4.5/27	4.5/45	64.9/33
	卡塔尔	3.47/30	3.38/27	3.42/31	4.6/25	5.2/24	71.4/19
	阿曼	3.20/43	3.16/39	3.05/49	4.5/32	4.4/50	73.1/18
	黎巴嫩	2.72/79	2.64/73	2.47/104	3.2/83	3.6/96	49.5/70
	沙特阿拉伯	3.01/55	3.11/43	2.86/57	4.5/31	4.5/47	64.4/34
	巴林	2.93/59	2.72/68	2.86/58	4.0/40	4.8/36	62.1/35
	以色列	3.31/37	3.33/28	3.39/34	4.2/36	5.1/27	67.7/26
	也门	2.27/140	2.12/131	2.26/131	2.1/134	3.0/126	20.5/141
	埃及	2.82/67	2.82/58	2.82/63	3.7/56	4.3/54	59.1/44
	伊朗	2.85/64	2.77/63	2.84/62	3.5/69	3.7/86	46.8/82
	约旦	2.69/84	2.72/70	2.55/93	3.6/65	4.3/55	47.4/80

续表

区域	国别	LPI	LPI 物流基础设施质量	LPI 物流服务的质量和能力	ETI 支柱 4：物流基础设施可用性和质量	ETI 支柱 5：物流服务可用性和质量	GCI 支柱 2 分支 1：物流基础设施
		得分 5/ 经济体 160	得分 5/ 经济体 160	得分 5/ 经济体 160	得分 7/ 经济体 136	得分 7/ 经济体 136	得分 100/ 经济体 141
西亚北非	叙利亚	2.30/138	2.51/82	2.29/124	—	—	—
	伊拉克	2.18/147	2.03/140	1.91/159	—	—	—
	阿富汗	1.95/160	1.81/158	1.92/158	—	—	—
	巴勒斯坦	—	—	—			
	阿塞拜疆	—	—	—	4.0/42	3.6/97	65.8/31
	格鲁吉亚	2.44/119	2.38/102	2.26/132	3.3/76	3.6/98	46.0/83
	亚美尼亚	2.61/92	2.48/86	2.50/97	2.9/98	3.4/112	48.6/74
	均值	2.82/80	2.79/70	2.73/82	3.9/55	4.2/64	57.4/54
中东欧	波兰	3.54/28	3.21/35	3.58/29	3.9/47	4.8/37	67.8/25
	阿尔巴尼亚	2.66/88	2.29/110	2.56/92	2.6/111	3.6/95	35.5/120
	爱沙尼亚	3.31/36	3.10/44	3.15/40	3.8/53	4.9/33	55.7/58
	立陶宛	3.02/54	2.73/66	2.96/54	3.9/43	5.1/28	59.2/43
	斯洛文尼亚	3.31/35	3.26/31	3.05/50	3.6/62	4.7/41	58.3/47
	保加利亚	3.03/52	2.76/64	2.88/55	3.1/85	4.1/62	51.7/68
	捷克	3.68/22	3.46/26	3.72/20	4.1/39	5.1/25	70.5/22
	匈牙利	3.42/31	3.27/30	3.21/38	3.6/63	4.7/38	66.0/30
	马其顿	2.70/81	2.47/87	2.74/72	3.3/78	3.7/89	
	塞尔维亚	2.84/65	2.60/74	2.70/80	2.9/97	4.0/71	58.7/46
	罗马尼亚	3.12/48	2.91/51	3.07/47	3.0/93	4.0/72	54.4/61
	斯洛伐克	3.03/53	3.00/48	3.10/45	3.7/59	4.7/42	59.5/42
	克罗地亚	3.10/49	3.01/46	3.14/41	3.7/61	4.5/48	62.1/36

续表

区域	国别	LPI	LPI 物流基础设施质量	LPI 物流服务的质量和能力	ETI 支柱 4: 物流基础设施可用性和质量	ETI 支柱 5: 物流服务可用性和质量	GCI 支柱 2 分支 1: 物流基础设施
		得分 5/ 经济体 160	得分 5/ 经济体 160	得分 5/ 经济体 160	得分 7/ 经济体 136	得分 7/ 经济体 136	得分 100/ 经济体 141
中东欧	拉脱维亚	2.81/70	2.98/49	2.69/81	3.7/57	4.7/40	57.3/52
	波黑	2.81/72	2.42/97	2.80/65	2.4/128	3.3/116	39.8/108
	黑山	2.75/77	2.57/75	2.72/74	2.7/103	3.6/99	40.5/106
	乌克兰	2.83/66	2.22/119	2.84/61	3.4/72	4.0/69	55.5/59
	白俄罗斯	2.57/103	2.44/92	2.64/85	—	—	—
	摩尔多瓦	2.46/116	2.02/141	2.30/122	2.7/102	3.7/88	52.2/67
	均值	3.00/60	2.77/68	2.94/61	3.3/75	4.3/61	55.6/58
中亚	哈萨克斯坦	2.81/71	2.55/81	2.73/84	3.5/67	4.0/68	48.7/73
	吉尔吉斯斯坦	2.55/108	2.38/103	2.36/114	2.2/132	3.1/123	32.1/129
	土库曼斯坦	2.41/126	2.23/117	2.31/120	—	—	—
	塔吉克斯坦	2.34/134	2.17/127	2.33/116	3.0/89	3.0/127	39.6/111
	乌兹别克斯坦	2.58/99	2.57/77	2.59/88	—	—	—
	均值	2.54/108	2.38/101	2.46/104	2.9/96	3.4/106	40.1/104

"一带一路"倡议所涉及的所有经济体可以大致分为六大区域：东北亚、东南亚、南亚、西亚北非、中东欧和中亚。通过对三个主要报告的梳理，从"一带一路"沿线经济体的物流基础设施和物流服务的得分情况和排名来看，六大区域的物流基础设施和物流服务的发展和现状呈现不平衡的状况，其中，东南亚地区和中东欧地区表现出强势的领先地位，西亚北非区域紧随其后，接下来依次是南亚和东北亚，中亚五国的平均指数得分在六大区域中最低。在物流基础设施方面，第一梯队的东南亚、中东欧和西亚北非区域得分相差不大（考虑到与 2018 年全球物流绩效指数报告相比，

2016 年《全球贸易促进报告》中没有缅甸、叙利亚、伊拉克和阿富汗的数据，在"ETI 的支柱 4：物流基础设施的可用性和质量"的均值计算中，东南亚和西亚北非区域的值会比实际值偏高），南亚和东北亚相对落后，而中亚得分垫底。在物流服务方面，第一梯队和第二梯队距离明显，东南亚依旧是表现最好的区域，而东北亚和中亚表现相对较差。

具体来看，东南亚主要国家的得分排名均比较靠前，其中新加坡的 LPI 指数为 4.00（满分 5），位列第一；泰国和越南的 LPI 指数分别为 3.41 和 3.27，位居第二和第三。从总排名来看，新加坡也是所有"一带一路"沿线经济体中得分最高的。区域内部差距最大的是西亚北非，LPI 得分极值差距超过 2；区域内部各指标得分最为相近的是中亚地区，LPI 得分极值只相差 0.47 分，其中 LPI 的物流基础设施质量得分极值相差 0.4 分，LPI 的物流服务的质量和能力得分极值相差 0.42 分。

表 3-5　"一带一路"沿线经济体各指标数值的地理区域比较

各区域均值	LPI	LPI 的物流基础设施质量	LPI 的物流服务的质量和能力	ETI 的支柱 4：物流基础设施的可用性和质量	ETI 的支柱 5：物流服务的可用性和质量	GCI 的支柱 2 分支 1：物流基础设施
东南亚	3.02/62	2.80/71	3.01/62	3.7/68	4.2/63	55.6/68
中东欧	3.00/60	2.77/68	2.94/61	3.3/75	4.3/61	55.6/58
西亚北非	2.82/80	2.79/70	2.73/82	3.9/55	4.2/64	57.4/54
南亚	2.59/101	2.40/100	2.53/98	3.2/86	3.8/84	52.3/68
东北亚	2.57/103	2.44/98	2.48/106	3.3/82	3.6/97	46.6/84
中亚	2.54/108	2.38/101	2.46/104	2.9/96	3.4/106	40.1/104

其中，"一带一路"沿线的中东欧国家的物流服务效率在欧盟成员国中表现相对较差，主要对三种运输方式的服务效率进行比较分析。在 11 个既属于"一带一路"又属于欧盟的国家中，只有 3 个国家（捷克、爱沙尼亚、拉脱维亚）在表 3-6 的 3 个指标中至少有 2 个得分超过欧盟成员国均值，

超过一半的国家在三种运输方式的服务效率表现上均低于欧盟均值。

表 3-6　"一带一路"沿线经济体中欧盟成员国的物流服务水平比较

	铁路服务效率 （满分 7/ 总数 26）	海港服务效率 （满分 7/ 总数 23）	航空运输服务效率 （满分 7/ 总数 28）
保加利亚	3.32/22	4.23/22	4.43/26
克罗地亚	2.66/26	4.47/19	4.60/24
捷克	4.73/8	—	5.20/16
爱沙尼亚	4.68/9	5.57/4	4.57/25
匈牙利	3.79/21	—	4.14/27
拉脱维亚	4.47/12	4.83/13	5.50/10
立陶宛	4.47/12	4.58/17	4.64/22
波兰	3.96/18	4.44/20	4.83/19
罗马尼亚	3.06/24	3.93/23	4.68/21
斯洛伐克	4.12/16	—	3.91/28
斯洛文尼亚	3.21/23	4.67/15	4.64/22

注：根据世界经济论坛（World Economic Forum）的一项调查，对铁路服务效率（铁路服务的频率、正点率、速度和价格），海港服务效率（海港服务的频率、准时性、速度和价格），航空运输服务效率（航空运输服务的频率、准点率、速度和价格）进行评估，采用从 1（效率极低，世界上最差）到 7（效率极高，世界上最好）的评分标准。

资料来源：世界经济论坛《全球竞争力报告》。

二、六大经济走廊的区域分析

在"一带一路"六大经济走廊中，新亚欧大陆桥经济走廊的物流基础设施便利化水平最高，贸易合作空间得到有效打开；中国—中南半岛经济走廊的物流基础设施便利化水平相对较高，各项指标得分均居前列；中巴经济走廊物流基础设施便利化水平表现良好，经济走廊建设取得了积极进展；孟中印缅经济走廊物流基础设施便利化水平提升显著，基础设施进步明显但仍待进一步改善；中蒙俄经济走廊建设取得了重大进展，但物流基础设施便利化水平相对落后；中国—中亚—西亚经济走廊的物流基础设施便利化水平表现不佳，基础建设面临一定困境。

表3-7　六大经济走廊物流便利化水平比较

均值	LPI	LPI 的物流基础设施质量	LPI 的物流服务的质量和能力	ETI 的支柱4：物流基础设施的可用性和质量	ETI 的支柱5：物流服务的可用性和质量	GCI 的支柱2分支1：物流基础设施
	得分 5/ 排名 160	得分 5/ 排名 160	得分 5/ 排名 160	得分 7/ 排名 136	得分 7/ 排名 136	得分 100/ 排名 141
新亚欧大陆桥	3.24/50	3.08/51	3.25/49	4.3/41a	4.7/41a	64.0/36a
中国－中南半岛	3.14/58	2.96/65	3.14/57	4.2/53b	4.5/54b	60.5/51b
中巴	3.02/87	2.98/71	3.09/58	4.6/41	4.5/48	60.0/47
孟中印缅	2.92/77	2.76/79	2.87/75	4.3/50b	4.3/59b	59.1/51b
中蒙俄	2.91/77	2.88/72	2.85/79	4.0/59	4.0/75	54.0/64
中国—中亚—西亚	2.66/96c	2.61/86c	2.60/94c	3.8/61d	3.8/86d	52.7/68d

注：a：该均值计算中无白俄罗斯数据。

　　b：该均值计算中无缅甸数据。

　　c：该均值计算中无阿塞拜疆数据。

　　d：该均值计算中无阿富汗、土库曼斯坦、乌兹别克斯坦数据。

资料来源：2018年《物流绩效指数报告》、2016年《贸易促进报告》、2019年《全球竞争力报告》。

具体来看，新亚欧大陆桥经济走廊的各国物流基础设施得分基本为六大经济走廊中最高的，以ETI的支柱5为例，除了哈萨克斯坦得分略低之外，其余国家（白俄罗斯无数据）的各子要素均高于"一带一路"沿线经济体均值。中国—中南半岛经济走廊总体物流基础设施建设要优于中巴经济走廊，但是细分来看，物流基础设施硬件方面中巴经济走廊更有优势，而中国—中南半岛经济走廊在物流服务等软件层面上表现较好，除了老挝的物流服务各子要素得分明显较低外，中国—中南半岛的其余国家得分基本高于巴基斯坦。孟中印缅和中蒙俄经济走廊在物流基础设施上综合表现相差无几。根据 2018 年全球物流绩效指数，两走廊在基础设施和服务方面各具优势，而根据 2016 年《全球贸易促进报告》和 2019 年《全球竞争力报告》孟中印缅经济走廊明显领先于中蒙俄经济走廊。从排名来看，中国—中亚—西亚经济走廊的物流服务表现明显不如物流基础设施硬件的表现好，整体表现也落后于其他走廊。

（一）中蒙俄经济走廊

中国内蒙古大学蒙古国研究中心青年研究员西仁塔娜在第二届俄罗斯东欧中亚研究前沿论坛上表示，中蒙俄经济走廊建设处于区域经济一体化合作的初级阶段，应率先推进基础设施的互联互通[①]。她指出，互联互通是中蒙俄经济走廊建设的重点，也是目前发展中的主要制约因素之一。空间距离产生的时间成本和运输成本必然对贸易与投资的决策形成制约。因此，《建设中蒙俄经济走廊规划纲要》中确定的 32 个合作项目中有 1/3 的项目涉及道路通道等基础设施建设领域。

根据世界银行发布的"一带一路"经济体研究报告，参与"一带一路"建设的发展中国家在贸易和运输相关的基础设施方面存在巨大差距。在"一带一路"陆路通道向北开放战略中，中蒙俄经济走廊具有先天的区位优势。随着中蒙俄经济走廊的建成和延伸，沿线相关区域的物流愈加活跃，现有的物流体系尤其是物流基础设施已经无法满足日益增长的物流需求，成为制约中蒙俄经济走廊发展的桎梏。[②]

---

① 陈健、龚晓莺在《新时代区域协调发展战略下"一带一路"沿线互联互通研究》中提出，"互联互通"在内涵和外延上有广义和狭义之分。广义是指政府、民间、企业等之间的沟通和互通有无，狭义是指能源、交通、通信等基础设施的相互连通。从"一带一路"建设视角看，互联互通应包括基础设施、制度标准、人员交流三个有机部分，且互为一体，其中基础设施联通是"互联互通"的"筋骨"。
② 牟艳军："一带一路"战略下中蒙俄物流一体化建设研究，《物流科技》2016 年第 9 期，第 96-98+102 页。

中蒙俄经济走廊沿线的经济体只有中国、蒙古、俄罗斯三个国家，不论是邻近的中国北方省份还是蒙俄两国，物流基础设施都比较薄弱。中蒙俄经济走廊核心区域内绝大多数地区基础设施落后，建设不均衡，地区间差异较大。

根据 2018 年《全球物流绩效指数报告》，中蒙俄的 LPI 指数及其子要素物流基础设施质量、物流服务的质量和能力差异巨大。中国在三国中得分最高，排名均在前 30；俄罗斯其次，排名在纳入评估的 160 个经济体中居中略靠前；而蒙古的 LPI 指数及其子要素物流基础设施质量、物流服务的质量和能力在三国中排在最后，在纳入评估的 160 个经济体中分别排130、135 名和 140 名。

根据 2016 年《全球贸易促进报告》，贸易促进指数的支柱 4 是物流基础设施的可用性和质量，中俄蒙三国在此支柱上的得分依次为 5.6、4.1 和2.4；支柱 5 是物流服务的可用性和质量，中俄蒙三国在此支柱上的得分依次为 4.9、3.8 和 3.4。明显可以看出，俄罗斯的物流服务得分和排名远不如其物流基础硬件设施。

根据 2019 年《全球竞争力报告》，全球竞争力指数的支柱 2 是基础设施，其中分支 1 为物流基础设施，中蒙俄三国在此报告中的物流基础设施上的状况类似于前两个报告。

表 3-8　中蒙俄物流便利化水平比较

	LPI	LPI 的物流基础设施质量	LPI 的物流服务的质量和能力	ETI 的支柱4：物流基础设施的可用性和质量	ETI 的支柱5：物流服务的可用性和质量	GCI 的支柱2分支1：物流基础设施
	得分 5/ 排名160	得分 5/ 排名160	得分 5/ 排名160	得分 7/ 排名136	得分 7/ 排名136	得分 100/ 排名 141
中国	3.61/26	3.75/20	3.59/27	5.6/12	4.9/32	68.9/24
俄罗斯	2.76/75	2.78/61	2.75/71	4.1/37	3.8/82	57.7/49
蒙古	2.37/130	2.10/135	2.21/140	2.4/127	3.4/111	35.5/119

表3-9 ETI的支柱4：物流基础设施的可用性和质量

组成成分 \ 国别	可用航空座位公里数（数值/排名136）	航空运输基础设施质量（得分/排名136）	铁路基础设施质量（得分/排名136）	班轮运输连通性指数（数值/排名136）	港口基础设施质量（得分/排名136）	公路质量指数（得分/排名136）	公路质量（得分/排名136）
中国	5192.5/4	4.8/48	5.1/14	167.5/1	4.6/42	6.3/17	4.8/39
俄罗斯	1390.9/24	4.4/64	4.4/25	42.6/36	4.0/71	5.7/38	2.8/121
蒙古	26.6/114	3.1/122	2.7/69	—	1.3/135	3.7/102	3.0/107

表3-10 ETI的支柱5：物流服务的可用性和质量

组成成分 \ 国别	运输的便利性和经济性（得分1-5/排名136）	物流能力（得分1-5/排名136）	跟踪和追踪能力（得分1-5/排名136）	运输的及时性（得分1-5/排名136）	邮政服务效率（得分/排名136）	运输方式变换效率（得分/排名136）
中国	3.7/12	3.6/27	3.7/28	3.9/31	4.8/57	4.5/40
俄罗斯	2.5/109	2.8/73	2.6/90	3.2/85	3.9/94	4.3/51
蒙古	2.4/117	2.3/115	2.5/100	3.4/65	3.2/117	3.3/113

表3-11 GCI的支柱2分支1：物流基础设施

组成成分 \ 国别	公路连通性（得分0-100/排名136）	公路基础设施质量（得分0-100/排名136）	铁路密度（得分0-100/排名136）	火车服务效率（得分0-100/排名136）	机场连通性（得分0-100/排名136）	航空运输服务效率（得分0-100/排名136）	班轮运输连通性（得分0-100/排名136）	海港服务效率（得分0-100/排名136）
中国	95.7/10	59.7/45	17.9/61	59.0/24	100.0/2	60.7/66	100.0/1	58.6/52
俄罗斯	85.7/41	41.3/99	13.1/69	64.6/17	89.2/18	66.6/52	40.4/43	61.1/47
蒙古	59.2/112	34.7/112	2.9/96	41.4/55	31.5/97	43.3/117	—	10.2/137

总体来说，中蒙俄经济走廊的物流基础设施的便利化水平不足，但是近年来随着中国的大力推进和蒙俄的积极配合，中蒙俄经济走廊正在逐步建设和完善物流基础设施，打通港口、铁路、公路和航空通道，为该经济

走廊的总体便利化水平添砖加瓦。

（二）新亚欧大陆桥经济走廊

新亚欧大陆桥具有重要作用。它的东西两端连接着太平洋与大西洋两大经济中心，基本上属于发达地区，但空间容量小，资源缺乏；而其辽阔狭长的中间地带位于亚欧腹地，除少数国家外，基本上都属于欠发达地区，特别是中国中西部和中亚、西亚、中东、南亚地区，地域辽阔，交通不够便利，自然环境较差，但空间容量大，资源富集，开发前景好、潜力大。

新亚欧大陆桥经济走廊建设以中欧班列等现代化国际物流体系为依托，日益增多的中欧班列激活了新亚欧大陆桥经济走廊，用钢铁长龙将中国和欧洲更为紧密地联系起来，实现了中欧间的道路联通、物流畅通，为推进"一带一路"建设提供了运力保障。截至 2022 年 1 月底，中欧班列已累计开行 5 万多列，从中国西安等 20 多个城市开往欧洲 24 个国家。[①] 中国与沿线国家签署了 130 多个运输协定，通过 73 个口岸开通了 356 条国际运输线路，与 43 个国家空中直航，每周 4200 个航班。[②]

作为中国首批沿海开放城市、新亚欧大陆桥东方桥头堡，连云港具有连接南北、沟通东西的特殊地理区位。连云港口岸功能得到明显提升，基础设施方面，30 万吨级航道一期工程建成通航，30 万吨级矿石码头、第六代集装箱码头等一大批专业化码头泊位建成使用，两翼徐圩、赣榆、灌河港区先后开港，港口总吞吐能力达到 1.6 亿吨，深水化、专业化、信息化组合大港格局基本形成。连云港成为国家枢纽港、集装箱干线港。盐河航道实现千万吨级船舶直通京杭大运河，连盐铁路、连青铁路、连淮扬镇铁路、徐连高铁开工建设，大型国际化机场建设前期工作加快推进，以港口为核心的综合交通体系日益完善。同时，陆桥物流运输的蓬勃发展也为新亚欧大陆桥经济走廊沿线的经济体带来了发展机遇。[③]

"一带一路"框架下，新亚欧大陆桥国际物流通道建设的形式更为多样，

---

① 资料来源："一带一路"官网（www.yidaiyilu.gov.cn）。
② 2017 年 8 月数据。
③ 项雪龙：共享发展机遇共建物流通道携手推动新亚欧大陆桥经济走廊繁荣发展，《大陆桥视野》2016 年第 12 期，第 25−27 页。

内涵更加丰富。近些年，中欧班列的迅猛发展、能源油气管道运输的快速增长和沿线道路运输的建设推进，都为提升新亚欧大陆桥经济走廊的物流基础设施打下了基础。

根据 2018 年《全球物流绩效指数报告》，新亚欧大陆桥经济走廊沿线经济体中 LPI 表现最好的是捷克，中国和波兰紧随其后，哈萨克斯坦在纳入评估的国家中排名居中，白俄罗斯位于下游。并且，经济体之间的物流服务的质量和能力与物流基础设施的排名基本一致。

根据 2016 年《全球贸易促进报告》，按运输方式划分，除了未纳入评估的白俄罗斯，铁路和公路运输基础设施表现最好的都是中国，依次是捷克，哈萨克斯坦和波兰表现较差；航空运输基础设施表现最好的是捷克，往下依次是中国、波兰和哈萨克斯坦；而港口基础设施的得分从高到低排名为中国、波兰、捷克和哈萨克斯坦。中国和捷克关于物流服务的可用性和质量各成分指标不相上下（除了邮政服务效率不在物流所指范围内），波兰大多数成分略落后于前两国，但是运输方式变换效率的得分达到 4.7，为四国中的第一（白俄罗斯数据缺失），哈萨克斯坦物流服务表现垫底。在物流基础设施方面，中国和波兰的班轮运输连通性具有优势，哈萨克斯坦以铁路质量见长，捷克则在公路质量方面较为领先。在物流服务方面，捷克有关运输的便利性和经济性以及跟踪和追踪能力明显排在报告前列。

根据 2019 年《全球竞争力报告》（该报告中物流基础设施中包括硬件设施和物流服务），中国、哈萨克斯坦和波兰的物流基础设施得分均有所提升，其中得分最高的是中国，虽然新亚欧大陆桥经济走廊中捷克在 GCI 的"支柱 2 分支 1：物流基础设施"上排名最前，但是相较于自身，其物流基础设施建设状况有所下降。

新亚欧大陆桥辐射世界 30 多个国家和地区。这条以较短的运输路线和优越的地理位置为优势的"黄金运输通道"除了发展建设班列之外，还应注重港口的作用。总体来说，新亚欧大陆桥经济走廊的物流基础设施发展相对较好，推进顺利。利用好新亚欧大陆桥的地理位置优势，提升该经济走廊的物流运输能力并降低运输成本是接下来建设新亚欧大陆桥经济走廊的重要举措。

表 3-12　新亚欧大陆桥经济走廊相关国家物流便利化水平比较

	LPI	LPI 的物流基础设施质量	LPI 的物流服务的质量和能力	ETI 的支柱 4: 物流基础设施的可用性和质量	ETI 的支柱 5: 物流服务的可用性和质量	GCI 的支柱 2 分支 1: 物流基础设施
	得分 5/ 排名 160	得分 5/ 排名 160	得分 5/ 排名 160	得分 7/ 排名 136	得分 7/ 排名 136	得分 100/ 排名 141
中国	3.61/26	3.75/20	3.59/27	5.6/12	4.9/32	68.9/24
哈萨克斯坦	2.81/71	2.55/81	2.73/84	3.5/67	4.0/68	48.7/73
捷克	3.68/22	3.46/26	3.72/20	4.1/39	5.1/25	70.5/22
波兰	3.54/28	3.21/35	3.58/29	3.9/47	4.8/37	67.8/25
白俄罗斯	2.57/103	2.44/92	2.64/85	—	—	—

表 3-13　ETI 的支柱 4: 物流基础设施的可用性和质量

组成成分 / 国别	可用航空座位公里数（数值/排名 136）	航空运输基础设施质量（得分/排名 136）	铁路基础设施质量（得分/排名 136）	班轮运输连通性指数（数值/排名 136）	港口基础设施质量（得分/排名 136）	公路质量指数（得分/排名 136）	公路质量（得分/排名 136）
中国	5192.5/4	4.8/48	5.1/14	167.5/1	4.6/42	6.3/17	4.8/39
哈萨克斯坦	161.3/72	4.0/89	4.3/26	—	3.1/105	5.1/59	3.0/106
捷克	235.9/61	5.3/31	4.6/22	—	3.4/95	6.2/20	4.1/64
波兰	429.0/48	4.3/71	3.3/49	52.5/27	4.1/65	5.7/34	4.0/70
白俄罗斯	—	—	—	—	—	—	—

表 3-14　ETI 的支柱 5: 物流服务的可用性和质量

组成成分 / 国别	运输的便利性和经济性（得分 1-5/排名 136）	物流能力（得分 1-5/排名 136）	跟踪和追踪能力（得分 1-5/排名 136）	运输的及时性（得分 1-5/排名 136）	邮政服务效率（得分/排名 136）	运输方式变换效率（得分/排名 136）
中国	3.7/12	3.6/27	3.7/28	3.9/31	4.8/57	4.5/40
哈萨克斯坦	2.8/81	2.6/90	2.9/70	3.1/89	4.7/63	4.3/49
捷克	3.7/18	3.6/26	3.8/21	3.9/28	5.6/34	4.4/47
波兰	3.4/33	3.4/31	3.5/37	3.8/37	4.8/59	4.7/34
白俄罗斯	—	—	—	—	—	—

表 3-15　GCI 的支柱 2 分支 1：物流基础设施

组成成分 国别	公路连通性（得分0-100/排名136）	公路基础设施质量（得分0-100/排名136）	铁路密度（得分0-100/排名136）	火车服务效率（得分0-100/排名136）	机场连通性（得分0-100/排名136）	航空运输服务效率（得分0-100/排名136）	班轮运输连通性（得分0-100/排名136）	海港服务效率（得分0-100/排名136）
中国	95.7/10	59.7/45	17.9/61	59.0/24	100.0/2	60.7/66	100.0/1	58.6/52
哈萨克斯坦	79.3/56	43.2/93	14.9/66	53.4/33	46.4/72	54.9/89	—	38.9/99
捷克	92.2/17	48.5/78	100.0/3	58.3/25	56.5/54	67.5/47	—	36.6/105
波兰	88.0/32	55.2/57	100.0/13	48.4/45	64.7/38	63.9/61	63.1/23	58.8/51
白俄罗斯	—	—	—	—	—	—	—	—

（三）中国—中亚—西亚经济走廊

中国—中亚—西亚经济走廊的交通以铁路运输为主，在必要的条件下也包括海运。从现状来看，这条走廊既有刚刚开辟的通道，也有运行多年的铁路，主要包括刚刚开辟的"丝绸之风"项目和哈土伊铁路项目，以及运行多年的中哈乌土伊铁路。[①]

总体来看，中国—中亚—西亚经济走廊在国际运输方面，现有铁路运输项目普遍存在成本较高、转运过程复杂、路线曲折、效率较低等弊端，与丝绸之路北线相比缺乏竞争力。哈土伊铁路项目、中哈乌土伊铁路在欧亚运输中发挥着自身不可替代的作用，但是也存在着很难改善的弊端，相关国家需要做出努力，以开辟更为便捷高效的中国—中亚—西亚新运输通道。

根据 2018 年《全球物流绩效指数报告》，中国—中亚—西亚经济走廊经济体中，中国和土耳其的 LPI 指数及其物流基础设施质量得分较为突出，阿富汗明显表现不佳，其 LPI 指数在纳入评估的国家中排名倒数第一，LPI

---

① 杨雷：中国—中亚—西亚国际运输走廊建设的现状与挑战，《新疆师范大学学报（哲学社会科学版）》2017 年第 1 期，第 78-87 页。

的物流基础设施质量、物流服务的质量和能力排名倒数第三。其余国家中(阿塞拜疆无数据),伊朗和俄罗斯相对较好,乌兹别克斯坦、吉尔吉斯斯坦、格鲁吉亚、土库曼斯坦和塔吉克斯坦的表现差强人意,各国的 LPI 物流基础设施质量、物流服务的质量和能力表现差别不大。

根据 2016 年《全球贸易促进报告》和 2019 年《全球竞争力报告》,该走廊中阿富汗、土库曼斯坦和乌兹别克斯坦没有纳入评估。其余 8 个国家中,中国和阿塞拜疆的基础设施质量表现较好,四种运输方式(铁路、公路、航空、海运)的基础设施质量均超过 4 分(满分 7 分)。物流服务方面,中国和土耳其表现突出,其余国家表现中规中矩。重要的是,GCI 体现出 8 个国家的物流基础设施均呈现更优的趋势。

表 3-16 中国—中亚—西亚经济走廊相关国家物流便利化水平比较

	LPI	LPI 的物流基础设施质量	LPI 的物流服务的质量和能力	ETI 的支柱 4:物流基础设施的可用性和质量	ETI 的支柱 5:物流服务的可用性和质量	GCI 的支柱 2 分支 1:物流基础设施
	得分 5/ 排名 160	得分 5/ 排名 160	得分 5/ 排名 160	得分 7/ 排名 136	得分 7/ 排名 136	得分 100/ 排名 141
中国	3.61/26	3.75/20	3.59/27	5.6/12	4.9/32	68.9/24
阿富汗	1.95/160	1.81/158	1.92/158	—	—	—
阿塞拜疆	—	—	—	4.0/42	3.6/97	65.8/31
格鲁吉亚	2.44/119	2.38/102	2.26/132	3.3/76	3.6/98	46.0/83
伊朗	2.85/64	2.77/63	2.84/62	3.5/69	3.7/86	46.8/82
吉尔吉斯斯坦	2.55/108	2.38/103	2.36/114	2.2/132	3.1/123	32.1/129
俄罗斯	2.76/75	2.78/61	2.75/71	4.1/37	3.8/82	57.7/49
塔吉克斯坦	2.34/134	2.17/127	2.33/116	3.0/89	3.0/127	39.6/111
土耳其	3.15/47	3.21/33	3.05/51	4.5/27	4.5/45	64.9/33

表 3-17　ETI 的支柱 4：物流基础设施的可用性和质量

组成成分\国别	可用航空座位公里数（数值/排名 136）	航空运输基础设施质量（得分/排名 136）	铁路基础设施质量（得分/排名 136）	班轮运输连通性指数（数值/排名 136）	港口基础设施质量（得分/排名 136）	公路质量指数（得分/排名 136）	公路质量（得分/排名 136）
中国	5192.5/4	4.8/48	5.1/14	167.5/1	4.6/42	6.3/17	4.8/39
阿富汗	—	—	—	—	—	—	—
阿塞拜疆	100.4/82	5.3/35	4.2/29	—	4.3/58	4.0/86	4.4/49
格鲁吉亚	55.3/95	4.0/87	3.9/38	5.7/92	4.0/70	4.9/69	3.8/76
伊朗	212.5/63	3.4/109	3.5/46	24.6/56	3.9/72	5.6/39	4.1/66
吉尔吉斯斯坦	64.8/90	2.9/124	2.4/81	—	1.5/133	3.3/112	2.5/129
俄罗斯	1390.9/24	4.4/64	4.4/25	42.6/36	4.0/71	5.7/38	2.8/121
塔吉克斯坦	62.1/93	4.3/70	3.7/41	—	2.0/131	3.1/115	4.1/68
土耳其	2257.6/15	5.4/29	3.0/55	49.6/29	4.5/51	5.9/27	5.0/28
土库曼斯坦	—	—	—	—	—	—	—
乌兹别克斯坦	—	—	—	—	—	—	—

表 3-18　ETI 的支柱 5：物流服务的可用性和质量

组成成分\国别	运输的便利性和经济性（得分 1-5/排名 136）	物流能力（得分 1-5/排名 136）	跟踪和追踪能力（得分 1-5/排名 136）	运输的及时性（得分 1-5/排名 136）	邮政服务效率（得分/排名 136）	运输方式变换效率（得分/排名 136）
中国	3.7/12	3.6/27	3.7/28	3.9/31	4.8/57	4.5/40
阿富汗	—	—	—	—	—	—
阿塞拜疆	2.6/95	2.1/123	2.1/123	2.6/125	4.9/52	4.5/41
格鲁吉亚	2.3/119	2.1/129	2.4/104	2.8/108	4.0/90	5.0/25
伊朗	2.7/86	2.7/82	2.4/103	2.8/107	4.7/66	3.7/84

续表

组成成分\国别	可用航空座位公里数（数值/排名136）	物流能力（得分1–5/排名136）	跟踪和追踪能力（得分1–5/排名136）	运输的及时性（得分1–5/排名136）	邮政服务效率（得分/排名136）	运输方式变换效率（得分/排名136）
吉尔吉斯斯坦	2.1/132	2.0/132	2.4/105	2.7/114	3.7/100	3.3/108
俄罗斯	2.5/109	2.8/73	2.6/90	3.2/85	3.9/94	4.3/51
塔吉克斯坦	2.1/131	2.1/127	2.0/127	2.0/136	3.4/108	4.2/55
土耳其	3.4/35	3.3/36	3.4/43	3.7/40	4.9/49	3.5/100
土库曼斯坦	—	—	—	—	—	—
乌兹别克斯坦	—	—	—	—	—	—

表 3–19　GCI 的支柱 2 分支 1：物流基础设施

组成成分\国别	公路连通性（得分0–100/排名136）	公路基础设施质量（得分0–100/排名136）	铁路密度（得分0–100/排名136）	火车服务效率（得分0–100/排名136）	机场连通性（得分0–100/排名136）	航空运输服务效率（得分0–100/排名136）	班轮运输连通性（得分0–100/排名136）	海港服务效率（得分0–100/排名136）
中国	95.7/10	59.7/45	17.9/61	59.0/24	100.0/2	60.7/66	100.0/1	58.6/52
阿富汗	—							
阿塞拜疆	69.1/88	69.4/27	64.5/34	70.8/11	41.9/79	79.3/12	—	68.6/25
格鲁吉亚	77.1/65	46.6/81	46.2/44	48.9/43	40.6/81	56.2/86	6.7/100	45.9/85
伊朗	85.4/42	48.1/79	13.8/67	44.6/52	59.0/49	35.2/132	42.5/41	45.6/87
吉尔吉斯斯坦	59.6/110	34.2/113	5.5/86	30.1/77	30.0/104	33.4/133	—	8.2/138
俄罗斯	85.7/41	41.3/99	13.1/69	64.6/17	89.2/18	66.6/52	40.4/43	61.1/47
塔吉克斯坦	35.8/137	58.2/50	11.2/72	51.0/37	23.8/121	57.9/76	—	0.5/139
土耳其	87.1/34	67.0/31	33.2/52	41.4/56	94.9/14	74.0/31	59.7/27	62.1/44
土库曼斯坦	—	—	—	—	—	—	—	—
乌兹别克斯坦	—	—	—	—	—	—	—	—

　　总体来说，目前中国—中亚—西亚经济走廊的物流基础设施便利化水平表现良好，相关建设正在积极推进，但是为了使该走廊更加便捷，时间和成本更加优化，各经济体需要尝试开辟新的运输通道。

（四）中国—中南半岛经济走廊

　　推进中国—中南半岛经济走廊建设应着力加强物流基础设施建设。一方面，可以充分利用现存经济一体化组织推动交通基础设施建设。由于中南半岛地理环境复杂、沿线国家众多，且各国政治经济状况各不相同。因此，要加快中国—中南半岛经济走廊的交通基础设施建设，应借助大湄公河次区域经济合作、中国—东盟自由贸易区以及环北部湾经济合作组织等的作用，不断健全中国—中南半岛经济走廊的内在机能，增强发展动力，使其拥有足够的资源和条件。另一方面，应推进以铁路为主的、水陆兼顾的物流基础设施建设。当前，中国—中南半岛经济走廊已经开展了陆上铁路公路建设，但水路交通方面亟待加强对接。中南半岛位于太平洋、印度洋的交汇处，港口众多。因此，我们应充分发挥中南半岛的地缘优势，加快建立一体化的河海运输系统，形成中国—中南半岛经济走廊特有的海上高速航路。同时，应加快推动路上交通系统和海上航路的多式联运对接，形成密集有序的、覆盖半岛全境的交通运输网络，进一步提升中国–中南半岛经济走廊的发展动力和辐射能力。[①]

　　根据 2018 年《全球物流绩效指数报告》，中国—中南半岛经济走廊经济体中，新加坡的物流基础设施和物流服务的质量和能力表现突出，排名挤进全球前十；中国稍弱于新加坡；马来西亚、泰国和越南也在 50 名之内；老挝、柬埔寨和缅甸表现相对较差。

　　根据 2016 年《全球贸易促进报告》，所有运输方式的基础设施质量表现最好的均是新加坡，其次是马来西亚。可以明显看出，泰国和柬埔寨在所有运输方式中铁路方面的基础设施质量表现尤其差，得分分别只有 2.5 和 1.6（满分 7，下同），老挝在港口基础设施质量上得分最低，只有 2.0。

---

　　①　刘鑫、黄旭文：中国—中南半岛经济走廊建设的几个要点，《人民论坛》2018 年第 36 期，第 94–95 页。

物流服务方面依旧是新加坡表现最突出；马来西亚和中国得分在5左右，排名在30左右；除了未纳入评估的缅甸外，老挝在该经济走廊中排名最靠后。

根据2019年《全球竞争力报告》，除了新加坡之外，中国—中南半岛经济走廊的所有国家在物流基础设施指标上均有所提升。

表3-20 中国—中南半岛经济走廊相关国家物流便利化水平比较

	LPI	LPI 的物流基础设施质量	LPI 的物流服务的质量和能力	ETI 的支柱4：物流基础设施的可用性和质量	ETI 的支柱5：物流服务的可用性和质量	GCI 的支柱2分支1：物流基础设施
	得分5/排名160	得分5/排名160	得分5/排名160	得分7/排名136	得分7/排名136	得分100/排名141
中国	3.61/26	3.75/20	3.59/27	5.6/12	4.9/32	68.9/24
新加坡	4.00/7	4.06/6	4.10/3	6.3/3	5.9/3	91.7/1
马来西亚	3.22/41	3.15/40	3.30/36	5.0/17	5.0/29	66.4/29
泰国	3.41/32	3.14/41	3.41/32	4.2/35	4.5/49	56.8/53
越南	3.27/39	3.01/47	3.40/33	3.6/66	4.1/60	52.2/66
老挝	2.70/82	2.44/91	2.65/83	2.4/125	3.2/121	45.3/87
柬埔寨	2.58/98	2.14/130	2.41/111	2.6/113	3.7/87	42.4/96
缅甸	2.30/137	1.99/143	2.28/128	—	—	—

表3-21 ETI 的支柱4：物流基础设施的可用性和质量

组成成分 国别	可用航空座位公里数（数值/排名136）	航空运输基础设施质量（得分/排名136）	铁路基础设施质量（得分/排名136）	班轮运输连通性指数（数值/排名136）	港口基础设施质量（得分/排名136）	公路质量指数（得分/排名136）	公路质量（得分/排名136）
中国	5192.5/4	4.8/48	5.1/14	167.5/1	4.6/42	6.3/17	4.8/39
新加坡	2479.8/13	6.9/1	5.7/5	122.7/2	6.7/2	—	6.3/2
马来西亚	1483.4/20	5.7/20	5.1/15	106.8/4	5.4/17	2.6/123	5.5/20

续表

组成成分\国别	可用航空座位公里数（数值/排名 136）	航空运输基础设施质量（得分/排名 136）	铁路基础设施质量（得分/排名 136）	班轮运输连通性指数（数值/排名 136）	港口基础设施质量（得分/排名 136）	公路质量指数（得分/排名 136）	公路质量（得分/排名 136）
泰国	2632.6/11	5.0/41	2.5/77	44.3/34	4.2/64	5.2/55	4.2/59
越南	651.2/34	4.1/85	3.1/52	62.8/19	3.8/76	3.7/104	3.5/87
老挝	24.9/116	3.8/99	n/a	n/a	2.0/130	2.2/126	3.4/89
柬埔寨	103.7/81	3.9/98	1.6/98	5.6/93	3.9/75	3.8/97	3.4/91
缅甸	—	—	—	—	—	—	—

表 3-22　ETI 的支柱 5：物流服务的可用性和质量

组成成分\国别	运输的便利性和经济性（得分 1-5/排名 136）	物流能力（得分 1-5/排名 136）	跟踪和追踪能力（得分 1-5/排名 136）	运输的及时性（得分 1-5/排名 136）	邮政服务效率（得分/排名 136）	运输方式变换效率（得分/排名 136）
中国	3.7/12	3.6/27	3.7/28	3.9/31	4.8/57	4.5/40
新加坡	4.0/5	4.1/5	4.0/10	4.4/6	6.4/5	6.3/2
马来西亚	3.5/32	3.3/35	3.5/36	3.7/47	5.6/35	5.4/13
泰国	3.4/38	3.1/49	3.2/50	3.6/52	5.2/43	3.7/83
越南	3.1/50	2.9/63	2.8/74	3.5/56	4.8/58	3.6/88
老挝	2.2/129	2.1/128	1.8/134	2.7/120	4.5/73	3.6/90
柬埔寨	3.1/52	2.6/87	2.7/81	3.3/73	3.2/118	3.5/97
缅甸	—	—	—	—	—	—

表 3-23　GCI 的支柱 2 分支 1：物流基础设施

组成成分 国别	公路连通性（得分 0-100/排名 136）	公路基础设施质量（得分 0-100/排名 136）	铁路密度（得分 0-100/排名 136）	火车服务效率（得分 0-100/排名 136）	机场连通性（得分 0-100/排名 136）	航空运输服务效率（得分 0-100/排名 136）	班轮运输连通性（得分 0-100/排名 136）	海港服务效率（得分 0-100/排名 136）
中国	95.7/10	59.7/45	17.9/61	59.0/24	100.0/2	60.7/66	100.0/1	58.6/52
新加坡	—	90.9/1	100.0/1	80.1/5	85.4/23	95.5/1	100.0/2	90.8/1
马来西亚	40.0/133	72.4/19	17.1/63	67.6/13	88.9/20	74.8/25	100.0/5	70.0/19
泰国	80.0/54	56.6/55	21.8/55	30.3/75	98.9/9	67.3/48	48.0/35	51.4/73
越南	63.3/104	40.1/103	19.1/58	43.3/54	86.0/22	49.7/103	68.8/19	47.3/83
老挝	51.5/126	44.3/89	—	—	35.9/88	49.3/104	—	34.1/115
柬埔寨	61.9/107	42.7/97	—	—	53.9/58	44.7/113	8.2/93	42.9/91
缅甸								

　　总体来说，中国—中南半岛经济走廊的物流基础设施便利化水平相对较高，超过一半的国家在排名中都表现良好，排名均在 50 名以内。五年多来，中国—中南半岛经济走廊在基础设施建设等方面取得积极进展，昆（明）曼（谷）公路全线贯通，中老铁路、中泰铁路、雅万高铁等区际铁路网络建设取得重大进展，泛亚铁路东线已完成可行性研究，航运、地铁等合作项目稳步推进。

　　（五）中巴经济走廊

　　中巴经济走廊以中巴喀喇昆仑公路为纽带，形成了中巴跨境经济带，包括瓜达尔港、卡拉奇、白沙瓦等国际物流节点。巴基斯坦还具有过境运输功能，把中国西部地区的产品运往中东、印度洋地区国家，因此在中巴经济走廊早期收获项目中，基础设施互联互通是重要的领域之一。

　　2015 年，中巴两国确定了以中巴经济走廊为引领，以瓜达尔港、能源、交通基础设施、产业园区合作为重点的"1+4"的合作布局。"设施联通"成为近期中巴经济走廊建设的重点任务，包括瓜达尔港疏港公路和国际机场、拉合尔至卡拉奇高速公路(苏库尔至木尔坦段)、喀喇昆仑公路升级改造二期(哈维连—塔科特段)、拉合尔轨道交通橙线、卡西姆港1320兆瓦火电项目等物流基础设施项目相继开工。

一直处在战乱中的巴基斯坦经济发展相对落后,巴基斯坦地理位置的闭塞更需要完善的交通基础设施来弥补自身发展的不足。早在新中国成立前,巴基斯坦的铁路就已经形成了一定的规模,独立后由于体制缺陷、资金不够、技术水平落后、建设设备陈旧和外部环境不稳定等因素的多重影响,严重阻碍了巴基斯坦交通的发展进程。部分铁路公路由于年久失修,在里程和承载量上大大缩减,难以负担一个正在发展中的国家的经济所需。巴基斯坦的铁路分布十分不均衡,三条主要线路连接三大城市城市卡拉奇、拉合尔、白瓦沙,均呈南北走向,东西走向仅有一条铁路,国际铁路更是由于政治局势紧张而停止了使用。巴基斯坦南部临近海洋,但国内却没有连接港口、海运的铁路,进一步限制了巴基斯坦贸易发展和运力的接续。其航空基础在世界上更是毫无竞争力可言。新机场却由于种种原因不能完工,真纳机场超负荷运转,通往机场的公路严重拥堵,使得机场的使用效率低下。中国援助巴基斯坦修缮卡拉奇机场已经初见成效。[1] 根据中巴经济走廊官网的项目实施信息,目前中巴经济走廊项目共计70个,其中交通基础设施项目有26个。

从现状看,中巴经济走廊已开工的17个基础设施互联互通建设项目极大提升了该地区的发展潜力,但由于巴基斯坦基础设施建设能力较弱、财政紧张、极端非传统安全隐患长期存在、克什米尔地区冲突升温、国内反对力量的阻挠等诸多挑战,中巴之间存在着关键物流基础设施未能联通或联而不通、通而不畅等问题,阻碍了中巴两国经贸一体化进程。[2]

根据2018年《全球物流绩效指数报告》,中国和巴基斯坦在物流基础设施质量上存一定差距,在总数160个国家中排名差距达近100名。

在2016年《全球贸易促进报告》中,中国和巴基斯坦的物流服务差距

---

① 秦源:中巴基础设施合作在中巴经济走廊中的机遇与挑战分析,吉林大学,2018。
② 尹响、胡旭:中巴经济走廊基础设施互联互通项目建设成效、挑战与对策,《南亚研究季刊》2019年第3期,第32-41+5页。

比物流基础设施差距相对较小，但中国的两者得分和排名依旧靠前。

根据 2019 年《全球竞争力报告》，不论是物流基础设施还是物流服务，中国的表现均强于巴基斯坦；但在铁路密度指标上，巴基斯坦略优于中国。

表 3-24　中巴物流便利化水平比较

	LPI	LPI 的物流基础设施质量	LPI 的物流服务的质量和能力	ETI 的支柱 4：物流基础设施的可用性和质量	ETI 的支柱 5：物流服务的可用性和质量	GCI 的支柱 2 分支 1：物流基础设施
	得分 5/ 排名 160	得分 5/ 排名 160	得分 5/ 排名 160	得分 7/ 排名 136	得分 7/ 排名 136	得分 100/ 排名 141
中国	3.61/26	3.75/20	3.59/27	5.6/12	4.9/32	68.9/24
巴基斯坦	2.42/122	2.20/121	2.59/89	3.5/70	4.0/64	51.1/69

表 3-25　ETI 的支柱 4：物流基础设施的可用性和质量

组成成分 / 国别	可用航空座位公里数（数值 / 排名 136）	航空运输基础设施质量（得分 / 排名 136）	铁路基础设施质量（得分 / 排名 136）	班轮运输连通性指数（数值 / 排名 136）	港口基础设施质量（得分 / 排名 136）	公路质量指数（得分 / 排名 136）	公路质量（得分 / 排名 136）
中国	5192.5/4	4.8/48	5.1/14	167.5/1	4.6/42	6.3/17	4.8/39
巴基斯坦	446.5/45	4.0/90	3.1/53	36.6/41	3.7/83	5.0/61	3.8/75

表 3-26　ETI 的支柱 5：物流服务的可用性和质量

组成成分 / 国别	运输的便利性和经济性（得分 1-5/ 排名 136）	物流能力（得分 1-5/ 排名 136）	跟踪和追踪能力（得分 1-5/ 排名 136）	运输的及时性（得分 1-5/ 排名 136）	邮政服务效率（得分 / 排名 136）	运输方式变换效率（得分 / 排名 136）
中国	3.7/12	3.6/27	3.7/28	3.9/31	4.8/57	4.5/40
巴基斯坦	2.9/66	2.8/70	2.9/67	3.5/58	4.2/84	3.7/86

表 3-27　GCI 的支柱 2 分支 1：物流基础设施

组成 成分 国别	公路连通 性（得分 0-100/排 名 136）	公路基础 设施质量 （得分 0-100/排 名 136）	铁路密度 （得分 0-100/排 名 136）	火车服 务效率 （得分 0-100/排 名 136）	机场连通 性（得分 0-100/排 名 136）	航空运输 服务效率 （得分 0-100/排 名 136）	班轮运输 连通性 （得分 0-100/排 名 136）	海港服 务效率 （得分 0-100/排 名 136）
中国	95.7/10	59.7/45	17.9/61	59.0/24	100.0/2	60.7/66	100.0/1	58.6/52
巴基斯坦	80.2/52	50.7/67	25.3/54	47.1/47	62.2/41	52.9/93	38.2/49	52.2/70

总体来说，中巴经济走廊的物流基础设施建设正在不断推进且进展顺利，部分弥补了巴基斯坦的先天缺陷，为提升中巴经济走廊的物流基础设施便利化水平奠定了坚实的基础。

（六）孟中印缅经济走廊

在互联互通建设方面，孟中印缅四国原已达成一定共识，只是对于具体的走廊线路迟迟未能提出一致的具体方案。截至目前，中方已提出了互联互通的多种设想。对于中方的倡议规划，缅孟两国的反应和态度较为积极。缅甸方面，昂山素季领导的民盟上台后明确表示支持"一带一路"倡议，提出"缅甸目前亟须解决交通、电力落后问题，希通过中缅经济走廊建设，优先在上述领域与中方开展合作"。孟加拉国方面，两国对加强公路、铁路网络建设形成共识，规划从中国昆明出发，经缅甸通往孟加拉国境内，直达印度洋深水港吉大港，形成一条横贯东南亚和南亚的国际交通廊道。相较于缅甸和孟加拉国的积极表态，印度方面持消极态度，构成了孟中印缅互联互通建设的主要障碍。[①]

中国物流学会在第十二次年会"建设孟中印缅经济走廊互联互通论坛"上提出，交通运输基础设施互联互通建设是孟中印缅经济走廊建设的核心和关键，综合交通运输网络的科学布局，实现铁路、公路、航空、水运、管道、通信六个方面的联通，对经济走廊建设起着决定性作用。

---

① 姚遥、贺先青：孟中印缅经济走廊建设的现状及前景，《现代国际关系》2018 年第8 期，第 46-55 页。

孟中印缅经济走廊主要包括四条骨干交通线路：云南腾冲—缅甸密支那—印度雷多（史迪威公路旧线）；昆明—瑞丽—曼德勒—内比都—仰光；昆明—瑞丽—曼德勒—马奎—皎漂港；缅甸皎漂港—孟加拉国吉大港—达卡—印度加尔各答。但从孟中印缅经济走廊次区域内物流基础设施的现状看，其便利化状况大多不甚理想。具体阐述如下：

第一，云南腾冲—缅甸密支那—印度雷多（史迪威公路旧线）这条早已陷入瘫痪状态。此外，中印之间尚无可联通的铁路设施。总体而言，在孟中印缅经济走廊次区域内，中印之间陆上交通设施联通状况较差，几乎处于"联而不通"或"不联通"的状态。虽然中印贸易额近年来不断攀升，但双方贸易和物流往来几乎都是从孟买、加尔各答等港口经印度洋穿越马六甲海峡后至中国南海，再到中国东部沿海各港口。中印两国之间的海上通道目前联通且顺畅。

第二，昆明—瑞丽—曼德勒—内比都—仰光、昆明—瑞丽—曼德勒—马奎—皎漂港这两条交通线路组成了中缅"人字形"交通走廊，该次区域内的物流基础设施状况在整个孟中印缅经济走廊区域内相对较好。首先，在公路方面云南省规划的 15 条出境高速公路中面向缅甸的就有 9 条，目前经瑞丽出境的中缅通道已经开通。其次，在铁路设施联通方面中国与缅甸早在 2010 年就开始对接和商议皎漂—昆明铁路工程项目。再次，在港口建设方面，2018 年中缅签署了皎漂港框架性协议，双方将投资 13 亿美元用于该项目一期建设。

第三，目前皎漂港（实兑港）—吉大港段尚无缅孟之间的跨境公路和铁路联通，这两个孟加拉湾的深水港间主要依靠海运联通。在孟加拉国境内，吉大港—达卡段之间目前有一条高速公路通车，但由于货运量较大，该高速公路经常发生拥堵。孟加拉国政府正在修建达卡—吉大港的客货两用铁路。该线路西段的达卡—加尔各答的 245 公里跨境公路畅通，该通道也是孟加拉国与印度之间的主要陆路贸易通道，每天有大量的客货车辆经孟加拉国 Benapol 口岸进出。此外，吉大港—加尔各答港的海运交通畅通。由于中孟两国陆地不接壤，两国之间尚无任何陆路交通基础设施联通。但孟加拉国对"一带一路"倡议和孟中印缅经济走廊的建设响应积极，并且中孟两国海上交通联通顺畅。①

根据 2018 年《全球物流绩效指数报告》，孟中印缅经济走廊四国的物流绩效指数及其物流基础设施质量、物流服务的质量和能力表现从高到低依次为中国、印度、孟加拉国和缅甸。

表 3-28　孟中印缅物流便利化水平比较

	LPI	LPI 的物流基础设施质量	LPI 的物流服务的质量和能力	ETI 的支柱 4：物流基础设施的可用性和质量	ETI 的支柱 5：物流服务的可用性和质量	GCI 的支柱 2 分支 1：物流基础设施
	得分 5/ 排名 160	得分 5/ 排名 160	得分 5/ 排名 160	得分 7/ 排名 136	得分 7/ 排名 136	得分 100/ 排名 141
中国	3.61/26	3.75/20	3.59/27	5.6/12	4.9/32	68.9/24
巴基斯坦	2.42/122	2.20/121	2.59/89	3.5/70	4.0/64	51.1/69

表 3-29　ETI 的支柱 4：物流基础设施的可用性和质量

组成成分＼国别	可用航空座位公里数（数值/排名 136）	航空运输基础设施质量（得分/排名 136）	铁路基础设施质量（得分/排名 136）	班轮运输连通性指数（数值/排名 136）	港口基础设施质量（得分/排名 136）	公路质量指数（得分/排名 136）	公路质量（得分/排名 136）
中国	5192.5/4	4.8/48	5.1/14	167.5/1	4.6/42	6.3/17	4.8/39
孟加拉国	283.0/56	3.2/113	2.7/72	12.6/72	3.5/88	3.1/117	2.9/111
印度	2185.9/17	4.5/62	4.5/23	46.2/33	4.5/47	4.7/74	4.4/50
缅甸	无数据	无数据	无数据	无数据	无数据	无数据	无数据

2016 年《全球贸易促进报告》和 2019 年《全球竞争力报告》均没有将缅甸纳入相关评估。中国和印度关于物流基础设施的排名均在前 30，且差距不大，而孟加拉国则落在后面，各项排名均在 100 名之后。而 2016 年《全

① 尹响、易鑫：孟中印缅经济走廊陆海交通基础设施联通研究，《南亚研究季刊》2018 年第 4 期，第 38-46+5 页。

球贸易促进报告》中中国和印度关于物流服务的排名均落后于物流基础设施，但是孟加拉国关于物流服务的排名则略高于物流基础设施。具体按运输方式划分，中国在铁路、公路、航空和港口的基础设施质量上均为最高，印度居其次，孟加拉国排最后。

表3-30　ETI的支柱5：物流服务的可用性和质量

组成成分 国别	运输的便利性和经济性（得分1~5/排名136）	物流能力（得分1~5/排名136）	跟踪和追踪能力（得分1~5/排名136）	运输的及时性（得分1~5/排名136）	邮政服务效率（得分/排名136）	运输方式变换效率（得分/排名136）
中国	3.7/12	3.6/27	3.7/28	3.9/31	4.8/57	4.5/40
孟加拉国	2.7/82	2.7/80	2.6/91	2.9/104	3.4/110	3.6/89
印度	3.4/39	3.4/32	3.5/33	3.7/42	4.0/87	4.6/38
缅甸	无数据	无数据	无数据	无数据	无数据	无数据

表3-31　GCI的支柱2分支1：物流基础设施

组成成分 国别	公路连通性（得分0~100/排名136）	公路基础设施质量（得分0~100/排名136）	铁路密度（得分0~100/排名136）	火车服务效率（得分0~100/排名136）	机场连通性（得分0~100/排名136）	航空运输服务效率（得分0~100/排名136）	班轮运输连通性（得分0~100/排名136）	海港服务效率（得分0~100/排名136）
中国	95.7/10	59.7/45	17.9/61	59.0/24	100.0/2	60.7/66	100.0/1	58.6/52
孟加拉国	57.5/117	37.0/108	54.4/40	35.3/65	51.4/63	46.3/109	12.1/78	42.5/92
印度	75.8/72	58.6/48	56.6/39	57.0/30	100.0/4	64.3/59	59.9/25	59.1/49
缅甸	无数据	无数据	无数据	无数据	无数据	无数据	无数据	无数据

总体来说，孟中印缅经济走廊各经济体之间有基本的物流基础设施来支撑贸易往来，但是与各种运输方式相配套的基础设施质量参差不齐。大体来看，海上运输较为发达，而公路和铁路运输发展停滞不前。加之各国的公路、铁路、工业设施等标准不一、自成体系，一定程度上也制约了许

多合作项目的深度推进。

三、其他沿线国家比较分析

目前"一带一路"沿线共有 65 个经济体，除去六大经济走廊的 26 个经济体，其他沿线经济体还有 39 个。依据它们与中国的进出口贸易量从大到小排序，选取东南亚、西亚、北非和中东欧共 10 个经济体进行比较，并结合东南亚、西亚北非、中东欧三个地理区域特点分别进行比较分析和总结。

（一）东南亚国家

1. 印度尼西亚[①]

（1）印度尼西亚交通运输概况

2019 年，3.078 亿吨货物装载到印度尼西亚港口的国际航行船舶上，9770 万吨货物卸载到印度尼西亚港口。2014—2019 年期间，国际游客入境人数大多是通过机场进入印度尼西亚。据当局称，在 2020 年 1 月至 6 月中旬期间，即 COVID-19 大流行的初期，330 万人乘坐国际航班抵达印度尼西亚。

（2）航空运输

截至 2020 年年中，15 家印尼航空公司运营定期航班（8 家运营国际航班，12 家运营国内航班）。此外，还有 8 家航空公司提供货运服务（其中 3 家专门提供货运服务）。

2018 年，国内定期航班运送旅客 1.02 亿人次，货运 651174 吨。该市场由两家运营商主导：Garuda Indonesia 和 Lion Air。2019 年它们的市场份额分别为 19.6% 和 29.9%。

航空政策和管理仍由交通部民航总局（DGCA）负责。2020 年，为了应对新冠疫情制定了相关法规，通过实施物理距离和调整时段来限制乘客数量和座位容量。

---

① 数据和描述内容主要来源于印度尼西亚 2020 年贸易政策审查报告。

（3）海上运输

2019 年，印尼是世界第 20 大船舶拥有国，拥有 2145 艘船只（其中 2063 艘悬挂本国国旗，82 艘悬挂外国国旗）。这些船舶的总载重吨位（DWT）为 2230 万 DWT（悬挂外国国旗的船舶占 DWT 总量的近 7%）。这意味着自 2012 年以来船队规模大幅增加，悬挂外国国旗的船只在船队中所占份额也有所下降。2018 年，印尼港口出港次数居世界第 7 位。

在地理上，印度尼西亚位于世界最繁忙的航线之一（马六甲海峡），通过四条海上交通线连接全球航运。印尼的目标是成为"全球海上支点"，海上互联互通仍然是一个长期优先发展事项。目前，大多数集装箱和散装货物在新加坡转运，然后装上开往印度尼西亚的船只。

印度尼西亚约有 2391 个港口，其中 693 个由政府管辖，1698 个为私人专用，其中几个专为煤炭工业服务。在政府港口中，111 个是商业港口，由印度尼西亚港口公司（IPC）经营。2018 年，四家分公司交付了 1600 万件 20 英尺当量的货物。就交通量而言，最大的港口是丹戎普里奥港。正在进行或已完成的港口基础设施工程包括：在西婆罗洲的基京建造一个深海港口和在西爪哇的帕蒂姆班港口（计划于 2020 年底投入使用）；以及在东努沙登加拉正在进行开发的纳闽巴乔港。

2. 菲律宾[①]

（1）航空运输

菲律宾全国有 85 个机场，其中国际机场 11 个，国内定期航班 34 个。尼诺阿基诺（NAIA）是国际航班的主要机场，接近满员。根据 CAAP 的规定，机场可以是国有的，也可以是私有的。有 102 个私人拥有的机场，主要用于空中出租车服务。

（2）海上运输

菲律宾海事局负责船舶登记。只有菲律宾国民或国内公司才可注册船舶，且公司首席执行官和首席运营官必须是菲律宾公民或永久居民。此外，船员必须是 100% 的菲律宾人。截至 2017 年 6 月 30 日，共有 14351 艘菲

---

① 数据和描述主要来源于菲律宾 2018 年贸易政策审查报告。

律宾注册船舶参与国内货物和乘客运输（总吨位 258 万吨），117 艘菲律宾注册船舶参与国际运输（总吨位 241 万吨）。

菲律宾港务局（PPA）负责管理大多数国有港口。在 PPA 的管辖下，17 个港口服务于国际贸易，3 个港口处理外国转运货物，主要港口是马尼拉港。

3. 比较性小结

在未纳入六大经济走廊的"一带一路"经济体中，选取东南亚的印度尼西亚和菲律宾两个国家为例，根据 2018 年全球物流绩效指数报告，印度尼西亚和菲律宾的物流绩效指数和物流基础设施质量、物流服务的质量和能力得分和排名相近，与中国有一定差距但是差距不大。

根据 2016 年《全球贸易促进报告》，贸易促进指数的第四支柱是物流基础设施的可用性和质量，第五支柱是物流服务的可用性和质量。中国、印度尼西亚和菲律宾的表现可依次分为三档，三国在这两个支柱上的得分依次为 5.6、3.6 和 2.6；4.9、4.2 和 3.7。不论是哪种运输方式，菲律宾在三国中的表现都是最差的，印度尼西亚居其次。

根据 2019 年《全球竞争力报告》，全球竞争力指数的第二支柱是基础设施，其中分支一为物流基础设施，三国在此报告中的物流基础设施和物流服务上的状况类似于 2016 年《全球贸易促进报告》。

表 3-32　中菲印尼三国物流便利化水平比较

	LPI	LPI 的物流基础设施质量	LPI 的物流服务的质量和能力	ETI 的支柱 4：物流基础设施的可用性和质量	ETI 的支柱 5：物流服务的可用性和质量	GCI 的支柱 2 分支 1：物流基础设施
	得分 5/ 排名 160	得分 5/ 排名 160	得分 5/ 排名 160	得分 7/ 排名 136	得分 7/ 排名 136	得分 100/ 排名 141
中国	3.61/26	3.75/20	3.59/27	5.6/12	4.9/32	68.9/24
印度尼西亚	3.15/46	2.89/54	3.10/44	3.6/64	4.2/56	56.1/100
菲律宾	2.90/60	2.73/67	2.78/69	2.6/116	3.7/85	41.5/100

表 3-33　ETI 的支柱 4：物流基础设施的可用性和质量

组成成分 国别	可用航空座位公里数（数值/排名 136）	航空运输基础设施质量（得分/排名 136）	铁路基础设施质量（得分/排名 136）	班轮运输连通性指数（数值/排名 136）	港口基础设施质量（得分/排名 136）	公路质量指数（得分/排名 136）	公路质量（得分/排名 136）
中国	5192.5/4	4.8/48	5.1/14	167.5/1	4.6/42	6.3/17	4.8/39
印度尼西亚	1090.6/26	4.5/61	3.8/39	27.2/54	3.9/74	3.1/116	3.9/73
菲律宾	979.2/28	3.2/114	2.0/89	17.8/66	2.9/111	2.4/125	3.1/104

表 3-34　ETI 的支柱 5：物流服务的可用性和质量

组成成分 国别	运输的便利性和经济性（得分 1-5/排名 136）	物流能力（得分 1-5/排名 136）	跟踪和追踪能力（得分 1-5/排名 136）	运输的及时性（得分 1-5/排名 136）	邮政服务效率（得分/排名 136）	运输方式变换效率（得分/排名 136）
中国	3.7/12	3.6/27	3.7/28	3.9/31	4.8/57	4.5/40
印度尼西亚	2.9/71	3.0/55	3.2/51	3.5/62	4.6/72	4.0/64
菲律宾	3.0/60	2.7/77	2.9/72	3.3/70	3.4/107	3.1/121

表 3-35　GCI 的支柱 2 分支 1：物流基础设施

组成成分 国别	公路连通性（得分 0-100/排名 136）	公路基础设施质量（得分 0-100/排名 136）	铁路密度（得分 0-100/排名 136）	火车服务效率（得分 0-100/排名 136）	机场连通性（得分 0-100/排名 136）	航空运输服务效率（得分 0-100/排名 136）	班轮运输连通性（得分 0-100/排名 136）	海港服务效率（得分 0-100/排名 136）
中国	95.7/10	59.7/45	17.9/61	59.0/24	100.0/2	60.7/66	100.0/1	58.6/52
印度尼西亚	59.8/109	52.6/60	6.5/85	61.1/19	100.0/5	65.2/56	47.8/36	55.8/61
菲律宾	51.6/125	44.8/88	4.3/91	23.0/88	82.6/26	52.3/96	29.0/59	44.7/88

（二）西亚北非国家

1. 阿联酋[①]

运输和物流是阿联酋增长和发展政策的一个关键特点。因此，在贸易审查期间，海运和空运服务的发展和扩大继续进行。

（1）航空运输

阿联酋有七个国际机场，其中最大的是迪拜国际机场（DXB）、阿勒马克图姆国际机场（DWC）和阿布扎比国际机场（AUH）。

迪拜国际机场是全球客运量最大的机场，客运量全球第六，货运量全球第三。2014年，机场运送旅客7050万人次，货物237万吨，飞机起降357339架次。截至2015年1月，140家航空公司每周有8000多个航班飞往270多个目的地。该机场为迪拜政府所有，由国有的迪拜机场公司运营。

阿勒马克图姆国际机场又称"杰贝阿里国际机场"或"迪拜世界中心国际机场"，距迪拜国际机场45公里，二者构成了双枢纽体系。DWC负责国际国内货运及国际客运业务，DXB保留了国内全部客运业务及国际绝大部分客运业务。

阿布扎比国际机场位于阿联酋首都阿布扎比酋长国。2014年，该机场为大约2000万名乘客提供服务，32家航空公司为55个国家的99个目的地提供服务。

沙迦国际机场（Sharjah International Airport）是阿联酋最古老的机场，也是沙迦地区重要的货运枢纽和转运点，尤其适用于海运和空运的联运货物。2015年，该机场实现了超过1000万人次的里程碑。

（2）海上运输

阿联酋有15个以上的商业港口，包括集装箱码头、石油码头、工业港口和渔港。主要的商业货运港有阿布扎比的哈利法港、迪拜的杰贝阿里港和沙迦的霍法坎集装箱码头。此外，阿布扎比的扎耶德港和迪拜的拉希德港也可为豪华游轮提供服务。2015年，阿联酋旗下的商船总数为306艘，总吨数近19.2万吨。阿联酋主要出口石油和天然气，但也出口原材料和制

---

① 数据和描述主要来源于阿联酋2016年贸易政策审查报告。

成品；进口包括中间产品和消费品，以及海湾地区、东非和印度次大陆的重要再出口贸易。

迪拜世界港口公司（DP World）是杰贝阿里港（Jebel Ali Port）的运营商，由迪拜政府控股。杰贝阿里港是世界第九大集装箱港口。迪拜世界港口公司在全球拥有 65 个海运码头，包括阿联酋的 Fujairah 集装箱码头。

阿布扎比港口公司是一家国有独资企业，是阿布扎比港口及工业区的开发商和管理者。并且，它是最先进的哈利法港的所有者。哈利法港于2012 年开始运营，该港口处理一般货物和所有阿布扎比的集装箱运输（从扎耶德港转移过来）。目前港口年集装箱吞吐量 250 万 TEU，杂货 1200 万吨。预计在所有开发阶段（2030 年）完成后，该港口的集装箱容量将达到 1500 万 TEU 和 3500 万吨杂货。

2. 科威特[①]

（1）陆路运输

科威特的中期发展计划的目标是增加约 1200 公里的已铺设公路和内部道路。政府计划建立地铁系统和其他公共交通系统，以鼓励使用公共交通。政府将选择私人合作伙伴来设计、建造、融资、运营和维护地铁系统。

2004 年，海湾合作委员会所有成员国政府都同意建立泛海湾合作委员会铁路网，该项目将耗资 250 亿美元。拟议中的铁路网络（超过 2000 公里）将连接包括伊拉克在内的该地区若干国家。该网络还将打通其他运输方式，即空中、海上和城市地铁系统。

（2）航空运输

科威特的民航机场科威特国际机场在 2010 年接待约 833 万人次。根据其中期发展计划，将建设一个新的客运枢纽站、一个专用的航空货运村和一条跑道第三条。

科威特有 3 家国内航空公司运营区域和国际航线。科威特航空公司是政府所有并管理的旗舰航空公司。2008 年 2 月，政府宣布将科威特航空公司私有化的打算，并任命了一家管理公司来监督这一过程。科威特航空的

---

① 数据和描述主要来源于科威特 2012 年贸易政策审查报告。

垄断时代结束了。

（3）海上运输

科威特的贸易和经济增长在很大程度上取决于它的海上运输。

科威特是 1974 年《联合国班轮会议行为守则公约》的缔约国。悬挂科威特国旗的船舶约占使用科威特三个港口的商船总载重的 40%。

科威特的所有港口及设施均为国家所有。科威特港口管理局（KPA）是交通部辖下的商业性公共机构，负责管理港口设施。

3. 卡塔尔[①]

随着经济、人口和贸易的增长，卡塔尔政府一直在大力投资建设卡塔尔的交通基础设施，该行业在 2007—2012 年期间有显著增长。目前，卡塔尔有 4 个主要的海运港口及 1 个以渔业为主的小港口。四个主要港口中的两个，即多哈和拉斯拉凡，正在经历重大的、漫长的升级和扩张，且将持续数年。

随着新多哈国际机场 / 哈马德国际机场的建成，航空运输基础设施也在显著扩大。这个项目已经进行了许多年，现在处于最后阶段。政府有一个雄心勃勃的铁路运输计划，但许多项目都还在规划阶段。

（1）航空运输

卡塔尔经济的强劲发展和国家的多样化努力体现为，民航部门在此期间发展迅速。与 2015 年相比，2019 年航空客运量和货运量分别增长了25% 和 50%。

卡塔尔有三家国际航空公司：卡塔尔航空公司、卡塔尔高管（私人固定翼飞机）和卡塔尔海湾直升机公司（私人喷气式直升机）。总部位于多哈的卡塔尔航空公司是一家国有航空公司，可为全球 160 多个目的地提供服务，占国际客运量的 17.8%，占世界航空货运量的 7.2%。

（2）海上运输

卡塔尔是国际海事组织的成员，也是《联合国班轮会议行为守则公约》的签署国。2019 年，卡塔尔有 131 艘总吨位在 1000 吨及以上的推进式海船，

---

① 数据和描述主要来源于卡塔尔 2021 年贸易政策审查报告。

载重超过 700 万载重吨（DWT）、悬挂外国国旗的船舶在海上运输中发挥着重要作用，占船舶总数的 52%，载重吨位约占总载重吨位的 80%。

哈马德港是卡塔尔主要的商业海港。2016 年 12 月开始运营。根据交通部的说法，一旦全面投入使用，港口的普通货物码头将能够处理 170 万吨普通货物、100 万吨粮食和 50 万辆汽车。它还拥有一个牲畜码头、一个多用途码头、一个海上供应基地、一个海岸警卫队设施和一个港口海事单位。

卡塔尔还有其他几个港口：拉斯拉凡港，拥有液化天然气出口设施，专门从事石油和天然气运输；多哈港，2016 年底成为邮轮码头；Al Ruwais 港于 2015 年初开始第一阶段运营，主要处理普通货物、牲畜、集装箱冷藏货物和车辆；哈卢尔港，是一个小型港口，专门用于石油运输；梅赛德港，用于石油和天然气贸易以及许多下游工业产品的贸易。

4. 沙特阿拉伯[①]

（1）铁路运输

沙特铁路组织（SRO）是交通部下属的一个完全国有的实体，负责铁路网络规划和基础设施管理。根据当局的说法，SRO 是根据商业考虑来经营业务的。沙特铁路公司（SAR）则是一家拥有自己铁路网的国有铁路运输公司。

沙特阿拉伯提出的定《2010—2040 年沙特铁路总体规划》（SRMP）是对客运和货运网络长远发展的战略性规划。截至 2014 年底，铁路网总长度为 1412 公里，主要连接两个地区：东部省份和首都利雅得，那里有 40% 的人口和 50% 的经济活动。

沙特阿拉伯正在通过四个大型建设项目升级和扩大铁路网：①沙特—约旦边境上连接利雅得和哈迪萨的 2750 公里南北铁路；②长达 450 公里的哈拉曼高铁通过吉达和阿卜杜拉国王经济城连接麦加和麦地那；③ 1400 公里长的沙特陆桥铁路连接吉达伊斯兰港和 Al Jubail；④长达 663 公里的海湾合作委员会铁路线斜穿过沙特阿拉伯（从它与科威特的边界到它与阿联酋的边界）。

---

① 数据和描述主要来源于沙特阿拉伯 2016 年贸易政策审查报告。

（2）航空运输

其货运航班向所有持牌航空公司开放，包括速递公司。现有 11 家航空公司获得货运牌照，其中 10 家是外国航空公司。与国内客运类似，在国内航线上运营的航空货机必须在沙特阿拉伯本地注册。沙特航空货运公司在国内航空货运业务中占据主导地位。2014 年底，航空货运量为 10.19 亿吨，略低于 2013 年的 10.59 亿吨。

（3）海上运输

沙特港口管理局（SEAPA）拥有沙特阿拉伯大部分的港口设施，但又将海港的业务承包给私营部门，包括最大的海港吉达伊斯兰港（JIP）。目前，有 27 家私营公司提供港口服务。

近年来，盐步港经历了快速扩张：2014 年盐步港的吞吐量为 4500 万吨（DWT），高于 2010 年的 2890 万吨；2014 年又启动了 5.598 亿美元的扩容计划。

5. 以色列[①]

（1）航空运输

目前由四家指定的以色列航空公司经营国际航空服务：以色列航空公司（El Al）、以斯雷航空公司（Israir airlines）、阿基亚以色列航空公司（Arkia Israel airlines）和 CAL 货运航空公司（C.A.L. Cargo airlines）。以斯雷航空公司（Israir Airlines）和阿基亚以色列航空公司（Arkia Israel Airlines）也提供国内航空服务。

以色列机场管理局（IAA）是一家法定的公共公司，运营着七个机场（其中两个是与以色列空军联合运营的），提供空中导航服务并分配机位。一些机场服务，包括地勤服务，是由特许的私人公司经营。

（2）海上运输

以色列有三个海港，其中两个主要由国有公司（阿什杜德港公司和海法港公司）经营，而埃拉特港公司在 2013 年 1 月私有化。这三个港口加起来处理了以色列 99% 的进出口。以色列港口发展和资产公司是一家管理、

---

① 数据和描述主要来源于以色列 2018 年贸易政策审查报告。

维护和开发港口基础设施和房地产的国有公司。交通部的航运和港口管理局是港口和海运服务的监管机构。

由于地理或后勤原因，港口之间的竞争受到限制。这三个港口都有几个码头运营商：①海法港，2017年集装箱吞吐量合计为134万标准箱。其化学品码头由包括Gadot和Haifa Chemicals在内的多家运营商运营；②阿什杜德港，2017年集装箱吞吐量总计153万标准箱。其化学码头由以色列化学公司运营，水泥码头由一家私人公司经营；③埃拉特港口，其化学码头由以色列化学公司运营。

6. 埃及[①]

（1）航空运输

2005年通过机场系统处理的货运量为216921吨，2010年为313210吨，2015年为313968吨。

所有埃及机场都是公有的，只有两个机场是根据BOT协议管理的。埃及机场和航空控股公司（EHCAAN）是负责埃及机场管理的机构。EHCAAN拥有四个子公司，其中两个管理和运营机场，即开罗机场公司（CAC）和埃及机场公司（EAC），后者管理着21个机场（11个国际机场和10个国内机场）。

（2）海上运输和内河航道

海运是埃及国际贸易的主要运输方式。2015年，海运进口额约606亿美元，出口额约128亿美元。表3-36提供了2005年至2016年埃及海运进出口货物价值和数量的详细数据。2005年至2015年间，海运商品的进口价值翻了两番，而2005年至2011年间，出口价值翻了一番多，随后在2011年革命之后逐年下降；自2015年以来，海运出口价值的下降也反映了油价下降。

---

① 数据和描述主要来源于埃及2018年贸易政策审查报告。

表 3-36　2005—2016 年埃及海运价值和体量表

单位：百万美元和千吨

年份	进口		出口		总和	
	价值	体量	价值	体量	价值	体量
2005	15294	31475	9208	31857	24502	63332
2006	15825	28037	11631	36747	27456	64784
2007	20614	30478	13090	34903	33704	65381
2008	45583	25806	23601	32610	69184	58416
2009	37550	23767	15750	28898	53300	52665
2010	38836	34127	16837	33041	55673	67168
2011	49864	42633	20575	26247	70439	68880
2012	59312	42217	19762	27492	79074	69709
2013	53581	38661	19072	20223	72253	58884
2014	59589	44800	17161	17853	76750	62653
2015	60597	46366	12883	25032	73480	71398
2016	54556	47310	11478	27759	66034	75069

资料来源：埃及当局提供。

埃及在地中海和红海有 15 个商业海港（主要是亚历山大港、达米埃塔港、东赛义德港和埃尔索赫纳港）和石油、采矿、旅游和渔业领域的 28 个专业港口。

7. 比较性小结

在未纳入六大经济走廊的"一带一路"经济体中，笔者选取西亚北非的阿联酋、科威特、卡塔尔、沙特阿拉伯、以色列、埃及六个国家为例。根据 2018 年《全球物流绩效指数报告》，表现最好的是阿联酋，其余五国略差，但也均在前 50% 以内。

根据 2016 年《全球贸易促进报告》，按运输方式分类，铁路运输基础设施表现最好的是中国和以色列（阿联酋、科威特和卡塔尔数据缺失）；公路、航空和港口运输基础设施表现最好的都是阿联酋和卡塔尔。埃及除了铁路运输基础设施得分明显较低外，其余分值均高于 3，表现较佳。中国和阿联酋、沙特阿拉伯的物流基础设施明显优于物流服务，科威特和以色列与前者相反，而卡塔尔和埃及的物流基础设施与物流服务排名相近。

表 3-37　中国及西亚北非相关国家物流便利化水平比较

	LPI	LPI 的物流基础设施质量	LPI 的物流服务的质量和能力	ETI 的支柱4：物流基础设施的可用性和质量	ETI 的支柱5：物流服务的可用性和质量	GCI 的支柱2分支1：物流基础设施
	得分 5/ 排名 160	得分 5/ 排名 160	得分 5/ 排名 160	得分 7/ 排名 136	得分 7/ 排名 136	得分 100/ 排名 141
中国	3.61/26	3.75/20	3.59/27	5.6/12	4.9/32	68.9/24
阿联酋	3.96/11	4.02/10	3.92/13	6.3/2	5.6/13	84.1/8
科威特	2.86/63	3.02/45	2.80/67	3.4/71	4.0/65	47.6/79
卡塔尔	3.47/30	3.38/27	3.42/31	4.6/25	5.2/24	71.4/19
沙特阿拉伯	3.01/55	3.11/43	2.86/57	4.5/31	4.5/47	64.4/34
以色列	3.31/37	3.33/28	3.39/34	4.2/36	5.1/27	67.7/26
埃及	2.82/67	2.82/58	2.82/63	3.7/56	4.3/54	59.1/44

表 3-38　ETI 的支柱 4：物流基础设施的可用性和质量

组成成分＼国别	可用航空座位公里数（数值/排名 136）	航空运输基础设施质量（得分/排名 136）	铁路基础设施质量（得分/排名 136）	班轮运输连通性指数（数值/排名 136）	港口基础设施质量（得分/排名 136）	公路质量指数（得分/排名 136）	公路质量（得分/排名 136）
中国	5192.5/4	4.8/48	5.1/14	167.5/1	4.6/42	6.3/17	4.8/39
阿联酋	5966.1/3	6.7/2	—	70.6/15	6.4/3	5.8/32	6.5/1
科威特	301.0/54	3.6/104	—	8.9/82	4.1/66	5.5/47	4.4/52
卡塔尔	1682.4/19	6.2/7	—	5.2/97	5.5/15	5.5/45	5.1/26
沙特阿拉伯	1400.5/23	4.9/44	3.0/56	61.8/21	4.6/41	7.0/2	4.9/37
以色列	569.9/39	5.4/30	3.5/45	37.4/39	4.5/49	6.0/23	4.9/33
埃及	574.1/38	4.8/51	2.6/73	62.5/20	4.3/57	5.3/54	3.0/105

表 3-39　ETI 的支柱 5：物流服务的可用性和质量

组成成分\国别	运输的便利性和经济性（得分 1-5/排名 136）	物流能力（得分 1-5/排名 136）	跟踪和追踪能力（得分 1-5/排名 136）	运输的及时性（得分 1-5/排名 136）	邮政服务效率（得分/排名 136）	运输方式变换效率（得分/排名 136）
中国	3.7/12	3.6/27	3.7/28	3.9/31	4.8/57	4.5/40
阿联酋	3.9/7	3.8/18	3.9/18	4.1/18	5.8/24	5.9/4
科威特	3.6/24	2.8/72	3.2/53	3.5/55	2.6/128	3.8/75
卡塔尔	3.6/26	3.5/29	3.5/35	3.8/35	6.1/16	5.3/16
沙特阿拉伯	3.2/48	3.0/54	3.3/49	3.5/53	5.0/47	4.4/43
以色列	3.4/37	3.6/28	3.7/26	4.3/10	5.3/39	4.7/33
埃及	3.3/45	3.2/43	3.2/54	3.6/48	3.9/91	4.0/65

表 3-40　GCI 的支柱 2 分支 1：物流基础设施

组成成分\国别	公路连通性（得分 0-100/排名 136）	公路基础设施质量（得分 0-100/排名 136）	铁路密度（得分 0-100/排名 136）	火车服务效率（得分 0-100/排名 136）	机场连通性（得分 0-100/排名 136）	航空运输服务效率（得分 0-100/排名 136）	班轮运输连通性（得分 0-100/排名 136）	海港服务效率（得分 0-100/排名 136）
中国	95.7/10	59.7/45	17.9/61	59.0/24	100.0/2	60.7/66	100.0/1	58.6/52
阿联酋	90.1/23	83.4/7	—	—	89.2/19	83.6/7	83.9/13	74.3/12
科威特	82.4/47	45.5/84	—	—	59.8/45	44.0/115	11.4/79	42.3/93
卡塔尔	92.0/18	75.0/16	—	—	68.3/32	78.3/14	41.7/42	73.0/15
沙特阿拉伯	100.0/1	69.6/26	1.6/102	58.1/26	84.1/24	72.6/34	66.6/21	62.8/40
以色列	88.7/29	64.3/37	100.0/11	44.7/51	60.8/44	73.5/32	46.7/38	62.6/42
埃及	82.2/48	68.0/28	12.9/70	45.9/50	62.7/40	68.4/46	70.3/18	62.6/41

根据 2019 年《全球竞争力报告》，全球竞争力指数的第二支柱是基础设施，其中分支一为物流基础设施（包括物流服务），值得注意的是，科威特和以色列的该分支得分均有所下降，其余国家为上升趋势。

（三）中东欧国家

1. 斯洛伐克[①]

斯洛伐克近 60% 的货物通过铁路运输，其次是通过公路运输，而水运和空运最少。1990 年代，货运量下降，尤其是公路运输。政府于 2000 年 1 月批准了国家运输政策原则的更新和具体说明，战略目标是各类交通运输的长期发展和一体化；特别强调了铁路作为公路运输的替代品，以及改善斯洛伐克的空中交通。2001 年 7 月，政府批准了航空运输发展战略。交通、邮政和电信部负责交通政策。

（1）铁路运输

斯洛伐克国有铁路公司负债累累，持续大量亏损，1993 至 1997 年亏损达 150 亿斯洛伐克克朗。铁路网的现代化和扩建需要大量投资。根据政府的计划，目前集中在根据 2000 年批准的铁路改造和重组项目逐步重组斯洛伐克铁路。斯洛伐克铁路将从 2001 年 8 月 1 日起分为两个企业。斯洛伐克铁路公司将维持铁路网建设，所有货运和客运服务将移交给一家 100% 国有股份的新公司。后者还将分为客运和货运业务，到 2005 年逐步私有化，包括国内和国外资本的参与。政府补贴将只包括受政府票价管制的客运服务，这些补贴将通过合理安排亏损航线和提高票价逐步减少。

斯洛伐克与五个邻国签订了铁路双边协议，包括奥地利、捷克共和国、匈牙利、波兰和乌克兰。

（2）公路运输

只有私人运输公司在承担卡车运输，且国际和长途公路运输不受补贴。按政府批准的斯洛伐克公共汽车运输公司私有化的计划，在 2001 年底之前剥离了大多数公司 49% 的股份。

斯洛伐克与欧洲国家就公路运输达成了 34 项双边协定。它们以互惠为

---

① 数据和描述主要来源于斯洛伐克 2001 年贸易政策审查报告。

基础，旨在个人运输和货物过境以及出租权领域的合作。

（3）航空运输

斯洛伐克在布拉迪斯拉发、波普拉德、皮埃斯坦尼、斯莱克和科西策都建有国际机场，还有几个地区机场，且都是国营的。前政府参与建立国家航空公司斯洛伐克航空公司未果。斯洛伐克政府已与欧盟达成建立欧洲共同航空区的多边协议并与美国缔结了"开放天空条约"（美国现已退出该条约）。

（4）海上运输

港口由斯洛伐克航运和港口股份公司经营。

2. 克罗地亚[①]

2008 年，公路运输占克罗地亚货物运输总量的 70.7%，其次是海运（19.6%）、铁路（9.5%）和内河（0.2%）。在客运方面，铁路占 47.8%，其次是公路（41.9%）、海运（8.7%）和空运（1.6%）。克罗地亚运输网络的主干由泛欧运输走廊 V、VII 和 X 及其分支组成。克罗地亚现有的主要公路、海港、高速公路和航空网络相对发达，覆盖范围广，但铁路和内河水道子部门的基础设施修复和现代化工作明显滞后，这两个部门在运输市场份额上都损失严重。

克罗地亚海洋、运输和基础设施部（MSTI）原名为海洋、旅游、运输和发展部（MSTTD），负责与一般运输政策有关的行政和其他事务，包括：公路、铁路、航空、海上交通和内河航道的管理；保护亚得里亚海；组织编制战略性基础设施项目及投资方案。

（1）铁路运输

尽管克罗地亚每 10 万居民的铁路网长度超过了欧盟的平均水平，但只有 9% 的克罗地亚铁路安装了双轨，只有 36% 的铁路实现了电气化，因此克罗地亚落后于其他中欧和东欧国家。自南斯拉夫解体后，克罗地亚对铁路基础设施的投资很少；加上战争对铁路部门造成的严重破坏，导致了独立以来铁路运输量的下降。

---

① 数据和描述主要来源于克罗地亚 2010 年贸易政策审查报告。

（2）公路运输

克罗地亚的公路和高速公路网密集，总长约 3 万公里，其中高速公路 1198 公里。公路运输约占货物运输总量的 50%，说明克罗地亚的公路运输在很大程度上比其他运输部门更发达，尽管不均衡。优质的高速公路网与次优的国家、县和地方公路共存，这主要是由于养护投入不足，自然也影响了道路运输的安全方面。自 2005—2008 年度公共道路建造及维修计划通过以来，道路网的质量已有改善。2008 年有两条新的高速公路通车，其中一条被加宽以容纳更多的车辆。高速公路由四家公司运营，其中包括国有的 Hrvatske Autocaste，该公司运营除特许经营区以外的所有收费高速公路。

（3）航空运输

克罗地亚有九个国际机场（萨格勒布、杜布罗夫尼克、斯普利特、扎达尔、普拉、里耶卡、奥西耶克、布拉克和马里洛辛），用于公共航空运输（定期航班和包机）。国际机场配备了符合国际安全和安保标准的装置和设备。尽管如此，克罗地亚一些机场的标准低于欧盟，特别是在旅客和货物处理程序方面。这些机场正在按照国际标准进行现代化改造和适当装备，以便在国际上具有竞争力。

（4）海上运输

克罗地亚海岸线全长 1400 千米。海事界别分组主要包括海港和通过内河航道的内河港口。主要的货运港口有两个（里耶卡和普洛斯），主要的客运港口有三个（扎达尔、斯普利特和杜布罗夫尼克）。对国际交通开放的内河港口有武科瓦尔、奥西耶克、斯拉文斯基—布罗德和西萨克。克罗地亚海港的货物周转量从 2001 年的 118.33 亿吨强劲增长到 2006 年的 191.13 亿吨。由于近年来的投资，港口基础设施和设备已接近欧盟标准，包括升级港口基础设施，改善与经济腹地的一体化，为多式联运创造条件。

克罗地亚最重要的内河航道是多瑙河航道和萨瓦河内河航道，但由于在战争中遭到严重破坏，基础设施很差，不足以提供高质量的服务。内陆水道与铁路运输结合使用，可作为主要公路运输网络的替代方案。克罗地亚在内河航道基础设施方面的发展战略旨在提高其安全和效率，并通过升级该系统提高航运标准。满足现有和预期的运输需求。

3. 比较性小结

在未纳入六大经济走廊的"一带一路"经济体中，选取中东欧的斯洛伐克和克罗地亚两个国家为例进行比较。根据 2018 年《全球物流绩效指数报告》，两个国家表现相近，得分相差无几。

根据 2016 年《全球贸易促进报告》，按运输方式分类，中国和斯洛伐克的铁路和航空运输基础设施表现较好；中国和克罗地亚的公路和港口运输基础设施表现较好。在物流基础设施上两国基本持平，在物流服务上斯洛伐克险胜克罗地亚。

表 3-41　中斯克三国物流便利化水平比较

	LPI	LPI 的物流基础设施质量	LPI 的物流服务的质量和能力	ETI 的支柱 4：物流基础设施的可用性和质量	ETI 的支柱 5：物流服务的可用性和质量	GCI 的支柱 2 分支 1：物流基础设施
	得分 5/ 排名 160	得分 5/ 排名 160	得分 5/ 排名 160	得分 7/ 排名 136	得分 7/ 排名 136	得分 100/ 排名 141
中国	3.61/26	3.75/20	3.59/27	5.6/12	4.9/32	68.9/24
斯洛伐克	3.03/53	3.00/48	3.10/45	3.7/59	4.7/42	59.5/42
克罗地亚	3.10/49	3.01/46	3.14/41	3.7/61	4.5/48	62.1/36

表 3-42　ETI 的支柱 4：物流基础设施的可用性和质量

组成成分 / 国别	可用航空座位公里数（数值/排名 136）	航空运输基础设施质量（得分/排名 136）	铁路基础设施质量（得分/排名 136）	班轮运输连通性指数（数值/排名 136）	港口基础设施质量（得分/排名 136）	公路质量指数（得分/排名 136）	公路质量（得分/排名 136）
中国	5192.5/4	4.8/48	5.1/14	167.5/1	4.6/42	6.3/17	4.8/39
斯洛伐克	36.4/105	3.4/110	4.6/21	—	3.0/108	5.6/44	4.1/63
克罗地亚	108.1/79	4.1/77	2.7/68	32.5/47	4.6/44	5.3/52	5.5/18

根据 2019 年《全球竞争力报告》，全球竞争力指数的第二支柱是基础设施，其中分支一为物流基础设施，斯洛伐克和克罗地亚的该分支得分均有所提升。

表 3-43　ETI 的支柱 5：物流服务的可用性和质量

组成成分 国别	运输的便利性和经济性（得分 1-5/排名 136）	物流能力（得分 1-5/排名 136）	跟踪和追踪能力（得分 1-5/排名 136）	运输的及时性（得分 1-5/排名 136）	邮政服务效率（得分/排名 136）	运输方式变换效率（得分/排名 136）
中国	3.7/12	3.6/27	3.7/28	3.9/31	4.8/57	4.5/40
斯洛伐克	3.4/36	3.1/51	3.1/55	3.8/36	5.7/31	4.0/63
克罗地亚	3.1/51	3.2/42	3.2/52	3.4/67	5.6/32	3.9/69

表 3-44　GCI 的支柱 2 分支 1：物流基础设施

组成成分 国别	公路连通性（得分 0-100/排名 136）	公路基础设施质量（得分 0-100/排名 136）	铁路密度（得分 0-100/排名 136）	火车服务效率（得分 0-100/排名 136）	机场连通性（得分 0-100/排名 136）	航空运输服务效率（得分 0-100/排名 136）	班轮运输连通性（得分 0-100/排名 136）	海港服务效率（得分 0-100/排名 136）
中国	95.7/10	59.7/45	17.9/61	59.0/24	100.0/2	60.7/66	100.0/1	58.6/52
斯洛伐克	83.5/45	49.8/72	100.0/10	50.1/39	27.5/111	46.3/108	—	35.6/110
克罗地亚	78.6/57	76.7/13	100.0/21	23.9/87	55.2/56	62.6/63	38.4/47	61.0/48

综合来说，东南亚国家大多临海且海港众多，因此海上和航空物流运输发达，公路和铁路等陆路运输欠佳；西亚北非国家一部分是大陆国家，一部分是沿海国家，大陆国家大多依靠陆路和航空运输，而类似于沙特阿拉伯的沿海国家则更多依赖海上运输来进行国际贸易；中东欧国家相对来说各种运输方式更为平衡。

第二节　交通物流基础设施的国别比较

自 2015 年 3 月 28 日，国家发展改革委、外交部、商务部联合发布了《推动共建丝绸之路经济带和 21 世纪海上丝绸之路的愿景与行动》，以使亚欧非"一带一路"沿线国家实现更紧密的"政策沟通、设施联通、贸易畅通、资金沟通和民心相通"，互利合作，迈向新的历史高度。六年来，"一带一路"沿线工程落地生根，取得了令人瞩目的成绩，而沿线国家的交通（物流）基础设施状况也随之得到了一定程度的提升。

以海上丝绸之路物流发展为例，根据上海航交所编制的"一带一路"航贸指标，2021 年 2 月的"一带一路"集装箱海运量指标为 145.27，同期的海上丝绸之路运价指标为 159。该指标由"一带一路"贸易额指标、"一带一路"集装箱海运量指标、"海上丝绸之路"运价指标三大类组成。指标基期为 2015 年 1 月，基期指标为 100 点，在每月最后一个周三（工作日）对外发布。该指标涉及的货种不仅限于集装箱，还包括煤炭、铁矿石、原油等大宗物资，直接反映贸易额、货运量、运输价格三者之间的变化和相互关系。上述数据足以说明自 2015 年国家发展改革委、外交部、商务部联合发布《推动共建丝绸之路经济带和 21 世纪海上丝绸之路的愿景与行动》以来，"一带一路"区域内集装箱海运量基本呈稳步增长态势，最高增幅为 48.25%（2021 年 1 月）；"一带一路"贸易额指标与"一带一路"集装箱海运量指标基本呈同步增长；而运价指标基本平稳，只有在运输量陡然增加的时段才会急速增加。这侧面反映出"一带一路"海上物流基础设施自 2015 年来有所增强，服务水平稳步发展。

下面拟从"一带一路"区域各经济走廊内部沿线国家交通（物流）基础设施状况比较分析出发，再针对各经济走廊的总体交通（物流）基础设施发展特点进行对比。

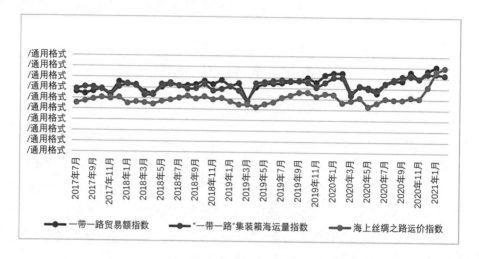

图 3-1　2017—2021 年"一带一路"航贸指标

资料来源：https://www.yidaiyilu.gov.cn/jcsjpc.htm.

一、中国—中亚—西亚经济走廊

中国—中亚—西亚经济走廊贯通中亚、西亚，东起中国，西至阿拉伯半岛，沿线国家主要包括中国、阿富汗、阿塞拜疆、格鲁吉亚、伊朗、吉尔吉斯斯坦、俄罗斯、塔吉克斯坦、土耳其、土库曼斯坦、乌兹别克斯坦。

中国—中亚—西亚经济走廊沿线国家的经济发展水平参差不齐。除阿塞拜疆、土耳其、伊朗外，其他国家的交通基础设施建设水平均处于世界中下游。

（一）阿塞拜疆

2008 年至 2016 年间，阿塞拜疆的基础设施总体指标由 3.3 提升至 4.3，该指标的世界排名也由第 64 名前进至第 55 名，进步显著。

在交通（物流）基础设施的建设中，阿塞拜疆政府重点发展公路运输和航空运输。阿塞拜疆航空公司拥有数十架各种类型的客机和货机，并直接与 20 多个欧亚国家通航。阿塞拜疆航空公司与"波音"等大型飞机制造商有长期合作。此外，阿塞拜疆政府计划在距离巴库盖达尔·阿利耶夫国际机场约 100 公里处修建新的国际机场。目前，已有中国物流公司开始与盖达尔·阿利耶夫机场探讨航空货物运输业务，有意向进行合作。

为更好地发挥南—北国际运输走廊的作用，阿塞拜疆、伊朗和俄罗斯三国于 2017 年初专门就在南—北国际运输走廊框架下通过阿塞拜疆境内进行货物运输、开发伊朗边境阿斯塔拉的运输潜力等问题交换了意见，旨在激发俄罗斯、阿塞拜疆、白俄罗斯、拉脱维亚、爱沙尼亚、芬兰海湾国家以及印度等国双向货物运输线路的活力，并就优惠运价达成一致。

阿塞拜疆东濒里海，南接伊朗和土耳其，北与俄罗斯相邻，西傍格鲁吉亚和亚美尼亚，大、小高加索山自西向东穿越全境，余脉最终没入里海。因此在水运方面，阿塞拜疆以里海货物运输为主，货运的六成以上为原油和成品油。水运由阿塞拜疆国家里海海运轮船公司垄断经营。该公司拥有油轮、轮渡船、货轮等自有船只总计 284 艘。巴库港是里海沿岸最大港口，不但可衔接里海水运与国内铁路运输，还可将里海水运与俄罗斯内河运输相连。巴库港与土库曼斯坦的巴希港和哈萨克斯坦的阿克套港之间有里海轮渡交通。2016 年 3 月，阿塞拜疆总统伊利哈姆·阿利耶夫签署总统令，决定在巴库市阿里亚特村巴库新港附近建立自由经济区。一期工作预计于 2018 年 6 月完成，届时货物处理量可达 1280 吨每昼夜，年吞吐量达 1000 万~1100 万吨，以及 5 万个标准箱。

在陆运方面，阿塞拜疆拥有里海最大港口和外高加索地区最大机场，使得公路、铁路、水运和管道运输基础设施较为便捷。近年来，阿塞拜疆采取多种措施，不断完善基础设施建设，打造自身欧亚大陆交通枢纽地位，提高国际知名度。

2017 年阿塞拜疆全国公路总里程 5.9 万公里，其中 2.9 万公里为硬化路面。城郊公路总长为 1.9 万公里，其中国家级干线（M）和区域级干线（R）的总长为 4645 公里，地方级公路（Y）总长 14357 公里。首都巴库市公路总长为 1525 公里。阿塞拜疆着力加快公路建设，2004—2016 年阿塞拜疆建设和改造各类公路达 11000 公里。

在阿塞拜疆境内有两条运输主干线：一是贯穿阿塞拜疆南北的干线公路，全长约 521 公里，是连接俄罗斯和伊朗的重要过境运输通道；二是贯穿阿塞拜疆东西的干线公路，与格鲁吉亚边境相连，境内全长约 503 公里。该干线是 TRACECA 国际运输走廊的重要组成部分。

2017 年阿塞拜疆国内铁路总长 2929.4 公里，其中 2099.7 公里为正在使用中的铁路，815 公里为双轨铁路，1650 公里的铁路配备了自动信号系统，电气化铁路约 1300 公里长。但有近 900 公里铁路处于不能正常使用的状态，约占全国铁路总长的三分之一。阿塞拜疆铁路运输以通往格鲁吉亚方向为主，从巴库至格鲁吉亚的货运量约占阿全国铁路货物运输总量的 70% 左右。阿塞拜疆铁路客运设有开往全国各主要城市以及俄罗斯、乌克兰和格鲁吉亚等国的固定班次。

2017 年 10 月 30 日，巴库—第比利斯—卡尔斯铁路通车仪式在巴库隆重举行。该路线的最主要目的便是将目前的货运量从每年 650 万吨提升至 1700 万吨，并持续提高。

此外，2018 年 3 月，阿经济部长沙辛·穆斯塔法耶夫率团赴中国，参加由阿塞拜疆、格鲁吉亚、哈萨克斯坦和土耳其驻中国外交使团联合组织的跨里海交通走廊推介会。跨里海交通走廊全长约 6500 公里，铁路运输全程用时 12~14 天。为挖掘该走廊运输潜能，早在 2014 年 2 月成立了跨里海交通走廊发展协调委员会。阿塞拜疆、哈萨克斯坦、格鲁吉亚、土耳其和中国的铁路、港口管理机构及海上货运公司都积极参与了该协调委员会的建设工作。2017 年 1 月，跨里海交通走廊国际联盟法人联合会在哈萨克斯坦首都阿斯塔纳正式注册成立。联盟的主要职责是为跨里海交通走廊吸引跨境运输与对外贸易货物运输流量，清除相关壁垒，确立沿全线统一且具有竞争力的税率政策，组织集装箱铁路运输与物流服务，研发全线统一的火车运行技术，提高整条线路的竞争力，以及创建一体化的信息服务系统。该联盟发起机构包括阿塞拜疆铁路总公司、哈萨克斯坦铁路总公司、格鲁吉亚铁路总公司、哈萨克斯坦阿克套港管理中心、格鲁吉亚巴统港管理中心等。

在空运方面，阿塞拜疆现有 6 个机场。其中，盖达尔·阿利耶夫国际机场为全国最大的机场，于 2017 年 5 月被国际航空运输评级组织 Skytrax 评为 5 星级机场。2017 年，盖达尔·阿利耶夫国际机场输送客流量 406 万人，同比增长 23%。

表 3-45　供应链指标[①]

			2018 年	2010 年
问题24: 出口时间与距离	港口或机场供应链	距离（公里）	1025	—
		交货时间（天）	3	7
		成本（美元）	—	1414
	陆地供应链	距离（公里）	2646	750
		交货时间（天）	7	5
		成本（美元）	—	2000
问题25: 进口时间与距离	港口或机场供应链	距离（公里）	43	—
		交货时间（天）	2	3
		成本（美元）	—	4000
	陆地供应链	距离（公里）	296	750
		交货时间（天）	4	7.00
		成本（美元）	—	4000
问题26:符合质量标准的出货量占比（%）		出货量占比（%）	61	88
问题27:机构数量		进口	3	2
		出口	4	2
问题28:文件数量		进口	5	8
		出口	8	8
问题29:通关时间（天）		不需实物检查	2	4
		需要实物检查	2	4
问题31:实物查验率（%）		进口装运的百分比	50	75
问题32:多次检查率（%）		实物查验的百分比	6	75

---

① Connecting TO Compete（2010—2014）Trade Logistics IN The Global Economy.

2017年阿塞拜疆国内航空公司完成客运总量236万人次，同比增长19.1%。2016年7月，中国南方航空公司开通巴库—乌鲁木齐—广州航线。每周两班（周三、周日）。此外，阿塞拜疆航空公司于2013年8月开通了巴库至北京直航，每周两班(周二、周日)。阿塞拜疆航空公司总部设在巴库，主要经营从巴库到独联体国家、欧洲、中国和中东地区，以及国内的定期客运和货运航班服务。目前，该公司通航的城市有35个。

运输基础设施的建设是一个国家拥有可靠的物流链的基础。近年来，阿塞拜疆的物流水平处于世界中下游水平。根据《2007—2016年世界银行全球物流绩效指数报告》，2014年其国际货运水平位列第113名，物流质量和能力位列第149名，物流追踪能力位列第148名，物流及时性位列第143名。因此在努力拥有较先进的基础设施的同时，阿塞拜疆的物流服务水平有待加强。

在供应链分析中（表3-45），阿塞拜疆货物进出口的陆地运输成本比空运或海运成本高。陆地距离和进口时间之间的相关性表明，除了基础设施、服务提供和其他物流问题，地理因素对阿塞拜疆的世界市场联系能力起到了一定的阻碍作用。同时，还可以发现阿塞拜疆的查验率明显降低，也可以侧面反映其出口较进口程序更为复杂。

（二）格鲁吉亚

格鲁吉亚位于高加索中西部。北接俄罗斯，东南和南部分别与阿塞拜疆和亚美尼亚相邻，西南与土耳其接壤，西邻黑海。鲁吉亚整体的基建水平比较低，除铁路基础设施质量较好外，其他运输方式的基础设施质量及服务水平仍需改进。

在格鲁吉亚，运输政策部负责监督公路和海上运输、铁路和民航。陆运局、海运局和民航局是技术监管机构。格鲁吉亚铁路公司是一家国有的垂直一体化公司，控制着核心铁路业务（基础设施、客运、货运等）。格鲁吉亚的所有海港和两个主要机场（第比利斯和巴统）都由私营公司拥有或经营。国有企业格鲁吉亚联合机场有限责任公司（United Airports of Georgia LLC）运营Kutaisi的国际机场和所有较小的机场。管道运输规则由格鲁吉亚石油和天然气公司负责，这是政府的一家股份公司。区域发展和基础设施部(MRDI)负责发展和维护道路网络,但地方政府管辖的道路除外。路政署负责实施和管理基础设施。基础设施的建筑和维护工作外包,竞争激烈。能源部负责制订和实施国家的能源政策及相关能源工作。

在过去十年中,格鲁吉亚历届政府都修订了交通基础设施和服务供应的规则和最新规定。他们改组了机构,并将运输系统现代化的权力下放给各线路机构。这有助于吸引私人投资进入航空(机场和航空公司)、海上服务(港口和航运)、公路运输(所有货运和城际客运)以及管道运输(来自阿塞拜疆和哈萨克斯坦的石油和天然气)。铁路现在是国有企业,有权在公开市场上筹集资金,而公路网则成为唯一以传统的公共部门方式拥有和运营的实体资产。

在其2020年发展战略中,政府承诺进一步简化交通基础设施和发展物流中心。特别是,完成东西高速公路、巴库—第比利斯—卡尔斯铁路线以及在库泰西发展一个国际机场和(在阿纳卡利亚)建造一个深水港是该国目前的最大优先事项。

在交通领域,格鲁吉亚继续与欧盟保持立法一致。格鲁吉亚铁路制定了一项战略,使其铁路更接近欧盟标准。《欧盟—格鲁吉亚共同航空区协定》的执行情况继续受到欧洲航空安全局的监测。在海事部门,格鲁吉亚使自己符合海员培训和发证的国际标准,促使欧盟恢复承认格鲁吉亚颁发的海员证书。此外,在船旗国的表现方面也取得了重大进展。根据立法的变化,引入了符合欧盟标准的新的登记程序。因此在2013年,悬挂格鲁吉亚国旗的船只的扣押率与前几年相比有所降低,并且2014年7月根据巴黎谅解备忘录格鲁吉亚国旗将从黑色名单移至灰色名单。

在陆运方面,格鲁吉亚国内和国际客运交通都是以公路为主,99%的旅客通过公路运输。在货物运输方面,2014年的货物运输总量为4640万吨,其中约62%为公路运输,38%为铁路运输。20250公里的公路网(其中1603公里是国际公路网,由公路部管理)是其运输系统最重要的组成部分。长达400公里的东西高速公路(EWH)是其主干道,提供了从东到西最快的地面交通。它扮演着战略角色,近60%的国际贸易都是通过EWH高速公路过境的。这条陆上交通以每年约10%的速度增长,部分原因是道路的改善、简化的过境手续以及统一的标准和文件。

近期内，政府的主要项目之一是东西公路建设和修复项目，这对格鲁吉亚及其邻国以及作为欧洲与中亚之间的战略过境路线对欧盟来说是非常重要的。更好的运输联系对于改善格鲁吉亚与邻国及其其他贸易伙伴的经济合作、加强该区域的竞争力和提高运输安全与能力至关重要。作为欧盟支持的"欧洲—高加索—亚洲运输走廊"（TRACECA）计划的成员之一，格鲁吉亚正在努力简化所有主要类型货物的运输关税；特雷卡走廊的发展仍然是格鲁吉亚交通政策的重点。

在铁路运输方面，格鲁吉亚铁路网全程 1992 公里，其中包括电气化铁路 1793 公里。2015 年，格鲁吉亚铁路运输收入为 5.75 亿里拉，约合 2.4 亿美元。2016 年，格鲁吉亚铁路货物运输量达 1190 万吨，比 2015 年下降 15.6%。这一现象是由于铁路运力有限以及阿布哈兹冲突导致无法进入俄罗斯市场等。格鲁吉亚铁路严重依赖从阿塞拜疆到黑海港口的石油产品运输。2008 年开始建设从阿卡拉基（格鲁吉亚）到卡尔斯（土耳其）的新铁路（巴库—第比利斯—卡尔斯铁路），主要工程计划在 2015 年完成。该项目将有效地开辟一条从里海经土耳其通往欧洲的铁路走廊。

在海运方面，格鲁吉亚两个主要的黑海港口分别位于波蒂（Poti）和巴统（Batumi），深度分别为 11 米和 12 米，分别可处理 1000 万吨和 1700 万吨货物。格鲁吉亚与乌克兰、罗马尼亚、俄罗斯联邦和保加利亚有铁路轮渡。

波蒂港主要处理大部分集装箱运输和一些散装货物，现由丹麦马士基航运公司（Maersk Shipping）的子公司 APM Terminals 拥有和经营。该公司从阿联酋 RAK Investment Authority（RAKIA）获得 80% 的股份，而 RAKIA 在 2009 年从政府手中买下这个港口，并投资建设了港口基础设施和邻近的波蒂工业自由区。

集装箱货运量占总运量的 44.1%，普通货物、液体货物和散货货运量分别占 20.7%、8.5% 和 26.7%。大约 40% 的货物是进口，而过境和出口分别占 39% 和 21%。自 2009 年以来，货柜吞吐量增加了 123%，由 17.2 万个标准箱增至 38.5 万个标准箱，目前的集装箱能力估计为 55 万个标准箱。

2014 年，该港口处理了 860 万吨货物。APM 公司计划在五年内投资 1 亿美元，以扩大和促使港口现代化。

巴统港主要处理干散货、集装箱和石油，由巴统工业控股（BIH）有限公司运营。这是哈萨克斯坦 KazTransOil 的子公司，曾在 2008 年与格鲁吉亚政府签署一项为期 49 年的协议。协议要求港口每年处理 600 万吨的货物。该港有 11 个可用于石油、集装箱、铁路轮渡、干货和旅客的泊位。另外两个港口 Supsa（由 BP 经营）和 Kulevi（由 Azeri Socar 公司拥有），专门经营石油产品。

港口税和关税由私营企业来确定。政府试图通过改善港口基础设施来加强竞争。为此，特别重视在阿纳卡利亚（Anaklia）建设一个新的黑海深范，该港口应具有一定的竞争优势：战略性地理位置、接收巴拿马型船只的能力、一站式解决方案、程序简单快捷、全年安全航行。新港口的建设具有重要的战略意义，并计划大幅提高通过乔治亚州的货物周转率。

为解决海上运输监管问题，2011 年 4 月格鲁吉亚政府成立了格鲁吉亚海上运输署（MTA），作为隶属商务部的一个独立机构。MTA 是海上领域的技术监管者，主要职能包括：海员教育和认证、船旗国绩效、港口国控制、海上搜救、海上安全、安保和环境保护。MTA 的具体任务是通过聘用有经验的海员和顾问建立可持续的能力建设体系，并加强与其他国家海事当局的合作。航运服务是由一些专门在黑海提供服务的外国公司提供的。市场最大的集装箱运营商是地中海航运公司（45.1%），主要通过伊斯坦布尔港提供全球中转和中转服务。其他集装箱运量由马士基（18.5%）、长荣（9.9%）、CMA-CGM（8.9%）、Zim（6.6%）、Norasia（3.5%）、Arkas（3.5%）、UASC（0.9%）、Hapag Lloyd（0.8%）和其他公司（2.2%）分担。运行有定期客运服务，其中几个线路是直接从巴统和波蒂到保加利亚、罗马尼亚、土耳其和乌克兰。

自独立以来，格鲁吉亚已与十几个国家签署了政府间海上运输双边协定。例如 2013—2014 年，格鲁吉亚与波兰朝鲜共和国和塞浦路斯签署海上运输双边协定。这些协定将作为格鲁吉亚各港口与这些国家之间的商船运输的法律基础。格鲁吉亚积极与国际海事组织、"黑海港口国监督谅解备忘录"国家和国际水文组织合作。2014 年，格鲁吉亚成为多瑙河保护国际委员会的观察员。

在空运方面，近年来格鲁吉亚对航空运输部门进行了全面审查，包括重组体制框架，将政策制定、技术监管和基础设施运营职能分开。件随着改革，格鲁吉亚对航空服务的需求一直在增加，这引起了外国航空公司对格鲁吉亚航空市场的兴趣。

格鲁吉亚公共服务电子化计划内的运输政策部门负责所有政策事宜，包括界定进入市场的途径，以及就航空服务协议进行谈判，具体如指定航空公司、每个国家的入境点、服务范围、交通权、机票管制等。此外，该部门还负责确定政策并确保其执行。

格鲁吉亚民用航空局（GCAA）的职责在于确保航空安全。根据 1944 年《芝加哥公约》及其附件的规范和建议，该机构有权监督民航部门的所有技术方面。因此，GCAA 的责任包括与监督和执行当地和国际规范有关的所有技术方面，如国际民用航空组织标准和建议做法（SARPs）。GCAA 是"公法的法律实体"，通过收取认证和许可费用实现财务独立。

格鲁吉亚还与欧盟签署了双边航空服务协议，并已加入入欧洲共同航空区（European Common Auiation Aeea）。格鲁吉亚还是欧洲航空安全组织（EASA）的成员国。

为了使航空运输自由化，格鲁吉亚在同其伙伴的双边协定的基础上奉行"开放天空"的政策。其中，乔治亚州取消了对乘客人数、目的地和飞行频率的限制。格鲁吉亚在航空部门采取了完全自由化的环境（2005 年 3 月 23 日通过的第 211 号总统命令）。政府不仅不受容量限制地（以频率和飞机类型衡量，如限制航空公司数量、入境点或机票价格）允许外国航空公司进入格鲁吉亚，而且还允许外国航空公司在格鲁吉亚境内各点之间通行。根据 GCAA 的数据，目前有 26 家外国航空公司和一家国内航空公司提供往返格鲁吉亚的定期航班。

格鲁吉亚的机场主要由国有企业格鲁吉亚联合机场有限责任公司（United Airports of Georgia，UAG）所有，该公司已将巴统国际机场和第比利斯国际机场的运营外包给土耳其的一家公司（TAV Airports Holding

Co.）。这两个机场吸引了飞马航空（Pegasus Airlines）、卡塔尔航空（Qatar Airlines）、乌克兰国际航空（Ukraine International Airlines）和意大利航空（Alitalia）等航空公司。UAG自己运营的有库塔伊西国际机场（Kutaisi）以及梅斯蒂亚机场（Mestia）和安布罗劳里要场。2019年，格鲁吉亚航空接送抵离港旅客共62.42万人次，同比增长4.22%。

在管道运输方面，四条主管道穿过格鲁吉亚领土，其中两条是国际石油管道：巴库—苏帕萨线与终点站苏帕萨相连，年产油约700万吨，每日可输送14.5万桶原油；巴库—第比利斯—杰伊汉线与库列维相连，每日可输送120万桶原油。这两条线路是将阿塞拜疆石油运往世界市场的西线。据报道，使用这两条线路的运输成本是仅经由俄罗斯联邦的北线管道的一半。另外两条管道是从阿塞拜疆向土耳其输送天然气，不但确保了该国的天然气供应，还在加强能源安全方面发挥了作用。其中，南高加索天然气管道拥有每年160亿方的天然气输送能力。

格鲁吉亚全境内现有350个邮政局。

（三）伊朗

伊朗位于亚洲西南部，北邻亚美尼亚、阿塞拜疆、土库曼斯坦，西与土耳其和伊拉克接壤，东与巴基斯坦和阿富汗相连，另与哈萨克斯坦和俄罗斯隔海相望。南面濒临波斯湾、霍尔木兹海峡和阿曼湾。

伊朗整体的交通设施基建水平处于世界中游，但运输服务水平较为落后。在水运方面，伊朗主要海港集中在波斯湾沿岸，如阿巴斯港、霍梅尼港、布什尔港和阿赛卢耶港等；在里海的主要港口为安扎里港，另外在波斯湾外有新建的恰巴哈尔港。

2016年伊朗港口的总吞吐量为1.41亿吨，其中原油及其制成品占比33.6%，集装箱占比17.3%；进港6118万吨，占总吞吐量的43.4%，出港7987万吨，占总吞吐量的56.6%。伊朗主要进口产品为农副产品、汽车及配件，主要出口产品为建筑材料、矿产、化肥农药。

其中位列全国港口前两位的阿巴斯港和霍梅尼港吞吐能力分别，年吞吐量分别为7624万吨和4293万吨，约占全国港口吞吐量的85%。2014/15财年，伊朗海运乘客为1710万人。

据了解,目前集装箱母船主要挂靠阿巴斯港,再通过驳船把货物运往霍梅尼港、阿赛卢耶港、布什尔港。远东地区到伊朗的集装箱船舶公司主要有长荣、万海、太平船务、现代、HDS,所用船型为 5000 标准箱、8000-10000 标准箱;杂货船运营公司主要有中远、长航国际、金希普、南远、鸿优,船型一般在 3-5 万吨。2018 年 5 月美国退出伊核协议并宣布重启对伊朗制裁后,丹麦马士基、托姆等船公司不再停靠伊朗港口,韩国高丽海运、法国达飞等航运公司亦已停止接单伊朗业务。

伊朗每年投入约 50 万亿里亚尔(约 2 亿美元)用于改善海运基础设施和增加运力。2014 年 6 月伊朗港口与海事组织宣布,计划将伊朗的年海运能力提高至 2 亿吨。2018 年 3 月伊朗启动了阿巴斯港口三期建设,项目建设期 3 年,投资额约 1.9 亿美元,建成后将使港口集装箱吞吐能力提升至 800 万标准箱。

在陆运方面,据伊朗国家统计中心数据,2019 年伊朗公路网总里程为 3.8 万公里,其中高速公路为 2460 公里。伊朗高速公路建设相对滞后,道路与城市发展部正加快推动多个高速公路项目。伊朗和邻国的公路连接情况较好,与土库曼斯坦、阿富汗、巴基斯坦、伊拉克、土耳其、亚美尼亚、阿塞拜疆均有公路相连接,陆路运输便捷。目前印度在阿富汗境内建设的迪拉纳姆—扎兰吉公路,未来将连接至伊朗恰巴哈尔港。2019 年,伊朗公路货运量为 3172.25 万吨,客运量为 7.08 亿人次。

2018 年,伊朗铁路网总里程为 11061 公里。铁路网以德黑兰为中心向周边放射,连接主要城市马什哈德、大不里士、伊斯法罕、阿瓦士、阿巴斯港等。伊朗铁路轨距主要为 1.435 米,靠近巴基斯坦边境的 94 公里铁路为 1.676 米宽轨。伊朗在建铁路总长约 7500 公里。据伊朗 20 年发展计划(2005—2025 年),2025 年伊朗铁路总长将达到 25000 公里。2018 年,伊朗铁路客运量约为 2450 万人次,货运周转量约为 4680 亿吨。

另外,伊朗铁路已连接土库曼斯坦、巴基斯坦、土耳其。据媒体报道,2016 年 2 月中伊货运班列从义乌市出发,经哈萨克斯坦、土库曼斯坦抵达伊朗。欧洲旅行团可乘坐豪华旅游专列从欧洲发车,经土耳其抵达伊朗旅游。目前伊朗政府仍在积极推动铁路建设,如与伊拉克合作建设两伊铁路

（巴士拉—萨拉姆齐铁路线）；帮助阿富汗建设伊朗哈夫—赫拉特的铁路线；与阿塞拜疆、亚美尼亚推动铁路网互联互通。此外，中国与阿富汗、塔吉克斯坦、哈萨克斯坦、伊朗五国正在探讨建设连接中国至伊朗的标准轨铁路线。该条铁路将从中国喀什出发，途径阿富汗、塔吉克斯坦、哈萨克斯坦，最终与伊朗铁路线相连。

另外，为缓解城市交通拥堵、空气污染，伊朗正在大力推进城市地铁建设。目前德黑兰 1、2、4 号线及 5 号线（德黑兰—卡拉季城铁线），马什哈德 1、2 号线，伊斯法罕 1 号线，大不里士 1 号线，设拉子 1 号线已经开始运营，库姆、阿瓦士、卡拉季等城市也在推动地铁和城郊铁路建设。

在空运方面，由伊朗机场公司（IAC）管理伊朗 54 个机场，包括国际航空港 13 个（主要在德黑兰、马什哈德、伊斯法罕、设拉子、大不里士、库姆、阿瓦士、阿拉克、阿巴斯港、基什岛和格什姆岛）。2019 年，伊朗所有航空公司运送旅客达 3570 万人次，航运货物周转量达 1.23 万吨。伊朗政府还计划对德黑兰霍梅尼国际机场、德黑兰梅赫拉巴德国际机场、马什哈德国际机场进行扩建，扩建后梅赫拉巴德国际机场旅客年运送能力将从 1400 万人次提升至 2800 万人次。

因核制裁影响，伊朗难以购买西方高科技产品，因此在运营的客机大多老旧。全国共 266 架运营客机，平均机龄为 23 年。2017 年 9 月，美国众议院投票禁止向伊朗销售商用客机。2018 年 4 月，伊朗与俄罗斯苏霍伊公司签订协议购买 40 架客机。

（四）吉尔吉斯斯坦

根据《世界贸易促进报告》（2008、2009、2012、2014、2016），2012—2016 年，吉尔吉斯斯坦的基础设施指标由 2.9 提升至 3.0。吉尔吉斯斯坦整体的基建水平较为落后，特别是在港口、航空和物流领域的基建能力还有待提高。

吉尔吉斯斯坦处于欧亚大陆的腹心地带，是位于中亚东北部的内陆国，也是连接欧亚大陆和中东的要冲。吉尔吉斯斯坦东南和东面与中国接壤，北面与哈萨克斯坦相连，西临乌兹别克斯坦，南同塔吉克斯坦接壤。

吉尔吉斯斯坦是完全的内陆国家，并且主要是山区地形，因此大多数乘客和货物都是通过公路运输。吉尔吉斯斯坦公路网是国有的，现有总里程 3.4 万公里，但是大约 55% 需要部分修整或大修，并且主要道路状况不佳大大增加了运输成本。不仅如此，吉尔吉斯斯坦在运营的公共车辆也在逐渐老化，并有主要车型转向小巴的趋势，这对乘客安全、道路交通和环境产生了不利影响。2019 年，吉尔吉斯斯坦公路货运量达 3172.25 万吨，公路客运量达 7.08 亿人次。

吉尔吉斯斯坦不是《欧洲国际公路运输车辆工作人员协议》（AETR）的缔约方，并未要求货运车辆使用符合 AETR 标准的数字行驶记录仪。因此，自 2010 年 7 月以来，参与国际运输的 1800 多个吉尔吉斯货运车队中约有 95% 没有能力在已实施 AETR 数字行车记录仪系统的 32 个国家通行。

在铁路运输方面，受特殊的国内地形和铁路基础设施建设技术的限制，铁路只占吉尔吉斯斯坦领土的一小部分，总里程仅为 423.9 公里。吉尔吉斯斯坦因此缺乏与中国的直接铁路联系，使双边和过境贸易流量远低于其潜力。2019 年，吉尔吉斯斯坦铁路货运量为 224.37 万吨，同比下降 0.6%；铁路客运量为 35.84 万人次，同比增长 10%。吉尔吉斯斯坦现今的铁路基本上是苏联时代的线路，可提供与邻国哈萨克斯坦和乌兹别克斯坦铁路枢纽的连接，但覆盖范围相当有限且分散。在目前的铁路配置下，无法直接通过铁路运输横跨吉尔吉斯斯坦，某些吉尔吉斯斯坦城市之间的铁路连接涉及过境邻国，这对边境管制问题会有一定的压力。自独立以来，吉尔吉斯斯坦没有建造新的铁路。

吉尔吉斯斯坦铁路公司（Kyrgyz Temir Zholu）是国有企业，对所有铁路服务和基础设施保留法定垄断权。据当局称，它没有接收到任何国家预算的拨款。2011 年，吉尔吉斯斯坦铁路公司被移交给 MTC，旨在精简优先路段上新铁路的设计和建设工作。然而，建设两条优先铁路线路（中国—乌兹别克斯坦以及南北连接线）的长期项目尚未跨过初步可行性研究阶段。客运和国内货运部门仍处于亏损状态，并继续依赖国际货运服务的交叉补贴。由于客运和国内货运票价是由国家反垄断机构规定，铁路公司无法根据其运营成本来调整售票价格。在无法实现有效盈利的情况下，其财务状况因相当大的外债（主要是哈萨克斯坦和俄罗斯铁路）以及国内货运服务的大量逾期付款（主要是向其他国有企业提供的债务）而进一步复杂化。

在空运方面，根据该国政策，经营国内商业航班的公司必须是在吉尔吉斯斯坦注册的，且吉尔吉斯斯坦必须拥有至少51%的所有权。吉尔吉斯斯坦注册的航空公司，包括国家航空公司，不曾得到国家的直接补贴。国内客运和货运机票也是由国家反垄断机构管理局规定，该机构设定最高票价。截至2013年6月，吉尔吉斯斯坦共有16家注册航空公司，其中5家经营国际和国内定期航班。吉尔吉斯斯坦注册飞机的平均机龄超过20年，除了安全问题外，这些飞机在燃油消耗和飞行舒适性方面也没有竞争力。

2019年，吉尔吉斯斯坦航空货运量为300万吨，航空客运量为109万人次。马纳斯国际机场和奥什国际机场处理大多数国际航班。玛纳斯机场是24小时运作，且拥有该国唯一的货运站但考虑到航线数量、航班频率和更低的机票价格，许多吉尔吉斯斯坦的旅客会选择邻近的哈萨克斯坦的阿拉木图国际机场。

（五）塔吉克斯坦

塔吉克斯坦是位于中亚东南部的内陆国家，西临乌兹别克斯坦，北接吉尔吉斯斯坦，东邻中国新疆，南界阿富汗，国土面积为14.31万平方公里。根据《世界贸易促进报告》（2008、2009、2012、2014、2016），2008—2014年，吉塔吉克斯坦的交通基础设施的可用性和质量指标由2.02提升至3.4。塔吉克斯坦整体的基建水平属于中上游，但其在港口和物流领域的基建能力还有待提高。

塔吉克斯坦现有公路网总里程1.42万公里。2019年，塔吉克斯坦公路货物周转量为8010.16万吨，同比增长1.1%；公路客运量为6.48亿人次，同比增长10.9%。

塔吉克斯坦铁路总长950.7公里，其中运营长度为616.7公里。铁路在塔吉克斯坦是重要的进出境货物运输方式，但存在相关设施落后和缺乏车厢等基础设施问题，使得塔吉克斯坦铁路运输业的发展受到重重阻碍。

在空运方面，塔吉克斯坦主要机场有三个，分别是杜尚别机场、胡占德机场和库里亚布机场。2019年，塔吉克斯坦航空货运量为1100万吨，同比下降28.9%；航空客运量为73.06万人次，同比下降9.2%。

在水运方面，因为塔吉克斯坦是完全的内陆国家，且国内水系也不适合发展内河航运，所以没有海运和内河水运。

（六）土耳其共和国

土耳其共和国是一个横跨欧亚两洲的国家，国土包括西亚的小亚细亚半岛（安纳托利亚半岛）和南欧巴尔干半岛的东色雷斯地区。北临黑海，南临地中海，东南与叙利亚、伊拉克接壤，西临爱琴海，并与希腊和保加利亚接壤，东临格鲁吉亚、亚美尼亚、阿塞拜疆和伊朗。在安纳托利亚半岛和东色雷斯地区之间是由博斯普鲁斯海峡、马尔马拉海和达达尼尔海峡组成的土耳其海峡，它是连接黑海以及地中海的唯一航道。土耳其的地理位置和地缘政治战略意义极为重要，是连接欧亚的十字路口。

根据《世界贸易促进报告》（2012、2014、2016），2012—2016年，土耳其的基础设施指标由 4.3 提升至 4.5，该指标的世界排名由 47 名上升至第 46 名。土耳其整体的基建水平较高，特别是班轮连接性指数和道路质量指数，但还需加强各运输方式之间的衔接和变更。

虽然土耳其整体交通基础建设水平很高，但在物流表现上却处于世界中下游水平。根据供应链分析，土耳其货物进出口流程中陆路进口比空运或海运要花费更长的时间，这与土耳其本身复杂的地形因素所导致的不完善的公路铁路基础设施有关。

土耳其现有公路网总长 25 万公里。近年来，土耳其 95% 的乘客和 90% 的货物都是通过公路运输的。

在铁路方面，土耳其境内铁路网总长 1.28 万公里，其中包括 1213 公里高速铁路和 25% 的电气化铁路。2019 年，土耳其铁路货运量为 2516 万吨，客运量为 928.3 万人次。

土耳其现有 55 个机场，其中包括 23 个国际机场。截至 2019 年，土耳其航空公司航班目的地 290 个，包括 240 个遍布全球 122 个国家的目的地，这一速家具位居全球所有航空公司之首。2019 年，土耳其国内航空旅客运输量为 9994 万人次，同比降低 11.5%；但国际旅客运输量同比增长 1.08 亿人次。

（七）土库曼斯坦

土库曼斯坦是位于中亚西南部的内陆国,西临里海,北邻哈萨克斯坦,东北部与乌兹别克斯坦接壤,东接阿富汗,南部是伊朗。

土库曼斯坦高度重视交通运输系统(铁路和公路、海港、内河港口、管道)的发展,将其作为该国经济可持续发展的基础设施的重要组成部分。

土耳其现有公路网总长1.4万公里,其中包括国道6540公里和国际公路2280公里。2018年,土耳其公路货运量为4.3亿吨,公路客运量1.2亿人次。

目前,土库曼斯坦的铁路长度为5198公里。近年来,土库曼斯坦修建了四条新的铁路线:Tejen—Sarahs,Turkmenabat—Atamurat,Dashoguz—Urgench,Ashgabat—Karakum—Dashoguz。独特的地理位置使土库曼斯坦在跨境运输上有着强大的潜力,货物运输量逐年增加。2018年,土库曼斯坦铁路货运量为2369.7万吨,铁路客运量为526.4万人次。库尔班古力总统发起的运输领域的大型国际项目旨在大大促进区域和区域间的经济合作。在这种情况下,哈萨克斯坦—土库曼斯坦—伊朗铁路的建设是有意义的,并且在经济上可行。其中土库曼斯坦—哈萨克斯坦段已于2013年5月启用。

在空运方面,土库曼斯坦境内现有6个机场,包括5个国际机场:阿什哈巴德(Ashgabat)、土库曼斯坦纳巴特(Turkmanabad)、土克曼巴什(Turkmanbashi)达绍古兹(Dashoguz)和马雷(mary)。

在水运方面,土库曼斯坦是内陆国家,没有出海口,但是濒临里海,所以水运主要是经由里海至阿姆河的客、货运输。

在邮政方面,土库曼斯坦是万国邮政联盟成员,邮政服务已覆盖全境,但是行业总体发展较慢。

（八）乌兹别克斯坦

乌兹别克斯坦是中亚中部的内陆国家,西北与咸海相接,陆地边境与哈萨克斯坦、吉尔吉斯斯坦、塔吉克斯坦、土库曼斯坦和阿富汗相邻。

乌兹别克斯坦的交通基础设施比较落后。近年来随着经济的稳步增长,国家加大了基础设施建设力度,包括公路的新修、改造和配套服务设施的建设,铁路的电气化改造和铁路网建设。

在陆上交通基建方面,乌兹别克斯坦现有公路7.8万公里。主要干线公路连通各州并与俄罗斯、哈萨克斯坦、塔吉克斯坦、吉尔吉斯斯坦、阿富汗等邻国公路网相连，但是总体路况较差，亟待修缮。

乌兹别克斯坦铁路总长 6950 公里，其中电气化铁路 930 公里，都是单轨铁路。目前乌兹别克斯坦正逐步对铁路进行电气化改造，计划使电气化里程达到 2000 公里。乌兹别克斯坦还积极参与和支持国际运输通道的建立，其中连通阿富汗、巴基斯坦和伊朗的铁路建设已有进展。在乌兹别克斯坦只有首都塔干（Toshkent）有地铁，总计 3 条线，始建于 1977 年，总里程 36.2 公里，开放站台 29 站。

在水运方面，因为乌兹别克斯坦是完全的内陆国家，因此没有海运资源，而内陆河的流量都不足以支撑内陆水运。

在空运方面，乌兹别克斯坦在苏联时期享有"航空港"的美称，且是中亚地区唯一能生产飞机的国家。除国内连接各州的航线外，与中国、日本、韩国、欧洲、美国及独联体大部分国家均有定期航班。2012 年客运量为 265 万人次，同比增长 14.12%。乌兹别克斯坦国内有 12 个机场，均是国际机场，其中塔什干机场最大，可以起降各类飞机。乌兹别克斯坦航空公司的班机可以直飞美国、日本、俄罗斯、德国、中国、韩国等 40 多个国家和地区。目前中国与乌兹别克的航线包括塔什干到北京，塔什干到乌鲁木齐。另外，乌兹别克斯坦 CAP TOUR 有限责任公司 2015 年 4 月开通了塔什干—广州—塔什干包机航线，于每周一和每周四执飞。

（九）区域小结

1. 陆运

中国—中亚—南亚经济走廊沿线国家的公路基础设施除了土耳其和乌兹别克斯坦外，各国境内公路网里程建设水平相近。但是考虑到各国国土面积差别较大这一因素，伊朗和土库曼斯坦的公路建设每平方公里占比都仅约 0.02 公里，这说明了公路建设地域性的不均衡。

在铁路建设方面，伊朗铁路网建设里程尤为突出，因此其铁路客货运量也至少是其他国家的两倍。

表 3-46 是 2016—2020 年中国—中亚—西亚经济走廊沿线国家的陆路基础设施建设及运力数据。

表 3-46　中国—中亚—西亚经济走廊沿线国家的陆路基础设施建设及运力

2016—2020年	公路总里程（万公里）	公路货运量（万吨）	公路客运量（万人次）	铁路总里程（公里）	铁路货运量（万吨）	铁路客运量（百万人次公里）
阿富汗	4.938	—	—	—	—	—
阿塞拜疆	6	—	—	2929.4	—	468.3
格鲁吉亚	2	—	—	1900	1190	597
伊朗	3.8	—	—	11061	4680	13270
吉尔吉斯斯坦	3.4	3172.25	70800	423.9	224.37	43
塔吉克斯坦	1.42	8010.16	64800	950.7	579.08	28
土耳其	25.07			128.3	2516	5560
土库曼斯坦	1.4	43000	102000	5198	2369.7	2340
乌兹别克斯坦	18.4	—	—	6850	948	4294

资料来源：http://fec.mofcom.gov.cn/article/gbdqzn/.

2. 空运

中国—中亚—西亚经济走廊沿线国家的空运基础设施建设所承载的运力除了土耳其与伊朗外，其他国家差距不大。

表 3-47 列明了 2018 年中国—中亚—西亚经济走廊沿线国家中国际民航组织缔约国定期航班运输总周转量、旅客周转量和货邮周转量的数据。其中运输总周转量仅包括超过 1 亿吨公里的国家，货邮周转量数据仅包括超过 25 万吨公里的国家。

3. 水运

因为阿富汗、吉尔吉斯斯坦、塔吉克斯坦和乌兹别克斯坦是完全的内陆国家，所以并不直接拥有海港。而阿塞拜疆和土库曼斯坦虽然濒临里海，但是里海为内陆咸水湖，所以它们也并不拥有直接的对外海港。

表 3-47　2018 年中国—中亚—西亚经济走廊沿线国家空运运力

2018 年	运输总周转量（百万吨公里）	其中：国际航线（百万吨公里）	旅客周转量（百万人次公里）	货邮周转量（百万吨公里）
阿富汗	227	126	2091	30
阿塞拜疆	411	373	4033	44
格鲁吉亚	109	109	1040	—
伊朗	3003	1242	27243	291
吉尔吉斯斯坦	143	128	1432	—
塔吉克斯坦	117	116	1338	—
土耳其	25859	22481	194991	5949
土库曼斯坦	311	242	3255	—
乌兹别克斯坦	855	821	8408	89

资料来源：中国民用航空发展计划司：《从统计看民航（2019）》。

表 3-48 反映了中国—中亚—西亚经济走廊沿线国家 2019 年度的港口吞吐量和 2021 年第一季度的班轮运输连通性指数。

表 3-48　中国—中亚—西亚经济走廊沿线国家港口货运运力

	阿富汗（内陆国）	阿塞拜疆（濒临里海）	格鲁吉亚	伊朗	吉尔吉斯斯坦（内陆国）	塔吉克斯坦（内陆国）	土耳其	土库曼斯坦（濒临里海）	乌兹别克斯坦（内陆国）
2019 年年度港口吞吐量(标准集装箱)	—	—	277125	1516900	—	—	11679100	—	—
2021 年第一季度班轮运输连通性指数	—	—	6.21	32.64	—	—	61.40	—	—

资料来源：https://unctadstat.unctad.org/wds/TableViewer/tableView.aspx?ReportId=92

二、中国—中南半岛经济走廊

中国—中南半岛经济走廊以中国广西南宁和云南昆明为起点，以新加坡为终点。沿线国家主要包括柬埔寨、老挝、马来西亚、缅甸、新加坡、泰国和越南，是中国与东盟合作的跨国经济走廊。其中，新加坡由于其独特的地理条件及其在世界经济中的地位，交通（物流）基础设施建设水平位居世界前列。但是柬埔寨、老挝两国的基础设施水平却因其国家的技术水平处于世界末游，运输系统效率比较低下。

（一）柬埔寨

根据国际货币基金组织的说法，尽管柬埔寨位于东盟的中心位置，但其运输系统的基础设施效率低下、物流绩效差、运输成本高。亚洲银行认为柬埔寨向多式联运的城市化运输系统转变是降低运输成本和吸引服务竞争的关键。现下柬埔寨的铁路服务相对缺乏，码头设施有限，内河航道服务有限，尤其是集装箱船，这些基础设施的落后造成了该国高昂的运输成本。与越南和泰国等相比，柬埔寨的物流成本更高。不仅如此，由于国内运输部门缺乏明确的监管规定，经常进行非正式支付，也提高了全国各地的运输成本。

截至 2019 年，柬埔寨公路网总长 23.7 万公里，其中包括 2.43 万公里一级公路和 5.40 万公里二级队伍。

柬埔寨铁路网总里程为 655 公里，均为单轨铁路。最初由北线从金边到波佩特，386 km 和南线从金边到西哈努克，266 km 组成，还需修复和升级。这两条线路上运输的货物主要是石油、水泥和集装箱。从金边到西哈努克维尔，铁路行程为 7~10 小时，公路行程为 4~5 小时。根据 2014—2018 年柬埔寨国家战略发展规划（NSDP），公共工程和运输部（MPWT）的主要目标是：①完成金边和波伊佩之间的北线铁路的修复，以连接泰国；②完成金边和西哈努克省的铁路货运站；③升级南线铁路，使北线铁路具备以每小时 50 公里的最高速度运送 20 吨货物的能力，南线铁路运送 15 吨货物的能力；④确保特许权合同下的铁路运营效率；⑤鼓励扩大铁路建设，包括从金边到越南的新铁路线。截至 2016 年，连接金边和西哈努克维尔的 264 公里线路重新开放，用于客运列车。修复工程还包括两条支线：从金边站到绿色贸易公司（GTC）仓库综合体、从西哈努克维尔集装箱码头到西哈努克维尔港口。按该发展规划，铁路交通量预计将以每年 7%~12% 的速度增长。到 2030 年，预计机车数量将从目前的 11 辆增加到 30 辆，铁路网预计将减少公路网的负荷。

柬埔寨共有三大国际机场，分别为西哈努克国际机场（PSIA）、金边国际机场（PPIA）和暹粒国际机场（SRIA）。金边国际机场和暹粒国际机场的客流较大，2011 至 2016 年的五年间，旅客人数从 348 万增加到 662 万，增长了 52.6%。西哈努克国际机场（PSIA）2016 年运送了大约 15 万名旅客。2017 年 1 月，金边货运站的货物进出口量与 2016 年 1 月相比增长了 30.2%，而暹粒的货物进出口总量与 2016 年 1 月相比略微下降了 5.9%。2017 年，柬埔寨三大国际机场可为中国、香港、中国、日本、大韩民国、老挝、印尼、缅甸、菲律宾、卡塔尔、新加坡、中国台北、泰国、土耳其、阿拉伯联合酋长国和越南提供航班。共有 44 家（2016 年为 32 家）航空公司运营往返柬埔寨国际机场的定期航班。同时，航空运输基础设施升级对于提高航空国际竞争力仍然至关重要。国际机场继续由私人经营、升级和扩建。法国投资的柬埔寨机场公司（SCA）是由法国 Vinci 文奇机场（70%）和马来西亚—柬埔寨合资企业 Muhibbah Masteron Cambodia（30%）组成的私人财团。在 PPIA、SRIA、PSIA 三个公司分别于 1995 年、2001 年和 2006 年与柬埔寨政府签订了为期 40 年的建设—运营—转让（BOT）特许权的情况下，SCA 仍然是三个国际机场的所有者。柬埔寨机场管理服务有限公司（CAMS）自 2005 年以来完全归 SCA 所有，负责经营这三个机场。2016 年，PPIA 和 SRIA 公司投资 1 亿美元，为每个机场提供一个新的国际航站楼，使其旅客处理能力（500 万旅客）翻了一番。PSIA 公司有一个 2 亿美元的自筹资金投资计划（2016 年到 2025 年）建设一个新的航站楼和登机区。根据相关特许权协议，地面服务由 SCA 对 PPIA、SRIA 和 PSIA 进行垄断。目前，一家来自中国的投资集团正在考虑在暹粒兴建一个名为吴哥国际机场投资（柬埔寨）有限公司的新机场，并根据 55 年（2016—2071 年）的 BOT 特许权，计划为整个项目（绿地）投资 8.8 亿美元。

柬埔寨主要由两个国际港口提供服务，即金边港（河港）和西哈努克港（海港）。这两个港口是进出柬埔寨的海运货物的主要贸易口岸，处理了所有贸易量的四分之三。通过西哈努克港的货物主要转运自新加坡或中国香港，为来自新加坡的支线船提供服务，此外还服务于来自马来西亚、泰国和该地区其他国家的油轮和普通货船。金边河港是越南蔡梅枢纽港的支线港，可处理来自越南和中国的内河油轮货物和一般货物。虽然柬埔寨港口基础设施已经扩大，但业务和海关手续仍然效率低下，造成交易成本高和港口装卸时间长。根据世界银行的《营商环境报告》，2015 年在柬埔寨出口一个标准集装箱货物需要 8 份文件、22 天，费用为 795 美元；进口同一集装箱货物需要 9 份文件、24 天，费用 930 美元。与一些邻国不同，柬埔寨的国际货运市场相对较小，没有重要的大宗商品流通；按照区域标准，两个主要港口处理的集装箱数量较低、实体单一，过去仅靠完全国有的柬埔寨船务代理公司（KAMSAB）提供多式联运（空运、陆运和海运）、海运代理、邮轮、客运和物流服务。在国内水运方面，靠近泰国边境和贡布省的高冈海港主要用于岛间货物运输，由于受限于缺乏现代化设备和泊位长度，只能使用较小的船只。截至 2013 年，柬埔寨内河航道长度约为 1750 公里，旱季通航里程仅为 850 公里。

（二）老挝人民民主共和国

由于老挝国内市场规模小，物流业发展不足且高度分散，仅限于基本服务、公路运输、仓储和货物清关，主要由小型家族企业经营。截至 2018 年，共有 24 家货运代理公司，其中包括跨国物流企业，大多可同时提供清算和货运服务。根据世界银行 2018 年物流绩效指数，老挝在全球 167 个国家中排名第 120 位（2014 年在全球 160 个国家中排名第 131 位），在相关基础设施的质量方面排名第 128 位，在安排具有竞争力的价格和运输的便利性方面排名第 116 位，在物流服务的能力和质量方面排名第 114 位，货物在预计交货期内到达收货人的及时性排名第 130 位。上述排名都落后于南亚的越南和泰国，但高于缅甸。

2016 年，老挝道路设施指标评分为 3.4，位列第 89 名。老挝目前公路网总长为 4.3 万公里。为保持与泰国和中国这两个主要贸易伙伴以及通过泰国与海外市场和供应商形成良好的连通性，老挝大力发展公路建设并取得了重大成就。国家公路升级为东盟公路，沿区域经济走廊将国内公路与邻国连接起来。2018 年 4 月，中国云南建投控股集团签署特许协议，投资 13 亿美元建设万象至万荣 109 公里的高速公路，最终将延伸至中国边境；还将计划建设万象至河内 45 亿美元的高速公路。根据 2018 年世界银行的一份报告，老挝的道路运输部门比较薄弱，由十几家大型公司（定义为每个的规模超过 50 辆卡车）和许多小型公司（每个公司拥有不到 5 辆卡车）组成。由于卡车的跨境运输不受限制，老挝国内的物流运营商越来越多地面临外国同行的竞争，例如泰国卡车运输公司就为老挝提供大部分跨境运输服务。除此外，根据双边协议，老挝还允许中国车辆采购货物并运送至最终目的地。泰国物流公司比老挝物流公司更大，组织也更好，而老挝物流公司的卡车往往不能进入泰国港口，因为根据泰国当局的解释，它们不符合某些港口的进入要求。由于连接老挝出发地／目的地和海港的线路长度的 95% 以上都在泰国境内，泰国物流公司享有在泰国境内运营的规模经济，因此他们的卡车可以在往返途中就完成老挝境内货物的运送。

老挝的铁路运输能力有限，目前总里程仅为 3.5 公里。只有一条活跃的铁路，并且是一条短支线，2009 年开始运营，2016 年开通货运。2014 年，铁路货物运输量为 1.08 亿吨，比 2010 年增长 1.8%。至今，老挝铁路网仍然是完全国有运营的。根据其第 8 次五年计划（NSEDP），当局拟重点发展垂直和水平的铁路线网，以实现与邻国和潜在市场的基本连接。目 2015 年开工的万象至中国昆明的铁路（昆万铁路）已于 2021 年 12 月通车运营。这一项目 70% 由中国出资，其余是由老挝当局出面通过优惠条件借款。

2016 年，老挝的航空基础设施质量指标评分为 3.8，位列第 99 名。老挝目前有 4 个国际机场（Wattay、Luang Prabang、Pakse 和 Savannakhet）和 10 个国内机场。老挝航空部门拟通过 2018 年 8 月开放的瓦岱国际机场（Wattay）航站楼扩建计划，继续扩大和支持旅游业的发展。2012 年至 2019 年间，老挝国际航空运输班次累计增长 55%，从每周 147 架次增至 264 架次；国内航线班次累计增长 68%，从每周 196 架次增至 287 架次。

截至 2018 年，国际旅客总数达 250 万人次（2012 年为 42.49 万人次），航空货物吞吐量达 4022 吨（2012 年为 2400 吨）；大部分航空货物为服装。截至 2019 年 6 月，17 家亚洲（包括 1 家老挝）航空公司为老挝国际客运市场提供服务；16 家本土和外国航空公司获准进出老挝人民民主共和国，而 2012 年只有 6 家。由于大规模机场扩建、新机场建设和现有机场的改造，航空运输服务框架得到了显著改善，并趋于高速增长。截至 2019 年 6 月，国际机场（主要是万象华泰国际机场和琅勃拉邦国际机场）主要为飞往柬埔寨、中国、马来西亚、韩国、新加坡、泰国和越南的航班提供服务。老挝的航空运输基础设施在 2017 年世界经济论坛（WEF）旅游业竞争力指数榜单的 136 个经济体中排名第 97 位。

2016 年，老挝海港基础设施质量指标评分为 2.0，位列第 115 名。老挝是东南亚唯一的内陆国家，这一地理特点使老挝外贸运输成本增加 50%，外贸易量显著较少，因此改善运输和物流至关重要。运输和仓储服务对老挝国内生产总值的贡献率从 2012 年的 3.3% 降至 2018 年的 2.8%。2012 年至 2017 年间，老挝货物运输量增长 43.5%（至 860 万吨），乘客数量增长 41.8%（至 7180 万人）。由于铁路货运网络尚未发展，河流运输仅限于湄公河与泰国接壤的部分，国际交通严重依赖公路运输。

（三）马来西亚

在 2016 年《全球贸易促进报告》中，马来西亚的基础设施指标评分为 5.0，位列 136 个经济体中的第 17 名；道路质量指标评分为 5.5，位列第 20 名；铁路基础设施评分 5.1，位列第 15 名。总体交通基础设施建设水平处于世界前列。

马来西亚公路网总长 23.7 万公里，高速公路网络由贯穿南北的大道为中心构成。在铁路方面，2018 年马来西亚铁路货运量为 594.4 万吨，铁路客运量为 352.7 万人次。

2016 年，马来西亚航空基础设施指标评分 5.7，位列第 20 名。2016 年，马来西亚航空运输服务为国内生产总值贡献了 55 亿林吉特（约合 87 亿人民币）。马来西亚有 8 个国际机场和 16 个国内机场，还有大量小型飞机降落带。2016 年，从旅客人数（不包括过境旅客）来看，最大的机场是吉隆坡机场，共接待旅客 5240 万人次（总数为 9100 万人次）。就货物运输而言，吉隆坡国际机场也是最大的，在 87 万吨的总量中承担了 64 万吨的货运量。

2016 年，马来西亚海港基础设施质量指数评分为 5.4，位列第 17 名。巴生港是马来西亚最大的港口，由两个私人实体公司经营，Northport（M）Bhd 和 Westport（M）Sdn Bhd。巴生港还有大量的集装箱转运业务。丹戎佩莱帕斯港由柔佛港务局监管，主要用于集装箱转运。2016 年，根据世界航运理事会（World Shipping Council）的统计数据，巴生港（Port Klang）和丹戎佩勒帕斯（Tanjung Pelepas）分别是世界上第 12 个、第 17 个最繁忙的集装箱港口。马来西亚的一些港口相对专业化，如处理液化天然气、石油和棕榈油业务的宾杜鲁港，处理石油和燃料油业务的迪克森港。2016 年，在宾图卢装载的 3800 万吨货物中，有 2500 万吨是液化天然气。同年，马来西亚共有 5477 艘船舶注册，总注册吨位（GRT）为 1190 万，与 2011 年 5145 艘船舶和 1150 万总注册吨位相比略有增加。船舶可在马来西亚船舶登记处或马来西亚国际船舶登记处登记，但不允许平行登记。在马来西亚船舶登记处登记的船舶必须由马来西亚公民或至少持有 51% 马来西亚股份的企业所有，并且船舶所有人必须在马来西亚注册成立并设有办事处，而船舶管理人必须是马来西亚公民或公司。

（四）新加坡

在 2016 年《全球贸易促进报告》中，新加坡的基础设施指标评分为 6.3，位列世界 136 个经济体中的第 3 名。道路质量指标评分为 6.3，位列第 2 名；铁路基础设施评分 5.7，位列第 5 名。航空基础设施质量指标评分 6.9，位列第 1 名。以上指标足以说明新加坡拥有世界顶尖的交通基建水平。

2011 年，新加坡航空运输服务业对 GDP 的贡献率约为 6%，提供了约 16.4 万个就业岗位，占总就业人数的 8.2%。新加坡樟宜机场是亚洲主要航空枢纽之一，有直飞全球 161 个城市的航空客货航班，巩固了新加坡作为全球商业中心的地位。2015 年，樟宜机场航空客运量创下 5540 万人次的历史新高，其中廉价航空公司约占总客运量的 30%。2019 年，樟宜机场共完成旅客吞吐量 6830 万人次，同比增长 4.12%。政府预计，未来 20 年，樟宜机场的客运量将以每年约 3% ~ 4% 的速度增长。为了满足新加坡的航空旅行需求，政府的政策是提前扩大机场容量。4 号航站楼于 2017 年 11 月开工建设，2017 年 11 月投入运营。计划建设的新 5 号航站楼将使樟宜机场的年客运量提高到 1.4 亿人次左右为资助机场扩建工程，新加坡政府成立了樟宜机场发展基金（CADF），初期政府资金为 30 亿新元。

新加坡海事及港口管理局（MPA）负责执行海事政策，包括管理港口水域和确保航行安全、安保和环境保护，以及颁发海事、港口服务和设施许可证。海事及港务管理局还负责促进港口基础设施的发展、海事辅助服务的增长，以及促进海事研发和人力开发。MPA 经交通部部长批准并通过政府公报的通知（关于 MPA 会费、费率和一般费用表的通知）收取港口费和领港费。据官方统计，新加坡的港口税是世界上最低的。

2016 年，新加坡海港基础设施质量指标评分 6.7，位列第 2 名。2014 年，新加坡海事服务业对国内生产总值的贡献率约为 7%，提供了约 17 万个就业岗位（占总就业人数的 4.7%）。新加坡成立了 40 多家海事服务公司，其中包括 130 多家国际航运集团、拥有航运业务组合的银行、船舶经纪公司、海上保险公司，以及从事海事业务的律师事务所。新加坡港是世界上最繁忙的港口之一。该港每年可停靠船舶约 14 万船次，2015 年船舶到达吨位为 25 亿吨。2013 年，该港集装箱吞吐量在全球曾排名第二，仅次于上海。经过几年的稳定增长，2015 年该港的吞吐量出现下降，主要原因是亚欧贸易疲软、班轮运输联盟之间的运量重新分配以及燃油价格下降导致的直航量增加。新加坡的六个集装箱和货物码头由新加坡港务码头集团（PSA）和裕廊港口私人有限公司（Jurong Port Pte Ltd）在 MPA 的许可下运营。PSA 管理着 Brani、Keppel、Pasir Panjang、Sembawang 和 Tanjong Pagar 的码头。该公司与外国航运公司的四家合资企业在这些码头经营专用泊位（中远、地中海航运公司（MSC）、NYK 和"K"线以及太平洋国际航线）。新加坡拟在大士新建一个集装箱港口，每年新增处理能力高达 6500 万标准箱。裕廊港口私人有限公司经营传统货物、散装货物和集装箱的货运码头设施。2015 年，该公司与 Oiltanking Singapore Ltd. 签订了一项合资项目，将建造一个新的散装液体码头，用于处理石油和化工产品。

（五）泰国

在 2016 年《全球贸易促进报告》中，泰国的基础设施指标评分为 4.2，位列全世界 136 个经济体中的第 35 名。道路质量指标评分为 4.2，位列第 59 名。

公路是泰国国内货运和客运的主要运输方式。在过去三十年中，泰国政府对公路资产进行了大量投资，形成了强大的一级和二级公路网，由泰国公路部拥有和维护。泰国高速公路管理局拥有大部分高速公路，并负责高速公路的维护。所有高速公路都要收费。泰国允许私营部门以公私伙伴关系下特许权的形式参与道路基础设施。

2016 年铁路基础设施质量指标评分为 2.5，位列第 77 名。泰国国家铁路局（SRT）是交通运输部下属的一个机构，拥有全国铁路网所有权，是城市或区域间交通的唯一承载体，也是网络基础设施管理者。SRT 的主要业务是铁路客运。根据公共服务义务以及与政府间的协议，90% 的客运量是限价的（即用三等车厢运输），占轨道容量的 70%。货运不被视为 SRT 的优先事项，平均每天运营 62 趟货运列车，运送燃料、建筑材料、集装箱和一般货物。2015 年，铁路货运占货运总量的 1.4%。国家铁路网包括 4044 公里的窄轨，其中大部分是单线。该网络连接到邻近国家如柬埔寨、老挝和马来西亚。泰国还制定了高铁项目计划，其中包括两个项目：首先是连接三个机场的高铁项目。政府正致力于建立连接机场、港口、产业集群和城市的更快速更全面的线路，目标是每年容纳 1.1 亿名乘客。政府已承诺投入 2245 亿泰铢用于建设，并将由东方高铁运营，连接三个机场。另一个高铁项目是东北高铁，连接曼谷和呵叻府。对于该项目，泰国与中国在 2014 年末签署了一份关于联合铁路建设的谅解备忘录，以进一步推进了泰国 2015—2022 年交通发展战略。这两个项目原计划于 2023 年完工。

2016 年，泰国的航空基础设施质量指标评分为 5.0，位列第 41 名。截至 2019 年底，泰国共有 38 个公用机场，其中国际机场 11 个。泰国机场公司（AOT）管理着 6 个主要的国际机场；泰国机场部（DOA）管理着另外 3 个国际机场和 25 个省级机场；乌塔堡（u-Tapao Airport）国际机场由泰国皇家海军运营管理；为定期航班提供服务的三个私营机场由曼谷航空公司运营。近年来，泰国航空业的一个重要发展是低成本航空公司的迅速扩张。泰国目前有六家低成本航空公司，其中四家是在过去五年间开始运营的。就市场份额而言，低成本航空公司在其国内市场占据主导地位，在国际市场上的份额也在逐步增加。就国内航线的运力而言，2019年低成本航空公司运送了5500万乘客（高于2016年的3500万左右），占市场的73%。在国际航线上，近年来低成本航空公司的市场份额稳定；2019年，低成本航空公司运送旅客1800万人次，占48%。亚洲地区的大多数航线都是中长途航线。2019年，低成本航空公司占泰国全部航空公司运输量的近65%。

2016年，泰国的海港基础设施质量评分为4.2，位列第64名。2020年，泰国共有195个国际港口，其中大部分是中小型民营港口。泰国的主要港口有林查班港、曼谷港、麦普塔普特港、宋卡港、拉廊港、清盛港和清孔港。截至2019年底，泰国商船队由508艘船舶组成，总载重能力略高于660万载重吨（DWT），与2015年相比增加了21%。

（六）越南

在2016年《全球贸易促进报告》中，越南的基础设施指标评分为3.6，位列全世界136个经济体中的第66位。近年来，越南运输部门的有形基础设施有了很大改善，尽管落后于经济增长率。由于运输基础设施不足仍然是越南经济和社会稳定发展的关键问题之一，预计公路和港口设施将进一步改善。2012年，运输和仓储业占国内生产总值的3.9%，占总就业人数的2.9%。2007—2011年间，运输和仓储业的劳动生产率提高了87.9%。同一时期，越南的客运量增长54.2%，货物运输量增加了49.7%（体积）。货物主要是通过公路（74.3%）和内河（17.6%）运输，其次是海运（7.2%）和铁路（0.8%）。

2016年，越南道路质量指标评分为3.5，位列第87名。越南拥有广泛的公路网和相对较高的总体公路密度，公路网络的绝大多数（84%）是地方公路（分为地区公路、公社公路或城市公路）。国内和地区的连通性受到网络容量有限的限制。总体而言，道路网主要由未铺砌的狭窄局部路段组成，因此，交通受到环境和天气条件的极大影响。2006—2010年期间，越南在提高公路网和高速公路网（包括连接柬埔寨、老挝和中国的连接线）

的效率方面取得了重大进展,并在亚行和其他发展伙伴的协助下开始改善高速公路网。

2016 年,越南铁路基础设施质量评分为 3.1,位列第 52 名。与其他运输方式相比,越南铁路部门的规模特别小,与公路运输相比显然正在失去竞争力。2007 年,铁路系统只运送了全国 6.5% 的乘客。铁路乘客人数下降,而货运率增加了约 34%,反映出长途运输量的增加。考虑到道路状况,铁路运输比卡车运输更具成本效益。自 2003 年以来,越南铁路管理局(VNRA)负责规划和监督所有铁路项目,而越南铁路公司(VRC)负责运营业务;这两个实体均隶属于交通部。VRC 向 VNRA 支付其总收入的 10% 作为轨道接入费,这些资金一般用于基础设施维护。该部门受 2005 年《铁路法》管辖,该法于 2006 年 1 月 1 日生效。外方必须与 VNRA 或 VRC 成立合资企业,且外方的出资额不得超过 49%。没有外国公司在铁路部门经营。《到 2020年越南铁路运输发展总体规划》(以 2030 年为远景)包含了铁路运输、工业、基础设施和安全方面的若干目标。其中一个目标是到 2020 年将客运量和货运量分别提高到 13%(2030 年为 20%)和 14%(2030 年为 20%)。铁路行业预计将制造和组装 50%~60%(50000~53000 节客车和货车)国内需要的新货车和机车,供当地使用和出口,资金通过官方发展援助、政府债券、国家预算和私人投资提供。

2016 年,越南航空基础设施质量指标评分为 4.1,位列第 85 名。2010 年,越南整体航空市场恢复两位数增长,货运量和客运量同比分别飙升 30% 和20%;2011 年分别比 2010 年增长 3.2% 和 12.6%,2012 年比 2011 年增长11% 和 7%。2012 年,越南航空货物总吞吐量接近 53 万吨(2010 年为 46 万吨)。越南国际航空公司占据国内客运市场的 2/3 以上,占据国际航班的 40% 以上。根据国际航空运输协会(IATA)的数据,2014 年越南成为世界上增长速度第三快的国际客货运市场,国内承运旅客数量排名第二。截至 2013 年 2 月,越南航空公司(VNA)运营的机队有 80 架飞机(2011 年为 69 架),平均使用年限为 5.9 年(2011 年为 6.9 年)。2012 年至 2013 年初,VNA 的国内和国际航线显著扩展,开通了 7 条国际航线和 3 条国内航线,每日航班增加到大约 300 架次。越南全境有 22 个机场在运营,包括三个主要的国际机场：北部的内白机场（河内）、中部的岘港和南部的潭松一号（胡志明市）。越南计划再兴建六个国际机场（芹苴、茱莱、大叻、海防、顺化、芽庄）。根据越南当局《2020 年总体规划》，综合发展计划包括对大多数机场进行升级，包括建筑物（航站楼）和跑道，以及现代导航设备和安全保护，使其标准提高到可接受的国际水平。

2016 年，越南海港基础设施质量评分为 3.8，位列第 76 名。2009 年，越南港口运输了近 1.97 亿吨货物（是 1999 年的 2.7 倍），其中包括 500 多万个标准集装箱（是 1999 年的 5.3 倍）。2001—2008 年期间，越南港口的货物吞吐量每年增长超过 20%，其中绝大多数增长发生在海防、广宁和胡志明市的港口。同时，越南是全球船只运输密度最高的国家。它是老挝等内陆邻国和内陆地区（包括泰国西北部和中国东南部）出海的门户。越南船队的总吨位在 2005 年至 2010 年期间翻了一番多（从 340 万载重吨增至 720 万载重吨），成为世界第二十大船队。该船队由 579 艘船舶组成，包括 335 艘货物船、142 艘散货船、48 艘石油油轮和 23 艘化学品油轮。这类船舶绝大多数都很小（每艘在 10000 载重吨以下），且缺乏现代技术（缺乏熟练的专业人员也是一个问题）。越南国有航运公司 Vinalines 拥有的船舶占越南船队总吨位的近一半。2010 年底，越南舰队的数百艘舰艇在国际航线上服役，但很少抵达东亚和东南亚以外的地区。目前海外货物运输市场由外国公司主导（2011 年承运了 90% 的货物和 100% 的乘客），这些公司依靠其市场占有率的优势，稳步提高其运输费用和附加费，从而对海鲜公司、腰果出口商和木制家具制造商等的国际竞争力产生不利影响。据越南船东协会统计，国内船队只承担了 8% 的对外贸易，为缓解对国外船队的依赖，有必要对国内船队进行升级改造，以便在不久的将来处理最多达 30% 的进出口业务。

（七）区域小结

1. 陆运

谈及中国—中南半岛经济走廊沿线国家的陆运基础设施建设水平，除泰国和马来西亚外，其他国家公路里程建设基本相同。

表 3-49 是 2016 至 2020 年，中国—中南半岛经济走廊沿线国家的陆路

基础设施建设及运力数据。

表 3-49　中国—中南半岛经济走廊沿线国家的陆路基础设施建设及运力

2016—2020年	公路总里程（万公里）	公路货运量（万吨）	公路客运量（万人次）	铁路总里程（公里）	铁路货运量（万吨）	铁路客货运量（百万人次公里）
柬埔寨	7.80	—	—	—	—	45（2005 年）
老挝	4.36	—	—	3.5		
马来西亚	23.70	594.4	352.7		594.4	2028.5
新加坡	3.5	—	—	228.1	—	—
泰国	70.1			4645		8032（2011 年）
越南	4.7	168400	514000	3160	520	3542

资料来源：http://fec.mofcom.gov.cn/article/gbdqzn/.

2. 空运

中国—中南半岛沿线国家的空运基础设施所能承载的运力以马来西亚、新加坡和泰国为前列。

表 3-50　2018 年中国—中南半岛经济走廊沿线国家空运运力

2008 年	运输总周转量（百万吨公里）	其中：国际航线（百万吨公里）	旅客周转量（百万人次公里）	货邮周转量（百万吨公里）
柬埔寨	228	223	2275	—
老挝	—	—	—	—
马来西亚	12430	10318	113966	1404
新加坡	18685	18685	144643	5195
泰国	16043	13524	132748	2666
越南	6209	3563	63592	481

资料来源：《从统计看民航（2019）》中国民用航空发展计划司。

表3-50列明了2018年中国—中南半岛经济走廊沿线国家中，国际民航组织缔约国定期航班运输总周转量、旅客周转量和货邮周转量的数据，其中运输总周转量仅包括超过1亿吨公里的国家，货邮周转量数据仅包括超过25万吨公里的国家。

3. 水运

因为老挝是完全的内陆国，因此不拥有货运海港。新加坡因为其独特的地理位置，在国际货运贸易中占据了极其重要的位置，因此即使面积小却拥有最大的港口吞吐量。

表3-51反映了中国—中南半岛经济走廊沿线国家2019年度的港口吞吐量和2021年第一季度的班轮运输连通性指数。计算方式同上。

表3-51　中国—中南半岛桥经济走廊沿线国家港口货运运力

	柬埔寨	老挝（内陆国）	马来西亚	新加坡	泰国	越南
2019年年度港口吞吐量（标准集装箱）	779205	—	26215100	37983000	10755780	13658928
2021年第一季度班轮运输连通性指数	8.88	—	99.57	111.68	60.97	79.82

资料来源：https://unctadstat.unctad.org/wds/TableViewer/tableView.aspx?ReportId=92.

三、孟中印缅经济走廊

孟中印缅经济走廊沿线国家主要包括中国、孟加拉国、印度和缅甸。

（一）孟加拉国

根据2016年《全球贸易促进报告》，孟加拉国基础设施的评分为3.1，在全球136个经济体中排在第108名；交通基础设施可得性和质量指标评分为2.7，排在第109名；交通服务可得性和质量指标评分为3.5，排在第100名。

据孟加拉国当局称，运输部门对国内生产总值的贡献略有下降，从2014—2015年的8.56%下降到2017—2018年度的8.02%。2015—2016年，运输部门占服务业总就业人数的8%。孟加拉国的运输系统包括公路、铁路、内陆水运、港口、海运和空运。孟加拉交通运输管理体制框架保持不变，下设四个部门：公路运输及桥梁部、民航及旅游部、海运部、铁道部。2013 年 8 月 26 日，孟加拉国政府批准并涵盖所有运输方式的国家综合多式联运管理政策已经到位，以改善连通性。当局通过监管和体制框架扩大了 PPP 投资的作用，并建立了 PPP 办公室，以提供机构支持并确定潜在项目。

在陆运方面，2016 年孟加拉国的道路质量指标评分为 2.9，排在第 111 名。2018 年，孟加拉国的公路网总长约为 2.1 万公里，其中已完成铺设的公路总长约为 1.8 万公里，由道路及公路局管理。在该部门所有的公路网中，约有 0.38 万公里是国家高速公路（占比 17.90%），约有 0.42 万公里是地区高速公路（占比 19.94%），还有 1.3 万公里是其他公路（占比 62.16%）。

2016 年，孟加拉国的铁路基础设施质量指标评分为 2.7，排在第 72 名。截至 2017 年，孟加拉国铁路运输包括 4229.5 公里的铁路轨道和 3143 座桥梁。为了建立一个可靠、可负担、环保且兼容的公共交通系统，孟加拉国政府协调交通和铁路部门于 2011 年 12 月成立了一个单独部门，并为铁路建设分配了更多资源。国有的孟加拉国铁路长度逐年增加，铁路货运量从 2011—2012 年度的 58211 万吨增加到 2016—2017 年度的 105268 万吨。孟加拉国"2016—2020 五年计划"中的优先事项包括：扩大铁路网络并扩大铁路运营；重要路段的双重跟踪和规范统一，以克服运营瓶颈；修复并升级现有铁轨，以提高速度和安全性；建设铁路桥梁和其他基础设施，以改善运营；采购新机车，并提高服务质量；采购新客车，以改善乘车舒适度；升级铁路维修车间；提高铁路运输速度和安全性；提高铁路运营效率并改善铁路财政。据当局称，2018—2019 年度，该部门正在实施 43 个发展项目，包括帕德玛大桥（Padma Bridge）铁路连接项目（预计于 2024 年 6 月完工），以及为孟加拉国铁路采购 20 米规格柴油电力机车和 150 米规格客车项目。

在海运方面，2016 年孟加拉国港口基础设施质量指标评分为 3.5，排在第 88 名。孟加拉国港口货物的装卸主要由吉大港和勐腊港提供，两港的总货运量从 2012 年的 82.10 吨增加到 2017 年的 182.39 吨。2016—2017 年度，吉大港货运量占货物总量的 90.7%，其中 91.6% 与进口有关。2017 年，吉大港贸易额年增长率在 12% ~ 14% 之间。考虑到经济重要性，政府在吉大港开展了一些项目，以增加其经营活力。诸如：在码头办事处附近重建服务码头；将卡纳普胡里河航程从萨达尔哈特河拓展到巴卡利亚角；建造新系泊溢流场；集装箱码头改建等。随着这些项目的进行，吉大港的港口周转时间，即货船从抵港到离港的时间（经常被用来衡量港口效率），从2012年的2.52天增加到2017年的2.83天；集装箱停留时间，从2012年的平均16.05天减少到2017年的11.15天。与此同时，孟加拉国第二大集装箱港口勐腊港已经发展成为一个现代化的便利海港。2017年该港有能力一次停泊35艘船，使用6个码头、6个系泊浮标、16个锚地以及7个私企码头。2018年，当局在勐腊港实施了其他几个项目：海峡外围和河道的疏浚工程，以便载有煤炭的船只可以通过它进入发电厂；引入船舶交通管理及信息系统；改善从勐拉（Mongla）到Paksi的河道航运。

孟加拉国的国旗商船队运载量已从2010年的97.53万载重吨(dwt)增加到2017年的185万载重吨。船舶类型包括散货船、油轮、普通货船和集装箱船，这也反映了孟加拉国海运商品进出口结构。国有的孟加拉国航运公司(BSC)在2011—2012年至2016—2017年之间，所运载货物增加了83.6%。截至2018年11月，仍运营着4艘自有船舶。据称，次年将有4艘新船舶加入。根据1982年《孟加拉国国旗船只(保护)条例》规定，至少有40%与该国对外贸易有关的海运货物是由挂孟加拉国国旗的船只运载。该条例的实施由DG Shipping、航运部(DOS)、食品部和国有的孟加拉化学工业公司(BCIC)、孟加拉国农业发展公司共同监督。截至2018年11月，外国旗船可通过豁免政策向孟加拉国运送货物，豁免数量从2012年的2500dwt增加到2018年10月的3500dwt。本国旗船运载有限数量的散装货物，如石油或化学货物，约占海运货物总量的40%，其余由外国旗船运输。

在航运方面，2016年孟加拉国航空运输基础设施质量指标评分为3.2，排在第113名。近年来，孟加拉国民航局（CAAB）拥有并运营着三个国际机场，运力大幅增加。2016年，孟加拉国出口总额中有近4.7%是向欧盟出口的空运货物。但在同一年，英国、澳大利亚和德国开始限制孟加拉国的直接货运航班，理由是安保措施不足。作为回应，2017年，孟加拉当局为国际机场配备了爆炸物检测系统(EDS)和爆炸物痕量检测仪(ETD)，以符合欧盟的安全标准。

截至 2015 年 5 月，孟加拉国共有 29 家航空公司，国有属性的孟加拉航空公司 (Biman Bangladesh Airlines) 是市场规模相对较大的航空公司，阿拉伯联合酋长国仍然是其主要的国际市场。由阿拉伯航空公司、阿联酋航空公司和 Biman 公司提供服务，每周有 70 个航班从达卡、吉大港和锡尔赫特的国际机场起飞。据孟加拉当局称，2017—2018 年度，Biman 公司 95.3％的货运和 73.55％的客运是国际航运。孟加拉国民航局 (CAAB) 负责维护和运营机场的空中交通，包括空中航行和通信服务及设施，其他所有与航空有关的地面服务和设施也接受其监管。目前，民航局管理着三个国际机场、七个国内机场和两个短距起降 (STOL) 机场。该部门的主要监管依据是 2017年"民航法"(2017 年第 18 号法案) 和 2017 年"民航管理局法"(2017 年第 03 号法案)。国内市场留给了所有孟加拉国航空运营许可证 (AOC) 持有者，并且不向外国航空公司授予沿海航行权。此外，孟加拉国采用国际航空运输协会 (IATA) 时隙分配流程，并且作为国际民用航空组织 (ICAO) 的成员，根据国际民航组织关于机场和空中航行服务的相关原则收费。此外，所有航空公司必须向孟加拉国民航局提交票价。

（二）印度

根据 2016 年《全球贸易促进报告》，印度基础设施的评分为 4.2，在全球 136 个经济体中排在第 60 名；交通基础设施可得性和质量指标评分为4.5，排在第 28 名；交通服务可得性和质量指标评分为 4.6，排在第 44 名。

就目前现状来看，印度交通运输基础设施比较陈旧，运输效率不高。虽然公路和铁路的运输总长居世界前列，但大多修建于英国殖民统治时期，年代久远，且缺乏必要的维护更新。印度航空运输发展迅速，增长空间大，备受国内外投资者关注。水运是印度外贸运输的主要方式，其中以海运发展较快，内河运输相对落后。

在陆运方面，以公路运输为主。印度公路分国家级、邦级和边境公路三种，它们以新德里、孟买、加尔各答和金奈四大城市为中心，将全国各大中小型城市连为一体。印度道路运输和公路部（MRTH）负责制定和实施公路运输政策，以及国家级公路的建设和维护。其他道路的开发由州或地方当局负责。印度国家公路管理局（NHAI）负责实施1998年启动的七阶段国家高速公路发展项目（NHDP）——全国约55000公里的高速公路将进行升级建设，估计总成本为600亿美元。NHDP项目的主要目标之一是改善通往印度主要港口的道路，从而减轻货运压力。NHDP原计划于2015年完成，但据报道由于收购土地和承包商业绩不佳等原因造成了延误。印度还在实施国家公路互联互通改善计划，旨在改善整个国家的高速公路。

印度铁路总长约6.6万公里。全国约有8500个火车站，日均发车量达到21000次。铁路是印度人民长途旅行的首选方式。近年来，印度城市轨道交通发展迅速，德里、孟买、加尔各答、班加罗尔、金奈、海德拉巴、科钦等一线城市均有已经运营或在建的地铁或城铁，其中德里—阿格拉之间时速约160公里的"半高速"列车已于2016年通车。艾哈迈达巴德、普钠、巴特那和勒克瑙等二线城市的城轨交通也进入了规划设计阶段。此外，印度与邻国巴基斯坦、尼泊尔和孟加拉之间均有铁路互通。例如，印度加尔各答与孟加拉国达卡之间的跨国铁路。但是这些铁路的跨境运输服务受双边协议或与这些国家签署的铁路服务协议的管制。货物管理条例则由海关签发。

印度铁路运输允许外国直接投资，包括建设、维护和运营。允许外国投资参与公私合作的郊区走廊项目、高速列车项目、货运专线项目、机车车辆和火车组、机车或客车制造及设施维修、铁路电气化、信号系统、货运站、客运大楼等，以及涉及铁路线路的工业园区的基础设施，包括电气化铁路线和主要铁路线的连接、大规模快速运输系统。2014年11月，铁道部发布了国内和国外直接投资的部门准则，作为外国直接投资的指导方针。

在水运方面，2016年印度港口基础设施质量指标评分为4.5，排在第47名。印度拥有7517公里海岸线，以及由印度政府直接管理的12个主要港口和187个非主要港口。这12个主要港口所承载的货物量占总货物的57%，其中6个港口位于印度东海岸的加尔各答、帕拉迪普、维沙卡帕特南、恩诺儿、金奈和杜蒂戈林，其他6个位于西海岸的根德拉、孟买、加瓦拉尔·尼赫鲁港、莫尔穆加奥、新芒格洛尔港和柯枝。近年来，印度港口吞吐量虽然稳步增长，年增长率约为 10% ~ 12%，但进入 2017 年后，受到一些政策变化的影响，印度海运吞吐量略有下降。若按价值计算，印度约 95% 的商品贸易量需通过海运。但是外国旗船主导了国际贸易的海上运输，印度旗船在 2012—2013 年度仅占印度海运商品贸易的 9.1%。印度船队包括 1205 艘印度旗船，总吨位约为 1030 万吨。印度船舶的注册受《1958 年商船法》（第五部分）和经修订的《1960 年商船（船舶注册）规则》的管辖。印度商船必须在指定的港口登记处登记。中央登记册由航运总局（DGS）保管。外国船舶可能未在印度注册。根据该法案，（印度或外国的）船舶必须由 DGS 许可。DGS 会颁发一般许可证、沿海贸易的全部或任何部分的许可证、特定时期 / 航次的许可证，以便授权外国旗船进行沿海贸易。据当局称，沿海航行的申请很少被拒绝，并允许外国游轮访问多个印度港口。与此同时，政府的目标是通过加强国内运输模式的转变来发展沿海航运。

在空运方面，2016 年印度航空基础设施质量指标评分为 4.5，排在第 62 名。印度民航是当今世界上发展速度最快的民航市场之一，在全世界排名第 9。德里、孟买、加尔各答和金奈等 20 多个主要城市都建有国际机场。国有的印度航空公司（Air India）开通了印度境内 120 个目的地以及境外 39 个国家（或地区）的航线，此外还有多家民航公司提供民航客运和货运服务。民航部负责印度民用航空的政策制定和监管，其下属的民航总局（DGCA）负责管理往返印度的航空运输服务；执行民用航空法规和标准；登记飞机和飞行员、飞行工程师和交通管制员的执照。同时，该部的民航安全局（BCAS）负责制定安全标准。此外，印度机场管理局（AAI）负责管理和运营印度的一些民用机场并调查印度领空。AAI 管理着印度 454 个机场中的 126 个，其余机场由私营运营商管理。

（三）缅甸

根据 2018 年《物流绩效指数》，缅甸交通基础设施指标评分为 1.99，排在第 143 名，物流质量和能力指标评分为 2.28，排在第 128 名。

在水运方面，2012 年缅甸约有 60% 的国际货物通过海运运输。截至 2012 年底，共有 21 艘缅甸船舶从事国际航运，多约为 20 万载重吨（DWT）。缅甸有九个港口，所有港口都可以从事国际贸易。2012 年这些港口的国际贸易吞吐量为 2070 万吨，比 2011 年增长 19%；其中仰光港的国际集装箱吞吐量为 40 万标准箱，增长了 18%。2012 年，缅甸港口的货物处理能力为 2500 万吨。缅甸港务局管理港口业务。缅甸的港口服务提供商包括港务局和私营部门，就泊位长度而言，它们各占约 25% 和 75%。从事港口服务的公司须向国家计划经济发展部申请，而不需要港务局许可。缅甸港务局目前正在实施政府批准的港口改革战略。根据该战略，缅甸港务局在财务上更加自主，可与当地和 / 或外国合作伙伴组成合资企业。港口服务部门中还有两家外商独资企业。缅甸的港口费用由港务局设定，设定费用的标准基于成本回收。尽管如此，私人终端部门可以与其客户协商港口费用。

在空运方面，近年来，缅甸对航空运输服务的需求大幅增长，这反映了缅甸经济的整体增长。2010 至 2012 年期间，民用航空运输服务量年均增长 22%。强劲的增长仍在继续，但是缅甸也面临着挑战，其中包括扩大产能以满足不断增长的需求。截至 2013 年 7 月，缅甸有 8 家民航航空公司。其中一家是国有公司，一家由国家与私企共同拥有，五家由国内私企拥有，另外一家是中外合资企业（外资参股 67%）。交通运输部（MOT）下属的缅甸民航局（DCA）是负责管理民用航空运输部门的主要机构。缅甸的大多数机场由民航局运营，有些机场由个别公司根据与政府的合同安排运营。私营部门和外国投资者（高达 100% 的所有权）也可能拥有机场并运营机场服务。政府正在建立缅甸机场控股有限公司，目的是提供更好的服务、确保安全，以及减少政府在机场的工作量。

（四）区域小结

印度因其广阔的国土面积和突出的人口数量，因而拥有 1.64 公里 / 平方公里的公路密度，这一数据居世界前列。表 3-52 是 2016 至 2020 年孟中印缅经济走廊沿线国家的陆路基础设施建设情况及运力数据。

同样因为国家地理和人口的特殊性，印度空运基础设施所承载的运力尤为突出，运输周转量超过孟加拉国和缅甸的总和。表 3-53 展示了 2018 年孟中印缅经济走廊沿线三个国家的定期航班运输总周转量、旅客周转量和货邮周转量的数据（其中运输总周转量仅包括超过 1 亿吨公里的国家，货邮周转量数据仅包括超过 25 万吨公里的国家）。

表 3-52　孟中印缅经济走廊沿线国家的陆路基础设施建设及运力

2016—2020 年	公路总里程（万公里）	公路货运量（万吨）	公路客运量（万人次）	铁路总里程（千公里）	铁路货运量（万吨）	铁路客货运量（百万人次公里）
孟加拉国	2.21	—	—	2.96	—	10040
缅甸	4.19	113.9	—	6.11	9.44	4163（2004 年）
印度	490.00	—	—	123.00	—	114835

资料来源：http://fec.mofcom.gov.cn/article/gbdqzn/.

表 3-53　2018 年孟中印缅经济走廊沿线国家空运运力

2018 年	运输总周转量（百万吨公里）	其中：国际航线（百万吨公里）	旅客周转量（百万人次公里）	货邮周转量（百万吨公里）
孟加拉国	1170	1053	10616	64
缅甸	174	83	1697	—
印度	22413	9949	221194	2704

资料来源：中国民用航空发展计划司：《从统计看民航（2019）》。

在孟印缅三个国家中，印度在水运运力方面拥有对的优势，无论是海港数还是可承担运力。表 3-54 反映了孟中印缅经济走廊沿线国家 019 年度港口吞吐量和 2021 年第一季度班轮运输连通性指数。统计方式同上。

表 3-54　孟中印缅经济走廊沿线国家港口货运运力

	孟加拉国	缅甸	印度
2019 年年度港口吞吐量（标准集装箱）	2659950	282430	17053200
2021 年第一季度班轮运输连通性指数	14.18	8.91	58.48

资料来源：https://unctadstat.unctad.org/wds/TableViewer/tableView.aspx?ReportId=92.

四、中蒙俄经济走廊

（一）蒙古国

根据2016年《全球贸易促进报告》，蒙古国基础设施建设指标评分为3.2，在全球136个经济体中排在第102名；交通设施可得性和质量指标评分为2.4，排在第127名；交通服务可得性和质量指标评分为3.4，排在第111名。

蒙古国2012至2017年各类交通完成货运量由5330万吨增长至5391万吨，但是累计客运由3.187亿人次降低至2.157亿人次。

在陆运方面，2016年蒙古道路质量指标评分为3.0，排在第107名。蒙古道路面积大、人口密度低以及依赖大宗商品出口的经济特点，使得道路基础设施对蒙古经济很重要。在过去几年中，蒙古使用道路的货运量、乘客数量和车辆数量一直在稳定增长，并且随着经济发展和矿产产量的增加，该数值预计将继续增长。但是，欠发达且破旧的公路网已成为该国发展的瓶颈。在蒙古6734公里的公路中，只有不到一半的公路有水泥覆盖。这些公路主要位于乌兰巴托及其周围地区，其中一条公路将首都与俄罗斯联邦连接起来，另一条与中国相连的公路正在建设中。除乌兰巴托及其周边地区，大多数城市中心是通过质量不等的碎石路和土路相连。

蒙古国交通运输部负责制定道路和陆路运输政策及法律。这些政策载于许多文件中，包括《2007—2021年国家发展战略》《蒙古国家运输战略》《蒙古过境方案》《2008—2020年蒙古国道路总体规划》以及该部制定的一些投资方案。除了在乌兰巴托及其周边地区运营的四家公共运输公司之外，其他所有公路运输企业都是私营实体。进入21世纪以来，蒙古国道路政策的重点是建设5条南北公路和1条东西公路，包括亚洲公路网的蒙古段和中亚区域经济合作（CAREC）项目。此外，蒙古正在建设从省市区到主要道路网的道路。然而据报道，尽管道路建设预算从2006年的300亿图格里克增加到2009年的940亿图格里克，投资增加了三倍，但成效并不理想，远远落后于政府目标。

2016年，蒙古的铁路基础设施质量指标评分为2.7，排在第69名。蒙古国有 1815 公里的铁路，其中大部分（1110 公里）是横贯蒙古的铁路，从俄罗斯联邦的乌兰乌德到中国的二连浩特（再到北京），连接着横贯西伯利亚的铁路。此外，从跨蒙古铁路到蒙古的城市中心或矿山还有几条支线，东部则有从西伯利亚铁路拓展的支线。蒙古国铁路使用俄罗斯规格（1520毫米宽轨），要求在与中国交界处更改规格（1435 毫米标准轨）。蒙古国主要依靠铁路运输货物。大约一半货物的出发地和目的地都在蒙古境内，而另一半则属于国际贸易。俄罗斯联邦与中国之间的过境运输是其货运的重要部分，其中约 90% 是通过蒙古运往中国进行加工的原油和木材。蒙古铁路局是铁路监管机构，有权颁发新铁路建设许可证。根据 2010 年 6 月的第 32 号决议所制定的国家铁路运输政策，蒙古国政府已开始实施"新铁路项目"：铁路建设的第一阶段为 1100 公里，第二阶段为 900 公里，第三阶段为 3600 公里。第一阶段将把国内主要铜／金矿和煤矿产地连接到穿越该国的现有线路，并将该现有线路连接到蒙古东部的西伯利亚横贯线。第一阶段和第二阶段的建设已于 2013 年开始，预计成本为 52 亿美元。根据政府第 82 号决议和国家财产委员会 2008 年 3 月的第 189 号法令，乌兰巴托铁路蒙俄合资企业（UBTZ）成为国家铁路运营——俄罗斯联邦、国有矿业公司和蒙古国有股份公司（MTZ）分别拥有其 50%、25%、25% 的股份，并且 UBTZ 将是铁路的唯一运营商。

航运方面，国内的航空市场很小，包括连接乌兰巴托和其他主要城镇的航班，这些航班由几家国内航空承运人运营，其中一些还运营区域性国际航班。国有的蒙古航空公司（MIAT）运营国际航班。自 2005 年以来，国内和国际旅客的数量以及蒙古国境内和来往蒙古国的国际航空运输量均有增加，并已从 2009 年的下降中迅速恢复。根据《蒙古国民用航空条例》，蒙古国内有 17 个经许可机场，其中 10 个由蒙古民航局（CAAM）拥有和运营，包括乌兰巴托附近的成吉思汗国际机场。在 17 个获得许可的机场中，有 8个已铺设了跑道和照明系统。1999 年蒙古国《民航法》规定，适用于民航的法规应遵守蒙古国加入的国际公约和协议。交通运输部负责制定航空运输政策，而民航局是负责监督和管理民航的政府机构，包括制定和应用符合《芝加哥公约》的安全标准，以及航空运营人的许可和证明；同时还负责提供空中交通服务和机场的运营工作。蒙古民航局已经认证了18家航空运营商，其中包括5家外国运营商。

蒙古国议会于2013年批准了《至2020年民航业国家政策》。该政策认可了航空运输对人口密度低的内陆大国的重要性，并制定了一些目标，包括改善监管环境、逐步开放航空部门以及通过"开放天空"协议进行竞争，并在乌兰巴托附近的新机场建立了客运和货运枢纽，以服务北亚。2009年，蒙古国民航局7200万美元的收入几乎全部来自国际航行服务，其中约2500万美元流向了政府。蒙古国有36项双边航空安全协议，其中有五项仍为活跃（与中国、德国、日本、韩国和俄罗斯联邦），并且因这些协议的覆盖范围有限和未能鼓励竞争而受到批评，其中最受诟病的是高昂的航空燃油价格。蒙古国还是《国际航空自由化多边协定》（MALIAT）的签署国（与文莱达鲁萨兰国、智利、库克群岛、新西兰、萨摩亚、新加坡、汤加、美国），该协定从2008年2月起生效。

（二）俄罗斯联邦

根据2016年《全球贸易促进报告》，俄罗斯基础设施建设指标评分为4.5，在全球136个经济体中排在第47名；交通设施可得性和质量指标评分为4.1，排在第37名；交通服务可得性和质量指标评分为3.8，排在第82名。

俄罗斯拥有约8.6万公里的铁路（其中3.4万公里为电气化铁路），130万公里的公路，超过10万公里的内陆水路，0.73万公里的电车和无轨电车线路，约500公里的地下线路，近8.5亿吨货物处理能力的海港，以及297个机场（其中117个形成了基础的国家机场网络）。2015年，交通运输业在其GDP总量中的占比是5.2%，在服务出口总额中的占比是32.5%。

俄罗斯交通运输部（MT）负责俄罗斯境内的所有运输活动，具体包括：

（1）航空：该国空域的民用航空、空域管理和空中航行服务、航空航天搜救，以及国家对航空器的权利登记。

（2）海事：海洋运输（包括海港）、内陆水道，以及船用液压结构的操作和安全。

（3）铁路交通。

（4）公路运输：汽车运输（包括俄罗斯联邦州边界过境点）、道路管理和交通管理。

（5）电力输送：城市电力（包括地下）和工业电力输送。

关于交通基础设施建设规划的主要政策文件是《俄罗斯联邦至 2030 年的运输战略》。该文件列出了若干目标，包括发展俄罗斯联邦的公共运输空间；提供货物运输和物流服务并提高其质量；根据社会标准为公众提供交通服务并提高其质量；融入世界运输体系并度现俄罗斯联邦的过境运输潜力；提高运输系统的安全性；减少运输系统对环境的负面影响。

在陆运方面，2016 年道路质量指标评分为 2.8，排在第 121 名。为了促进道路维修，2011 年俄罗斯决定创建道路基金，以便对各联邦和地区重要的公共道路发展做出中长期规划，并确保对所有地区提供稳定的财政支持。其资金将专门用于道路维护和建设，这将在中期改善道路运输和运行状况，并减少道路使用者的运输成本。2015 年 11 月生效的第 257-FZ 号法律第 31.1 条"关于俄罗斯联邦的道路和交通活动以及俄罗斯联邦的一些法律法规修正案"规定：具有联邦资格的一般用途道路上，最大质量超过 12 吨的车辆只有在补偿此类车辆造成的所有道路损耗时才被允许。

在水运方面，2016 年俄罗斯港口基础设施指标评分为 4.0，排在第 71 名。俄罗斯港口管理基于第 261-FZ 号法律《俄罗斯联邦海上港口和商船规则》。根据该法律，港口管理由海港管理局负责。海港管理局作为联邦海洋和河流运输机构，为执行海港的职能提供组织、后勤和财务支持。

在空运方面，2016 年俄罗斯航空基础设施质量指标评分为 4.4，排在第 64 名。俄罗斯联邦航空运输局监管民航业，提供政府服务并管理民航领域的国有财产，包括空域、空间平台的使用，运输安全和保障方面的政府服务，飞机注册和飞机销售审查。联邦航空运输局要向俄罗斯交通运输部汇报工作。俄罗斯主要的国内航空公司是俄罗斯航空、西比尔航空、乌拉尔航空等。俄罗斯航空公司集团是俄罗斯最大的航空集团。2015 年，该集团占俄罗斯航空旅行市场的 36.7%，运载 3940 万名乘客，其中 2610 万人次乘坐该集团的俄罗斯航空。俄罗斯航空公司集团为 54 个国家（或地区）

的 319 个常规目的地提供服务，其中俄罗斯航空是天合联盟（SKYTEAM）成员，在 52 个国家（或地区）运营着 133 条常规航线。俄罗斯联邦（通过联邦国家财产管理机构）拥有该集团的过半股权（51.17%）。

（三）区域小结

虽然蒙古国与俄罗斯的经济发展差距较大，但是俄罗斯国土面积是蒙古国国土面积的十倍左右，因此公路密度相差并不大，分别是 0.089 公里 / 平方公里和 0.070 公里 / 平方公里。表 3-55 是蒙古国与俄罗斯在 2016—2020 年的陆路基础设施建设和运力数据。

表 3-55　中蒙俄经济走廊沿线国家的陆路基础设施建设及运力

2016—2020年	公路总里程（万公里）	公路货运量（万吨）	公路客运量（亿人次）	铁路总里程（千公里）	铁路货运量（万吨）	铁路客货运量（百万人次公里）
蒙古国	11	4010	1.68	1.8	2810	973
俄罗斯	153.94	—	—	86.6	—	129370.7

资料来源：http://fec.mofcom.gov.cn/article/gbdqzn/.

表 3-56 列明了 2018 年作为国际民航组织缔约国的蒙古国与俄罗斯定期航班运输总周转量、旅客周转量和货邮周转量的数据（其中运输总周转量仅包括超过 1 亿吨公里的国家、货邮周转量数据仅包括超过 25 万吨公里的国家）。

表 3-56　2018 年中蒙俄经济走廊沿线国家空运运力

2018 年	空运总周转量（百万吨公里）	其中：国际航线（百万吨公里）	旅客周转量（百万人次公里）	货邮周转量（百万吨公里）
蒙古国	136	124	1405	—
俄罗斯	27631	25529	229060	6811

资料来源：中国民用航空发展计划司：《从统计看民航（2019）》。

蒙古是完全的内陆国，因此不拥有海运能力。而俄罗斯位于世界经济体的前列，在港口货运能力方面毋庸置疑是突出的，但是近年来班轮运输连接性却有所下降，这一情况应该是基础建设没有得到及时更新升级导致的。表 3–57 反映了中蒙俄经济走廊沿线国家 2019 年度的港口吞吐量和 2021 年第一季度班轮运输连通性指数。

表 3–57　新亚欧大陆桥经济走廊沿线国家港口货运运力

	蒙古国（内陆国）	俄罗斯
2019 年度港口吞吐量 / 标准集装箱	—	5311700
2021 年第一季度班轮运输连通性指数	—	35.37

资料来源：https://unctadstat.unctad.org/wds/TableViewer/tableView.aspx?ReportId=92.

五、中巴经济走廊

中巴经济走廊的主要国家是中国和巴基斯坦，该说法是李克强总理 2013 年访问巴基斯坦时提出的，用以加强交通、能源等领域的交流和合作，促进互利共赢。

根据 2016 年《全球贸易促进报告》，巴基斯坦基础设施指标评分为 3.3，在全球 136 个经济体中排在第 99 位。交通设施可得性和质量指标评分为 3.5，排在第 70 名；交通服务可得性和质量指标评分为 4.0，排在第 64 名。

在巴基斯坦，陆路运输是主要运输方式。印度河贸易走廊在陆路运输方面具有重要意义，它从阿拉伯海向北延伸，连接主要工业中心，是通往中亚和阿富汗的通道，覆盖了巴基斯坦 80% 的城市人口，走廊覆盖地区贡献了大约 85% 的国内生产总值。在中巴经济走廊，巴基斯坦政府计划通过连接瓜达尔港与中国西部，使巴基斯坦成为一个区域性交通枢纽。政府还设立了全国贸易和运输便利化委员会，以审查影响巴基斯坦国际贸易成本和效率的运输因素。

2016 年巴基斯坦道路质量指标评分为 3.8，排在第 75 名。公路运输是巴基斯坦运输系统的支柱。公路网承载着 96% 的内陆货运量和 92% 的客运量。巴基斯坦整个公路网总长约 263415 公里，其中国道有 9324 公里，高速公路有 2280 公里。为了改善交通基础设施，2014 年 7 月，巴基斯坦政府批准了 1150 公里的卡拉奇—拉合尔高速公路建设，建成后将与现有公路平行。在联邦一级，巴基斯坦交通部负责制定道路运输政策，国家公路管理局和国家公路与高速公路警察局分别负责基设施和安全条例的实施。国有的国家物流中心（NLC）拥有收取道路通行费的专有权，经营着拉奇和海德拉巴干港以及各种仓库。根据与阿富汗签订的过境协议，国家物流中心在阿富汗过境贸易方面拥有近乎垄断的优先拒绝权。虽然巴基斯坦政府为保护低容量和低动力卡车的当地制造商而对高容量多轴卡车的进口实施了高关税，但此举亦阻止了国内卡车运输企业改善其车队。此外，由于超载、工作时间长、路况差、卡车改装以及安全法规执行受限，安全性不足也是一个不容忽视的问题。

2016 年，巴基斯坦铁路基础设施质量指标评分为 3.1，排在第 53 名。巴基斯坦的铁路服务由巴基斯坦国有铁路公司在铁道部的监督下提供。巴基斯坦境内共有 7791 公里的铁路网，781 个火车站和 493 辆机车（但在 2014 年 6 月，只有 131 辆机车在运行）。2012—2013 年度，巴基斯坦境内运送约 4200 万名乘客，而 2010—2011 年度这一数量是 6500 万名。不仅如此，铁路货运量也在急剧下降。近年来，巴基斯坦铁路一直面临严重危机，表现为收入大幅下降、基础设施老化、服务质量下降以及运营和维护成本趋高。巴基斯坦铁路的损失已从 2008—2009 年度的 187 亿卢比增加到 2012—2013 年度的 306 亿卢比，这些损失由联邦预算承担。为振兴巴基斯坦铁路运输，巴基斯坦政府正在进行各种努力。2012 年和 2013 年，连接拉合尔与卡拉奇的新快车和商业线路在公私合作下开始运营。根据政策，私营方使用巴基斯坦铁路的轨道和基础设施并收取商定费用。2014 年，巴基斯坦铁路公司曾对连接伊斯兰堡至默里和穆扎法巴德的新铁路进行可行性研究。

巴基斯坦为了运输石油和天然气资源还建设了管道运输设施，由石油和自然资源部负责管理运营，石油和天然气管理局协助监督。2013 年，巴基斯坦与伊朗签订天然气管道协议，该项目的伊朗境内管道早已竣工，但巴基斯坦境内工程因为资金短缺和美国的压力迟迟未能开工。近期，巴基斯坦内部敦促全面完成建设的呼声越来越高。该项目建成后，可将源源不断的油气从伊朗通过陆路管道运往巴基斯坦境内，甚至有望进一步运往其他周边国家。

在水运方面，2016 年，巴基斯坦港口基础设施质量指标评分为 3.7，排在第 83 名。巴基斯坦有三个海运港口：卡拉奇港、瓜达尔港和卡西姆港。巴基斯坦的海运港口与遍布全国的 14 个内河港口相连。卡拉奇港是南亚最大的深水港口之一，处理巴基斯坦 60% 的商品贸易。瓜达尔港于 2008 年 3 月开始商业运营，但由于道路连通性不足，私营部门很难使用。近年来，巴基斯坦港口基础设施已大幅升级，包括卡拉奇港的深化以及在卡西姆港新建四个码头。在巴基斯坦，所有港口都是国有的。卡拉奇港和卡西姆港分别由卡拉奇港信托基金和卡西姆港管理局管理，由公共和私营部门的代表组成。对于码头的运营或建设，私营公司可在 BOT（build-operate-transfer）或公私合资基础上获得特许权。瓜达尔港由中国海外港口控股有限公司以私营形式管理。

尽管巴基斯坦 90% 以上的国际贸易依靠海运，但是巴基斯坦的海上运输仍然以外国船只为主，国有的巴基斯坦国家航运公司（PNSC）仅拥有 6 艘散货船和 3 艘油轮。PNSC 公司（及其子公司 National Tanker Company）在政府或公共部门的货物运输以及三家炼油厂进口的原油 / 石油产品方面仍保留垄断（或优先购买权），几乎 99% 的原油进口由 PNSC 公司承担。巴基斯坦国旗船不包括私人船只。离开巴基斯坦港口或进入巴基斯坦港口的外国承运人不受任何限制。

在空运方面，2016 年巴基斯坦航空基础设施质量指标的评分为 4.0，排在第 90 名。巴基斯坦有 26 个民用机场，商业航空公司提供定期航班服务。巴基斯坦的航空运输，特别是国际客运，近年来增长强劲。巴基斯坦国际航空公司（PIA）仍占国内运营商的主导地位，占 2013/14 年度国内客运量的 55% 和国内货运量的 73.5%。自 2013 年以来，PIA 公司一直由首相内阁管理。20 世纪 90 年代末以来，PIA 公司的私有化一直被反复宣布，但从未得到实施。另外，航空运输是巴基斯坦少数几个将外国投资排除在国民待遇之外的行业之一。根据 1994 年《民用航空规则》，国内承运人必须由巴基斯坦投资者控制，外国股本上限为 49%。国内航空公司还必须运营至少两条干线线路（其中一条必须包括白沙瓦、奎达、木尔坦或费萨拉巴德），并在规定的第三条线路上至少每周提供两次服务，或每月向 PIA 公司支付50 万卢比的特许权使用费。不过当局表示，正在制定一项新政策，以跳过这些要求。

巴基斯坦根据"开放天空"双边政策，在"第五自由"的互惠基础上分配国际着陆权，并可做出选择性让步。目前已签署了 95 项双边航空运输协定，但许多都是不可操作的。譬如不受定期航空公司"未充分覆盖"航线限制的乘客包机（包括外国人包机），在有定期航班的情况下是不被允许的。

六、新亚欧大陆桥经济走廊

新亚欧大陆桥经济走廊沿线国家包括中国、白俄罗斯、捷克、哈萨克斯坦和波兰。

（一）哈萨克斯坦

哈萨克斯坦地处中亚内陆，是世界上最大的内陆国。其境内水域面积较少，最主要的交通运输方式就是陆运。哈萨克斯坦的运输出口在 2012 年后持续在世界水平之上，旅游出口自 2010 年起一直高于世界水平。运输出口当中，仅有 0.4% 是海洋运输，11.6% 是航空运输，其他运输方式占比高达 88%；进口运输也呈现出其他方式占比高于空运和海运。

（二）波兰

波兰的交通基础设施比较落后，高速和快速公路少，多数公路缺乏维修升级，优质公路比例较低，铁路网技术退化，空运和海运能力较低，难以满足经济发展和吸引外商投资的需要。近年来，波兰对基础设施投入不断加大，交通运输网络、港口设施的运行能力等得到改善。2014—2020 年欧盟基础设施和环境项目基金中，用于铁路交通的资金有 58.9 亿欧元，用于城市低碳公共交通建设的资金有 27 亿欧元。

2016 年，波兰道路质量指标评分为 4.0，排在第 70 名。根据波兰统计局数据，截至 2018 年底，波兰境内公路总长 42.46 万公里，其中包括高速公路 1636.8 公里、快速公路 2077.1 公里。2018 年，波兰境内注册道路机动车 3080 万辆，公路承载货运量达 18.73 亿吨。

2016 年，波兰铁路基础设施质量指标评分为 3.3，排在第 49 名。据波兰统计局，2018 年波兰境内铁路运营里程共 1.9235 万公里，其中电气化铁路 1.1894 万公里，复线铁路 8734 公里。根据波兰铁路运输办公室（UTK）的数据，2018 年铁路货物运输同比增加了 230 万吨（增长了 1.4%）。其中硬煤在波兰国际运输货物结构中占有很大份额。2018 年，波兰铁路运输了 2270 万吨煤炭，比 2017 年（近 1890 万吨）增长约 380 万吨煤炭。在波兰铁路运输货物结构中，除煤炭外，焦炭、煤球和精炼石油产品等能源原材料的国际运输占主导地位。2019 年，波兰铁路共承载货运量 2.34 亿吨。

2016 年，波兰港口基础设施质量指标评分为 4.1，排在第 65 名。波兰主要港口包括革但斯克、格丁尼亚、什切青、希维诺乌伊希西切、波利采、科沃布热格等。其中，革但斯克港是波兰的大型集装箱码头和石油中转码头，希维诺乌伊西切港是液化天然气处理和仓储码头，其他地区级港口如科罗布塞格、达尔沃夫、埃尔布隆格主要发挥着旅游和渔港的作用。

什切青港可同时支持集装箱、超大型货物等普通货物，以及煤、焦炭、谷物等散装货物。2018 年，该港的货物周转量占波兰港口总货物周转量的 10.2%，达 936.23 万吨；比上年同期增加了 7.1%，比 2010 年同期增加了 17.5%。希维诺乌伊希切港占 2018 年波兰港口总货物周转量的 18.3%，达 1680.68 万吨，比上年同期增长了 14.3%，比 2010 年同期增长了 57.3%。波兰现拥有国旗船 97 艘，总载重吨位 260.21 万吨。

2016 年，波兰航空基础设施质量指标评分为 4.3，排在第 71 名。波兰现有 13 个国际机场，其中 12 个为地区级空港。重要空港位于华沙、克拉科夫、革但斯克、波兹南、弗洛茨瓦夫和卡托维茨。最大的机场是华沙奥肯切机场（肖邦机场），自 2017 年下半年以来该机场一直在经营货运。

根据普华永道的预测，波兰航空运输业的规模从 2018 年到 2022 年同比将增长 7.7%。据波兰统计局数据，2018 年机场货物装载量 92505.34 吨，卸载量 80191.56 吨。抵离旅客 4571.64 万人次，过境旅客 407.87 万人次。2016 年 9 月，中国国航已正式开通每周 4 班的北京—华沙航线。LOT 波兰航空每周共有 7 个航班往返北京（其中 4 班往返北京—大兴国际机场，3 班往返北京首都机场）。

（三）捷克

捷克地处中欧，与周边国家均有高速公路相连。根据捷克统计局数据，截至 2018 年底，捷克境内公路通车总里程为 5.58 万公里，包括高速公路 1252 公里和其他公路 5.45 万公里，涵盖欧洲公路网 2628 公里。2019 年，捷克公路客运量为 3.5 亿人次，承载货运量为 5.04 亿吨。

捷克的铁路已与欧洲各国联网，乘火车可抵达欧洲各主要城市。截至 2018 年底，捷克境内有实际运营的铁路 9572 公里，其中包括电气化铁路 3235 公里。铁路密度为 12 公里/百平方公里。2019 年，捷克铁路客运量为 1.94 亿人次，承载货运量为 9853 万吨。

捷克是一个内陆国家，水运主要依靠几十个小型内河港口和码头，主要分布在拉贝河（德国境内称为易北河）、伏尔塔瓦河和贝龙卡河沿岸，主要通航城市是杰钦、乌斯季、梅尔尼克、布拉格、洛沃西采和科林。捷克海运进出口货物可通过拉贝河—易北河航道运到鹿特丹等欧洲港口。捷克境内可通航的水运航道总长 720.2 公里，其中包括运河航段 38.6 公里。2019 年，捷克水运承载货运量为 173.3 万吨。

捷克境内目前共有 91 个民用机场，其中 6 个是国际机场，分别位于布拉格、布尔诺、俄斯特拉发、布杰约维采、卡罗维发利和帕尔杜比采，其余均为国内机场和私人小机场。捷克主要国际机场为布拉格瓦茨拉夫·哈维尔机场。此外，捷克还有恰斯拉夫等四个军用机场。2019 年，捷克航空客运量为 1881 万人次，货运量为 9.4 万吨。

近年来，捷克与中国已开通 4 条直航线路，分别是由海南航空运营的北京—布拉格、东方航空运营的上海—布拉格、西安—布拉格，以及四川航空运营的成都—布拉格。此外，首都布拉格与欧洲各主要城市均有航班连接。

（四）白俄罗斯①

白俄罗斯铁路总长 5600 公里，其中 894 公里为电气化铁路，铁路货运量为 384.02 亿吨公里。目前白俄罗斯的主要铁路干线担负着全国约 75% 货运量和 50% 客运量。布列斯特—明斯克—奥尔沙—俄罗斯边境的双线电气化铁路全长 612 公里，货车运行速度达 90 公里/小时，客车运行速度达 160 公里/小时。白俄罗斯铁路承担着与包括中国在内的亚太地区国家铁路运输机构的联运工作。布列斯特—乌兰巴托—（中国）呼和浩特之间已有定期的集装箱列车运营。计划今后开通集装箱快速列车，该车将从中国新疆的乌鲁木齐市出发，从多斯特克边境通行站，经哈萨克斯坦和俄罗斯过境中转运输。

白俄罗斯的公路网全长 8.36 万公里，其中 1.54 万公里为国道，6.82 万公里为地方公路。全国约有 5300 座桥梁，高架桥全长为 173 公里。公路网密度为 400 公里/千平方公里。境内有 5 条一级国际公路，全长 1841 公里。其中重要的有两条：欧洲 2 号交通走廊（柏林—华沙—明斯克—莫斯科—下诺夫哥罗德）；欧洲 9 号欧洲交通走廊（赫尔辛基—圣彼得堡—莫斯科/普斯科夫—基辅—基什讷乌—布加勒斯特—季米特洛夫格勒—亚历山德鲁波利斯）。

白俄罗斯共有 7 个国际机场，分别为明斯克国家机场、明斯克 1 号机场、戈梅利机场、格罗德诺机场、布列斯特机场、莫吉廖夫机场和维捷布斯克机场。这些机场不仅承担着国内航线的运输，还有飞往世界各国的国际定期航班以及包机旅客航班。

水上交通是白俄罗斯运输系统的组成部分，内河客运周转量约 200 万人公里，包括长达约 2000 公里的国内水路客货运输，通过 10 个河港，将旅客和货物运到沿河各居民点和货物加工点。欧洲水系中的布格河→第聂伯布格运河→普里皮亚季河→第聂伯河→黑海出海口这条水路经过白俄罗斯，白俄罗斯沿着这条水上交通干线出口钾肥。戈梅利、博布鲁伊斯克和莫济里等河港都有铁路专线并且适合对需要联运的货物进行处理，港口装

---

① 资料来源 http://by.mofcom.gov.cn/article/ddfg/tzzhch/200901/20090105996540.shtml.

备有高效的龙门起重船和快速编组船舶的机械化货运线。

（五）区域小结

新亚欧大陆桥经济走廊沿线国家的公路运输基础设施建设水平参差不齐。每平方公里国土面积内的公路长度分别为：波兰 1.37 公里、捷克 0.72 公里和哈萨克斯坦 0.04 公里。表 3–58 是 2016 至 2020 年，新亚欧经济走廊沿线三个国家的陆路基础设施建设及运力数据。

表 3–58　新亚欧经济走廊沿线国家的陆路基础设施建设及运力

2016—2020年	公路总里程（万公里）	公路货运量（亿吨）	公路货运量（亿吨）	铁路总里程（千公里）	铁路货运量（亿吨）	铁路客货运量（百万人次公里）
捷克	5.58	5.04	3.5	9.57	0.985	7778.0
哈萨克斯坦	9.74	—	—	10.51	—	19241.2
波兰	42.46	18.73	—	19.23	2.340	9466.3

资料来源：http://fec.mofcom.gov.cn/article/gbdqzn/.

新亚欧大陆桥沿线国家的空运基础建设所承载的运力仍是以波兰为首。表 3–59 列明了 2018 年新亚欧大陆桥经济走廊沿线三个国际民航组织缔约国的定期航班运输总周转量、旅客周转量和货邮周转量的数据，其中运输总周转量仅包括超过 1 亿吨公里的国家、货邮周转量数据仅包括超过 25 万吨公里的国家。

表 3–59　2018 年新亚欧大陆桥经济走廊沿线国家空运运力

2018年	空运总周转量（百万吨公里）	其中：国际航线（百万吨公里）	旅客周转量（百万人次公里）	货邮周转量（百万吨公里）
捷克	897	896	9668	25
哈萨克斯坦	1559	767	16329	50
波兰	1808	1767	15972	271

资料来源：中国民用航空发展计划司：《从统计看民航（2019）》。

    捷克和哈萨克斯坦都是内陆国家，三个国家中仅波兰拥有货运港口，因此表 3-60 反映的新亚欧大陆桥经济走廊沿线国家 2019 年度港口吞吐量和 2021 年第一季度班轮运输连通性指数只有波兰的数据。

表 3-60   新亚欧大陆桥经济走廊沿线国家港口货运运力

	捷克（内陆国）	哈萨克斯坦（内陆国）	波兰
2019 年年度港口吞吐量（标准集装箱）	—	—	3046440
2021 年第一季度班轮运输连通性指数	—	—	52.25

资料来源：https://unctadstat.unctad.org/wds/TableViewer/tableView.aspx?ReportId=92.

七、经济走廊之间的比较分析

（一）陆运

    六大经济走廊间的陆路运输设施建设水平基本与经济发展水平相符。孟中印缅经济走廊因为印度在陆路基础设施上的突出表现而在六大经济走廊中成为公路和铁路里程长度第一。表 3-61 列明了六大经济走廊陆路基础设施里程建设的成果。

表 3-61   六大经济走廊陆路基础设施里程对比

	新亚欧大陆桥经济走廊	中蒙俄经济走廊	中国—中亚—西亚经济走廊	中国—中南半岛经济走廊	中巴经济走廊	孟中印缅经济走廊
公路总里程（万公里）	57.78	164.94	66.43	114.16	26.86	496.40
铁路总里程（千公里）	39.31	88.40	29.40	8.04	11.88	132.07
公路里程占比	6.2%	17.8%	7.2%	12.3%	2.9%	53.6%
铁路里程占比	12.7%	28.6%	9.5%	2.6%	3.8%	42.7%

资料来源：http://fec.mofcom.gov.cn/article/gbdqzn/.

（二）空运

整体而言，中国—中南半岛经济走廊的空运能力相对较好。表 3-62 表明了 2018 年六大经济走廊的空运基础设施所承载的运力的。

表 3-62　2018 年六大经济走廊的空运运力对比

2018 年	新亚欧大陆桥经济走廊	中蒙俄经济走廊	中国—中亚—西亚经济走廊	中国—中南半岛经济走廊	中巴经济走廊	孟中印缅经济走廊	总和
运输总周转量占比	3.0%	19.5%	21.8%	37.7%	1.3%	16.7%	142282
其中：总国际航线占比	3.0%	22.5%	22.6%	40.7%	1.5%	9.7%	113782
总旅客周转量占比	3.4%	18.8%	20.0%	37.2%	1.5%	19.1%	1224811

资料来源：中国民用航空发展计划司：《从统计看民航（2019）》。

（三）水运

六大经济走廊 2019 年度港口吞吐量对比如表 3-63 所示。

表 3-63　2019 年六大经济走廊港口吞吐量对比

	新亚欧大陆桥经济走廊	中蒙俄经济走廊	中国—中亚—西亚经济走廊	中国—中南半岛经济走廊	中巴经济走廊	孟中印缅经济走廊	总和
2019 年度港口吞吐量（标准集装箱）	3046440	5311700	13473125	89392013	3367850	19995580	134586708
占比	2.26%	3.95%	10.01%	66.42%	2.50%	24.87%	100%

资料来源：https://unctadstat.unctad.org/wds/TableViewer/tableView.aspx?ReportId=92.

第四章

"一带一路"沿线国家数字便利化
水平比较

第一节　信息化水平与通信服务能力评估

一、主要评估指标和总体水平概述

本章对于"一带一路"沿线国家数字便利化水平的研究是基于各国信息化水平和通信服务能力进行评估，相关评估指标主要来自三个报告，分别是 2016 年《全球贸易促进报告》、2019 年《全球竞争力报告》和 2021 年《全球数字和可持续贸易便利化报告》。

（一）主要评估指标概述

1.《全球贸易促进报告》支柱 6 指标

2016 年《全球贸易促进报告》中的 ETI 指数是由衡量各种贸易促进因素的各项指标组成，其中支柱 4（运输基础设施的提供和质量）、支柱 5（运输服务的提供和质量）和支柱 6（信通技术的提供和使用），被用来评估一个国家运输基础设施的质量与服务水平以及通信基础设施的提供和服务质量。

上述支柱 6 被用来评估一个国家信息和通信技术（简称"信通技术"）的提供和使用情况，该指标可以通过广大民众、企业进行的商业交易以及政府与公民互动使用的移动电话和互联网的情况来估算。它还考虑到互联网的接入质量（因为宽带接入已经成为规范），以充分利用互联网的潜力。支柱 6 共包括 7 项指标：移动电话用户（每百人）、个人互联网用户（%）、固定宽带网络用户（每百人）、活跃的移动宽带网络用户（每百人）、信通技术用于 B2B、网络用于 B2C 交易、政府在线服务指数（0-1）。

2.《全球竞争力报告》支柱 3 指标

世界经济论坛在 2019 年推出了新的全球竞争力指数 4.0，其中支柱 3

被用来评估一个国家的信息和通信技术（简称"信通技术"）的应用，包括移动电话用户（每百人）、移动宽带用户（每百人）、固定宽带用户（每百人）、光纤网络用户（每百人）、网络用户占成年人口的百分比。

3.《全球数字和可持续贸易便利化报告》

联合国的五个区域委员会（即非洲经委会、欧洲经委会、亚太经社会、拉加经委会和西亚经社会）联合开展了第三次联合国数字和可持续贸易便利化发展现状的全球调查，并在2021年发布了报告。该调查旨在收集世界各国关于实施数字化和可持续贸易便利化措施的信息，包括数字化技术的应用，以便进一步降低贸易成本。该报告关注了50个指标，其中第二组"数字贸易便利化措施"包括两个分组，即"无纸化贸易"和"跨境无纸化贸易"。各国之间对各类措施的执行水平差异很大，无纸化贸易和跨境无纸化贸易措施的差距尤其大。

"无纸化贸易"有10个指标，包括：①建立电子/自动化海关系统（如海关数据自动化系统）；②海关及其他贸易管理机构的联网；③电子化单一窗口系统；④报关单的电子提交；⑤进出口许可证的电子申请和签发；⑥海运舱单的电子提交；⑦空运舱单的电子提交；⑧优惠原产地证书的电子申请和签发；⑨关税及费用的电子支付，⑩海关退税的电子申请。"无纸化贸易"措施涉及将现代信息和通信技术（信通技术）应用于与贸易相关的服务，从过境点的互联网连接、海关系统自动化，到全面的电子化单一窗口系统。

"跨境无纸化贸易"有6个指标，包括：①电子交易的法律法规（如电子商务法、电子交易法）；②认可的认证机构；③与贸易相关的跨境电子数据交换；④原产地证书的电子交换；⑤卫生与植物卫生证书的电子交换；⑥跟单信用证的无纸化托收。其中，电子交易的法律法规和认可的认证机构是实现与贸易相关的数据和文件的电子交换以及法律认可的基本构件，不仅在一个国家的利益相关者之间，而且在整个国际供应链的利益相关者之间都是如此；其他四项措施涉及贸易相关的具体数据和文件的跨境电子交换，以实现完全一体化的无纸化转换。

对各指标基于实施状况予以评分（0~3），评分结果参见表4-1。

表4-1 《全球数字和可持续贸易便利化报告》评估标准

实施阶段	得分
全面实施：实施的贸易便利化措施完全符合普遍接受的国际标准、建议和公约，如经修订的《京都公约》、联合国电子商务中心的建议或世贸组织《贸易便利化协定》（TFA）；它在法律和实践中得到实施；基本上面向全国所有相关利益攸关方，并得到适当的法律和体制框架以及适当的基础设施、财政和人力资源的支持。在A类通知下做出的承诺中包括的一项TFA条款通常可被视为该国充分执行的一项措施，但有一项告诫，即该条款将由一个最不发达国家成员在TFA协定生效后一年内执行。如果一个国家对某项贸易便利化措施的所有子问题都做出了肯定的答复，则该措施应被视为得到充分执行	3
部分实施：如果下列情况中至少有一项属实，则被视为部分实施：（1）贸易便利化措施部分符合但不完全符合普遍接受的国际标准、建议和公约；（2）该国仍在推出该措施的实施过程中；（3）该措施正在使用但不可持续，短期或临时使用；（4）该措施在一个（而不是所有）目标地点实施（如关键的过境站）；或者（5）一些（而非全部）目标利益相关者充分参与	2
试点实施：如果一项措施除了满足部分实施的一般属性之外，仅适用于极少一部分目标利益攸关方群体（或在特定地点）和/或正在试行，则该措施被视为处于试点实施阶段。当一项新的贸易便利化措施处于试点实施阶段时，旧的措施往往被同时持续使用，以确保即使在新措施造成中断的情况下仍能提供服务。这一实施阶段还包括全面实施前的相关演练和准备	1
尚未执行：现阶段尚未执行一项措施。然而，这一阶段仍可能包括实施该措施的举措或努力。例如，在这一阶段，可以进行（预先的）可行性研究或实施规划；以及安排与利益相关者就实施进行协商	0

（二）数字便利化水平总体评估

与全球平均水平相比，"一带一路"沿线国家无纸化贸易及跨境无纸化贸易措施得分虽均略高于全球平均水平（如表4-2），但相比拉丁美洲和加勒比地区、东南亚和东亚、东南欧及高加索和中亚地区，"一带一路"

沿线国家的实施水平较低（如表4-3）。

表4-2 "一带一路"沿线国家和全球平均无纸化贸易和跨境无纸化贸易得分

指标 地区	无纸化贸易（得分）	跨境无纸化贸易（得分）
"一带一路"沿线	55.92	55.92
全球平均	64.48	38.46

资料来源：2021年《全球数字和可持续贸易便利化报告》。

表4-3 "一带一路"沿线国家与世界各地区的无纸化贸易和跨境无纸化贸易得分

指标 地区	无纸化贸易（得分）	跨境无纸化贸易（得分）
"一带一路"沿线	55.92	55.92
拉丁美洲和加勒比地区	75.13	44.71
中东和北非地区	56.48	30.56
太平洋群岛	31.31	8.08
东南欧、高加索和中亚	67.10	42.48
南亚	56.02	26.39
东南亚和东亚	74.60	52.38
撒哈拉以南非洲	49.19	23.44

资料来源：2021年《全球数字和可持续贸易便利化报告》。

最后，基于经济发展水平的比较（参见表4-4），"一带一路"沿线国家无纸化贸易措施实施水平和跨境无纸化贸易措施实施水平都低于发达国家的实施水平，但高于内陆发展中国家、小岛屿发展中国家和最不发达国家的实施水平。

表 4-4 "一带一路"沿线国家与不同经济体的无纸化贸易和跨境无纸化贸易得分

指标 地区	无纸化贸易（得分）	跨境无纸化贸易（得分）
"一带一路"沿线	55.92	55.92
发达国家	83.58	57.59
内陆发展中国家	50.77	29.86
小岛屿发展中国家	46.15	15.60
最不发达国家	43.70	24.44

资料来源：2021 年《全球数字和可持续贸易便利化报告》。

二、六大经济走廊的区域比较

（一）新亚欧大陆桥经济走廊

根据世界经济论坛与全球贸易便利化联盟发布的 2016 年《全球贸易促进报告》，六大经济走廊各国中，信通技术（ICT）的提供和使用这一综合指标中得分排名最前的国家是捷克，排在全球第 34 名。捷克的个人互联网用户占比较高，固定宽带和移动宽带用户数量较多，ICT 用于 B2B 间交易以及网络用于 B2C 交易的得分较高，信通技术的提供和使用较为成熟，位于全球上游。其次是波兰和哈萨克斯坦，分别排在全球第 44、46 名，也位于全球上游。这两个国家信通技术的提供和使用都较为成熟，政府在线服务指数较高，说明政府提供的在线服务质量较高、绩效较好。值得一提的是哈萨克斯坦每百人中移动电话用户这一指标排在全球第 4 名，说明移动电话普及率较高。中国在 2016 年报告中排在第 64 名，相比于其他国家在新亚欧大陆桥经济走廊中信通技术的提供和使用得分最靠后，尤其是移动电话用户得分较低，排在全球第 103 名；但中国的网络用于 B2C 交易以及政府在线服务指数较高，位于全球上游。

此外，根据世界经济论坛发布的 2019 年《全球竞争力报告》，信通技术的应用这一综合指标中得分最高、排名最前的国家是中国，中国光纤网络用户较多，排在全球第 6 名，但是网络用户占成年人口的百分比较低，

表 4-5　新亚欧大陆桥经济走廊信息化水平评估指标

指标	支柱6：信通技术的提供和使用							
	得分/排名	6.01 移动电话用户（每百人）	6.02 个人互联网用户（%）	6.03 固定宽带网络用户（每百人）	6.04 活跃的移动宽带网络用户（每百人）	6.05 信通技术用于B2B交易	6.06 网络用于B2C交易	6.07 政府在线服务指数（0-1）
		价值/排名	价值/排名	价值/排名	价值/排名	价值/排名	价值/排名	价值/排名
资料来源	2016年《全球贸易促进报告》							
中国	4.7/64	93.2/103	50.3/76	18.6/48	56/62	5/45	5.1/36	0.77/31
白俄罗斯	∨	∨	∨	∨	∨	∨	∨	∨
捷克	5.5/34	129.2/47	81.3/28	27.9/25	68.8/41	5.4/31	5.8/11	0.48/88
哈萨克斯坦	5.2/46	187.2/4	72.9/40	13/58	60/55	4.4/89	4.7/53	0.77/31
波兰	5.3/44	148.7/21	68/52	19.5/45	60.2/54	4.7/67	5.1/39	0.7/45

指标	支柱3：信通技术的应用					数字贸易便利化措施	
	得分/排名	3.01 移动电话用户（每百人）	3.02 移动宽带用户（每百人）	3.03 固定宽带网络用户（每百人）	3.04 光纤网络用户（每百人）	3.05 网络用户占成年人口的百分比	无纸化贸易	跨境无纸化贸易
		得分/排名	得分/排名	得分/排名	得分/排名	得分/排名	得分	得分
资料来源	2019年《全球竞争力报告》					2021年《全球数字和可持续贸易便利化报告》	
中国	78.5/18	95.8/78	–/36	57.1/32	–/6	54.3/93	96.3	72.22
白俄罗斯	∨	∨	–∧	∨	–∧	∨	70.37	55.56
捷克	68.4/42	99.3/66	–/47	59.9/28	–/41	80.7/40	92.59	61.11
哈萨克斯坦	68/44	100/18	–/66	26.9/65	–/33	78.9/47	66.67	38.89
波兰	65.4/51	100/30	–/3	37.7/54	–/56	77.5/49	74.07	27.78

资料来源：The Global Enabling Trade Report 2016. The Global Competitiveness Report 2019. Digital and Sustainable Trade Facilitation: Global Report 2021.

排在全球第 93 名。捷克、哈萨克斯坦和波兰这三个国家综合得分的全球排名都在第四、五十名，居全球中上游。捷克排名最前的是固定宽带网络用户，排在全球第 28 名；哈萨克斯坦排名最前的是移动电话用户，排在全球第 18 名；波兰排名最前的是移动宽带用户，排在全球第 3 名（参见表4-5）。

根据 2021 年《全球数字和可持续贸易便利化报告》，新亚欧大陆桥经济走廊的国家中，无纸化贸易措施得分最高的是中国，其次是捷克、波兰、白俄罗斯，得分最低的是哈萨克斯坦；跨境无纸化贸易措施中得分最高的也是中国，其次是捷克、白俄罗斯和哈萨克斯坦，得分最低的是波兰。

根据图 4-1，在十项无纸化贸易措施中，新亚欧大陆桥经济走廊的国家在自动化海关系统和报关单的电子提交这两项措施完成度最高，达到了全面实施，为满分；海关及其他贸易管理机构的联网、关税及费用的电子支付、优惠原产地证书的电子申请和签发、电子化单一窗口系统、进出口许可证的电子申请和签发实现了部分实施；但是，空运舱单的电子提交、海运舱单的电子提交、海关退税的电子申请仍处于试点实施阶段。

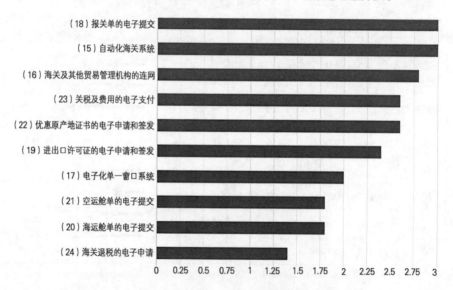

图 4-1　新亚欧大陆桥经济走廊无纸化贸易各项措施分数

资料来源：UN Global Survey on Digital and Sustainable Trade Facilitation 2021.

根据图4-2，中国在自动化海关系统、海关及其他贸易管理机构的联网、电子化单一窗口系统、报关单的电子提交、进出口许可证的电子申请和签发、空运舱单的电子提交、优惠原产地证书的电子申请和签发、关税及费用的电子支付这8项措施中表现最好，达到了全面实施；海关退税的电子申请达到了部分实施；海运舱单的电子提交还未实施。

哈萨克斯坦在自动化海关系统、海关及其他贸易管理机构的联网、报关单的电子提交、关税及费用的电子支付达到了全面实施；电子化单一窗口系统、进出口许可证的电子申请和签发、优惠原产地证书的电子申请和签发、海关退税的电子申请达到了部分实施；海运舱单的电子提交尚未实施。

捷克在自动化海关系统、海关及其他贸易管理机构的联网、电子化单一窗口系统、报关单的电子提交、进出口许可证的电子申请和签发、空运舱单的电子提交、优惠原产地证书的电子申请和签发、关税及费用的电子支付、海关退税的电子申请达到了全面实施；但还未实施海运舱单的电子提交。

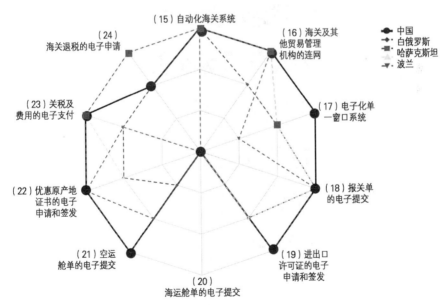

图4-2 新亚欧大陆桥经济走廊国家无纸化贸易措施比较

资料来源：UN Global Survey on Digital and Sustainable Trade Facilitation 2021.

波兰在自动化海关系统、海关及其他贸易管理机构的联网、报关单的电子提交、进出口许可证的电子申请和签发、优惠原产地证书的电子申请和签发达到了全面实施；空运舱单的电子提交、关税及费用的电子支付达到了部分实施；电子化单一窗口系统处于试点实施阶段；海关退税的电子申请、海运舱单的电子提交还未实施。

白俄罗斯在自动化海关系统、报关单的电子提交达到了全面实施；海关及其他贸易管理机构的联网、电子化单一窗口系统、进出口许可证的电子申请、优惠原产地证书的电子申请和签发、关税及费用的电子支付、海关退税的电子申请达到了部分实施；空运舱单的电子提交仍处于试点实施阶段；海运舱单的电子提交尚未实施。

根据图4-3，在六项跨境无纸化贸易措施中，新亚欧大陆桥经济走廊的国家部分实施了认可的认证机构这一措施；与贸易相关的跨境电子数据交换、电子交易的法律法规、原产地证书的电子交换、跟单信用证的无纸化托收以及卫生与植物证书的电子交换仍处于试点实施阶段。

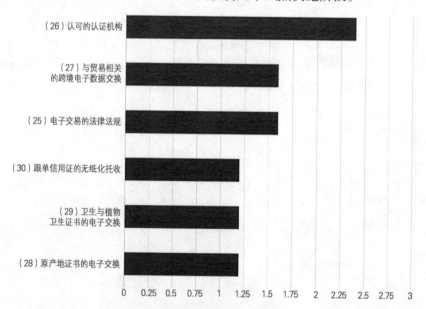

图4-3　新亚欧大陆桥经济走廊跨境无纸化贸易各项措施分数

资料来源：UN Global Survey on Digital and Sustainable Trade Facilitation 2021.

根据图4-4，中国全面实施了设立认可的认证机构这一措施；电子交易的法律法规、与贸易相关的跨境电子数据交换、原产地证书的电子交换、卫生与植物卫生证书的电子交换以及跟单信用证的无纸化托收仍处于部分实施阶段。

捷克全面实施了与贸易相关的跨境电子数据交换；认可的认证机构、电子交易的法律法规、原产地证书的电子交换、卫生与植物卫生证书的电子交换处于部分实施阶段；尚未实施跟单信用证的无纸化托收。

波兰全面实施了认可的认证机构这一措施；部分实施了与贸易相关的跨境电子数据交换；其余四项措施未实施。

白俄罗斯全面实施了认可的认证机构这一措施；与贸易相关的跨境电子数据交换、原产地证书的电子交换、卫生与植物卫生证书的电子交换、跟单信用证的无纸化托收以及电子交易的法律法规处于部分实施阶段。

哈萨克斯坦部分实施了电子交易的法律法规、认可的认证机构、跟单信用证的无纸化托收以及与贸易相关的跨境电子数据交换；其余两项措施尚未实施。

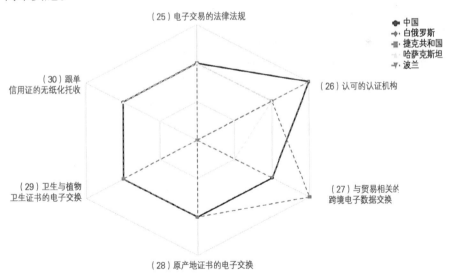

图4-4　新亚欧大陆桥经济走廊国家跨境无纸化贸易措施比较

资料来源：UN Global Survey on Digital and Sustainable Trade Facilitation 2021.

（二）中蒙俄经济走廊

根据2016年《全球贸易促进报告》"支柱6：信通技术的提供和使用"，

表4-6 中蒙俄经济走廊信息化水平评估指标[①]

指标	支柱6：信通技术的可用性和使用							
	得分/排名	6.01 移动电话用户（每百人）	6.02 个人互联网用户（%）	6.03 固定宽带网络用户（每百人）	6.04 活跃的移动宽带网络用户（每百人）	6.05 信通技术用于B2B 交易	6.06 网络用于B2C 交易	6.07 政府在线服务指数（0–1）
		价值/排名	价值/排名	价值/排名	价值/排名	价值/排名	价值/排名	价值/排名
资料来源	2016年《全球贸易促进报告》							
中国	4.7/64	93.2/103	50.3/76	18.6/48	56/62	5/45	5.1/36	0.77/31
蒙古	4/84	105/91	21.4/107	7.1/78	76/32	4.9/50	4.4/72	0.51/81
俄罗斯	5.5/37	160/13	73.4/38	18.8/46	71.3/39	4.7/68	5.3/33	0.73/37

指标	支柱3：信通技术的应用					数字贸易便利化措施	
	得分/排名	3.01 移动电话用户（每百人）	3.02 移动宽带用户（每百人）	3.03 固定宽带网络用户（每百人）	3.04 光纤网络用户（每百人）	3.05 网络用户占成年人口的百分比	无纸化贸易	跨境无纸化贸易
		得分/排名	得分/排名	得分/排名	得分/排名	得分/排名	得分	得分
资料来源	2019年《全球竞争力报告》					2021年《全球数字和可持续贸易便利化报告》	
中国	78.5/18	95.8/78	–/36	57.1/32	–/6	54.3/93	96.3	72.22
蒙古	46.5/96	100/36	–/55	19.3/76	–/71	23.7/119	37.04	11.11
俄罗斯	77/22	100/9	–/51	44.4/47	–/14	80.9/39	81.48	55.56

---

① 资料来源：The Global Enabling Trade Report 2016；The Global Competitiveness Report 2019；Digital and Sustainable Trade Facilitation：Global Report 2021.

这一综合指标得分最高的是俄罗斯,排在全球第 35 名,其次是中国,最后是蒙古国。俄罗斯的信通技术的提供和使用程度较高:其移动电话用户排在全球第 13 名,个人互联网用户、固定宽带网络用户也在全球排名中靠前;此外网络用于 B2C 交易、政府在线服务指数、信通技术用于 B2B 交易的得分也较高。蒙古国排在全球第 84 名,其活跃的移动宽带网络用户得分较高,信通技术用于 B2C 交易排名也较为靠前,但是蒙古移动电话用户得分较低、个人互联网用户占比较低,政府在线服务指数得分也较低,蒙古信通技术用于 B2B 交易的情况一般。相较于中蒙俄经济走廊的这两个国家,中国占据优势的是政府在线服务指数得分较高,信通技术用于 B2B 交易情况较好,但是移动电话用户占比在中蒙俄经济走廊中得分最低。

根据 2019 年《全球竞争力报告》"支柱 3:信通技术的应用",这一综合指标得分最高的是中国,排在全球第 18 名;其次是俄罗斯,排在全球第 22 名;蒙古排在全球第 96 名。俄罗斯移动电话用户得分高,排在全球第 9 名,光纤网络用户排在全球第 14 名,整体来看俄罗斯信通技术的应用情况较好。蒙古国移动电话用户得分较为靠前,但网络用户占成年人口的百分比较低,排在全球第 119 名。相较于中蒙俄经济走廊的这两个国家,中国的光纤网络用户得分很高,排在全球第 6 名,但移动电话用户得分最低,排在全球第 78 名(参见表 4-6)。

根据 2021 年《全球数字和可持续贸易便利化报告》中的数字贸易便利化措施,中国的无纸化贸易和跨境无纸化贸易得分最高,分别为 96.3、72.22;其次是俄罗斯,分别为 81.48、55.56;得分最低的是蒙古,分别为 37.04、11.11。

根据图 4-5,在十项无纸化贸易措施中,中蒙俄经济走廊的三个国家在关税及费用的电子支付、海关及其他贸易管理机构的网络连接方面处于全面实施阶段;在建立自动化海关系统、报关单的电子提交、海运舱单的电子提交以及进出口许可证的电子申请和签发处于部分实施阶段;在优惠原产地证书的电子申请和签发、空运舱单的电子提交、海关退税的电子申请以及电子化单一窗口系统方面仍处于试点实施阶段。

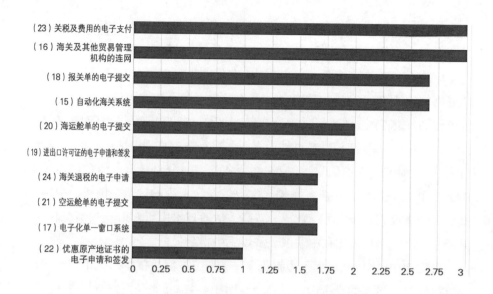

图4-5 中蒙俄经济走廊无纸化贸易各项措施分数①

根据图4-6，俄罗斯在自动化海关系统、海关及其他贸易管理机构网络连接、报关单的电子提交、进出口许可证的电子申请和签发、关税及费用的电子支付、海关退税的电子申请方面处于全面实施阶段；在电子化单一窗口系统和空运舱单的电子提交方面仍处于部分实施阶段；尚未实施优惠原产地证书的电子申请和签发、海运舱单的电子提交。蒙古国在海关及其他贸易管理机构的网络连接方面处于全面实施阶段；自动化海关系统、报关单的电子提交仍处于部分实施阶段；其余七项措施尚未实施。

根据图4-7，在六项跨境无纸化贸易措施中，中蒙俄经济走廊的三个国家部分实施了认可的认证机构以及跟单信用证的无纸化托收；与贸易相关的跨境电子数据交换、电子交易的法律法规仍处于试点实施阶段；原产地证书的电子交换和卫生与植物卫生证书的电子交换开始实施。

<hr />

① 资料来源：UN Global Survey on Digital and Sustainable Trade Facilitation 2021.

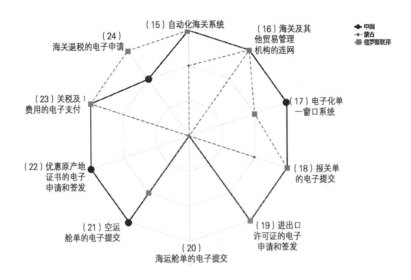

图 4-6　中蒙俄经济走廊国家无纸化贸易措施比较①

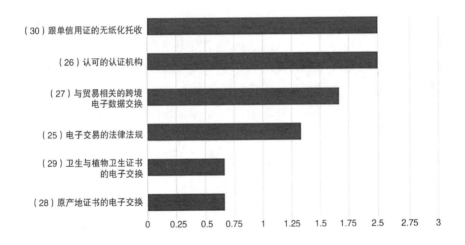

图 4-7　中蒙俄经济走廊跨境无纸化贸易各项措施分数②

① 资料来源：UN Global Survey on Digital and Sustainable Trade Facilitation 2021.

② 资料来源：UN Global Survey on Digital and Sustainable Trade Facilitation 2021.

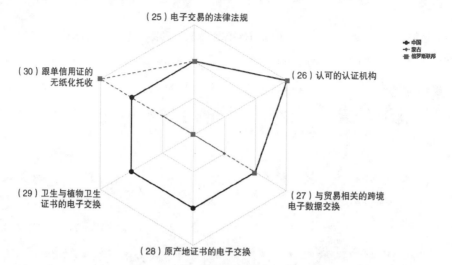

图 4-8　中蒙俄经济走廊国家跨境无纸化贸易措施比较

资料来源：UN Global Survey on Digital and Sustainable Trade Facilitation 2021.

根据图 4-8，中国全面实施了设立认可的认证机构这一措施；电子交易的法律法规、与贸易相关的跨境电子数据交换、原产地证书的电子交换、卫生与植物卫生证书的电子交换以及跟单信用证的无纸化托收仍处于部分实施阶段。俄罗斯全面实施了设立公认的认证机构以及跟单信用证的无纸化托收；部分实施了电子交易的法律法规和与贸易相关的跨境电子数据交换；其余两项措施未实施。蒙古国在与贸易相关的跨境电子数据交换和跟单信用证的无纸化托收方面处于试点实施阶段；其余四项措施未实施。

（三）中国—中亚—西亚经济走廊

根据 2016 年《全球贸易促进报告》，信通技术的提供和使用这一综合指标中得分最高的是俄罗斯，排在全球第 35 名，其次是阿塞拜疆、中国、格鲁吉亚、土耳其、吉尔吉斯斯坦、伊朗、塔吉克斯坦。俄罗斯的信通技术的提供和使用程度较高，其中移动电话用户占比排在全球第 13 名，说明使用移动电话的用户较多；个人互联网用户占比、固定宽带网络用户也在全球排名靠前；此外，网络用于 B2C 交易和政府在线服务指数得分都较高，信通技术用于 B2B 交易的情况也较好。阿塞拜疆位于全球第 48 名，其个人互联网用户占比得分较高，位于全球第 33 名。中国排在全球第 64 名，其政府在线服务指数得分较高,排在全球第31名。格鲁吉亚排在全球第65名,其移动电话用户占比和政府在线服务指数分数较高。土耳其排在全球第74名,其网络用于B2C交易得分较高,排在全球第46名。吉尔吉斯斯坦排在全球第96名,移动电话用户占比分数较高,位于全球第37。伊朗位于全球第100名,塔吉克斯坦排在全球第96名。

表4-7 中国—中亚—西亚经济走廊信息化水平评估指标

国家指标	支柱6:信通技术的可用性和使用							
	得分/排名	6.01 移动电话用户（每百人）	6.02 个人互联网用户（%）	6.03 固定宽带网络用户（每百人）	6.04 活跃的移动宽带网络用户（每100人）	6.05 信通技术用于B2B交易	6.06 网络用于B2C交易	6.07 政府在线服务指数（0-1）
		价值/排名	价值/排名	价值/排名	价值/排名	价值/排名	价值/排名	价值/排名
资料来源	2016年《全球贸易促进报告》							
中国	4.7/64	93.2/103	50.3/76	18.6/48	56/62	5/45	5.1/36	0.77/31
阿富汗	\\/	\\/	\\/	\\/	\\/	\\/	\\/	\\/
阿塞拜疆	5.2/48	111.3/79	77/33	19.8/44	60.9/53	4.9/47	4.8/50	0.68/47
格鲁吉亚	4.6/65	129/48	45.2/84	14.6/57	50.4/71	4.3/98	4.1/87	0.64/55
伊朗	3.5/100	93.4/102	44.1/87	10.9/67	20/107	4/115	3.8/105	0.33/106
吉尔吉斯斯坦	3.8/96	132.8/37	30.2/95	3.7/89	31/100	3.5/132	4/99	0.43/97
俄罗斯	5.5/37	160/13	73.4/38	18.8/46	71.3/39	4.7/68	5.3/33	0.73/37
塔吉克斯坦	2.7/120	98.6/97	19/115	0.1/128	12.1/120	4/113	3.7/109	0.12/128
土耳其	4.4/74	96/99	53.7/70	12.4/60	50.9/69	4.9/52	4.9/46	0.6/64
土库曼斯坦	\\/	\\/	\\/	\\/	\\/	\\/	\\/	\\/
乌兹别克斯坦	\\/	\\/	\\/	\\/	\\/	\\/	\\/	\\/

续表

国家指标	支柱3：信通技术的应用						数字贸易便利化措施	
	得分/排名	3.01 移动电话用户（每百人）	3.02 移动宽带用户（每百人）	3.03 固定宽频网络用户（每百人）	3.04 光纤网络用户（每百人）	3.05 网络用户占成年人口的百分比	无纸化贸易	跨境无纸化贸易
		得分/排名	得分/排名	得分/排名	得分/排名	得分/排名	得分	得分
资料来源	2019年《全球竞争力报告》						2021年《全球数字和可持续贸易便利化报告》	
中国	78.5/18	95.8/78	–/36	57.1/32	–/6	54.3/93	96.3	72.22
阿富汗	\\	\\	–\	\\	–\	\\	14.81	16.67
阿塞拜疆	55.1/73	86.6/93	–/90	36.4/55	–/64	79.8/43	85.19	66.67
格鲁吉亚	63.7/55	100/33	–/107	42/49	–/20	64/79	85.19	38.89
伊朗	50.8/84	90.4/85	–/80	24/69	–/125	70/68	96.3	50
吉尔吉斯斯坦	58.8/65	100/59	–/38	7.6/95	–/54	38/106	77.78	55.56
俄罗斯	77/22	100/9	–/51	44.4/47	–/14	80.9/39	81.48	55.56
塔吉克斯坦	31.8/121	92.9/83	–/129	0.1/132	–/n/a	22/122	33.33	16.67
土耳其	57.8/69	81.1/105	–/72	32.6/59	–/48	71/64	96.3	50
土库曼斯坦	\\	\\	–\	\\	–\	\\	\	\
乌兹别克斯坦	\\	\\	–\	\\	–\	\\	74.07	33.33

　　根据2019年《全球竞争力报告》，在信通技术的应用这一综合指标中得分最高的是中国，排在全球第18名；其次是俄罗斯，排在全球第22名；然后是格鲁吉亚、吉尔吉斯斯坦、土耳其、阿塞拜疆、伊朗、塔克吉斯坦。中国的光纤网络用户占比排名较前，排在全球第6名。俄罗斯的移动电话用户占比得分高，排在全球第9名，光纤网络用户占比排在全球第14名，整体来看俄罗斯信通技术的应用情况较好。格鲁吉亚排在全球第55名，其光纤网络用户占比得分靠前，排大全球第20。吉尔吉斯斯坦排在全球第65名，其移动电话用户占比得分较高，排在全球第38名。土耳其排在全球第69名，其光纤网络用户占比得分较高，排在全球第48名。阿塞拜疆排在

全球第73名，其个人互联网用户占比得分较高，排在全球第43名。此外，伊朗排在全球第84名，塔吉克斯坦排在全球第121名。

根据2021年《全球数字和可持续贸易便利化报告》中的数字贸易便利化措施，中国、伊朗和土耳其的无纸化贸易措施得分最高，为96.3；其次是阿塞拜疆、格鲁吉亚、俄罗斯、吉尔吉斯斯坦、乌兹别克斯坦和塔克吉斯坦；得分最低的是阿富汗，为14.81。跨境无纸化贸易措施中，得分最高的是中国，为72.22；得分最低的是阿富汗和塔吉克斯坦，为16.67。

根据图4-9，在十项无纸化贸易措施中，中国—中亚—西亚经济走廊的几个国家部分实施了自动化海关系统、海关及其他贸易管理机构的网络连接、电子化单一窗口系统、报关单的电子提交、进出口许可证的电子申请和签发、关税及费用的电子支付；海运舱单的电子提交、空运舱单的电子提交、优惠原产地证书的电子申请和签发、海关退税的电子申请仍处于试点实施阶段。

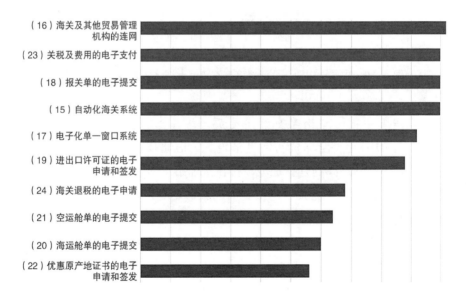

图4-9 中国—中亚—西亚经济走廊无纸化贸易各项措施分数

资料来源：UN Global Survey on Digital and Sustainable Trade Facilitation 2021.

根据图 4-10，在这六项跨境无纸化贸易措施中，多数国家在电子交易的法律法规、设立认可的认证机构以及报关单电子交换方面处于部分实施阶段。除俄罗斯和吉尔吉斯斯坦已完全实施跟单信用证的无纸化托收这一措施外，多数国家仍处于部分实施或未实施阶段，阿富汗、吉尔吉斯斯坦、土耳其等国均未实施原产地证书电子交换和卫生与植物检疫证书电子交换。

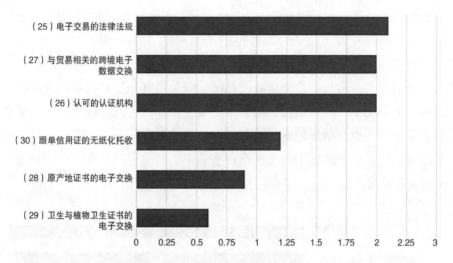

图 4-10　中国—中亚—西亚经济走廊跨境无纸化贸易各项措施分数①

（四）中国—中南半岛经济走廊

根据 2016 年《全球贸易促进报告》，信通技术的可用性和使用这一综合指标中得分最高的是新加坡，排在全球第 13 名，其次是马来西亚、泰国、中国、越南、柬埔寨、老挝。新加坡移动宽带网络用户得分较高，排在全球第 2；政府在线服务指数得分也较高，排在全球第 3；信通技术用于 B2C 交易分数较高，位于全球第 8 名；马来西亚排名全球第 35，其网络用于 B2C 交易得分较高，排在全球第 13 名。泰国排在全球第 62，移动宽带用户和互网络用于 B2C 交易得分较高，排在全球第 34 名。此外，中国排名全球第 64，越南排名全球第 66，柬埔寨排名全球第 105，老挝排名全球

---

①　资料来源：UN Global Survey on Digital and Sustainable Trade Facilitation 2021.

128。

根据 2019 年《全球竞争力报告》，在信通技术的应用这一综合指标中，得分最高的是新加坡，排在全球第 5 名，其次是中国、马来西亚、越南、泰国、柬埔寨、老挝。新加坡的移动宽带用户得分较高，排在全球第 6 名，光纤网络用户得分较高，排在全球第 8 名。中国排名全球第 18，其光纤用户得分较高，排在全球第 6 名。马来西亚排名全球第 33，其移动宽带用户得分较高，排在全球第 19 名。越南排名全球第 41，其移动电话用户得分较高，排在全球第 14 名。泰国排名全球第 63，其移动电话用户得分较高，排在全球第 5 名。此外，柬埔寨排名全球第 71，老挝排名全球第 102。

表 4-8　中国—中南半岛经济走廊信息化水平评估指标

国家指标	支柱 6：信通技术的可用性和使用						
	得分/排名	6.01 移动电话用户（每百人）	6.02 个人互联网用户(%)	6.03 固定宽带网络用户（每百人）	6.04 活跃的移动宽带网络用户（每100人）	6.05 信通技术用于B2B 交易	6.06 网络用于 B2C 交易	6.07 政府在线服务指数(0-1)
		价值/排名	价值/排名	价值/排名	价值/排名	价值/排名	价值/排名	价值/排名
资料来源	2016 年《全球贸易促进报告》						
中国	4.7/64	93.2/103	50.3/76	18.6/48	56/62	5/45	5.1/36	0.77/31
柬埔寨	3.3/105	133/35	19/114	0.5/113	42.8/76	4.5/75	4.3/75	0.05/134
老挝	2.4/128	53.1/129	18.2/116	0.5/114	14.2/116	4.2/100	4.1/89	0.28/111
马来西亚	5.5/35	143.9/27	71.1/45	9/72	89.9/21	5.6/22	5.7/13	0.72/40
缅甸	\/\/	\/\/	\/\/	\/\/	\/\/	\/\/	\/\/	\/\/
新加坡	6.3/13	146.1/24	82.1/26	26.5/32	142.2/2	5.9/8	5.6/22	0.97/3
泰国	4.7/62	125.8/54	39.3/92	9.2/70	75.3/34	5.1/41	5.2/34	0.55/77
越南	4.6/66	130.6/40	52.7/72	8.1/74	39/89	4.8/57	4.9/49	0.57/72

国家指标	支柱3：信通技术的应用						数字贸易便利化措施	
	得分/排名	3.01 移动电话用户（每百人）	3.02 移动宽带用户（每百人）	3.03 固定宽频网络用户（每百人）	3.04 光纤网络用户（每百人）	3.05 网络用户占成年人口的百分比	无纸化贸易	跨境无纸化贸易
		得分/排名	得分/排名	得分/排名	得分/排名	得分/排名	得分	得分
资料来源	2019 年《全球竞争力报告》						2021 年《全球数字和可持续贸易便利化报告》	
中国	78.5/18	95.8/78	–/36	57.1/32	–/6	54.3/93	96.30	72.22
柬埔寨	55.4/71	99.6/65	–/56	2/111	–/77	40/103	66.67	55.56
老挝	44.2/102	43.2/134	–/111	1.3/117	–/82	25.5/117	55.56	38.89
马来西亚	71.6/33	100/31	–/19	17.1/81	–/44	81.2/38	85.19	61.11
缅甸	/	/	–/	/	–/	/	66.67	55.56
新加坡	87.1/5	100/16	–/6	51.8/43	–/8	88.2/24	100	77.78
泰国	60.1/62	100/5	–/26	26.5/66	–/51	56.8/90	88.89	77.78
越南	69/41	100/14	–/76	27.2/63	–/26	70.3/66	59.26	50

根据图 4-11，在十项无纸化贸易措施中，中国—中南半岛经济走廊的国家部分实施了自动化海关系统、海运舱单的电子提交、海关而及其他贸易管理机构的联网、报关单的电子提交、关税及费用的电子支付、电子化单一窗口系统以及空运舱单的电子提交；进出口许可证的电子申请和签发、优惠原产地证书的电子申请和签发、海关退税的电子申请仍处于试点实施阶段。

根据图 4-12，在六项跨境无纸化贸易措施中，中国—中南半岛经济走廊的国家部分实施了认可的认证机构、电子交易的法律法规，原产地证书的电子交换、与贸易相关的跨境电子数据交换、卫生与植物卫生证书的电子交换以及跟单信用证的无纸化托收仍处于试点实施阶段。

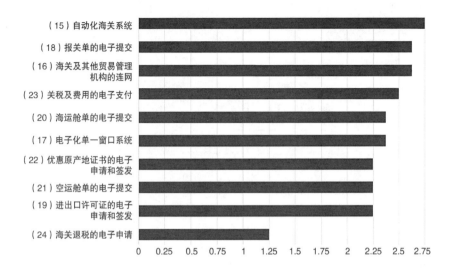

图 4-11　中国—中南半岛经济走廊无纸化贸易各项措施分数[①]

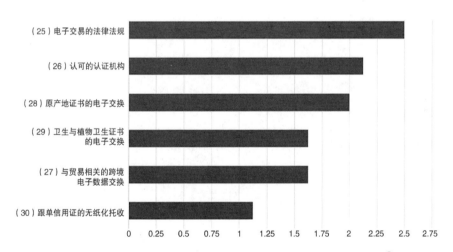

图 4-12　中国—中南半岛经济走廊跨境无纸化贸易各项措施分数[②]

---

① 资料来源：UN Global Survey on Digital and Sustainable Trade Facilitation 2021.
② 资料来源：UN Global Survey on Digital and Sustainable Trade Facilitation 2021.

（五）中巴经济走廊

根据 2016 年《全球贸易促进报告》，"信通技术的提供和使用"这一综合指标得分最高的是中国，排名全球第 64，巴基斯坦排在全球第 124 名。

表 4-9　中巴经济走廊信息化水平评估指标

国家指标	支柱 6：信通技术的可用性和使用						
	得分 / 排名	6.01 移动电话用户（每百人）	6.02 个人互联网用户 (%)	6.03 固定宽带网络用户（每百人）	6.04 移活跃的移动宽带网络用户（每100 人）	6.05 信通技术用于B2B 交易	6.06 网络用于 B2C交易	6.07 政府在线服务指数(0-1)
		价值 / 排名	价值 / 排名	价值 / 排名	价值 / 排名	价值 / 排名	价值 / 排名	价值 / 排名
资料来源	2016 年《全球贸易促进报告》						
中国	4.7/64	93.2/103	50.3/76	18.6/48	56/62	5/45	5.1/36	0.77/31
巴基斯坦	2.5/124	66.9/128	18/117	1/108	13/119	3.7/125	3.7/114	0.33/108

国家指标	支柱 3：信通技术的应用					数字贸易便利化措施	
	得分 / 排名	3.01 移动电话用户（每百人）	3.02 移动宽带用户（每百人）	3.03 固定宽频网络用户（每百人）	3.04 光纤网络用户（每百人）	3.05 网络用户占成年人口的百分比	无纸化贸易	跨境无纸化贸易
		分数 / 排名	分数 / 排名	分数 / 排名	分数 / 排名	分数 / 排名	得分	得分
资料来源	2019 年《全球竞争力报告》					2021 年《全球数字和可持续贸易便利化报告》	
中国	78.5/18	95.8/78	–/36	57.1/32	–/6	54.3/93	96.3	72.22
巴基斯坦	25.2/131	60.5/126	–/126	1.7/112	–/104	15.5/131	59.26	22.22

根据 2019 年《全球竞争力报告》，"信通技术的应用"这一综合指标

得分最高的是中国，排名全球第 18，巴基斯坦排在全球第 131 名。

根据 2021 年《全球数字和可持续贸易便利化报告》中的"数字贸易便利化措施"，中国的无纸化贸易和跨境无纸化贸易得分更高，分别为96.3、72.22，巴基斯坦的得分分别为 59.26、22.22。

根据图 4-13，在十项无纸化贸易措施中，中巴经济走廊的两个国家全面实施了海运舱单的电子提交和空运舱单的电子提交；部分实施了自动化海关系统、海关及其他贸易管理机构的联网、报关单的电子提交、关税及费用的电子支付、海关退税的电子申请、进出口许可证的电子申请和签发以及优惠原产地证书的电子申请和签发；电子化单一窗口系统仍处于试点实施阶段。

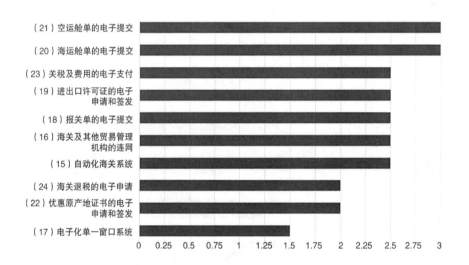

图 4-13　中巴经济走廊无纸化贸易各项措施分数①

根据图 4-14，巴基斯坦全面实施了空运舱单的电子提交；部分实施了海关及其他贸易管理机构的联网、报关单的电子提交、进出口许可证的电子申请和签发、自动化海关系统、关税及费用的电子支付、海关退税的电子申请；优惠原产地证书的电子申请和签发仍处于试点实施阶段；尚未建

---

①　资料来源：UN Global Survey on Digital and Sustainable Trade Facilitation 2021.

立电子化单一窗口系统，未实施海运货物清单的电子提交。

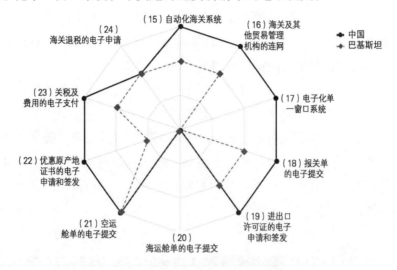

图4-14 中巴经济走廊国家无纸化贸易措施比较

资料来源：UN Global Survey on Digital and Sustainable Trade Facilitation 2021.

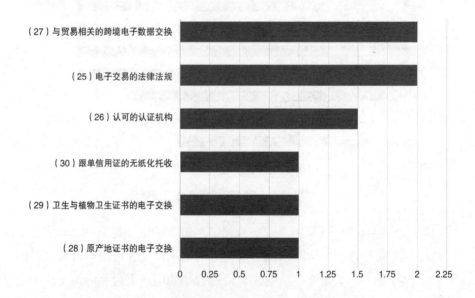

图4-15 中巴经济走廊跨境无纸化贸易各项措施分数

资料来源：UN Global Survey on Digital and Sustainable Trade Facilitation 2021.

根据图 4-15，在这六项跨境无纸化贸易措施中，中巴经济走廊的两个国家部分实施了电子交易的法律法规和报关单电子交换；部分实施了认可的认证机构；其余三项措施仍处于试点实施阶段。

根据图 4-16，巴基斯坦部分实施了电子交易的法律法规、报关单的电子交换；其余四项措施还未实施。

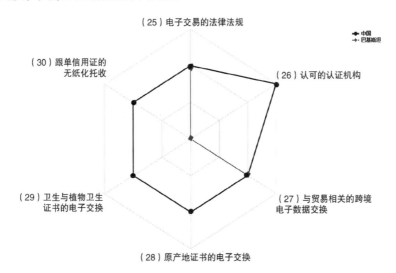

图 4-16　中巴经济走廊国家跨境无纸化贸易措施比较①

（六）孟中印缅经济走廊

根据 2016 年《全球贸易促进报告》，"信通技术的提供和使用"这一综合指标得分最高的是中国，排在全球第 64 名；其次是印度、缅甸。中国的政府在线服务指数得分较高，排在全球第 31 名。印度综合得分排在全球第 101 名，其政府在线服务指数分数较高，排在全球第 33 名。孟加拉国综合得分排在全球第 112 名。

根据 2019 年《全球竞争力报告》，"信通技术的应用"这一综合指标得分最高的是中国，排在全球第 18 名；其次是孟加拉国、印度。孟加拉国综合得分排在全球第 108 名，其光纤网络用户得分较高，排在全球第 49 名。

---

①　资料来源：UN Global Survey on Digital and Sustainable Trade Facilitation 2021.

印度综合得分排在全球第 120 名。

表 4-10 孟中印缅经济走廊信息化水平评估指标

国家指标	支柱 6：信通技术的可用性和使用							
	得分/排名	6.01 移动电话用户（每百人）	6.02 个人互联网用户（%）	6.03 固定宽带网络用户（每百人）	6.04 活跃的移动宽带网络用户（每 100 人）	6.05 信通技术用于 B2B 交易	6.06 网络用于 B2C 交易	6.07 政府在线服务指数（0-1）
		价值/排名	价值/排名	价值/排名	价值/排名	价值/排名	价值/排名	价值/排名
资料来源	2016 年《全球贸易促进报告》							
中国	4.7/64	93.2/103	50.3/76	18.6/48	56/62	5/45	5.1/36	0.77/31
孟加拉国	3.1/112	83.4/114	14.4/124	2.4/96	13.5/118	3.9/119	3.8/107	0.62/60
印度	3.4/101	78.8/121	26/100	1.3/104	9.4/125	4.5/83	4.6/65	0.75/33
缅甸	\\	\\	\\	\\	\\	\\	\\	\\

国家指标	支柱 3：信通技术的应用					数字贸易便利化措施	
	分数/排名	3.01 移动电话用户（每百人）	3.02 移动宽带用户（每百人）	3.03 固定宽频网络用户（每百人）	3.04 光纤网络用户（每百人）	3.05 网络用户占成年人口的百分比	无纸化贸易	跨境无纸化贸易
		分数/排名	分数/排名	分数/排名	分数/排名	分数/排名	分数	分数
资料来源	2019 年《全球竞争力报告》						2021 年《全球数字和可持续贸易便利化报告》	
中国	78.5/18	95.8/78	-/36	57.1/32	-/6	54.3/93	96.3	72.22
孟加拉国	39.1/108	81.1/106	-/115	12.7/88	-/49	15/132	59.26	27.78
印度	32.1/120	72.5/120	-/116	2.7/110	-/102	34.5/107	96.3	66.67
缅甸	\\	\\	-/\	\\	-/\	\\	66.67	55.56

根据 2021 年《全球数字和可持续贸易便利化报告》中的"数字贸易便利化措施",无纸化贸易措施中,中国和印度得分最高,均为 96.3;其次是缅甸,为 66.67;得分最低的是孟加拉国,为 59.26。跨境无纸化贸易措施中,中国得分最高,为 72.22;其次是印度、缅甸,分别为 66.67、55.56;得分最低的是孟加拉国,为 27.78。

根据图 4-17,在十项无纸化贸易措施中,孟中印缅经济走廊的国家全面实施了进出口许可证的电子申请和签发;部分实施了海运舱单的电子提交、空运舱单的电子提交、自动化海关系统、海关及其他贸易管理机构的联网、报关单的电子提交、关税及费用的电子支付、电子化单一窗口系统;优惠原产地证书的电子申请和签发、海关退税的电子申请仍处于试点实施阶段。

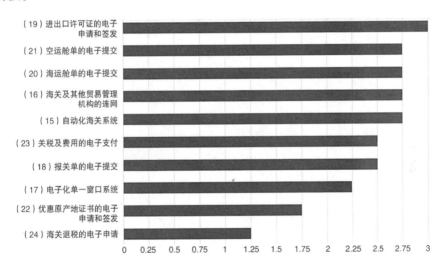

图 4-17 孟中印缅经济走廊无纸化贸易各项措施分数

资料来源:UN Global Survey on Digital and Sustainable Trade Facilitation 2021.

根据图 4-18,孟加拉国全面实施了自动化海关系统、海关及其他贸易管理机构的联网、进出口许可证的电子申请和签发以及空运舱单的电子提交;部分实施了报关单的电子提交、关税及费用的电子支付;电子化单一窗口系统仍处于试点实施阶段;还未实施海运舱单的电子提交、优惠原产地证书的电子申请和签发、海关退税的电子申请。印度全面实施了自动化海关系统、海关及其他贸易管理机构的联网、电子化单一窗口系统、报关单的电子提交、进出口许可证的电子申请和签发、关税及费用的电子支付、海关退税的电子申请；部分实施了优惠原产地证书的电子申请和签发；还未实施海运舱单的电子提交和空运舱单的电子提交。缅甸全面实施了进出口许可证的电子申请和签发、空运舱单的电子提交；部分实施了自动化海关系统、海关及其他贸易管理机构的联网、电子化单一窗口系统、报关单的电子提交、优惠原产地证书的电子申请和签发、关税及费用的电子支付；还未实施海关退税的电子申请和海运舱单的电子提交。

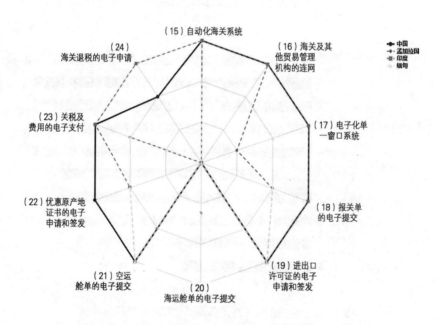

图 4-18　孟中印缅经济走廊国家无纸化贸易措施比较

资料来源：UN Global Survey on Digital and Sustainable Trade Facilitation 2021.

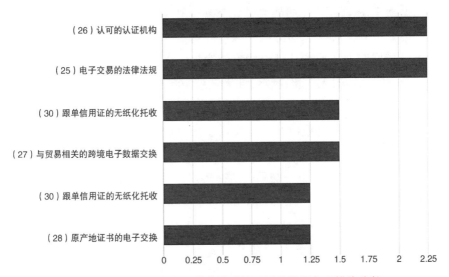

图 4–19　孟中印缅经济走廊跨境无纸化贸易各项措施分数

资料来源：UN Global Survey on Digital and Sustainable Trade Facilitation 2021.

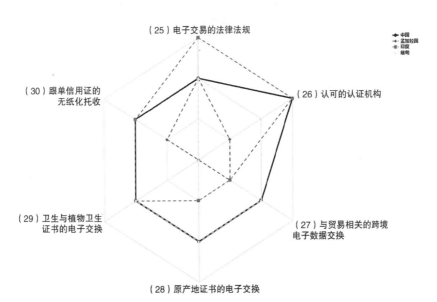

图 4–20　孟中印缅经济走廊国家跨境无纸化贸易措施比较

资料来源：UN Global Survey on Digital and Sustainable Trade Facilitation 2021.

根据图 4-19，在六项跨境无纸化贸易措施中，孟中印缅经济走廊的四个国家部分实施了电子交易的法律法规和认可的认证机构；与贸易相关的跨境电子数据交换、原产地证书的电子交换、卫生与植物卫生证书的电子交换、跟单信用证的无纸化托收仍处于试点实施阶段。

根据图 4-20，孟加拉国部分实施了电子交易的法律法规；认可的认证机构、与贸易相关的跨境电子数据交换、跟单信用证的无纸化托收处于试点实施阶段；还未实施原产地证书的电子交换、卫生与植物卫生证书的电子交换。印度全面实施了电子交易的法律法规、认可的认证机构这两项措施；部分实施了卫生与植物卫生证书的电子交换、跟单信用证的无纸化托收；报关单电子交换和原产地证书电子交换仍处于试点实施阶段。

（七）六大经济走廊之间的比较分析

根据表 4-11、图 4-21、图 4-22 可以看出，根据 2016 年《全球贸易促进报告》"支柱 6：信通技术的提供和使用"，六大经济走廊的得分由高到低分别是新亚欧大陆桥经济走廊、中蒙俄经济走廊、中国—中南半岛经济走廊、中国—中亚—西亚经济走廊、孟中印缅经济走廊、中巴经济走廊。根据 2019 年《全球竞争力报告》"支柱 3：信通技术的应用"，六大经济走廊的得分由高到低分别是新亚欧大陆桥经济走廊、中蒙俄经济走廊、中国—中南半岛经济走廊、中国—中亚—西亚经济走廊、中巴经济走廊、孟中印缅经济走廊。

综合两个报告来看，移动电话用户得分最高的是新亚欧大陆桥经济走廊，得分最低的是中巴经济走廊；个人互联网用户得分最高的是新亚欧大陆桥经济走廊，得分最低的是孟中印缅经济走廊；固定宽带网络用户得分最高的是新亚欧大陆桥经济走廊，得分最低的根据 2016 年《全球贸易促进报告》是孟中印缅经济走廊，根据 2019 年《全球竞争力报告》是中国—中亚—西亚经济走廊；移动宽带网络用户得分最高的根据 2016 年《全球贸易促进报告》是中蒙俄经济走廊，根据 2019 年《全球竞争力报告》是孟中印缅经济走廊，得分最低的根据 2016 年《全球贸易促进报告》是孟中印缅经济走廊，根据 2019 年《全球竞争力报告》是新亚欧大陆桥经济走廊；光纤网络用户得分排名最前的是中巴经济走廊，排名最后的是中蒙俄经济走廊；

表 4-11　六大经济走廊信息化水平指标比较

指标	支柱 6：信通技术的可用性和使用							
	得分	6.01 移动电话用户（每百人）	6.02 个人互联网用户（%）	6.03 固定宽带网络用户（每百人）	6.04 活跃的移动宽带网络用户（每100人）	6.05 信通技术用于B2B 交易	6.06 网络用于 B2C 交易	6.07 政府在线服务指数（0-1）
资料来源	2016 年《全球贸易促进报告》							
新亚欧大陆桥经济走廊	5.18	139.58	68.13	19.75	61.25	4.88	5.18	0.68
中蒙俄经济走廊	4.73	119.40	48.37	14.83	67.77	4.87	4.93	0.67
中国—中亚—西亚经济走廊	4.30	114.29	49.11	12.36	44.08	4.41	4.46	0.54
中国—中南半岛经济走廊	4.50	117.96	47.53	10.34	65.63	5.01	4.99	0.56
中巴经济走廊	3.60	80.05	34.15	9.80	34.50	4.35	4.40	0.55
孟中印缅经济走廊	3.73	85.13	30.23	7.43	26.30	4.47	4.50	0.71

指标	支柱 3：信通技术的应用						数字贸易便利化措施	
	得分	3.01 移动电话用户（每百人）	3.02 移动宽带用户（每百人）	3.03 固定宽频网络用户（每百人）	3.04 光纤网络用户（每百人）	3.05 网络用户占成年人口的百分比	无纸化贸易	跨境无纸化贸易
资料来源	2019 年《全球竞争力报告》						2021 年《全球数字和可持续贸易便利化报告》	
新亚欧大陆桥经济走廊	70.08	98.78	38.00	45.40	34.00	72.85	80.00	51.11
中蒙俄经济走廊	67.33	98.60	47.33	40.27	30.33	52.97	71.60	46.30
中国—中亚—西亚经济走廊	59.19	93.35	75.38	8.00	47.29	60.00	74.08	45.56
中国—中南半岛经济走廊	66.56	91.23	47.14	26.69	42.00	59.47	77.32	61.11
中巴经济走廊	51.85	78.15	81.00	29.40	55.00	34.90	77.78	47.22
孟中印缅经济走廊	49.90	83.13	89.00	24.17	52.33	34.60	79.63	55.56

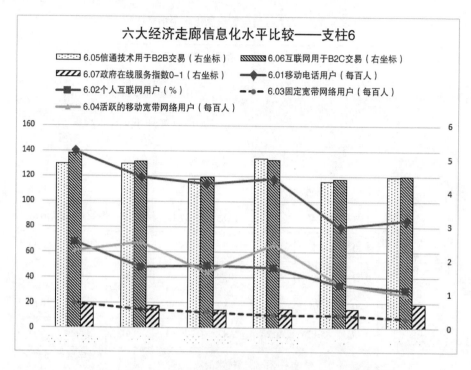

图4-21　六大经济走廊信通技术的可用性和使用比较

资料来源：The Global Enabling Trade Report 2016；The Global Competitiveness Report 2019；Digital and Sustainable Trade Facilitation：Global Report 2019.

信通技术用于 B2B 交易排名最前的是中国—中南半岛经济走廊，排名最后的是中巴经济走廊；网络用于 B2C 交易排名最前的是新亚欧大陆桥经济走廊，排名最后的是中巴经济走廊；政府在线服务指数排名最前的是新亚欧大陆桥经济走廊，排名最后的是中国—中亚—西亚经济走廊。

根据 2021 年《全球数字和可持续贸易便利化报告》中的"数字贸易便利化措施"，无纸化贸易措施得分由高到低分别是新亚欧大陆桥经济走廊、孟中印缅经济走廊、中巴经济走廊、中国—中南半岛经济走廊、中国—中亚—西亚经济走廊、中蒙俄经济走廊。跨境无纸化贸易措施得分由高到低分别是中国—中南半岛经济走廊、孟中印缅经济走廊、新亚欧大陆桥经济走廊、中巴经济走廊、中蒙俄经济走廊、中国—中亚—西亚经济走廊。

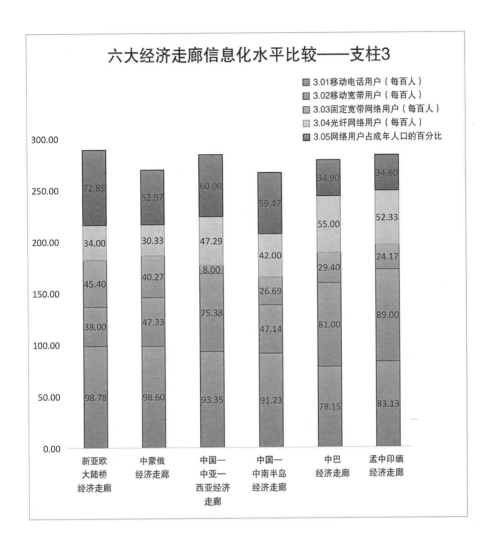

图 4-22 六大经济走廊信通技术的应用比较

资 料 来 源：《The Global Enabling Trade Report 2016》《The Global Competitiveness Report 2019》《Digital and Sustainable Trade Facilitation：Global Report 2019》

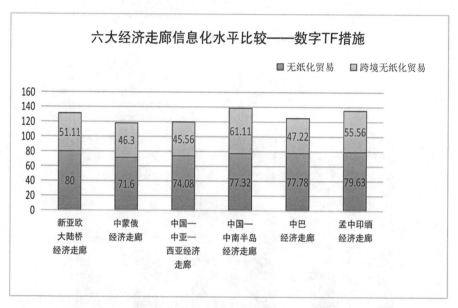

图 4-23　六大经济走廊数字贸易便利化措施比较

资料来源：Digital and Sustainable Trade Facilitation：Global Report 2021.

所以，比较各大经济走廊整体的信息化水平，新亚欧大陆桥经济走廊排名靠前，信息化水平较高，中国—中亚—西亚经济走廊排名靠后，信息化水平较低。

三、其他沿线国家比较分析

根据 2016 年《全球贸易促进报告》，沙特阿拉伯排在全球第 40 名，其移动电话用户和移动宽带网络用户得分较高，分别排在全球第 7 和第 11。匈牙利排在全球第 52，其固定宽带网络用户得分较高，排在全球第 31。菲律宾排在全球第 76 名，其政府在线服务指数得分较高，排在全球第 51。此外，埃及排在全球第 86 名，印度尼西亚排在全球第 90 名。

根据 2019 年《全球竞争力报告》，沙特阿拉伯排在全球第 38 名，其网络用户占成年人口的百分比、移动宽带网络用户的得分较高，分别排在全球第13、第22。匈牙利排在全球第54名，其固定宽带网络用户得分较高，排在全球第25。此外，印度尼西亚排在全球第72，菲律宾排在全球第88名，埃及排在全球第106。

根据2021年《全球数字和可持续贸易便利化报告》的"数字贸易便利化措施"，印度尼西亚的无纸化贸易得分最高，为88.89；其次是菲律宾、沙特阿拉伯、匈牙利；得分最低的是埃及，为37.04。跨境无纸化贸易中，沙特阿拉伯得分最高，为61.11；其次是菲律宾、印度尼西亚、匈牙利；得分最低的是埃及，为16.67。

根据图4-24，在十项无纸化贸易措施中：埃及部分实施了自动化海关系统、报关单的电子提交的、空运舱单的电子提交、关税及费用的电子支付和海关退税的电子申请；海运舱单的电子提交还未实施。匈牙利全面实施了海关及其他贸易管理机构的联网、优惠原产地证书的申请和签发；部分实施了自动化海关系统、报关单的电子提交、进出口许可证的电子申请和签发、海关退税的电子申请；试点实施了电子化单一窗口系统；海运舱单的电子提交和关税和费用的电子化支付还未实施。沙特阿拉伯全面实施了建立自动化海关系统、海关及其他贸易管理机构的联网单子化、单一窗口系统、报关单的电子提交、进出口许可证的电子申请和签发、空运舱单的电子提交、优惠原产地证书的电子申请和签发、关税及费用的电子支付；部分实施海关退税电子申请；还未实施海运舱单的电子提交。印度尼西亚全面实施了空运舱单的电子提交、优惠原产地证书的电子申请、签发及关税和费用的电子支付；其余七项措施还未实施。菲律宾全面实施了自动化海关系统、海关及其他贸易管理机构的联网、报关单的电子提交、空运舱单的电子提交、关税及费用的电子支付；部分实施了电子化单一窗口系统、进出口许可证的电子申请和签发、优惠原产地证书的电子申请和签发、海关退税的电子申请；还未实施海运货物舱单的电子提交。

表 4-12　　"一带一路"其他国家信息化水平评估指标[①]

指标	得分/排名	支柱6：信通技术的提供和使用						
		6.01 移动电话用户（每百人）	6.02 个人互联网用户(%)	6.03 固定宽带网络用户（每百人）	6.04 活跃的移动宽带网络用户（每100人）	6.05 信通技术用于B2B交易	6.06 网络用于 B2C 交易	6.07 政府在线服务指数(0-1)
		价值/排名	价值/排名	价值/排名	价值/排名	价值/排名	价值/排名	价值/排名
资料来源	2016 年《全球贸易促进报告》							
印度尼西亚	3.9/90	132.3/38	22/105	1.1/106	42/77	4.8/58	5.4/28	0.36/104
菲律宾	4.3/76	118.1/64	40.7/90	3.4/91	41.6/78	4.7/66	4.6/66	0.67/51
沙特阿拉伯	5.4/40	176.6/7	69.6/48	12/62	111.7/11	5.2/38	4.6/59	0.67/49
埃及	4/86	111/80	35.9/94	4.5/86	50.7/70	4.7/65	4/94	0.47/89
匈牙利	5.1/52	118.9/62	72.8/41	27.4/31	39.8/84	4.9/54	4.6/63	0.63/57

指标	得分/排名	支柱3：信通技术的应用					数字贸易便利化措施	
		3.01 移动电话用户（每百人）	3.02 移动宽带用户（每百人）	3.03 固定宽频网络用户（每百人）	3.04 光纤网络用户（每百人）	3.05 网络用户占成年人口的百分比	无纸化贸易	跨境无纸化贸易
		得分/排名	得分/排名	得分/排名	得分/排名	得分/排名	得分	得分
资料来源	2019 年《全球竞争力报告》						2021 年《全球数字和可持续贸易便利化报告》	
印度尼西亚	55.4/72	99.9/64	–/52	6.6/97	–/63	39.8/104	96.3	50
菲律宾	49.7/88	91.8/84	–/79	6.5/98	–/ n/a	60.1/82	85.19	61.11
沙特阿拉伯	69.3/38	100/57	–/22	11.3/89	–/53	93.3/13	77.78	61.11
埃及	40.6/106	79.4/109	–/100	13.4/87	–/109	46.9/98	37.04	16.67
匈牙利	64.2/54	86.2/95	–/81	63.4/25	–/37	76.1/52	70.37	50

---

①　资料来源：The Global Enabling Trade Report 2016；The Global Competitiveness Report 2019；Digital and Sustainable Trade Facilitation：Global Report 2021.

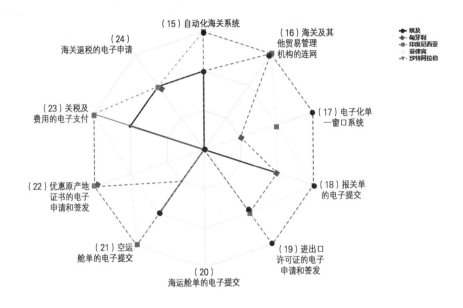

图 4-24 "一带一路"沿线典型国家无纸化贸易措施比较

资料来源：UN Global Survey on Digital and Sustainable Trade Facilitation 2021.

　　根据图 4-25，在六项跨境无纸化贸易措施中：埃及这六项均未实施。匈牙利全面实施了跟单信用证的无纸化托收，部分实施了电子交易的法律法规、设立公认的认证机构和报关单电子交换这三项措施，其余两项未实施。沙特阿拉伯全面实施了电子交易的法律法规、认可的认证机构、与贸易相关的跨境电子数据交换，部分实施了跟单信用证的无纸化托收，其余两项尚未实施。印度尼西亚部分实施了电子交易的法律法规，其余五项未实施。菲律宾部分实施了电子交易的法律法规、认可的认证机构、原产地证书的电子交换、卫生与植物卫生证书的电子交换、跟单信用证的无纸化托收，与贸易相关的跨境电子数据交换还处于试点实施阶段。

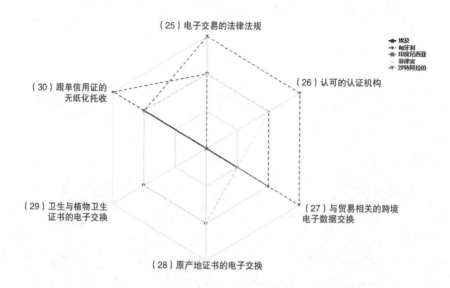

图 4-25　"一带一路"沿线典型国家跨境无纸化贸易措施比较

资料来源：UN Global Survey on Digital and Sustainable Trade Facilitation 2021.

总体来看，这五个国家中，沙特阿拉伯和匈牙利整体信通技术的提供和使用情况都位于全球中上游，印度尼西亚、菲律宾和埃及整体信通技术的提供和使用情况都位于全球中下游。

第二节　信息化基础设施状况的国别比较

一、新亚欧大陆桥经济走廊

新亚欧大陆桥经济走廊是六大经济走廊中首当其中的第一个。它从中国出发，连通欧亚，是"一带一路"在贸易畅通、设施领域重要的一环，可为货物便捷化通关提供有力的保障。由于所联结地域广泛且面对的外部因素有限，它在地理区位上对其他经济走廊的建设具有引领和示范效应。

其中的代表性国家包括白俄罗斯、捷克、哈萨克斯坦、波兰等。

在区域内部，白俄罗斯实现了信通技术（ICT）基础设施的系统发展，并以可承受的价格提供给人们，从而为新的 ICT 服务和 ICT 应用的增长创造了有利环境，因此已成为 ICT 发展的区域领跑者之一。捷克共和国拥有一个健全的 ICT 市场，互联网普及率也较高。哈萨克斯坦则是独联体区域 ICT 发展速度最快、移动宽带普及率最高的国家，在计算机和互联网使用方面也处于区域领先地位。拥有 3800 万人口的波兰是欧洲最大的市场，该国电信市场具有竞争激烈、价格低廉的特点，在走廊内 ICT 水平较高，但对比欧盟其他国家仍有较大发展空间。

（一）白俄罗斯

白俄罗斯在全国范围内围绕 ICT 发展而开展的工作带来了移动和固定业务普及率的提高。2017 年，电信行业投资达 2.9 亿美元。其中多数投资旨在实现固定和移动网络的现代化，从而提高电信服务质量并扩大覆盖。现有规划的实施可使该国通过将电子信息服务融入社会的方方面面而提高人们的生活质量。

移动业务方面，白俄罗斯的移动宽带普及率在独联体国家（CIS）区域中首屈一指。最早的商用移动服务是在 1993 年推出的。全球移动通信系统（GSM）电信运营商分别于 1999、2002 和 2005 年获得许可证[①]。通过政府和外资在移动电话市场的投资，基础设施竞争在之后几年内得到迅速发展。如今共有三家电信运营商向用户提供移动业务：Velcom、MTS 和 BeST/Life。每家运营商均有 2G/3G 网络。另外一家国营基础设施运营商（beCloud）正在部署 LTE-A 网络。2018 年初，移动电信运营商 MTS 和 BeST/Life 开始通过 LTE-A 基础设施提供服务。LTE-A 网络在 2018 年底覆盖所有区域中心[②]。

---

① 更多信息见：http:// www .velcom .by/ ru/ about.
② 更多信息请查询：http:// mpt .gov .by/ ru/ set -sotovoy -podvizhnoy -elektrosvyazi.

表 4-13 新亚欧大陆桥相关国家通信设施普及率比较

国家（地区） 关键指标（2017）	白俄罗斯	捷克	哈萨克斯坦	波兰	亚太	世界
固定电话签约数（每百人）	47.5	15.2	20.3	*19.2*	9.5	13.0
移动电话签约（每百人）	120.6	119.0	145.4	130.5	104.0	103.6
活跃的移动宽带签约用户（每百人）	76.2	81.9	75.1	154.1	60.3	61.9
3G 覆盖率（占人口的 %）	99.9	99.8	87.3	*100.0*	91.3	87.9
LTE/WiMAX 覆盖率（占人口的 %）	68.5	99.8	72.5	*100.0*	86.9	76.3
使用互联网的个人比例（%）	74.4	78.7	76.4	76.0	44.3	48.6
拥有计算机的家庭比例（%）	67.9	76.3	76.2	81.8	38.9	47.1
使用互联网的家庭比例（%）	67.2	77.2	84.9	81.9	49.0	54.7
每位互联网用户的国际带宽（kbit/s）	189.9	59.3	69.8	*22.8*	61.7	76.6
固定宽带签约用户（每百人）	33.4	28.8	14.1	20.0	13.0	13.6
以下为按速率等级划分的固定宽带签约比例（%）						
256 kbit/s 至 2 Mbit/s	3.5	0.3	5.8	1.1	2.4	4.2
2 至 10 Mbit/s	47.9	16.7	37.6	23.3	7.6	13.2
大于等于 10 Mbit/s	48.6	83.0	56.6	75.6	90.0	82.6

注：使用斜体的数据为国际电联的估算值。资料来源：国际电联（截至 2018 年 6 月）。

固定业务方面，白俄罗斯的固定宽带业务普及率在该区域独占鳌头。2018 年初，47% 的签约用户能得到 2 至 10 Mbit/s 的下载速率。40% 的签约用户通过 xDSL 连接互联网，而且 37% 的用户使用光纤宽带。白俄罗本地电信运营商竞争激烈。共有 150 多家运营商拥有提供数据传输业务的许可，其中 75% 的签约用户属于国家运营商 Beltelecom。

政府政策方面，通信和信息部负责制订国家发展计划。上一个国家计划涵盖 2011—2015 年。该计划旨在发展基础设施，以便在最大程度上覆盖全国人口并引入现代电子服务。2016—2020 年数字经济和信息社会发展国家计划现已投入实施①。该计划侧重于进一步加强光纤网络、扩大 3G/LTE 覆盖、卫星通信、数字电视和云技术。

（二）捷克共和国

总的看来，捷克共和国互联网使用高度普及，多数人都已上网。捷克共和国通过国家宽带战略凸显其进一步推动 ICT 发展的决心。

移动业务方面，捷克共和国的移动电话和移动宽带业务都有较高的普及率，几乎达到欧洲平均值。这些服务不仅价格低廉，而且 3G 和 LTE 信号几乎覆盖所有人口。在结束共产主义统治后，捷克电信市场吸引到多家知名运营商的投资，德国电信、O2 和沃达丰均在这仅有 1000 万人口的小市场中占有一席之地。为进一步加强竞争，虚拟移动网络运营商（MVNO）于 2012 年被允许进入市场并自 2017 年起获得 LTE 接入权。② LTE 频谱于 2013 年首次向 T-Mobile、O2 和沃达丰拍卖，各家均平等地获得 800 MHz 频谱。凭此许可证，各运营商必须覆盖服务欠缺地区并允许虚拟移动网络运营商接入 LTE 网络。③ 最近结束的 3.6-3.8 GHz 频段的拍卖被视作走向 5G 时代的重要一步。

固定业务方面，在市场中占有领先地位并作为固定业务市场老牌运营商的 O2 于 2013 年被出售给 PPF 集团。这项收购标志着一家泛欧业务提供商所有权向本地投资公司的转换。O2 分为两个不同部门：捷克共和国 O2 作为零售服务提供商，而 CETIN 则作为批发网络运营商。与邻国相比，捷克共和国的固定宽带普及率较高，接近欧洲平均值。捷克共和国拥有欧盟固定宽带市场中非主导运营商的最高市场份额之一，市场竞争主要基于基础设施。DSL 连接约占所有用户的三分之一并呈下降趋势。无线本地环路和有线电视是该国最主要的非 DSL 宽带技术。

政府政策方面，捷克电信办公室（CTU）成立于 1993 年，继捷克斯洛伐克分裂为捷克共和国和斯洛伐克两个主权国家后，电信市场自 2000 年拉

---

① 更多信息见：http:// www .government .by/ upload/ docs/ file4c1542d87d1083b5 .PDF.

② Telegeography："MVNO 周一：虚拟运营商一周发展指南"，2017 年。

③ 欧洲委员会"捷克共和国"，参见：http:// ec .europa .eu/ information _society/ newsroom/ cf/ dae/ document .cfm ?doc _id = 6470.

开了自由化序幕。捷克共和国于 2004 年加入欧盟，对 ICT 行业产生了重大影响。自由化和竞争得到加强，规则措施与欧洲框架统一起来。作为欧盟数字统一市场的组成部分，捷克共和国制定了关于宽带发展的宏伟目标，国家宽带战略——数字捷克共和国（2.0 版）于 2013 年获得通过。该战略决心在 2020 年前为所有居民提供至少 30Mbit/s 的宽带接入并为 50% 的家庭提供每 100Mbit/s 的接入。2016 年通过了一项新的战略——下一代网络国家发展计划（NPRSNG）。[①] 政府于 2015 年 6 月通过的无线电频谱管理战略对于发展高速移动宽带尤为重要。

（三）哈萨克斯坦

哈萨克斯坦拥有高度发达的移动电话网络基础设施。电信服务的价格相对较低且在持续下降。政府通过目标明确的战略、计划和项目实施其电信政策，电信运营商参与了这些活动。目前，人们可享受通过高速电信基础设施提供的优质服务。

移动业务方面，目前，移动电话市场是电信行业中最具活力的市场。哈萨克斯坦有三家移动电话运营商：Kcell257（Kcell、Activ）、Kar-Tel（Beeline）和移动通信服务公司（Tele2、Altel）。2011 年引入 3G 技术，到 2015 年已覆盖居民超过 1 万人的所有定居点。2012 年推出第一个 LTE 网络。到 2014 年，LTE 网络已覆盖人口超过 5 万人的城镇。到 2017 年底，LTE 网络在各地区中心提供 LTE 服务。截至 2016 年底，LTE 签约用户数量已突破 200 万。移动电话运营商可使用 GSM、DCS-1800（GSM-1800）和 UMTS/WCDMA（3G）频段提供 LTE 服务。近年来还实施了农村电信网络发展项目，CDMA/EVDO 网络覆盖了农村地区。无线本地环路（WLL）基站取代了过时的模拟交换机（PBX）。居民人数在 50 人及以上的聚居地享受到了电话服务和高达 3.1 Mbit/s 的宽带网络服务。[②]

---

① 欧洲委员会，"数字统一市场－国家信息－捷克共和国"，2017 年，见：https://ec.europa.eu/digital-single-market/en/country-information-czech-republic.

② 更多信息见：http://mic.gov.kz/sites/default/files/pages/prilozhenie_rus_0.docx.

固定业务方面，2008 年，国有电信运营商哈萨克电信（Kazakhtelecom）完成了 1997 年启动的国家信息回传网络建设项目，部署了超过 11500 公里的光纤线路。该网络连接了区域中心、阿斯塔纳市和阿拉木图市，使电子政务得以进一步发展，确保了高质量的互联网和电话服务，并为国际互联网流量经转增加了核心容量。1999 年，数字电话取代了模拟电话被用于城际和国际长途。到 2015 年底，在本地电话网络中，数字系统取代了模拟系统。从 2011 年到 2014 年，哈萨克电信在具有区域意义的城市部署了 FTTH（光纤到户）网络。截至 2016 年底，FTTH 签约用户已超过 60 万。哈萨克斯坦计划继续为农村地区提供固定宽带接入。其中一个目标是为地方国家机构提供至少 10 Mbit/s 的互联网接入，并在 2018 至 2020 年在 1227 个农村地区部署 FTTx 网络。2021 到 2025 年的目标是利用光纤替代技术来覆盖 4000 多个定居点。

政府政策方面，哈萨克斯坦政府大力发展 ICT 行业，2013 年批准了《信息化哈萨克斯坦——2020》国家计划。[①] 在该计划下开展的活动旨在提高公共行政管理的效率，改善 ICT 基础设施的可用性和无障碍获取，为国民、企业和政府官员提供 ICT 教育，开发国家互联网内容和媒体。为了适应快速变化的 ICT 环境，哈萨克斯坦制定了《信息化哈萨克斯坦》国家计划。该计划涵盖 2017 至 2021 年，强调了最高水平的 ICT 发展方向，如智能交通系统、物联网、智慧城市、区块链技术。

（四）波兰

移动业务方面，波兰移动市场竞争激烈，移动电话和移动宽带服务价格低廉。波兰老牌运营商 Orange Polska 始终在移动行业占据最大的市场份额。波兰移动市场于 1996 年开放竞争。通过招标，Polkomtel 和 T-Mobile 公司（在当时的 GSM 时代，名为 Polska Telefonia Cyfrowa sp. z o. o.）获得了与老牌运营商竞争的牌照。波兰的移动电话普及率非常高。2005 年实现了 3G 服务的全面覆盖，移动宽带普及率亦在上升。

[①] 更多信息见：https://egov .kz/ cms/ en/ articles/ communications/ gp _inf _kaz _2020.

固定业务方面，有线电视运营商是市场的重要参与者，它们提供包括固定宽带在内的捆绑服务。固定宽带普及率近年来虽然有所增长，但与其他欧洲国家相比仍然较低。NGA 网络服务仍不充足，特别是在农村地区。

政府政策方面，作为加入欧盟工作组成部分，国家监管机构于 2000 年成立。[①] 鉴于欧盟成员国侧重于发展宽带，因此波兰在欧洲数字化议程目标的基础上制定了雄心勃勃的本国目标。波兰的国家宽带计划于 2014 年获得通过，该计划旨在到 2020 年为所有家庭提供 30 Mbit/s 的互联网覆盖，并为 50% 的家庭提供 100 Mbit/s 的互联网覆盖。欧盟、政府和私人投资者正投资于宽带基础设施。[②] 为了给"波兰的发展提供数字化推动力"，政府于 2011 年成立了行政和数字化部，随后又在 2015 年设立了数字事务部。该部的目的是增加互联网接入，开发网络内容和服务并提高信通技术。

总结来说，波兰电信行业在过去十年经历了重大变化，导致竞争加剧。根据欧洲数字议程，该国为宽带发展制定了雄心勃勃的目标，显示了其促进信通技术发展的决心。2011 年设立行政和数字化部并随后在 2015 年设立数字化事务部，再次印证了政府的决心。

二、中俄蒙经济走廊

中俄蒙经济走廊由中国、蒙古国、俄罗斯联邦三国组成。蒙古国和俄罗斯联邦国土面积大而人口少，都具有幅员辽阔、地广人稀的特点，因此都很注重国家骨干网的基础建设，且在拓展通信服务方面面临着特殊的困难。

[①] "波兰国家监管机构的历史"。可从以下网址获取：https:// en. uke. gov. pl/history
-of-a-national-regulatory-authority-in-poland-147.
[②] 欧洲委员会的"2017 年欧洲数字进展报告 - 波兰"（2017 年）。

表 4-14 俄蒙通信设施普及率情况

关键指标（2017）＼国家（地区）	俄罗斯	蒙古	世界
固定电话签约数（每百人）	21.7	9.5	13.0
移动电话签约数（每百人）	157.9	104.0	103.6
活跃的移动宽带签约用户（每百人）	80.8	60.3	61.9
3G 覆盖率（占人口的 %）	77.0	91.3	87.9
LTE/WiMAX 覆盖率（占人口的 %）	62.0	86.9	76.3
使用互联网的个人比例（%）	76.0	44.3	48.6
拥有计算机家庭的比例（%）	74.4	38.9	47.1
使用互联网的家庭比例（%）	76.3	49.0	54.7
每位互联网用户的国际带宽（kbit/s）	68.8	61.7	76.6
固定宽带签约用户（每百人）	21.4	13.0	13.6
按速率等级划分的固定宽带签约比例（%）			
256 kbit/s 至 2 Mbit/s	6.9	2.4	4.2
2 至 10 Mbit/s	19.7	7.6	13.2
大于等于 10 Mbit/s	73.4	90.0	82.6

在该走廊中，蒙古国居民较多为游牧民，且加入 WTO 较晚，信息和通信起步较迟，一度落后，但近年来积极修建基础设施，完善相关工商规定，配合修订法律，电信业得到了迅速的发展。与之相比，俄罗斯作为发达国家，通信水平较高，目前以便捷化、纵深化发展和明晰权责、降低成本为主要方向，继续完善其相关设施和条文规定。

（一）蒙古国

蒙古是一个内陆大国，按人口密度是世界第二低的国家。尽管自然条件不佳，但它利用无线通信在电信覆盖方面取得了显著进展。在该国电信市场上，蒙古主导的公司之间的高度的竞争，提高了普及率。尽管该国幅员辽阔、人口密度很低，但骨干网发展较为完善，且通过与两大邻国的跨境连接确保了国际互联。

移动业务方面，该国有四家移动运营商：Modicum、Unite、Skytel 和 G-Mobile。2014 年，移动电话签约数（每百人订购的电话服务）超过了 100，97% 的家庭拥有手机（NSO Mongolia，2014 年）。2009 年推出 3G 网络，2016 年推出 LTE 网络，移动宽带用户覆盖率很高。

固定业务方面，主要运营商蒙古电信（Telecom Mongolia）于 1995 年实施了部分私有化改革，将 40% 的股权出售给了韩国电信（Korea Telecom），后来蒙古政府又回购了股份，目前它是该国最大的固话运营商。与大多数其他发展中国家不同，固话市场现有 5 家运营商，竞争程度相对较高。然而，由于移动电话的普及，蒙古固话网普及率已经下降。现在，固话网订购基本上是与三重服务捆绑在一起的。固定宽带包括 DSL、光纤和 WiMAX，其中光纤在订购服务中所占份额最大。由于蒙古是一个内陆国家，国家骨干网络连接至关重要。蒙古国内的光纤网络部署在 2001 年至 2017 年期间增加了 2.5 倍，总长度超过 3.89 万公里。政府所有的信息通信网络公司（Netcom）大约占全国光纤网络的一半。此外，四个甚小孔径的终端（VSAT）运营商被授权在农村地区开展工作。蒙古通过与中国和俄罗斯联邦的连接加入亚欧陆路网络和海底电缆，实现了国际互联互通。

政策方面，近几十年来，蒙古国不断放开这一行业，采取的措施包括：1995 年对现有电信运营商（蒙古电信）实行部分私有化；2001 年成立监管机构，即通信管理委员会；在移动和互联网市场引入竞争。通信和信息技术管理局负责行业政策，近年来根据政策文件确立了该行业的发展框架，根据国家高速宽带计划（2011—2015 年）建立了法律和监管体系，以支持高速宽带网络的扩张，并确定了城市地区网速达到 100 Mbps 和各省网速达到 50 Mbps 的目标。2017 年 2 月，政府批准了《国家信息通信技术发展政策（2017—2025 年）》，将信息通信技术发展与世界接轨，加强电子政务建设，实现各领域的数字化，增加电子政务服务种类并加快实施。

（二）俄罗斯联邦

俄罗斯联邦的电信市场生机勃勃。政府的一个关键优先事项是加强其电信业，并进一步投资信息技术（IT）。监管机构旨在通过创造有利的竞争环境、应用法规以及支持基础设施更新，来弥合地区之间的数字化鸿沟并向民众提供现代电信服务。

移动业务方面，俄罗斯四大电信运营商（MegaFon、VimpelCom、MTS和 Tele2）分享 99% 的移动用户。[①] 为促进竞争并为用户提供更多选择自由，俄罗斯在 2014 年推出了携号转网服务，随后有超过 470 万个电话号码实现了转网。2014 年，两家大公司宣布在建设 LTE 网络和频谱共用方面建立合作伙伴关系。2018 年初，有大约 1/3 的移动基站提供 LTE 服务。运营商正在使其服务多样化。除移动电话和宽带服务外，他们还提供电视广播、固定宽带的网络接入、固定电话、云服务和移动支付。2016 年，MTS、MegaFon 和 Telet 2 推出了一项 Wi-Fi 呼叫业务，通过 Wi-Fi 提供语音服务。MTS 与爱立信已同意合作促进 5G 发展。2017 年，国家无线电频率委员会通过了一系列决定，为 5G 网络建立测试区分配频段。2018 年，国有企业 Rostelecom 与 MegaFon 公司合作，拟针对 5G 网络无线电系统与其他无线电系统的电磁的兼容性相关事项进行研究和实地测试。

固定业务方面，固定宽带市场于 2002 年开始出现，当时只有几千用户。2006 年进入了积极发展阶段，并持续稳定增长。2017 年，五家领先公司拥有 2/3 的固定宽带签约用户。市场领头羊 Rostelecom 拥有的签约用户量超过 35%。

政策方面，2008 年《信息社会发展战略》获得通过，随后《2011—2020年国家信息社会计划》也得以通过。2017 年，俄罗斯制订了一项新计划，即俄罗斯联邦数字经济计划，其主要目标是为人们提供现代 ICT 服务并创造一个新的数字环境。依据计划中谈及的数字经济，到 2024 年，拥有 100 Mbit/s 宽带网络接入的家庭总数占比将达 97%。为消除区域以及城乡之间的数字代鸿沟，电信和大众通信部于 2014 年启动了一项改革。此项改革假设到 2019年，人口在 250~500 人之间的大约 14000 个居民点将能经以至少 10 Mbit/s 的

---

① 更多信息见：http://json.tv/ict_telecom_analytics_view/rossiyskiy -rynok -sotovoy -svyazi -tekuschee -sostoyanie -i -prognoz -20132020 -gg -20170321051703.

速度获得宽带互联网接入。Rostelecom 负责普遍服务的实施。[①] 目前正在深入开展将医疗机构接入宽带通信渠道的工作。为充分发挥远程医疗的潜力并利用医生与区域和联邦医疗机构之间的视频联系，计划到 2018 年底，使全国 1 万多家医院和保健中心获得现代通信服务，因此需要在较小的城镇和村庄建设电信基础设施。此外，俄罗斯计划将各种社会设施和私人住宅连接至为医疗机构提供服务的骨干网。2017 年 3 月，铺设于鄂霍次克海底的一条长达 1800 多公里的水下光纤通信线路投入使用，将堪察加、库页岛和马加丹连接在一起。2017 年 4 月，雅库茨克—马加丹光纤通信骨干网（即 Kolyma 快线）在雅库特地区竣工。该骨干网长约 2100 公里，其中萨哈（雅库特）境内有 1250 公里，另外 850 公里计划铺设在马加丹境内。2018 年，俄罗斯拟建造连接玉野—萨哈林斯克、库尔勒斯克和克拉博扎沃德科的水下光纤骨干网。新骨干网长约 850 公里，容量为 40 Gbit/s，将为千岛群岛的居民（约 2 万人）提供互联网接入。为了促进移动宽带的发展，俄罗斯于 2014 年在 450/900/1 800 MHz 频段引入了技术中立性概念。2014 年底，监管机构通过的允许无线接入网络共享的规则简化了无线宽带网络的启动规则。此外 2015 年发布的法规，允许在 800 MHz 至 2.5 GHz 频段共用频谱。2017 年，2100 MHz 频段也引入了技术中立性。监管机构亦在努力终止收取国内漫游费。信息安全问题和服务质量仍然是政府政策的重点。卫星通信被认为是弥合偏远地区数字化鸿沟的一种手段，如今，仍在继续发展民用通信卫星。

三、中国—中亚—西亚经济走廊

中国—中亚—西亚经济走廊主要国家有中国、阿富汗、阿塞拜疆、格鲁吉亚、伊朗、吉尔吉斯斯坦、俄罗斯、塔吉克斯坦、土耳其、土库曼斯坦、乌兹别克斯坦等。该经济走廊的区位特点较为复杂，存在安全、经济和地理方面的差异和挑战，总体来说通信技术和政策有待发展完善。

① 更多信息见：http://minsvyaz.ru/ ru/ activity/ directions/ 193/.

（一）中国—中亚—西亚经济走廊内部国家

以阿富汗为代表的中东国家虽受到国际和国内不稳定因素的影响，却依然在通过移动通信扩大人口接入方面取得了显著进展。由于市场充满活力和竞争，移动通信迅速普及。而以塔吉克斯坦为代表的独联体国家在拥有开放的电信市场后，运营商发展蓬勃，新技术的部署和政府为强化 ICT 行业付出的努力必将加强这些国家 ICT 的提供和使用——ICT 技术正在逐步改变独联体。以土耳其为首的地中海国家的电信行业在过去十年里经历了巨大的变化，这是由技术进步和不断增长的客户需求推动的。值得关注的是，这些国家仍然有相当一部分人口不能上网，说明这个新兴市场拥有巨大潜力。

1. 阿富汗

尽管阿富汗的经济、社会、地理和安全环境都具有挑战性，但其电信市场竞争激烈，覆盖范围相对较高。

移动业务方面，市场竞争激烈，充满活力，共有 6 家运营商。阿富汗的第一家移动运营商是 2002 年成立的阿富汗无线通信公司。第二家运营商 Roshan 次年成立。2006 年，第三家运营商 Areeba 进入市场，随后被总部位于南非的 MTN 集团收购，更名为 MTN 阿富汗公司。Etisalat Afghanistan 在 2007 年成为该国第四个移动运营商。老牌国有固定电话运营商阿富汗电信 (AFTEL) 也获得了移动牌照，并于 2014 年以 Salaam 品牌推出了移动服务。这种竞争的稳步增加促进了移动接入的进展，90% 的阿富汗家庭拥有移动电话。2012 年 3 月，3G 移动宽带上线，用户不断增长。2017 年移动网络运营商推出 LTE 试点服务，总投资 24 亿美元。

固定业务方面，阿富汗电信 (AFTEL) 于 2005 年根据总统令成立。固定电话数量有限，大多数投资（特别是农村地区的投资）都用于无线固话 CDMA。阿富汗电信是主要的固话提供商，而 Wasel Telecom 于 2006 年在几个北方省份开通了无线固话。2014 年，该公司将牌照升级为国家服务。由于有限的可用性和高昂的成本，固定宽带签约用户寥寥无几。ADSL 在城市地区提供，阿富汗电信还提供固定无线宽带。两家运营商提供 WiMAX 服务，62 家国家和本地 ISP 在该国提供互联网服务。阿富汗电信于 2007 年开始建设国家光纤主干网，是第一家获准拥有和销售光缆主干的运营商。该公司安装了一个 4700 公里长的 OFC 网络，与邻国有 7 个国际连接点。根据 2016 年开放接入政策，取消了对 OFC 网络的垄断，允许其他四家公司（包括三家现有的跨国公司）在该国安装自己的 OFC 网络。

表 4-15 中国—中亚—西亚经济走廊相关国家通信设施普及率比较

国家 （地区） 关键指标 （2017）	阿富汗	阿塞拜疆	格鲁吉亚	伊朗	吉尔吉斯斯坦	塔吉克斯坦	土耳其	土库曼斯坦	乌兹别克斯坦	独联体	亚太	世界
固定电话签约数（每百人）	0.3	17.2	18.2	38.4	6.0	5.4	14.0	11.8	10.8	19.8	9.5	13.0
移动电话签约数（每百人）	67.4	103.0	146.5	107.3	121.9	111.0	96.4	162.8	76.0	138.3	104.0	103.6
活跃的移动宽带签约用户（每百人）	16.0	56.8	66.6	68.2	73.7	22.7	70.5	15.3	59.4	72.0	60.3	61.9
3G 覆盖率（占人口的 %）	24.0	96.3	99.6	77.0	75.0	90.0	97.4	75.8	75.0	80.3	91.3	87.9
LTE/WiMAX 覆盖率（占人口的 %）	0.0	42.0	97.1	74.0	50.0	80.0	86.5	67.0	43.0	61.1	86.9	76.3
使用互联网的个人比例（%）	11.4	79.0	60.5	60.4	38.2	22.0	64.7	21.3	52.3	68.6	44.3	48.6
拥有计算机的家庭比例（%）	3.4	63.8	65.1	66.5	23.3	14.8	57.3	10.7	38.5	68.1	38.9	47.1
使用互联网的家庭比例（%）	5.7	77.6	79.8	70.0	21.1	11.9	80.7	11.1	79.9	73.6	49.0	54.7
每位互联网用户的国际带宽（kbit/s）	11.6	46.4	105.9	21.4	57.8	2.2	84.4	2.5	9.6	66.8	61.7	76.6
固定宽带签约用户（每百人）	0.05	18.4	19.7	12.4	4.3	0.1	14.8	0.1	10.4	17.8	13.0	13.6
（以下为）按速率等级划分的固定宽带签约比例（%）												
256 kbit/s 至 2 Mbit/s	50.8	51.0	1.5	39.6	10.6	45.2	1.3	42.4	56.0	12.2	2.4	4.2
2 至 10 Mbit/s	1.6	40.9	31.2	47.8	39.4	22.9	21.7	31.1	35.1	25.1	7.6	13.2
大于等于 10 Mbit/s	47.6	8.1	67.3	12.5	49.9	31.9	77.0	26.5	8.9	62.7	90.0	82.6

在政策方面，阿富汗于 2005 年通过了《电信法》（Telecom Act），2006 年成立人阿富汗电信管理局（ATRA）成为以独立的组织结构和预算管理阿富汗电信行业的委员会。《电信法》于 2017 年修订，目的是以独立、公开、客观、透明和非歧视的方式，在该国法律框架内加强监管机构的职能。根据《电信法》，电信管理局向电信公司颁发许可证，并定期监督这些公司的整体表现，以确保其对政策、程序和法律的遵守。通信和信息技术部负责制定和实施信息通信技术政策（2015—2024 年）电信管理局则负责管理电信部门和电信普遍服务基金（电信发展基金）。电信管理局致力于实现国际最佳实践和创造一个完全透明的监管环境，以期实现阿富汗电信市场的充分竞争，确保以合理的价格获得普遍可用的信通技术服务，促进公共服务和资源的使用，加强教育和社会发展并连接所有公民。

2. 阿塞拜疆

阿塞拜疆对于信息技术的应用和商业环境处于世界中上游水平，其网络用户比例、政府在线服务、公共机构的效率和问责制在 2014—2016 年间有显著改善，对外开放程度较高。

通信业是阿塞拜疆成长速度最快的产业部门之一。国际电信联盟报告显示，在 2017 年《信息通信技术发展指数（IDI）排行》中，阿塞拜疆以 6.20 分位居第 65 位，在发展中国家排名第 23，在独联体国家中排名第 5。

2017 年阿塞拜疆全行业实现产值 17.25 亿马纳特（约合 10.15 亿美元），同比增长 6.6%。移动通信收入 8.56 亿马纳特，同比增长 4.4%。IMEI 注册号码超过 87.15 万，同比增长 32.2%。便携式电脑销售增长 9.6%，台式机销售下降 9.2%。网络服务供应商由于无法获得足够带宽，数量近年下降了15%。目前阿塞拜疆共有 40 余家服务供应商，多数运营情况较为艰难。

近年来，阿塞拜疆移动通信市场发展迅速，平均每百人拥有 111.1 部手机。截至 2016 年末，在现有 3 家 GSM 运营商中，Azercell 公司拥有 367 万活跃用户，Bakcell 公司有 260 万户，Azerfon 公司有 160 万户。上述运营商均采用先进的进口设备与技术。截至目前，3G 通讯业务在阿塞拜疆已推广 7 年，用户已达 315 万户。2014 年底，阿塞拜疆开始推广 4G 通讯业务，目前 4G 用户数接近 20 万，但信号主要集中在巴库，且质量不稳定。

阿塞拜疆原有的固定电话通讯网设施已老化。近年来，固定电话被列为国家重点支持的发展领域。经过几年来的技术改造，现平均每百户家庭拥有 47 部电话。

阿塞拜疆国际出口带宽 430GB，接入欧亚干线光缆的电话枢纽（交换站）达 100 个以上。近年来，除固话线路 ADSL 连接以外，还发展了公共 Wi-Fi、WiMAX、WTTx 和 3G、4G 手机联网等。其中，很多技术和设备由中国提供。截至 2016 年底，阿塞拜疆全国网络普及率达 75%，固定宽带网络普及率为 26.13%，移动宽带渗透率 40%，智能终端渗透率 55%。62.4% 的家庭拥有电脑，76.7% 的家庭有网络接入。其中，70.6% 的居民使用宽带上网，25.4% 和 3.7% 的居民分别通过手机和 DIAL-UP 方式上网。阿塞拜疆对网络使用限制较少。

根据《阿塞拜疆国家经济发展战略线路图》中的规划，2020 年前阿塞拜疆需投入 5.85 亿马纳特（约合 3.7 亿美元），用于通信领域的发展。其中，2.9 亿马纳特用于完善国家信息体系，1.25 亿马纳特用于电信市场自由化，0.95 亿马纳特用于完善电子政府项目，0.6 亿马纳特用于扩大对移动网络基础设施的投资，0.15 亿马纳特用于扩大数字支付市场。

3. 格鲁吉亚

在与私营部门合作开展的重要电子政府项目的推动下，格鲁吉亚正在设想成为高加索—里海地区的信息和通信技术中心。格鲁吉亚创新技术署（GITA）是这一进程的主要推动者。在格鲁吉亚发展信息和通信技术有一些重要的组成部分，包括技术和能力建设的发展。创新技术署针对最受欢迎的 IT 项目举办不同类型的培训项目，为高科技领域的培训人员提供以实践为导向的培训，以加强私营企业的能力建设和科学技术开发，促进创新的商业化。创新技术署的目标是到 2020 年拥有 4 万名高科技领域的 IT 专家。乔治亚州正在建设一个创新基础设施，以科技园区为特色，包括企业孵化器、加速器、创新与制造实验室。目前有三个 I-Labs（基于大学）专注于移动平台编程，电脑游戏开发，以及电脑绘图 / 视觉效果。此外，还有两个实验室致力于工程和创新科学。

电信部门主导着格鲁吉亚的信通技术市场。服务提供商的渗透性很好，大部分是国际公司的资本密集型投资。电信由独立和自筹资金的格鲁吉亚国家通信委员会（GNCC）管理，该委员会必须遵守关于独立和透明度的全面规则。委员会为获得授权的持牌人制定规管费和拍卖的起拍价，规管无线电频谱和电讯网络的互联，并提供核证、标准化和计量服务。其监管框架相对完善，基本上符合欧盟的要求，尽管仍存在一些挑战，如确保监管机构有足够的权力执行市场准入要求，或在监管普遍服务领域。

在审查期间，修订了关于电子通信和广播的法律以及有关的规范性法律。这些措施包括：完成新的编号系统的部署；在移动网络和固定网络中实现号码可携性；以及允许客户接入高速互联网的 4G 宽带服务。数字转换过程于 2015 年 7 月 1 日开始。该过程按区域执行，原计划于 2015 年 8 月 25 日完成。

在市场结构方面，国家在电信运营商中没有任何剩余的股权。资本密集型的电信行业已被国际服务提供商充分渗透。2013 年，手机普及率已达到 111%（2009 年为 69%），尽管有经济衰退的迹象，但手机市场仍在继续增长，虽然年增长率有所放缓，且更具可预见性。所有移动运营商都已开始提供 4G 宽带服务。尽管增长模式相当不稳定，格鲁吉亚的固定电话网络在 2013 年达到了 27% 的电话密度（2009 年为 19%），但这一数字似乎在下降。尽管乔治亚州对互联网的兴趣很高，但 2013 年的签约数仍保持在 57.9 万的水平，代表了 13% 的密度。

近年来，移动电话用户增长强劲，这主要是由于竞争加剧、价格压力以及农村地区固定电话服务有限。

在固定线路领域，现有的 Silknet（前身为格鲁吉亚联合电信，2006 年被政府出售给哈萨克斯坦—格鲁吉亚财团 BST 控股，现为 Rhinestream 控股有限公司所有）仍占有很大的市场份额，2013 年的市场份额估计为 63%。另外还有两家私营的国内公司——akhtel（11.4%）和 Akhali Kselebi（19.6%），这两家公司总共占有 31% 的市场份额。格鲁吉亚超过一半的固定电话服务集中在首都第比利斯。

获得授权提供互联网服务的公司共有 186 家（截至 2013 年底），其中 152 家是活跃的，且有 112 家是 wi-fi 运营商。截至 2013 年底，两家最大的互联网服务提供商分别是：Siknet（涉及 IP 电视）和高加索在线（也涉及 IP 电视），市场份额分别为 43% 和 29%。面对带宽不足以满足客户需求的互联网连接，对更高质量的需求预计还会增长。互联网服务提供商有望推动电视数字化。

格鲁吉亚电信市场通过以下方式提供互联网服务：所有固定网络（DSL 和光纤网络）；无线固定网络（CDMA、Wimax、WIFI、LTE）和移动通信网络。光纤是最常见的互联网接入技术，在首都和其他大城市，这一技术的使用率明显高于那些光纤网络有限的地区。以 MagtiCom 为首的移动互联网的用户数量正在增长。截至 2015 年，LTE 服务已经开通，3G 服务覆盖范围广泛。

4. 伊朗

2018 年 5 月 8 日，美国宣布退出伊核协议，重启对伊制裁。在 90~180 天过渡期后，美国将恢复对伊朗金融、航运等领域的制裁，届时会将伊朗央行和主要商业银行列入制裁名单，通过国际融资、投资来参与伊朗通信基础设施建设的项目将陷入困局。

2018 年 3 月，伊朗国家 IP 网络总容量达到 6968Gbps，较上年增长 2.47%。2018 年 3 月，伊朗使用移动互联网的人数达到 5324 万人，较上年同期增长 60.2%，普及率达 110%；伊朗移动运营商出售 SIM 卡数量 1.69 亿，目前 8800 万处于活跃状态。使用有线互联网的家庭数量达到 1172.2 万户，较上年增长 24.6%。2018 年 3 月，伊朗固定电话用户数量达到 3094.4 万，较上年增长 1.4%。

伊朗固话网运营商为 TCI，移动通信运营商主要为 MTNI、MCCI、RighTel，国家骨干网运营商为 TIC。由于大规模基础设施投资，在全国范围实现了广泛的移动网络覆盖，并建成国家光纤骨干网。自光纤骨干网近年部署以来，基本移动接入保持了较高水平，移动宽带也一直呈快速增长态势。

5. 吉尔吉斯斯坦

吉尔吉斯斯坦的电话普及率较高，但互联网发挥作用的空间较为有限，整体处于世界较低水平。由于缺乏合格的技术人员，难以获得土地所有者的同意以及不可靠的电力供应，使得互联网的扩张受到阻碍。虽然存在这些挑战，吉尔吉斯电信市场在整个审查期间继续扩大，这主要得益于移动电话和互联网用户的持续活跃。2006—2012 年，通信服务总量增长了四倍，达到了 211 亿。尽管如此，固定电话、移动电话和互联网普及指标仍远低于相应的独联体平均水平。

共有 15 家运营商提供固定线路通信服务，包括本地、城际和国际电话以及互联网的单独许可证。大多数国有企业仍然主导着固定线路本地电话领域。移动通信服务由 7 家公司提供，每个公司都运行一个单独的电话网络；移动网络覆盖范围达到吉尔吉斯共和国人口稠密地区的 95.7%。估计前两大移动运营商的市场份额分别为 45% 和 40%。纽约州拥有 49% 移动市场的领导者是 MegaCom。尽管该部门快速增长，但吉尔吉斯共和国所有行政区域尚未提供互联网接入；大多数接入点（占总数的 72%）集中在首都比什凯克。

运输和通信部（MTC）负责制定电信政策。在 2006 年前进行了四次重组后，电信监管机构于 2009 年 12 月再次进行了改革，并更名为国家通信局（SCA）。自 2011 年起，SCA 的法规草案需经政府批准，并进行监管影响分析。该局主要负责沟通领域的许可；标准化和认证（包括进口许可）。

总之，虽然固定电话网络普及率低于独联体区域平均数，但吉尔吉斯斯坦已逐步将其固定电话网路从模拟网络改变为数字网络。过去几年中，其互联网市场实现了长足发展。预计目前的传输网络发展计划将加大吉尔吉斯斯坦作为中转国的重要性，同时将降低国际互联网流量成本。

6. 塔吉克斯坦

尽管塔吉克斯坦的移动宽带覆盖率高于独联体的平均值，但普及率相对较低。造成此现象的原因之一可能是移动业务和固定业务价格高企，位列该区域价格最高的国家之一，但政府正在努力提高全国范围的 ICT 服务使用量。

移动业务方面，塔吉克斯坦的移动电话通信市场有 5 家电信运营商：Tcell、TT-Mobile、BabilonMobile、Takom 和 TK-Mobile。LTE 出现于 2012 年（由

Babilon-Mobile 推出）并正在继续发展。据一家移动运营商统计，超过 70%
的互联网用户在使用 LTE 支持的设备[①]。并且，移动电话通信运营商经常
使用卫星通信连接全国网络。

固定业务方面，固话用户的数量在下降。塔吉克斯坦城市与乡村的电
话网络存在巨大差距。国家电信运营商塔吉克斯坦电信是固话业务的主要
提供商，接受国际监管局的监督。截至 2014 年，95% 的模拟基础设施被
数字系统取代且大多数骨干线路为光纤。塔吉克斯坦电信是唯一一家涵盖
所有区域的运营商。因此，许多互联网业务提供商使用该运营商的基础设
施提供服务。5 家主要互联网提供商分享了 95% 的市场份额。尽管固定互
联网接入水平仍然不高，但他们正在建设光纤线路以满足数据传输业务的
需求。

至于政府政策，2003 年，塔吉克斯坦的 ICT 促发展战略获批。该战略
聚焦于四个目标：改善 ICT 立法框架；发展并实施新 ICT 应用；开发 ICT
基础设施；提高信息安全。自 2003 年起该国实施了一批国家计划。2004
年开发并实施的塔吉克斯坦 ICT 计划为公众机构提供了计算机和局域网。
此外，还落实了一些有关部署数字通信系统和偏远区域覆盖的项目。该国
对信息安全给予了大量关注且在 2004 年采纳了信息安全计划。2016 年，
塔吉克斯坦政府决定创建一个国际电话和互联网流量控制中心。2011-2015
年执行了为学校提供计算机的国家计划。此计划的目的在于为教育机构提
供计算机和通信设备，培训相关人员使用 ICT 并让学校能够上网。

7. 土耳其

土耳其拥有相对较大的电信市场，且有巨大的增长潜力。移动和固定
普及率都低于欧洲平均水平，但正在迅速增长。3 家移动运营商在为土耳
其市场服务，并向土耳其客户提供相对实惠的服务计划。

移动业务方面，土耳其的移动市场是欧洲地区最集中的市场之一。老
牌运营商 Turkcell 第一次面临竞争是在 1994 年沃达丰进入市场时。在双头

---

① 更多信息请查询：https:// digital .report/ megafon -tadzhikistan -polovina -abonentov
-vyihodyat -v -set.

垄断期间，Turkcell 保持了相当大的市场份额。直到 2001 年，运营商 Aria 和 Aycell 才进入市场，加剧了市场的竞争（DICE，2010 年）。这些运营商于 2004 年合并，目前在以土耳其电信集团子公司 Avea 品牌运营。2016 年，Avea 是仅次于沃达丰和市场领先者 Turkcell 的第三大移动网络运营商（ICTA，2016 年）。该国移动宽带市场增长快速，因为年轻人群对新的技术趋势持开放态度。2009 年，首次推出 3G 业务，网络也迅速扩展，覆盖了几乎所有人口。LTE 在 2016 年才推出，但采用率和覆盖面正在加大。

在固定业务方面，与欧洲国家相比，普及率相对较低。然而，运营商正在投资进行网络建设和升级，用户数量也在增加。大多数固定宽带连接都是通过 xDSL 进行的，光纤和电缆用户数亦越来越多。土耳其电信（Turk Telekom）是固定领域的市场领先者，拥有全国最大的光纤基础设施，并在继续投资升级和扩展。随着全球固定电话由移动电话取代的趋势进一步发展，固定电话普及率正在下降。

在政策方面，与欧洲地区的其他国家相比，土耳其电信部门的私有化起步相对较晚——2005 年，土耳其电信的大部分股份通过招标出售。土耳其信息和通信技术管理局（ICTA）是独立的电信监管机构，成立于 2000 年。政府希望确保其政策与欧盟一致，因为该国已申请加入欧盟。土耳其电信政策旨在确保有效竞争和扩大 ICT 特别是宽带的使用。认识到宽带发展的重要性，2016 年，ICTA 启动了一系列研究会议，以制定国家宽带战略，并确定了推进网络建设的相关步骤。[①] 由于这些努力，《国家宽带战略和行动计划》已于 2017 年 12 月通过并生效。

8. 土库曼斯坦

土库曼斯坦的移动电话通信市场发展迅猛。公共机构正在联网，且互联网用户的数量在不断增长。

移动业务方面，2017 年初，移动电话业务由两家电信运营商：Altyn Asyr 和 MTS 提供。土库曼斯坦政府拟创建第二家国有运营商 Ai Nazar。（国

---

① ICTA：土耳其光纤基础设施的未来得到了讨论，https:// www .btk .gov .tr/ en –US/ Pages/ FUTURE–OF–FIBER–INFRASTRUCTURE–IN–TURKEY–WAS–DISCUSSED（2018 年 10 月 1 日获取）.

有企业）Altyn Asyr 控制了 77% 左右的市场份额，可提供 2G、3G 和 LTE 网络服务。移动业务的价格越来越亲民。2015 年，土库曼斯坦启用了第一颗通信卫星。

固定业务方面，国企"土库曼斯坦电信"垄断了固定电话业务。2015 年该国约有 700 台交换机（PBX），其中 90% 为数字交换机。21 世纪早期，土库曼斯坦电信是互联网业务的唯一提供商。普通大众使用互联网曾经受到限制。公共互联网接入是在 2008 年引入，但价格很高。TEA（轻转欧亚）地面光纤构成了土库曼斯坦电信光纤通信网络的基础[①]。在里海还额外部署了更多线路。光纤线路连接了该国所有主要城市。

关于政策，政府通过了"土库曼斯坦 2011—2030 年国家社会经济发展计划"。虽然没有具体的 ICT 政策文件，但银行、金融、医疗卫生和教育领域均积极开展了与 ICT 相关的活动。例如，继 2011 年与美国国际开发署（USAID）协作共同在土库曼斯坦启动了 ICT 支持项目后，教师和官员可公开接入互联网，开展 ICT 培训和磋商并获取教育资料。2013 年启动了医疗卫生系统的电子文件交换项目。这些，由国家和私营运营商负责部署的 ICT 项目刺激了对 ICT 基础设施的需求。此外，政府还特别关注如何为经转国际话务和数据业务而增加网络容量。2013 年，铺设了一条连接土库曼斯坦和哈萨克斯坦的新光纤线线路。

9. 乌兹别克斯坦

乌兹别克斯坦拥有独联体区域最具希望的移动宽带市场。LTE 网络的部署和互联网接入资费的改变均是促进电信市场发展的主要因素。

在移动业务方面，如今，该国市场共有 5 家移动电话运营商：Unitel（GSM；用户超 1000 万）、UMS（GSM；用户超 200 万）、Uzmobile（GSM；用户超 100 万）、Ucell（GSM；约 900 万）和 Perfectum（CDMA 运营商，用户约 100 万）。所有 GSM 运营商均部署了 LTE 网络。2017 年初 LTE 覆盖的地点不足 1%。2017 年上半年，乌兹别克斯坦政府在移动电信运营商

---

① 更多信息见：https:// www .submarinenetworks .com/ systems/ asia –europe –africa/ tea/ tea –cable –network.

之间重新划分了 900/1800 MHz 的无线电频段，以促进市场竞争。

固定业务方面，在 2006 年，数字化的专用小型交换机（PBX）不到50%。截至 2014 年，固定电话网的数字化已完成。2017 年初，乌兹别克斯坦共有 654 家互联网提供商和运营商。国际互联网网关的容量达 54.9 Gbit/s。2014—2015 年，乌兹别克斯坦通过在机场、火车站和旅游区等众多公共场所安装 Wi-Fi 接入点，成功实施了 Wi-Fi 网络开发计划。为提高互联网宽带接入，2015 年铺设了 1800 多公里的光纤线路。骨干网容量提升了 10 倍。

政府政策方面，1995—2010 年，一系列信通技术发展计划得以实施。这些计划的活动大多旨在建设并更新国家电信网络。此阶段期间建设了连接各区域中心的骨干网。信通技术开始在公共部门使用。此外，该国亦对信通技术培训给予了关注。

（二）中国—中亚—西亚经济走廊周边国家

邻近中国—中亚—西亚经济走廊的其他众多国家也会受到"一带一路"建设的辐射带动，因此这里列举一些代表性国家进行参考。

在中亚独联体国家中选取的亚美尼亚是独联体国家共同体（CIS）区域最早推出长期演进（LTE）技术的国家之一，该国移动宽带覆盖率较高：3G 几乎实现 100% 的人口普及，其 LTE 覆盖率超过 CIS 区域的平均水平。

1. 亚美尼亚

亚美尼亚政府在政策上鼓励为进一步引入电子政务进行信通技术（ICT）基础设施建设。与信通技术相关的活动体现在许多项目文件中。亚美尼亚正在全国范围内实现价格可承受的、电子政务服务的安全接入。

移动业务方面，亚美尼亚共有 3 家移动电话运营商：亚美尼亚MTS、Ucom 和亚美尼亚 VEON。此外，3G 服务始于 2008 年；第一个商用 LTE 网络于 2011 年推出；2016 年之后，所有移动电话运营商均提供LTE 服务。[①] 2017 年，LTE 实现了约 90% 的人口覆盖。宽带网络签约用户经过 2017 年的稳步增长，移动上网人数达到 86%。

---

① 更多信息见：https://beeline .am/ ru –ru/ about/ about _company/ beeline _in _armenia ?custom = async.

固定业务方面，运营商继续致力于亚美尼亚固定电话网络的现代化。截至 2017 年底，约有 93% 的固定电话网络实现了数字化。与此同时，固定宽带接入逐年增加。监管机构通过对电信运营商施加义务，推进区域基础设施的发展。根据最新的许可要求，截至 2017 年底，亚美尼亚 VEON 使其宽带接入覆盖了 830 个地方。

表 4-16　中亚相关独联体国家通信设施普及率比较

关键指标（2017）\ 国家（地区）	亚美尼亚	独联体国家	世界
固定电话签约数（每百人）	17.2	19.8	13.0
移动电话签约数（每百人）	119.0	138.3	103.6
活跃的移动宽带签约用户（每百人）	66.8	72.0	61.9
3G 覆盖率（占人口的 %）	100.0	80.3	87.9
LTE/WiMAX 覆盖率（占人口的 %）	90.1	61.1	76.3
使用互联网的个人比例（%）	69.7	68.6	48.6
拥有计算机的家庭比例（%）	84.1	68.1	47.1
使用互联网的家庭比例（%）	86.4	73.6	54.7
每位互联网用户的国际带宽（kbit/s）	101.9	66.8	76.6
固定宽带签约用户（每百人）	10.8	17.8	13.6
（以下为）按速率等级划分的固定宽带签约比例（%）			
256 kbit/s 至 2 Mbit/s	1.9	12.2	4.2
2 至 10 Mbit/s	54.3	25.1	13.2
大于等于 10 Mbit/s	43.8	62.7	82.6

政策方面，交通、通信和信息技术部负责制定信通技术（ICT）和电信领域的政策。政府在 "2008—2018 年 IT 发展概念书"中阐述了相关政策。该文件侧重于 ICT 基础设施和电子政务发展、ICT 教育质量改善、金融工具的完善以及刺激 IT 行业的创新等。根据该战略，亚美尼亚旨在为 70% 的

家庭和 100% 的教育机构和政府机构提供计算机，并在 2018 年前为 90% 的家庭提供互联网接入。市场自由化的首要步骤之一是在 2007 年结束了亚美尼亚 VEON 对国际互联网网关的垄断。2017 年，亚美尼亚 ICT 行业投资达 7010 万美元。

表 4-17　西亚中东国家通信设施普及率比较

关键指标（2017）＼国家（地区）	阿联酋	阿曼	巴林	卡塔尔	约旦	沙特	科威特	也门	伊拉克	阿拉伯国家	世界
固定电话签约数（每百人）	24.7	10.7	19.1	16.7	*4.6*	11.0	13.1	*4.2*	7.6	7.9	13.0
移动电话签约数（每百人）	210.9	149.8	158.4	148.3	*106.3*	122.1	172.6	*63.6*	87.1	102.6	103.6
活跃移动宽带签约用户（每百人）	243.4	93.9	147.3	117.4	100.0	90.0	127.3	*5.9*	25.1	53.9	61.9
3G 覆盖率（占人口的 %）	100.0	99.0	100.0	99.7	99.0	98.0	99.8	*95.0*	85.6	88.0	87.9
LTE/WiMAX 覆盖率（占人口的 %）	99.6	92.1	100.0	99.5	90.0	90.0	99.0	*0.0*	0.0	50.9	76.3
使用互联网的个人比例（%）	94.8	80.2	95.9	95.9	*66.8*	82.1	98.0	*26.7*	49.4	48.7	48.6
拥有计算机的家庭比例（%）	92.7	93.4	94.8	85.5	*55.8*	73.0	86.0	*7.5*	37.5	47.1	47.1
使用互联网的家庭比例（%）	96.9	88.6	98.5	95.8	*82.9*	93.0	99.7	*6.3*	58.8	50.1	54.7
每位互联网用户的国际带宽（kbit/s）	303.2	74.6	108.8	90.0	49.9	187.7	85.1	*5.0*	49.8	65.3	76.6
固定宽带签约用户的	29.4	7.5	14.3	9.7	3.4	7.6	3.9	*1.7*	*11.2*	5.6	13.6
（以下为）按速率等级划分的固定宽带签约比例（%）											
256 kbit/s 至 2 Mbit/s	5.2	1.8	4.0	4.3	5.0	0.1	30.7	*61.4*	*60.0*	30.7	4.2
2 至 10 Mbit/s	8.2	83.5	12.0	2.3	13.9	22.9	33.8	*26.2*	*30.0*	33.8	13.2
大于等于 10 Mbit/s	86.6	14.7	84.0	93.5	81.1	76.0	35.4	*12.4*	*10.0*	35.4	82.6

注：使用斜体的数据为国际电联的估算值。

资料来源：国际电联统计报告。

在西亚中东国家中选取阿联酋、阿曼、巴林、卡塔尔、卡特、科威特、也门和伊拉克：一方面，海湾地区富有的石油国家代表阿拉伯联合酋长国过去15年的努力已将阿联酋塑造成为世界上连通性最高的国家之一，几乎所有家庭均可上网且大多数人定期使用互联网，已经计划通过率先部署5G网络和服务进一步发展本国的ICT行业；阿曼、巴林、沙特阿拉伯等国家也在世界网络最发达国家行列。另一方面，过去几年因政局不稳和地区冲突，使一些国家的总体经济、物价水平、基础设施和ICT发展遭受影响，电信服务价格超出了该区域和走廊的平均水平。例如也门的大部分电信基础设施均无法工作，近期的冲突使电信业的发展大多陷入停顿，造成卫星和无线电通信成为提供服务的重要技术；伊拉克也面临着国内外的危机形势，使基础服务的提供受阻。

2. 阿拉伯联合酋长国

阿拉伯联合酋长国（UAE）已转型为区域和全球商业中心，在最新ICT技术的部署和采用方面发挥着重要影响，由此进一步强化了阿联酋商业国家的形象。该国固定宽带和移动宽带的价格在阿拉伯国家乃至世界各国人均国民总收入（GNI）中的占比均属最便宜之列。

在移动业务方面，阿联酋的移动网络通信普及率远超阿拉伯国家和全球的平均值。移动宽带普及率亦是如此，该业务发展迅猛，最达全球和区域平均水平的三倍。从市场格局来看，阿联酋有两家业务全面的综合电信运营商：Etisalat和Du电信公司。此外，该国还颁发了七张其他小众牌照。Etisalat成立于1976年，是阿联酋的老牌运营商，于1994年推出GSM业务。2007年Du引入移动网络业务后，市场开始出现竞争。阿联酋财政部要求电信运营商支付年度许可费，此费用定期更新，目前占收入的15%及净利润的30%。阿联酋采用了大量新技术，在创新方面依然走在该地区其他国家前列。LTE业务于2011年启动，目前由市场内的两家电信运营商提供。当今，移动业务使用的频段包括：800 MHz、900 MHz、1800 MHz、1900 MHz和2600 MHz。阿联酋计划在2020年颁发5G网络牌照以便为物联网（IoT）提供支持。

在固定业务方面，阿联酋的光纤网络部署遥遥领先于其他阿拉伯国家。两家主要市场运营商提供的大量服务既有独立的高速宽带业务也包括二网和三网合一① 业务。阿联酋市场亦提供其他创新型 M2M（机对机）和商业解决方案。阿联酋自 2012 年就实现了光纤到户（FTTH）并于 2017 年宣布通过光纤到户模式为客户提供 300 Mbit/s 的网速。

政策方面，阿联酋电信监管局（TRA）的成立是依据阿联酋联邦法案中的 2003 年电信法的第 3 号法令。电信监管局负责管理电信行业的各个方面，为国家安全和国际关系、电信牌照以及牌照费的确定发布一般性指导和指令。政策鼓励部署相关技术，以维护该国作为阿拉伯国家区域内主要商业和贸易中心的地位。电信监管局将 ICT 战略政策的主要目标确定为：为阿联酋营造一个公平的 ICT 行业监管环境，以促进竞争和有效的可持续发展；提高阿联酋 ICT 现有业务的品质；使阿联酋的智能技术基础设施占据领先地位；改善阿联酋的智慧生活方式；确保依据高质量、高效率和高透明的标准提供各类行政服务；为机构工作环境打造创新文化。

3. 阿曼

阿曼过去十几年付出的努力已使该国变身成为固定业务和移动业务的自由市场。几乎所有城市家庭均享有互联网接入，该国大多数公民都定期使用互联网。固定业务的价格与移动宽带业务价格相当（特别是在低消费领域），按人均国民总收入的百分比计算低于阿拉伯国家区域的平均价格（国际电联数据）。

在移动业务版块，阿曼拥有高度发达的移动网络且移动普及率高。全国大部分地区均有 3G 和 LTE（准 4G）服务覆盖。Omantel 是阿曼的老牌手机运营商。Ooredoo Oman（原 Nawras）是第二家进入市场的手机运营商，它于 2005 年结束了 Omantel 对手机服务的垄断。FRiENDi 和 Renna Mobile 是阿曼市场的两个虚拟移动网络运营商（MVNO）。电信监管机构（TRA）赋予 Ooredoo 和 Omantel 使用 900 MHz 提供 2G 服务的权利。监管机构还为运营商在农村地区扩大网络覆盖范围引入了监管激励措施。此举措的内容

---

① 三网合指电信网、方播电视网和互联网的相互渗透和融合。

包括重新分配900和1 800 MHz频段，以便能够在技术中立的基础上使用这些频段；此外为一些尚未未覆盖的乡村，使用900 MHz频段建立了120个站点（每个运营商60个站点），并使用1800 MHz频段建立了80个站点。

（每个运营商40个站点）。另外，Ooredoo和Omantel获得了使用2100 MHz频段提供3G业务的权利。Omantel于2012年7月使用1800/2300频段推出了第一个商用LTE网络。Ooredoo于2013年2月使用1800 MHz频段推出商用LTE服务；亦将2.3 GHz频段用于固定宽带。2015年，电信监管机构授权Omantel和ooredo将800和2600 MHz频段的无线电频谱用于第四代技术（LTE）。

在固定业务版块，Omantel和Ooredoo是主要的固定线路业务提供商。电信监管机构于2012年向另一家阿曼公司Awasr颁发了第三张固定线路牌照。阿曼宽带公司（OBC）是政府于2013年成立的，目的是实现国家宽带战略中通过光纤连接提供高速宽带的目标。具体讲，OBC公司将作为无源基础设施提供商(固定业务和回程连接提供商)向持有牌照者提供光纤接入。

在政策方面，电信监管机构（TRA）成立于2002年，意在实施阿曼政府开放电信行业和强化电信业竞争的政策。该国政府于2012年发布了电信政策框架，此框架旨在：提高互联网普及率；为在基础设施和电信服务方面开展有效竞争创造适当的条件，促进业务提供方面的竞争；并为欠缺服务的村庄进一步全面提供各种电信业务。政府于2013年批准了一项国家宽带战略，提出了提高宽带业务普及率的目标和实现这些目标的战略。由政府出资创建的OBC公司的宗旨是让所有固定牌照运营商均能使用/共用这些国家光纤回程网络。

4. 巴林

政府近十几年的努力已使巴林成为世界上网络最发达的国家之一。几乎家家都有互联网连接，多数国民经常使用互联网。近期出台的进一步发展高速网络的计划体现了巴林保持和巩固其作为全球高科技枢纽的雄心。巴林的ICT服务市场十分发达，充满活力，价格低廉，固定和移动宽带业务使用率很高。巴林有3个移动运营商，8个互联网提供商，竞争十分激烈。

在阿拉伯地区，巴林的部分固定宽带和移动宽带服务价格是最低的。

在移动业务版块，移动通信普及率远高于阿拉伯地区乃至全球的平均水平。移动宽带同样如此，经过快速发展，其普及率高达全球和该地区平均水平的三倍之多。这要归功于三个移动运营商之间的激烈竞争。巴林电信公司（Batelco）是半私营化的主导公司，自从Zain（2007年的MTC-沃达丰）获取该国第二张经营牌照之后，Batelco开始面临强大竞争。2003年底，巴林成为阿拉伯地区首个推出3G商业服务的国家。2009年，为降低消费价格，给Viva公司颁发了第三张牌照。为扩大移动网络容量，2013年电信管理局为三家移动运营商颁发了900 MHz/1 800 MHz/2 100 MHz频段的频谱牌照，同年推出了基于LTE网络的商业服务。

在固定业务版块，众多阿拉伯国家中，巴林的固定宽带普及率是最高的，多数用户的网速超过2 Mbit/s。2004年起，国内国际固定网关、卫星和互联服务全面引入竞争。2011年，推出固定和移动号码转网服务，并在ICT行业取消了外国投资者所有权限制。另外，固定无线宽带十分普及，占所有固定宽带用户的43%。

在政策方面，继2002年颁布《电信法》并成立了独立的电信管理局之后，2003年巴林政府出台了第一个国家电信计划，推进以市场开放、建立许可证制度为重点的改革进程。为促进竞争、营造有利于投资的环境、提高宽带和互联网服务的使用，2008年巴林出台了第二个国家电信计划。2012年出台第三个国家电信计划，目的是加强信通技术的竞争力，支持迅速增长的数字经济，包括提供基于LTE的服务，建设全国性超快宽带网并发展互联网生态系统。2016年批准了关于未来三年的第四个国家电信计划，意在发展全国高速光纤网，将下游的家庭和企业数据速率至少提高到100 Mbit/s和1 Gbit/s，从而巩固巴林在本地区互联网业务、内容和应用中的主枢纽地位。为把巴林建设成地区性商业和信通技术的核心，第四个国家电信计划的重点是使持照经营的运营商获得价格合理、稳固、有余的可多路进出巴林的国际连接。

5. 卡塔尔

卡塔尔是一个快速发展的国家，拥有高度先进的信息和通信技术基础设施。现由 Ooredoo（前 Qtel）公司和沃达丰卡塔尔公司提供先进的固定和移动业务，有些价格在该地区最低。此外，卡塔尔国家宽带网（Qnbn）在批发基础上提供无源固定业务；Harris Salam、QSAT 和 RIGNET 公司提供甚小孔径终端业务（VSAT）；Es'hailsat 公司提供公共卫星业务。

在移动业务版块，卡塔尔的移动电话普及率居世界最高之列。同样，移动宽带签约率大约是全球和地区平均水平的两倍。随着 2008 年沃达丰卡塔尔公司获得移动牌照，竞争被引入市场。卡塔尔的移动宽带使用迅速增长，用户对更快的移动宽带的需求也在增长。2010 年，3G 覆盖面达到了 100%。Ooredoo 公司已经完成了全国范围的 LTE-Advanced 业务，并于 2016 年 5 月推出了 LTE 网络语音业务（VoLTE）。沃达丰卡塔尔公司同样推出了自己的 LTE-Advanced 全国业务，同时也在推行 VoLTE 覆盖计划。

在固定业务版块，沃达丰卡塔尔公司于 2010 年获得了固定牌照。Qnbn 公司在 2012 年被授予牌照，通过提供宽带光纤基础设施批发业务，推动全国光纤宽带的推广。Ooredoo 公司已经向卡塔尔全国近 100% 的家庭推出了光纤宽带，消费者和企业的网速高达 10 Gbps。

在政策方面，2004 年 ict 卡塔尔根据第 36 号法律作为卡塔尔的电信监管机构成立。2006 年《电信法》授权 ict 卡塔尔发布监管电信行业的监管文书。根据 2014 年第 42 号 Emiri 令，通信管理局取代了 ict 卡塔尔，其职责范围更广，包括电信、IT 和邮政行业以及数字媒体接入。交通与通信部是根据 2016 年第 4 号 Emiri 令设立的，负责制定 ICT 政策和战略，以支持《2030 年卡塔尔发展愿景》—卡塔尔高度发展的 ICT 行业和知识型经济。该部在监督 ICT 行业的发展方面也发挥着关键作用。2017 年，卡塔尔修正了 2006 年《电信法》，以加强通信管理局的执法权力，并为 ICT 行业建立了明确的治理结构。卡塔尔电信部门的总收入在 2016 年和 2017 年保持相对稳定，达到近 28 亿美元。政府管理部门和获得牌照的运营商的努力使卡塔尔成为世界上连接程度最高的国家之一，拥有覆盖全国的光纤网络。Ooredoo 和沃达丰的网络正在采用最新技术（如物联网），并支持实现《2030 年卡塔尔发展愿景》。

6. 约旦

约旦的信通技术行业在过去十几年中取得了显著发展，使其成为阿拉伯国家区域内网络最发达的国家之一。约旦大部分地区都有 3G 和 LTE 网络，光纤到户（FTTH）已在城市迅速展开。政府拥有一个全国性的宽带网络，可为公共设施、医院、大学、学校和政府机构提供高速连接。约旦一直是本地区发展、推广和应用信通技术的领先者。电信行业有三家移动运营商：Zain、Orange 和 Umniah。此外，还有一些互联网服务提供商还提供光纤到户和其他数据通信业务。

在阿拉伯国家中乃至在全球，约旦的移动通信普及率都属于最高的国家之一。近几年，特别是三家移动运营商在 2015 年开始部署 LTE 之后，移动通信普及率一直在快速增长。移动行业是一个竞争激烈的市场：Zain 成立于 1994 年；Orange 是第二大移动运营商，2000 年开始提供服务；第三大运营商 Umniah 在 2005 年获得牌照。约旦是阿拉伯地区首个所有移动运营商同时提供 LTE 服务的国家之一。电信监管委员会（TRC）已为 LTE 划分了 1800 MHz、2300 MHz 和 2600 MHz 的频率。过去几年，约旦运营商在 3G/LTE 和光纤入户业务部署方面投入了巨资。约旦电信服务税在世界上是最高的，而移动业务的价格在阿拉伯国家中是最低的，这主要归功于移动运营商之间的激烈竞争。

固定业务方面，在过去几年中，互联网服务提供商（ISP）进行了大量投资，因此约旦固定宽带增长迅速。网速在 10~300 Mbit/s 之间不等，价格相对较有竞争力。由于互联网服务提供商在光纤网络部署和价格方面竞争激烈，互联网用户比例高于阿拉伯地区和全球的平均水平。

7. 沙特阿拉伯

沙特阿拉伯始终在不断采用和发展先进的信通技术（ICT）和服务。沙特 ICT 市场的特点是竞争激烈、价格低廉，固定和移动宽带使用率高，在部署 ICT 服务和推广其使用方面取得的巨大成功，使沙特阿拉伯成为世界上连通性最高的国家之一，其 ICT 市场的总量于 2017 年达到了 360 亿美元。预计"沙特阿拉伯 2030 年愿景规划"和"国家转型计划"战略目标的成功，将进一步强化沙特阿拉伯作为全球 ICT 中心的地位。

在移动业务方面，目前的运营商有沙特电信公司（STC）、Etihad Etisalat 公司（Mobily）和移动电信公司（Zain）。这三家移动运营商（MNO）均提供广泛的移动服务（GSM、3G 和 LTE）以及物联网（IoT）解决方案。目前用于移动连接的频谱为 700 MHz/800 MHz/900 MHz/1800 MHz/2100 MHz 频段。2014 年，监管机构为两家虚拟移动网络运营商（MVNO）颁发了牌照，它们是 Virgin 和 Lebara。2018 年政府开始大力发展 5G，成立了一个由所有利益攸关方组成的国家 5G 工作组，推动实现 5G 频谱可用、建立 5G 基础设施并开展试验，同时发展 5G 业务生态系统（垂直市场）。中东和北非地区的首次 5G 网络测试于 2018 年在沙特的一个城市 AI Khobar 进行。政府的目标是使沙特阿拉伯成为数字中心以及 5G 服务方面的区域领导者。

在固定业务方面，近年来，互联网用户数量迅速增加。数据服务提供商之间的激烈竞争推动了互联网接入的增长，这些提供商在所有主要城市部署并不断扩展光纤到户业务和宽带固定无线接入（WiMAX 和 LTE）。政府为农村地区接入提供的支持，使 19351 个偏远地区能够获得 ICT 服务。竞争亦有助于让公众负担得起家用 ICT 服务。2017 年，国际互联网带宽总容量从 2016 年的 2 859 Gbit/s 增至 5077 Gbit/s。互联网服务和宽带需求的持续增长与沙特阿拉伯数字化转型议程的成功实施相关联。

在政策方面，作为进一步开放市场和促进公平有效竞争的措施，通信和信息技术委员会（CITC）于 2017 年开始发放统一牌照，授权牌照持有者建立网络并提供一切固定和移动服务。为鼓励竞争和提高服务质量的透明度，该委员会开发了用于衡量不同电信公司所提供服务质量的 Meqyas 平台并公布服务提供商的季度排名。为满足对国际移动电信（IMT）频谱的高需求，2017 年举行了第一次频谱拍卖，随后在 2018 年又举行了一次拍卖。所有三个移动运营商均受益于 700/800/1800 MHz 频段的新增频谱，从而使移动用户的互联网速率提高了 40%~60%。根据"沙特阿拉伯 2030 年愿景"规划和执行"国家转型计划"的需要，通信和信息技术部（MCIT）与通信和信息技术委员会（CITC）正在制定战略和倡议，以实现诸如提供关键资源（特别是频谱等战略目标），通过刺激基础设施投资，开发工具、技术和监管框架,确保向沙特阿拉伯的所有地区提供宽带服务。"国家转型计划"(NTP)的目标之一是到 2020 年实现 200 万个家庭与光纤基础设施连接。此外,采用尖端技术的 NEOM 新城项目正在开发之中,它将成为未来城市之一。

8. 科威特

科威特是世界上网络连接程度最高的国家之一。大多数家庭都可以上网,大多数国民经常使用互联网。通信和信息技术管理局(CITRA)的目标是通过固定电话基础设施、邮政服务和国际网关的私有化全面实现电信行业的自由化。目前政府正在制定国家宽带规划并扩展 GPON 网络。科威特有发达的信通行业,可促进电信业务不断增长并推动电信业发展。科威特有三家运营商相互竞争,是阿拉伯区域固定和移动宽带服务价格可承受性最高的国家之一。

在移动业务版块,科威特移动业务高度发达,三家互联网服务提供商竞争激烈,是世界上移动宽带和手机普及率最高的国家之一。科威特的三大移动业务提供商(Zain、Ooredoo、Viva)竞争激烈,其中 Zain 所占市场份额最高,其他两家紧随其后。Viva 于 2008 年进入市场并迅速崛起,抢占原有的两家公司的市场份额。随着移动电话普及率的提高,竞争焦点已转向移动数据市场。这三家运营商都对网络进行了升级,以支持更快的下行链路速度,并越来越多地关注移动业务的内容和应用。Zain 为企业客户推出了 M2M 服务,还推出了 VoLTE 服务。三家运营商都将注意力转向了 LTE-A。截至 2016 年,行业监管机构科威特通信部(MOC)向参与竞争的运营商划分了 3G 和 LTE 的频段:所有三家运营商的 3G 频段均为 2100 MHz 频段;所有三家运营商的 LTE 频段都在 1800 MHz。

在固定业务版块,迄今为止,固话网和国际长途(ILD)服务仍是国有垄断领域。通信部负责固定网络运营。2007 年,该部开始采用千兆比无源光纤网络(GPON)部署 FTTx 网络,以更新科威特的电信基础设施。该基础设施为通信部所有,而五家互联网服务提供商(ISP)(Qualitynet、Fastelco、Gulfnet、KEMS、MADA)管理网络签约用户,并通过通信部拥有的光纤线路向最终用户提供 FTTx 服务。

在政策方面,2014 年科威特议会批准了一项法律,并成立科威特第一个独立的电信监管机构：通信与信息技术管理局（CITRA）。该机构将负责移动、固定和宽带行业的监管。CITRA还负责管理之前由通信部（MOC）分管的电信业务的各个方面。科威特是海湾地区最后一个建立此类监管机构的国家。CITRA宣布其工作重点包括：（1）竞争政策和法规；（2）价格控制；（3）互连监管；（4）争议解决；（5）许可；频段管理；（7）普遍服务政策和资金。CITRA将重点关注的信息技术（IT）领域包括：互联网管理；IT公共部门治理；IT行业发展；国家网络安全；智慧政府战略；IT标准和法规；国家IT投资；监控IT化进程。

9. 也门

由于也门社会持续动荡，各类安全事件频发，目前政府正在政权过渡期，除等待捐助国资金以解决人道主义危机外，尚无成型的各基础设施领域的发展规划。也门的通信设备基本依赖进口，市场上应用的通信设备和通信技术基本与国际同步。也门互联网普及率处于低水平。根据2012年统计数据，也门有857970个互联网用户。截至2015年中期，也门可为公众提供的互联网带宽最高为4M。

在移动业务方面，移动通信普及率低于区域平均水平且由于该国迟迟未提供3G和LTE服务，因此移动宽带没有发展起来。也门移动通信的价格水平在该地区最高。也门农业国的属性和多山地貌亦是造成移动和固定通信普及率低的因素。3G和LTE业务的推广为ICT行业的发展奠定了基础，但该行业的繁荣仍需要政治稳定和国际资金的支持。

在固定业务方面，固定宽带规模有限。2012年，公共电话公司（PTC）开始安装全国WiMAX网络，以提升互联网接入的可用性。尽管移动行业引入了竞争，但在固定通信行业却并非如此，且互联网提供领域亦鲜有竞争。固话通信市场由政府拥有的PTC公司垄断。互联网市场由两家政府企业提供服务：Yemen Net和Y-Net。

在政策方面，也门电信和信息技术部（MTIT）负责对电信市场的监管。MTIT的任务如下：为鼓励该行业的投资制定政策和规划，管理频谱，颁发牌照，更新并完善国家码号规划。2014年年中被正式接纳为世界贸易组织成员后，预计电信业的解禁将迎来进一步的发展。但目前的社会冲突有碍进步。此外，还有必要成立一家独立的监管机构，为该国建立监管框架。也门的人道主义境况促成了应急通信联盟（ETC）的成立，该国际组织旨在帮助也门改善电信服务，自 2015 年 4 月便开始在也门运作，为也门提供了基本的安全通信服务、互联网枢纽和充电站。

10. 伊拉克

虽然国内危机不断，对基本服务造成了极大威胁，但伊拉克的移动服务市场仍竞争激烈。在伊拉克的许多地区，移动业务运作良好。由于有三家移动运营商相互竞争，伊拉克的移动电话和移动宽带服务价格相对较低，但固定宽带服务的价格仍居高不下。

在移动业务版块，伊拉克的移动宽带普及率低于阿拉伯区域的平均普及率。在伊拉克，移动服务竞争激烈，且在快速增长。目前，许多移动网络站点无法使用，运营商正集中精力在能够轻松访问的站点维护各自的服务，三家移动运营商（Zain Iraq、Asiacell 和 Korek Telecom）保证了市场竞争。2015 年，Zain 率先推出 3G 服务，随后其他移动运营商相继推出这项服务，均采用 2100 MHz 频段。阿尔卡特—朗讯和 Regional Telecom 已在伊拉克北部使用 1800 MHz 频段部署其 LTE 服务。伊拉克的移动支付服务不断发展。

与移动市场不同，固定业务市场仍然是垄断性的。伊拉克电信邮政公司（ITPC）是伊拉克唯一的固定网络运营商。对发展固定电信行业的投资很少或几乎全无兴趣。最近，伊拉克通信部（MOC）与光纤网络运营商 ScopeSky 合作启动了光纤到户（FTTH）推广项目。库尔德斯坦地区的主要互联网服务提供商 Newroz telecom 也在出租其光纤网络并提供无线互联网服务。

在政策方面，两个政府机构负责管理伊拉克的电信许可：通信部（MOC）和通信与媒体委员会（CMC）。CMC 的目标是根据现代国际标准规范来发展伊拉克的媒体和电信行业。虽然目前伊拉克电信行业的发展受到社会危机的影响；但可以预料未来移动通信和移动宽带市场将有增长机会，亦将越来越注重发展更强大的固定电信业务。运营商已开始为未来做准备，期望移动数据业务量以下是增加。

以下是地中海国家塞浦路斯、黎巴嫩、以色列，受本经济走廊中的地中海大国土耳其的辐射，便也划入列举范围。加入欧盟十余年来，政治文化上属于欧洲的塞浦路斯电信市场从市场结构到服务类型都发生了重大变化，表现出比土耳其更高的连通性和更成熟的电信体系，达到了欧洲平均水平。而与叙利亚接壤的黎巴嫩等国则由于战争和难民问题，方兴未艾的通信发展常常陷入迟滞。

表4-18　塞黎以三国通信设施普及率比较

关键指标（2017）　国家（地区）	塞浦路斯	黎巴嫩	以色列
固定电话签约数（每百人）	37.3	41.7	38.9
移动电话签约数（每百人）	138.5	84.4	126.7
活跃移动宽带签约用户（每百人）	106.4	60.9	105.1
3G 覆盖率（占人口的 %）	100.0	99.0	99.0
LTE/WiMAX 覆盖率（占人口的 %）	96.0	95.0	82.0
使用互联网的个人比例（%）	80.7	78.2	81.6
拥有计算机的家庭比例（%）	75.9	79.7	77.6
使用互联网的家庭比例（%）	79.4	84.4	78.4
每位互联网用户的国际带宽（kbit/s）	59.0	35.8	56.7
固定宽带签约用户（每百人）	34.8	21.7	28.1
（以下为）按速率等级划分的固定宽带签约比例（%）			
256 kbit/s 至 2 Mbit/s	0.03	13.8	–
2 至 10 Mbit/s	41.59	36.7	30.1
大于等于 10 Mbit/s	58.38	49.5	69.9

11. 塞浦路斯

塞浦路斯电信市场主要由国有电信公司（亦为塞浦路斯电信局）CYTA主导。移动电话服务价格十分低廉，移动电话和移动宽带的普及率高于欧洲平均水平。

在移动服务方面，塞浦路斯有三个移动网络运营商和一个移动虚拟网络运营商。截至 2019 年底，运营商 CYTA 占有最大的手机用户市场份额（约 54.9%）；第二大运营商 EPIC 原 MTN，市场份额为 33.6%；PrimeTel 公司以 10.3% 的市场份额位居第三；移动虚拟网络运营商 Cablenet 的市场份额为 1.1%。该国为加入欧盟而引入竞争，MTN 于 2004 年开始提供服务，2011 年，PrimeTel 开始作为虚拟移动网络运营商（MVNO）提供服务，并于 2015 年 3 月成为完全的移动网络运营商（MNO）与 Cyta 和 MTN 展开竞争。2015 年在城市中心推出 LTE 服务时，3G 网络已十分广泛，几乎覆盖了所有人口（国际电信法，2016 年）。

固定服务方面，CYTA 公司提供从语音到数据、从固定到移动的多种电信服务。该国固定宽带业务价格低廉，普及率略高于欧洲平均水平。DSL 是岛上最受欢迎的宽带技术，但提供商 CYTA 面临着来自 Cablenet 的日益激烈的竞争。Cablenet 是一家从有线电视发展起来的有线互联网提供商，2016 年被马耳他的 GO 收购。该公司通过大举投资，在 2017 年将业务扩展至塞浦路斯 85.1% 的家庭，市场份额达到 20%。PrimeTel 公司是塞浦路斯第三大电信运营商，市场份额达 15%；MTN 是第四大电信运营商，所占份额约为 6%。

塞浦路斯 2004 年成为欧盟成员国。在加入欧盟前后，政府按照欧盟法律对一些政策进行了调整。就电信市场而言，最显著的特点就是市场开放。此外还采纳了以竞争和用户权益为核心的欧盟电信监管体系。2012 年政府批准了塞浦路斯数字化战略。根据市场化原则，政府只有当私有投资无法改善信通技术获取时才能进行干预。政府通过适当的监管措施，鼓励在 FTTx 和 LTE 技术领域开展投资。2016 年出台的塞浦路斯 2016—2020 宽带计划的目标是：在 2020 年前实现 30 Mbit/s 宽带服务的全民覆盖，100 Mbit/s 宽带家庭普及率达到 50%。

12. 黎巴嫩

黎巴嫩对于信通技术的应用和商业环境处于世界中下游水平，其中网络用户比例和固定宽带签约比例在 2014—2016 年间有显著改善。黎巴嫩的商业环境较差，但获得融资的能力相对较强。

20世纪长达15年的内战以及2006年夏天爆发的黎以冲突,对黎巴嫩基础设施造成了巨大破坏。政府缺乏足够资金用于改善当地基础设施,因此大型基础设施建设多依赖于外国贷款和援助,特别是来自欧美发达国家的资金、设备和技术。伴随着国内政局趋稳,为改善基础设施落后的现状,黎巴嫩发展和重建委会同相关政府部门陆续推出一系列基础设施项目。

2017年9月黎巴嫩通过PPP法案后,政府推出大规模投资计划,拟提振基础设施建设能力。该计划涉及交通、能源、电信、水处理等多重领域,共计200余个项目。项目拟募集资金160亿美元,分三阶段12年完成。2018年4月在巴黎召开的CEDRE会议上,黎巴嫩向国际社会募集110亿美元的资金援助(含优贷),其中不乏口头承诺。60%以上项目将通过PPP方式完成。

据国际电信联盟发布的数据显示,2014年底,黎巴嫩移动电话普及率(每百人拥有的移动电话数量)在全球208个国家中居第140位,比2013年提升了9位;在20个阿拉伯国家中位居第15位,与2013年持平。2015年底,黎巴嫩每百人拥有移动电话88.4部,低于全球平均水平(每百人拥有移动电话91.1部)及阿拉伯国家平均水平(每百人拥有移动电话109.7部)。黎巴嫩每百位居民中有18.04位固定电话用户,这一比率列全球210个国家(地区)中的第99位。黎巴嫩每百位居民中有70.5位互联网用户,这一比率列全球208个国家(地区)中的第49位。据黎巴嫩电信部统计,2013年,黎巴嫩移动宽带普及率为50%,智能手机普及率为59%。截至2014年6月,黎巴嫩拥有400万名手机用户。

2011年,黎巴嫩正式启动了3G业务。2013年2月,华为公司携手黎巴嫩移动供应商Touch公司在黎巴嫩进行了4G关键技术全球首次路演。2013年,黎巴嫩启动了4G网络建设,运营商在贝鲁特部分地区开通了4G网络。2014年黎巴嫩加大了4G网络建设力度,扩大了覆盖范围;6月,黎巴嫩下调了电信资费,但下调后的资费标准仍相对较高。2017年,黎巴嫩启动光纤到户项目招标工作,固网现代化工程起步。

黎巴嫩政府制订了《2020年黎巴嫩数字电信远景规划》。按照规划,黎巴嫩在五年内改进电信基础设施,保证到2020年以前全国互联网用户能够享受到光纤连接。在过去十年里，黎巴嫩的信通技术行业显著增长。基础设施的改善不仅将有助于黎巴嫩的通信提供，还将增加移动数据的使用，并伴随充满活力的创业文化的兴起。然而必须指出，由于过去几年难民的涌入，黎巴嫩尚在大力投资的信通技术基础设施面临达到其能力极限的压力。这拖延了黎巴嫩将其信通技术服务提高到更高水平的计划，甚至经常令此计划脱离轨道。

13. 以色列

近几十年来，随着信通技术市场的有力发展，以色列已发展成为一个高度连接的社会。不仅在发展下一代网络（NGA Netork），而且使用互联网的以色列人也与日俱增。政府支持该行业的发展并通过了一系列"数字以色列"决议，以优先建设下一代网络。以色列老牌运营商 Bezeq 依然占据以色列电信市场的主导地位，但面临的竞争日益加大。以色列的固定业务普及率与欧洲平均数持平，在人们对高速率移动宽带业务需求的推动下，充满活力的移动行业持续增长。

以色列的移动市场充满了活力和竞争。移动宽带普及率与日俱增，目前已超出欧洲平均数。各运营商持续在 3G 和 LTE 网络方面投资，且 3G 已几乎覆盖全部人口。LTE 网络最初是在人口密集的中心区域，但已日益普及开来。

以色列的固定宽带普及率稍低于欧洲平均数。同国营转变为私营的服务提供商 Bezeq 继续占据固定电信市场主导地位，尽管其垄断地位早在 1999 年就结束了。Bezeq 面临有线运营商 HOT（热点）的强有力竞争，后者于 2002 年将有权提供宽带和电话业务的若干公司汇聚一起并开始提供相关业务。以色列的固定电话普及率很高，但随着世界范围内移动取代固定趋势的发展，这一普及率呈下降趋势。

政府政策方面，以色列不存在独立的监管结构，但通信部会参与制定有关信通技术（ICT）的政策并负责出台相关规则条例。该国通常会成立经专门任命的政府委员会来就重大政策和改革做出决定。在电信领域，政府一直在遵守"逐步自由化和民营化"的途径，且于 2005 年卖掉了政府拥有的老牌运营商 Bezeq 的控股股票。以色列的电信政策以欧洲联盟最佳做法为基础，如将 Bezeq 网络向其竞争对手开放—分别于 2008 年和 2011 年由 Gronau 和 Hayek 委员会建议。为了推动"下一代网络"建设并充分实现高速基础设施带来的益处，以色列政府于 2013 年通过了"数字以色列"举措，核心内容是在全国范围内建设光纤网络。[①]

四、中国—中南半岛经济走廊

中国—中南半岛经济走廊连接东亚与东南亚两大区域，主要涵盖了中国、柬埔寨、老挝、马来西亚、缅甸、新加坡、泰国和越南等国家。移动互联网时代信息量的指数级增长，对于地理破碎的东南亚而言反倒是一个利好。对外可以极大地加强区域内各个国家之间的联系，对内则可以更加有效地整合市场、人力等社会资源。随着全球范围内电信业迅猛发展，东南亚电信基础设施市场经过几年的潜伏发展，目前已成为充满商机且蓬勃发展的一片商业圣地。

新加坡凭借在该区域内领先的基础设施、良好的受教育人口和最高的人均收入，推进了该国的数字设备的持有量和互联网普及率，而其他国家（如印尼、菲律宾、越南）还没有进入这一阶段，因为自然地理以及国内互联互通条件的影响，这三个国家在东南亚地区的电信基础设施水平普遍较低，但是在印尼、越南仍然有着不少活跃的互联网公司并不断涌现出具有竞争力的独角兽企业。虽然在雅加达等特大城市以及其他人口稠密地区人们对于互联网的服务体验并没有明显的差距感，但这些国家大约有一半的人口生活在农村地区，互联网领域的战场目前仍集中在城市尤其是特大城市，并未完全渗入到农村地区。

当然，随着各个国家持续加大在电信基础设施上的投入，它们仍具有足够的增长空间来达到或接近新加坡所展现出来的水平。

---

① https://www.gov.il/ en/ Departments/ digital _israel.

（一）中国—中南半岛经济走廊内部国家

1. 柬埔寨

柬埔寨有一个竞争高度激烈的移动市场，已经用地区最低廉的移动宽带价格取得了很高的移动接入率。

表 4-19　中国—中南半岛经济走廊相关国家通信设施普及率比较

关键指标（2017）＼国家（地区）	柬埔寨	老挝	马来西亚	新加坡	泰国	越南	亚太	世界
固定电话签约数（每百人）	0.8	16.4	20.8	34.7	4.2	4.6	9.5	13.0
移动电话签约数（每百人）	116.0	54.1	133.9	148.2	176.0	125.6	104.0	103.6
活跃移动宽带签约用户（每百人）	66.9	40.0	111.5	148.2	99.0	46.9	60.3	61.9
3G 覆盖率（占人口的 %）	83.9	78.0	96.2	100.0	98.0	95.0	91.3	87.9
LTE/WiMAX 覆盖率（占人口的 %）	57.5	9.0	92.0	100.0	98.0	95.0	86.9	76.3
使用互联网的个人比例（%）	34.0	25.5	80.1	84.4	52.9	49.6	44.3	48.6
拥有计算机的家庭比例（%）	12.5	13.2	74.1	86.5	24.8	21.6	38.9	47.1
使用互联网的家庭比例（%）	21.0	24.5	85.7	91.1	64.4	27.3	49.0	54.7
每位互联网用户的国际带宽（kbit/s）	31.9	18.4	56.2	954.1	119.5	137.3	61.7	76.6
固定宽带签约用户（每百人）	0.8	0.4	8.5	25.8	11.9	10.8	13.0	13.6
按速率等级划分的固定宽带签约比例（%）								
256 kbit/s 至 2 Mbit/s	1.2	44.9	*16.7*	*5.8*	*1.1*	0.1	2.4	4.2
2 至 10 Mbit/s	32.5	52.2	*31.5*	*2.4*	*10.0*	13.5	7.6	13.2
大于等于 10 Mbit/s	66.3	2.9	*51.8*	*91.8*	*89.0*	86.4	90.0	82.6

注：使用斜体的数据为国际电联的估算值。

资料来源：国际电联（截至 2018 年 6 月）。

柬埔寨的移动市场是该区域竞争比较激烈的市场之一，因其向外资全面开放而不断发生兼并和收购事件。目前市场上有六家运营商十分活跃。其于最大的运营商是 Smart（马来西亚的 AXIATA 集团持有这家公司的大多数股份）。越南移动集团 ViettEl 是第二大运营商，2008 年以 Metfone 品牌开始运营，2015 年收购了移动运营商 Beeline。以 Cellcard 品牌运营的 GamGSM 公司是业界最老的运营商之一，1996 年起开展业务，是 100% 的当地企业。另外在移动市场上还有三家规模较小的公司。全球移动通信系统（GSM）的市场覆盖率高，2011 年签约率超过了 100% 的指标。对于一个极不发达的国家而言，柬埔寨移动电话的可得性非常高，总体达 87%（城市地区 96%，农村地区 86%）。[①] 由于缺少固定基础设施，移动宽带发展迅速，2007 年推出了 3G 业务。2014 年，SMART 公司成为推出 LTE 的第一家运营商，2016 年在 25 个省份拥有 LTE 业务，覆盖人口过半。其他领先的运营商也在 2015 年推出了 LTE。多数互联网接入是通过移动电话，2016 年柬埔寨接近一半的人口（48%）拥有一部智能电话[②]。

固定业务方面，邮电部是固定电话业务的主要提供商。此外还有几家持有牌照的运营商，它们使用铜线公共交换电话网和无线地方环路技术。由于移动电话深受欢迎，固定电话的用户数量自 2012 年起持续下降。固定宽带业务通过电话线上网（ADSL）、固定无线、电缆调制解调器和光纤等多种技术提供。柬埔寨有覆盖广泛的全国骨干网，有三家公司运营光纤网络，Viettel 公司拥有最大的光纤网。由中国股东支持的柬埔寨光纤通信网启动于 2006 年。柬埔寨有两个互联网交换点：2008 年开始的柬埔寨网络交换和 2013 年建立的 HTN—柬埔寨互联网交换。

邮电部是电信业的管理和运营部门。2015 年通过的电信法正式确定建立了柬埔寨电信管理局（TRC），它的主要目标是制定有关电信网络的运营和服务供应方面的规定。2016 年通过了"2020 年电信/信息通信技术（ICT）发展政策"。这项政策制定了一系列需要在 2020 年达到的目标，例如城

---

① 国家统计所、卫生总局和 ICF 国际：《2014 年柬埔寨人口和健康调查》，2015 年。
② Kimchhoy Phong、Lihol Srou 和 Javier Sol á：《2016 年柬埔寨移动电话和互联网使用》。

市地区达到100%宽带覆盖率，农村地区达到70%宽带覆盖率，包括达到80%的互联网普及率。这项政策有三个关键目的：（1）改善并扩大电信基础设施及其使用；（2）提高 ICT 的开发能力；（3）促进 ICT 产业多样化和 ICT 的应用。

2. 老挝人民民主共和国

政府与私营部门、合资企业之间的竞争战略使这个最不发达国家实现了相对较高程度的移动接入。信通技术在国家发展计划中被列为新的紧迫任务，尤其是确保宽带互联网的广泛可用性。

在移动业务版块，移动运营商共有 4 家，均属于私有制和政府持股的混合所有制形式。他们拥有全套业务牌照，并且参与固定电话和宽带市场。星通讯（UNITEL）是由政府所有的一家公司与越南军队电信集团（Viettel）成立的合资企业。老挝电信公司（Lao Telecom）51% 股权归政府所有，其余股权归泰国投资方所有。国有主体运营商老挝电信企业（ETL）于 2016 年实现部分民营化，将 51% 的股份出售给一家中国集团。Vimpelcom Lao 电信公司 78% 股权由 Veon 集团所有，该集团还拥有俄罗斯最大电信运营商中的一家。2015 年，86% 的老挝家庭拥有 1 部移动电话（城市地区为 95%，通公路的农村地区为 83%，未通公路的农村地区为 69%）。移动宽带于 2008 年随着第一个 3G 网络的部署而推出。星通讯和老挝电信公司于 2015 年推出了 LTE。

在固定业务版块，移动运营商还通过铜线连接或无线本地环路参与了固定线路电话市场。固定宽带主要局限在城市地区。2015 年时，ADSL 占签约量的 58%，而 FTTP（速度高达 60 Mbps）则占 36%。国家光纤骨干网全长 6 万多公里，沿主要的高速公路铺设，与周边国家有跨境链路。首都万象还有一条城域环路。作为东南亚唯一的内陆国家，老挝与拥有海岸线的邻国的连接极为重要。老挝通过与柬埔寨、中国、泰国和越南的跨境链路接入海底光缆。老挝国家互联网中心作为互联网交换点于 2010 年成立。

关于政策，根据 2011 年《电信法》，老挝邮电部（MPT）对行业进行监督和管理。在第八个国家社会经济发展五年计划（2016—2020 年）中，ICT 被视为重要的发展领域，优先事项包括：确保全国 100% 的互联网覆盖，制定有关宽带业务的国家政策，以确保全国各地的人能够获取宽带业务。

3. 马来西亚

政府正在根据马来西亚第十一个计划扩大和升级宽带网络基础设施，提高消费者的负担能力，加强智慧城市的基础设施建设，努力促进宽带覆盖。该国的技术中立许可框架和法规允许移动和固定业务运营商提供有竞争力的服务，以促进高水平的接入并提高支付能力。这一公私合作项目使政府得以快速推广光纤连接并推动经济增长。

在移动业务版块，马来西亚现有四大移动运营商：MAXIS、CELCOM、DiGi 和 U mobile。另外还有几家虚拟移动网络运营商（MVNO）。2015 年，移动普及率超过 100%，98% 的家庭拥有有栋电话。[①] 自 2003 年推出 3G 网络以来，移动宽带业务显著增长。2013 年推出 LTE 服务，运营商也部署了 LTE- advanced，下载速度超过 200 Mbps。

在固定业务版块：马来西亚电信公司（TM）于 1984 年私有化，它是固定电话的首要提供商。由于移动电话的普及，固定电话在 2010 年达到顶峰后就开始走下坡路。不过，语音与固定宽带捆绑在一起部分抵消了这种衰落。政府和 TM 公司在特定领域开展公私合作，共同推广高速宽带项目，光纤宽带用户持续增加。TM 和 Time dotCom 在全国拥有广泛的光纤网络。在马来半岛和东马来西亚之间建有几条海底电缆。该国拥有良好的区域和洲际海底电缆，并与 10 多个系统相连。

关于政策，通信和多媒体部负责监督通信和多媒体政策。《通信和多媒体法》为该行业制定了许可框架和法规。马来西亚成为世界上首批采用技术中立的许可框架以支持基础设施建设、服务和内容的发展中国家之一。马来西亚根据通信和多媒体委员会法案成立了马来西亚通信和多媒体委员会。该委员会负责管理与通讯和多媒体活动有关的所有事务。该国政府进一步提高了"国家宽带计划"（National Broadband Initiative）的目标，预计到 2020 年将人口密集地区的宽带覆盖率提高到 95%，并将可支付能力

---

① 马来西亚，统计局：个人和家庭信息通信技术的应用和获取调查，www .dosm .gov .my/ v1/ index .php ?r = column/ pdfPrev & id = Q3 l3WXJFbG1PNjRwcHZQTVlSR1UrQT09（访问时间，2018 年 9 月 30 日）。

提高到国民总收入（GNI）的 1%。届时，各省首府和高增长地区的所有家庭都将拥有 100Mbps 宽带的目标速度，郊区和农村地区 50% 的家庭将拥有 20Mbps 宽带。

4. 新加坡

这个岛国不断努力，力求成为区域信通技术领导者。前瞻型政府确保新加坡始终处于技术的最前沿，服务广泛普及且价格低廉。新加坡长期以来都有持续的 ICT 计划，这些计划适应行业变化，因此不仅有效且具有针对性。竞争激烈的 ICT 市场确保新加坡能不断采用最新技术，从而使其成为超高速宽带网络连接领域的全球领导者。

在移动业务版块，新加坡是世界上最发达的移动市场之一，普及率高，采用最新技术且价格低廉。市场参与者包括老牌的新加坡电信、M1 和 StarHub，均为上市公司。此外，TPG Telecom 在 2016 年 12 月赢得第四个拍卖的牌照后也于近期进入市场。移动接入无处不在，2016 年，90% 的（七岁及以上）个人拥有蜂窝移动电话。自 2005 年推出 3G 便开始提供移动宽带服务。2011 年部署 LTE。自 2017 年 4 月起，2G 网络被逐步淘汰，2017 年 7 月，LTE 签约量占市场总量的 71%。智能手机普及率很高，近四分之三（74%）的七岁及以上人口使用智能手机。[①]

在固定业务版块，新加坡电信是主要的固定电话服务提供商，采用铜缆固网线路，并越来越多地采用光纤提供捆绑服务。其他运营商也提供固定电话业务，作为双重业务捆绑或三网合一服务的一部分。虽然签约量有所下降，但与其他国家相比普及率仍然很高。由于下一代网络（NGA）全国信息通信基础设施批发 / 零售服务模型，以及连接新加坡大量多层住宅和办公楼的便利性，新加坡是世界上光纤到户普及率最高的国家之一。[②]新加坡是区域性和国际海底光缆的主要连接枢纽，至少有五个互联网交换点。2010 年启用的新加坡互联网交换点是东南亚最大的互联网交换点。

---

① 资讯通信媒体发展管理局（2017 年）：家庭及个人信息通信使用情况年度调查，www .imda .gov .sg/ ~/ media/ imda/ files/ industry %20development/ fact %20and %20figures/ infocomm %20 survey %20reports/ 2015 %20hh %20public %20report %20（120417）.pdf ?la = en.

② 参见 www .ftthcouncil .eu/ documents/ PressReleases/ 2016/ PR20160217 _FTTHranking _ panorama _award .pdf.

关于政府政策，2017 年修订的《电信法》及附属条例为该行业提供了基本的法律框架。新加坡资讯通信媒体发展管理局（IMDA）负责电信行业监督，它是 2016 年由新加坡资讯通信发展管理局（IDA）和新加坡媒体发展管理局（MDA）合并而来，以响应媒体与信息通信行业的融合。在此之前，2015 年 8 月推出了资讯通信和媒体行业首个行业综合发展计划《资讯通信媒体发展蓝图 2025》（Infocomm Media 2025），该计划认识到了数字经济在众多经济部门转型中的重要性。《资讯通信媒体发展蓝图 2025》有三个重点：（1）利用数据、先进的通信和计算技术；（2）培育一个鼓励冒险精神和不断探索的信息通信媒体生态系统；（3）通过信息通信媒体将人们连接起来。

5. 泰国

泰国的宽带网络覆盖面广，目前正致力于提升网速和为偏远村庄提供服务。移动宽带的发展惊人，监管改革引发了向高速移动宽带的大规模迁移。

在移动业务版块，泰国以往的法律规定私营运营商不得完全控股电信基础设施。2012 年进行 3G 频率拍卖时此项规定被取消。运营商可通过新成立的子公司进行特许投标。为减少特许费，运营商正迅速将用户转移至新频率。泰国有三家主要运营商：作为关键战略投资人与新加坡电信一同上市的 Advanced Info Service（AIS），以挪威移动集团作为战略投资人的 Total Access Communication（DTAC），以及中国移动作为战略投资人的 True。此外还有一些小规模运营商，例如两家国有提供商和若干虚拟移动网络运营商（MVNO）。三家主要运营商在 2013 至 2016 年间部署了 LTE 网络。截至 2016 年，六岁及以上人口超过半数拥有智能手机（泰国 NSO，2016 年）。

在固定业务版块，国有的泰国电话局（TOT）是该国主要的固话业务提供商。此外，还有 True（第二大运营商）主要为城市提供固话业务，而 TT&T 在农村提供此项服务。随着更多用户选择手机，固话普及率呈下降之势。尽管其他移动运营商也在增加固定宽带产品，但 True、TOT 和 Triple T Broadband（即 3BB）仍是提供 ADSL、铜缆和光纤连接的主要固定宽带运营商。国家级光纤骨干网覆盖面了大部分省份且持续扩容，将进一步增加其密度和容量。该网络在泰国东西海岸采用芬斯顿（festoon）海底电缆连接陆地和国内网络，陆地网络可到达邻国并为内陆国家老挝提供国际海底电缆的登陆点。泰国自 1997 年以来便接通了海底电缆，目前已有大约十几条。此外，该国与所有邻国建立了陆地连接。2015 年建立的曼谷中立互联网交换点约有 20 个参与方。

在政策方面，泰国数字经济和社会部（MDES）负责制定信通技术（ICT）行业政策。泰国数字经济和社会发展规划的目标是将 ICT 作为基本公用设施，在两年内为农村提供高速互联网接入，并使市区和经济区内 90% 的居民在三年内能够用上最低 100 Mbps 的高速互联网且服务费不高于人均 GNP 的 2%。2011 年成立的泰国国家广播和通信委员会（NBTC）负责行业监管。

6. 越南

越南追求建立一种独特的竞争模式，由多家国有运营商共同发展电信网络。越南国企竞争的独特模式将包括农村地区在内的移动接入提升至一个很高的水平。近年来，LTE 网络的启动应能释放受抑制的对高速宽带的需求。

在移动业务版块，五家运营商形成了竞争性的市场。三家国有运营商占据了主导地位，它们是军方的 VIETTEL、MOBIFONE 和越南邮电集团（VNPT）的 VINAPHONE。2014 年该国有 93% 的家庭拥有手机（城市为 96%，农村为 91%）。[①] 2009 年颁发了四张 3G 牌照。与其他国家相比，越南引入 LTE 较晚。2016 年给 VIETTEL、VINAPHONE、MOBIFONE 和 GMOBILE 颁发了四张牌照，且大多数运营商在此后立即启动了 LTE 网络。越南军方移运运营商 VIETTEL 投资了十家海外运营商，其中有四家在亚太地区。

在固定业务版块，VNPT 主导了固定电话市场，VIETTEL 和西贡邮电服务公司（SPT）亦提供此项业务。越南固定业务的普及率远低于移动业务，但高于其他中等收入的亚太经济体。VNPT、VIETTEL 和 FPT 电信是使用 ADSL、光纤和有线调制解调器技术的领先互联网服务提供商（ISP）。

---

① 越南中央统计局和联合国儿童基金会（UNICEF），2015 年。

VNPT 运营的全国性光纤网基本沿主要道路铺设并延伸至与各邻国的边境。此外，主要城市均铺设有城市光纤环路。为越南提供服务的五条海底电缆通过两个登陆站连接。互联网交换点位于三个大城市。

在政策方面，越南信息通信部（MIC）是政策制定兼监管机构。该机构的职责范围广，监督内容包括媒体、出版、邮政、电信、信息技术、电子及广播。越南电信管理局（VNTA）是 MIC 指定授权发证和符合性声明的注册机构，履行针对电信业的顾问和监管职能。2012 年发布的"至 2020 年国家电信发展规划"，为该国电信和信通技术的发展提供了一个全面框架。该框架涵盖：发展目标；战略；法律、监管、机构和人力资源问题及国际合作机制；组织的职责；以及附有预算的八个关键项目。这些目标十分保守，呼吁到 2020 年使家庭宽带普及率达到 35%~40%，互联网的使用占人口总量的 55% 至 60%。

（二）中国—中南半岛经济走廊周边国家

同样地，选取该经济走廊周边的其他三个东盟国家进行对比。在东南亚地区，小国文莱达鲁萨兰国获取信通技术（ICT）水平高，电信业不断增长。而在绵延分散的群岛国家印度尼西亚，运营商正在向采用最新移动和固定网络技术过渡。个人电脑和笔记本电脑在新加坡的普及率超过了智能手机，而印尼的个人电脑普及率为 21%，笔记本电脑的普及率仅为 15%，但是凭借着人口规模和 62% 的智能手机普及率，依然诞生了诸如 Gojek、OVO 等独角兽企业，这让印尼在各项指标普遍不如其他东南亚国家的同时，却能在互联网创投领域处于一个优势地位。

从某种程度来上说，一些东南亚国家的电信服务质量欠佳也可以看作是缺少竞争的结果。换句话说，在缺乏明确规则来有效监管市场时，少数本地巨头垄断市场会拖累整个行业的发展。开放程度较低的国家意味着对投资者存在种种障碍，具体体现在过高的关税、创新企业生存困难、复杂的政策程序、官僚腐败等方面。

尽管在过去十年中这种情况发生了巨大变化，但此前的遗留的种种弊端导致市场很难出现相对公平的竞争环境。例如，印尼的国有电信公司 Telkom Indonesia 占据该国电信市场份额的一半以上。同行业的其他商家发现自己无论是在规模上还是在价格上都处于劣势地位。

表 4-20　文印菲三国通信设施普及率比较

关键指标（2017）＼国家（地区）	文莱	印尼	菲律宾	亚太	世界
固定电话签约数（每百人）	16.8	4.2	4.0	9.5	13.0
移动电话签约数（每百人）	127.1	173.8	110.4	104.0	103.6
活跃移动宽带签约用户（每百人）	126.6	95.7	68.6	60.3	61.9
3G 覆盖率（占人口的％）	92.7	93.8	*93.0*	91.3	87.9
LTE/WiMAX 覆盖率（占人口的％）	90.0	90.4	*80.0*	86.9	76.3
使用互联网的个人比例（％）	*94.9*	32.3	*60.1*	44.3	48.6
拥有计算机的家庭比例（％）	*93.5*	19.1	*23.3*	38.9	47.1
使用互联网的家庭比例（％）	*76.0*	57.3	*42.7*	49.0	54.7
每位互联网用户的国际带宽（kbit/s）	*108.2*	21.2	*18.9*	61.7	76.6
固定宽带签约用户（每百人）	9.6	2.3	3.2	13.0	13.6
（以下为）按速率等级划分的固定宽带签约比例（％）					
256 kbit/s 至 2 Mbit/s	*12.4*	43.6	*28.5*	2.4	4.2
2 至 10 Mbit/s	*64.7*	12.7	*28.0*	7.6	13.2
大于等于 10 Mbit/s	*22.9*	43.7	*43.5*	90.0	82.6

注：使用斜体的数据为国际电联的估算值。

资料来源：国际电联（截至 2018 年 6 月）。

　　虽然这降低了消费者接入互联网的成本，但从长远来看，这对市场的健康和消费者的体验都无济于事。此外，一些国家的电信垄断者对于潜在的投资者来说也是一个障碍。例如，越南在 16 年前就向私营公司开放了电信市场，并迅速提高了基础设施和服务覆盖率。但是直到今天，Vittel 和 Mobifone 这样的公司目前仍以寡头垄断的形式牢牢把持着越南市场。再比如菲律宾作为最大的东南亚岛国实现了高水平的 GSM 移动覆盖，但其大多数 ICT 服务是在双寡头垄断的环境下提供。

1. 文莱达鲁萨兰国

文莱达鲁萨兰国对移动和固定电信基础设施所做的大力投资为其提供了一个持久、有力、高效的骨干网，这个骨干网为未来的公共和私有 ICT 的发展奠定了坚实的基础。几乎所有的文莱家庭都有一部移动电话，大约一半家庭有固定宽带，因此对数据和更快的速度有着持续增长的需求。多条海底电缆提供了充足的互联网带宽，最后一英里光纤连接发展迅速。

在移动业务版块，文莱达鲁萨兰国有 DST 通信公司和 Progresif 蜂窝公司两家移动服务提供商。在这两家移动服务提供商中，DST 通信公司作为 1993 年开始营业的老牌公司在市场上占主导地位，而 Progresif 蜂窝公司则是 Darussalam 资产公司在 2014 年收购 B-Mobile 公司后重建的品牌，其进入市场的方式更具创新。该国的移动电话普及率高。2016 年，全国所有用户中有 97% 都在积极使用 3G 或 LTE 接入移动宽带。

在固定业务版块，文莱电信（TelBru）是该国固线和宽带业务的提供商一家公司化的传统国营实体，其前身是电信部（JTB）。文莱电信提供 APSL 上网和光纤到户（FTTH）高速宽带业务，速度可达 300 Mbps。这家公司也向地方和跨国企业提供专线租用业务。在过去几年中，使用互联网的个人用户数在稳步增长，到 2016 年已达到 75%。该国扩大光纤网络的努力也同样重要。文莱国际门户公司（BIG）负责通过海底电缆与世界其他地区进行国际连接。文莱达鲁萨兰国现有三个电缆系统：东南亚日本电缆（SJC）在 2013 年 6 月开通，全长 8900 公里；连接亚洲与美洲、途经多个东南亚国家的亚太直达海底光缆（AAG），全长 2 万多公里，容量为 1.93 Tbps；第三条也是最长的一条光缆 SEA-ME-WE 3 全长 3.9 万公里，连接文莱达鲁萨兰国与位于东南亚、非洲、中东和西欧的 33 个国家和地区，共计 39 个登陆站，速度高达 655 Mbps。

在政府政策领域，文莱达鲁萨兰国已确定该国的战略愿景，即"文莱愿景 2035"，决定把国家发展成为一个拥有高技能劳动力的社会，经济充满活力且可持续增长。通信部作为决策部门，其目标和"愿景 2035"一致，强调缩小数字鸿沟,确保电信基础设施的发展是实现愿景的关键驱动力之一。既涵盖 2014—2017 年这一阶段的国际宽带政策,阐述获取、可负担性、质量、使用以及内容开发方面的政策,也寻求从宽带带来的机遇中创造就业机会。为了建立一个更独立的监督机构,为电信和 ICT 发展创造更有利的环境,在 2003 年成立了文莱信息通信技术产业管理局(AITI)。

2. 印度尼西亚

在移动业务方面,尽管有 7 家运营商提供移动业务,但市场由最大的三家主导,提供全国范围的业务,在 2016 年,这三家共占有 85% 左右的市场份额。最大的移动运营商是 Telkomsel,其 45% 的股份由主体固定线路运营商 PT Telkom 所有,其余由新加坡电信(Singapore Telecom)所有;另外两家分别为卡塔尔 OOREDOO 的子公司 Indosat,马来西亚亚通集团(Axiata Group)的子公司 XL。2011 年,移动电话签约量已超过印度尼西亚的人口数量。由于使用多个 SIM 卡,实际可用性水平很低。"国家社会经济调查"发现,2015 年 88% 的家庭拥有 1 部移动电话(城市地区为 93%,农村地区为 83%)。3G 网络从 2006 年开始部署,移动宽带至今已提供十多年。所有主要运营商均于 2014 年推出了 LTE 业务。智能手机普及率快速增长。

固定业务方面,主体运营商印尼电信公司(PT Telkom)于 1995 年在证券交易所上市,实现了部分民营化,政府持有其 52% 的股份。PT Telkom 是固话业务市场的领军者。这家运营商通过传统铜缆提供服务,但也制定了长期计划,将铜缆转换为三合一(话音、数据和视频)的光缆。PT Telkom 过去运营的是固定无线 CDMA 电话业务,但在 2015 年将其关闭,剩下的签约用户转移至其移动网络。其他运营商使用无线本地环路(WLL)提供固定业务,或将这项业务作为有线电视或光纤签约捆绑服务的一部分。PT Telkom 提供 ADSL 和日益普遍的光纤网络(最高达 100 Mbps),是固定宽带市场的领军者。该公司在固定宽带领域和有线电视与新入市的基于光纤宽带的公司竞争。若干固定无线运营商的网络已经部署或正在转向 LTE。有一条 8 万多公里长的覆盖范围广泛的国内骨干网,通过环式结构的海底光缆连接主要岛屿。印度尼西亚还发射了若干颗针对国内连接的卫星,偏远村庄则通过 VSAT 卫星通信网络连接。该国还与十多条区域海缆和洲际海底光缆相连。首个互联网交换中心于 1997 年启动，截至 2016 年底，数量已达 12 个。

在政策领域，印尼通信和信息技术部（MCIT）制定政策，并对电信行业进行监督。2014 年，政府启动了"印度尼西亚宽带计划"，以期到 2019 年时，向所有政府办公室、医院和学校提供速度至少为 2 Mbps 的固定宽带接入。印度尼西亚电信监管机构 BRTI 是经授权的行业监管机构。

竞争引入一段时间后，移动和宽带业务的使用量增加了。其中一个结果是主要设施的重复建设影响了价格可承受性。"宽带计划"呼吁基础设施共享，实现瓶颈设施的开放式接入。

3. 菲律宾

尽管菲律宾主要是双寡头市场，但该国实现了高水平的基本移动接入，并且至少在城市地区部署了高下载速率的最新无线和固定网络技术。在巨大的海外人口和方兴未艾的企业加工外包业务驱动下，菲律宾亦享有国际互联网带宽。

在移动业务领域，菲律宾的移动市场正在进行整合。2000 年曾有十家持照运营商，但到了 2016 年市场主要由两家公司垄断。一家是菲律宾长途电话公司（PLDT）旗下的老牌运营商 Smart，另一家是 Globe 电信，其主要股东为本地的 Ayala 公司和新加坡电信。该国还有一些虚拟移动网络运营商（MVNO）和一些并未提供服务的牌照持有人。移动普及率在 2012 年超过了 100%，但鉴于只有 84% 的家庭拥有手机（91% 为城市地区，78% 为农村地区），因此该国尚有发展空间（菲律宾统计局，2014 年）。借 3G 网络的东风，移动宽带于 2006 年首次部署且覆盖涵盖了四分之三的人口，成为接入互联网的主要方式。两家主要运营商于 2012 年启动了 LTE 业务，2013 年部署的 LTE-Advanced 达到了 1 Gbps 的下载速展。监管机构正在考虑拍卖更多频率并为没有频谱的公司颁发第三张移动牌照。

在固定业务领域，作为世界上少数几家历史悠久的私营老牌运营商之一的 PLDT 公司与 Globe 公司在全国范围内提供的服务主导了该国的固话市场。该国也有部分区域运营商，但仅占很小的市场份额。PLDT 和 Globe 均通过 ADSL 和光纤到户（FTTP）提供固定宽带业务，速率最高可达 1

Gbps。2011 年启动的 FTTP 发展飞速，将触角伸展到了马尼拉以外的其他城市。固定无线互联网（WiMAX）亦已使用，且部分互联网服务提供商正在部署固定 LTE 无线网。PLDT 和 Globe 拥有广泛的国家光纤骨干网，该网采用了地下、架线和海底电缆等方式。菲律宾的战略位置和大量的海岸线为其接入国际海底电缆系统提供了便利。早在 1997 年，该国与第一个海底电缆网—亚太电缆网—实现了连接（如今已停止服务）。如今，菲律宾与六个以上的区域和国际海底光缆连接。菲律宾的开放互联网交换点（PHOpenIX）于 2007 年启动，现拥有 57 个成员。

在政府政策上，信息和通信技术部（DICT）是行业政策制定者，负责落实相关战略。国家宽带计划草案设计的愿景为"通过开放、普遍、包容、廉价、可信的宽带互联网接入，使人人享有弹性、舒适且充满活力的生活"。根据此愿景，政府将制定政策以刺激竞争并确保宽带互联网接入的可用性、价格可承受性和服务质量。该部下属的国家电信委员会（NTC）为行业监管机构。涵盖行业监管的主要立法为 1995 年的第 7925 号公共法案（公共电信政策法案）。

五、中巴经济走廊

巴基斯坦是中国全天候的战略合作伙伴，其移动宽带频谱的分配、国家光纤骨干网的扩容、互联网交换点的启动、国家孵化中心的成立以及与新海底电缆建立多条连接等因素，促成了宽带基础设施近年来的持续增长。在该国内部，这为的"数字巴基斯坦"愿景奠定了基础；在国际上，也为与贸易伙伴的互联互通搭建了可靠桥梁。近年来，高速移动宽带的推广和若干重大举措的施行正推动世界第九大蜂窝移动通信市场向数字经济迈进。

在移动业务版块，巴基斯坦的移动行业在国际电信运营商的参与下，成为一个充满活力、开放并不断成长的市场。巴基斯坦有 1.4 亿蜂窝移动用户，蜂窝网络的人口覆盖率高。2016 年，92% 的家庭拥有手机（96% 为城市，90% 为农村）（巴基斯坦统计局数据，2016 年）。巴基斯坦通过一系列 3G 和 LTE 业务频谱拍卖，在宽带接入领域取得了巨大成功。始于 2014

年并在随后的 2016 和 2017 年连续进行的拍卖，为行业发展和满足超乎寻常的需求提供了动力。自移动宽带提供服务以来，爆炸式的增长速度使用户在仅仅三年之内便达到了 4450 万，占移动签约用户总量的 32%。

在固定业务版块，巴基斯坦在国内和国际联网上均取得了重大进展。巴基斯坦电信有限公司 PTCL 等公司运营着国家光纤骨干网，如今光纤的总长度已达 85549 公里。该国的普遍服务基金亦用于光纤网络向农村地区的拓展。巴基斯坦的陆地光纤网络延伸至中国、伊朗伊斯兰共和国和印度，并为内陆国家阿富汗提供与本国海底电缆的连接。该国连接海缆的数量仍在不断增加。固定业务领域有 17 家以上的运营商，但老牌的 PTCL 主导了固话市场。陆线和无线 CDMA 均服务于固话业务。固定宽带主要使用 ADSL，同轴电缆和光纤到户（FTTH）紧随其后，占据了固定宽带市场的三分之二。

在政策方面，信息技术和电信部（MOITT）负责行业政策。依据 1996 年电信重组法案成立的巴基斯坦电信管理局（PTA）负责行业监管。过去几年，巴基斯坦政府通过一系列政策举措展示了该国向数字经济过渡的决心。2015 年的电信政策和 2016 年的信息技术政策确定了全面改革的日程，目前一些实施计划尚在执行。2016 年的防止电子犯罪法建立了网络安全方面的立法框架。国家孵化中心举措是通过创新和创业为数字经济做出贡献而采取的另一重大步骤。2018 年通过的"数字巴基斯坦政策"草案制定了 15 项政策目标，其总体愿景为"通过充分利用 ICT 成为加速数字化生态系统建设的战略助手，以实现强化知识经济并推动社会经济发展的目标。"

六、孟中印缅经济走廊

孟中印缅经济走廊主要包括中国、孟加拉国、印度、缅甸四个国家，全世界人口是 70 亿，孟中印缅经济走廊加上巴基斯坦和斯里兰卡就有人口 30 亿，这里蕴含着巨大的市场潜力。该区域电信市场存在以下三个问题：一是覆盖率不高，比如孟加拉国是世界上最不发达的国家之一，人口众多且大多数生活在贫困线以下，部分居民无法负担电信设备。二是基础设施落后，由于居民对电信设备需求不高，政府此前也并未重视其发展，对电信领域的财政预算低，导致基础设施落后，电信市场由于运营商较少而缺乏竞争，总体服务质量偏低。三是电信领域投资水平低，系统及技术陈旧落后。

这些国家的政府正在积极寻求改进措施，比如起步较晚的缅甸电信行业在近些年实现了自由化，并直接跨越到最新的移动技术。而印度这个庞大的国家引领着基于信通技术的外包业务，政府努力将骨干网延伸至农村地区并实现更大的规模经济，以期降低成本，增强价格承受能力，尽可能缩小农村和城市地区在信通技术方面的差距。

受孟中印缅经济走廊辐射影响的还有三个地理区位特殊的国家，其中岛国斯里兰卡是南亚地区的技术领袖；马尔代夫是 ICT 行业有效实现了自由化的典范，移动宽带覆盖由此迅猛增加；尼泊尔尽管是一个内陆国家且地形具有挑战性，但在竞争性市场的驱动下却实现了值得肯定的移动技术使用水平。它们的电信业发展往往与邻近大国息息相关，但其克服自身区位劣势、发展独特优势的经验也可以对走廊内的邻近国家提供借鉴。

1. 孟加拉国

孟加拉国见证了对移动宽带签约用户增长产生重大影响的 3G 网络的飞速扩张，并对引入 LTE 技术翘首以盼。该国政府为实现 2008 年提出的"数字孟加拉国"愿景制定并实施了几项举措和政策，因此固定互联网普及率日渐提高。该国通过无线解决方案已实现了广泛的电信覆盖，目前正进一步扩大移动宽带的覆盖。

在移动业务版块，孟加拉国有五家移动运营商，前三家控制了 90% 以上的市场份额。挪威移动集团 Telenor 的子公司 Grameenphone 是最大的运营商，另外两家是全球电信控股公司（Global Telecom Holding）的子公司 Banglalink、马来西亚移动集团 AXIATA 旗下的子公司 Robi。目前，孟加拉国在 2013 年部署了应用 3G 技术的移动宽带。随着政府的各项积极举措，3G 网络迅即遍布全国，对移动宽带的签约用户产生了很大影响（2016 年 12 月，3G 数据用户达 2870 万）。孟加拉国政府正在向 LTE 颁发频谱。

表 4-21　南亚相关国家通信设施普及率比较

国家（地区） 关键指标（2017）	孟加拉国	印度	缅甸	斯里兰卡	尼泊尔	马尔代夫	亚太	世界
固定电话签约数（每百人）	0.4	1.7	1.0	12.5	2.9	4.7	9.5	13.0
移动电话签约数（每百人）	88.1	87.3	89.8	135.1	123.2	206.3	104.0	103.6
活跃移动宽带签约用户（每百人）	30.0	25.8	75.1	22.4	52.4	63.5	60.3	61.9
3G 覆盖率（占人口的 %）	92.6	88.0	90.5	88.0	54.1	100.0	91.3	87.9
LTE/WiMAX 覆盖率（占人口的 %）	65.0	88.0	29.5	48.0	15.5	100.0	86.9	76.3
使用互联网的个人比例（%）	18.0	34.5	30.7	34.1	21.4	63.2	44.3	48.6
拥有计算机的家庭比例（%）	11.1	16.5	16.6	27.2	14.0	73.6	38.9	47.1
使用互联网的家庭比例（%）	19.4	25.4	28.3	24.4	17.9	60.3	49.0	54.7
每位互联网用户的国际带宽（kbit/s）	15.3	25.9	6.9	29.5	19.8	114.3	61.7	76.6
固定宽带签约用户（每百人）	4.4	1.3	0.2	5.8	1.7	8.3	13.0	13.6
（以下为）按速率等级划分的固定宽带签约比例（%）								
256 kbit/s 至 2 Mbit/s	15.0	6.7	7.9	17.2	62.4	34.8	2.4	4.2
2 至 10 Mbit/s	65.0	45.6	5.0	47.5	6.6	27.7	7.6	13.2
大于等于 10 Mbit/s	20.0	47.7	87.2	35.3	31.0	37.5	90.0	82.6

　　在固定业务版块，孟加拉国电信有限公司（BTCL）是固定电话业务现有运营商，其历史可追溯到 1853 年成立的邮政电报部。除这家国有电信公司之外，还有为数不多的几家；固定业务运营商，但如同世界趋势，它们的业务普及率非常低。与移动宽带互联网业务相比，固定宽带互联网普及率同样低下，有 ADSL、光纤到户（FTTH）等各种不同的固定宽带互联网

服务可供使用。全国约有 4500 个联合数字中心（UDC），网络庞大。孟加拉国政府为提供无缝电信服务，在 2009 年颁发了全国电信传输网络（NTTN）许可，在全国范围内铺设光纤。目前，两家私营 NTTN 运营商（Fiber @home 和 Summit Communications）与三家现有 NTTN 运营商（BTCL 公司、孟加拉国电网公司 PGCB 和孟加拉国铁路公司）已铺设了长达约 7.9 万公里的光纤线路。孟加拉国连接有两条海底电缆：2005 年连接了 SEA–ME–WE–4 号电缆，2017 年 SEA–ME–WE–5 号电缆开始商业运营。孟加拉国有六家国际陆地电缆（ITC）运营商与印度互连，此外还有两家全国互联网交流（NIX）中心运营，提供当地对等服务。

在政策方面，孟加拉国电信监管委员会（BTRC）是根据 2001 年孟加拉国电信监管法成立的电信业监管机构。BTRC 独立工作，但某些领域，BTRC 是在邮电信息技术部（MoPTIT）的监督下履行职能。2009 年制定的国家宽带政策要求确保提供先进、安全、可负担的宽带服务。现孟加拉国政府在 2008 年的竞选宣言中提出了"数字孟加拉"愿景，旨在到 2012 年把孟加拉国转变成为一个全数字化的国家。孟加拉国第七个五年计划（2016–2020 年）深刻体现了"数字孟加拉"的精神，其中分专章详述了跨十个领域运用 ICT 的具体战略：（1）经济发展；（2）教育；（3）青少年赋权；（4）公平；（5）治理；（6）民事服务；（7）司法；（8）执法；（9）国会；（10）环境。

2. 印度

这个庞大的电信市场正在从分散的区域业务提供环境向以日益强化的行业整合和全国范围内运营环境演变。

在移动业务版块，市场已经从按区域发放牌照向具有更高整合性的全国覆盖发展。开展蜂窝移动业务的运营商有 13 家，其中 5 家在全国范围内运营。那些在全国或近乎全国范围内运营的前 4 家拥有近 70% 的签约用户。巴帝电信（BHARTI）处于市场领先地位，其次是沃达丰、IDEA 和国有的BSNL 公司。印度拥有全球第二大的移动签约用户量。使用 3G 技术的移动宽带于 2008 年推出。自 2012 年以来，举办了多场 LTE 频谱拍卖，运营商使用不同的频率推出 LTE。由于 2016 年时只有 59% 的移动互联网签约用户使用宽带，因而还有增长的空间。

在固定业务版块，有 8 家运营商提供固定电话业务，但没有一家是全国性的。最大的两家固话运营商 BSNL 和 MTNL 均为国有企业。MTNL 仅在德里和孟买运营，BSNL 则在除德里和孟买之外的所有地方运营。固定电话普及率很低。前十位的互联网业务提供商拥有的签约用户量占 98%。2016年时，DSL 业务几乎占固定宽带签约量的四分之三，而光纤不到 2%。国家骨干网拥有超过 100 万公里的光纤线路。最大的运营商为 BSNL，其他运营商拥有的骨干网十分有限，铁路公司（Railtel）和电力公司（PowerGrid）还出租光纤。印度与十多条海底光缆相连，与邻国有跨境陆地连接，是内陆国家不丹和尼泊尔国际通信能力的主要倚仗。印度国家互联网交换中心 2008 年由政府成立，在 7 个城市拥有接入点。孟买融合枢纽（Mumbai Convergence Hub）于 2014 年启动，现已发展成为南亚最大的互联网交换中心，拥有 60 多个参与方。

在政策方面，印度电信管理局（TRAI）于 1997 年成立，负责对行业进行监管。相关的立法依据是 1885 年《印度电报法》，该法已经过了多次修订。政策的制定分别由电子信息技术部和通信部进行，前者负责除许可之外的相关互联网事宜，后者负责电信。2012 年出台的"国家电信政策"促成了统一许可牌照的推出。该政策呼吁到 2020 年时在农村地区实现 100% 的移动普及率，认可宽带是基本需求，以及到 2020 年时实现最高 2 Mbps 的网速。2015 年推出的"数字印度"战略，旨在将印度转变为数字赋能的社会和并实现识经济。这是一个总体计划，覆盖了若干政府机构和部门，主要围绕三个关键领域：数字基础设施建设，这是每位公民均可享用的公用事业；按需求进行政府治理和提供服务；公民的数字赋能。

3. 缅甸

自 2013 年通过开放市场竞争的新的《电信法》以来，缅甸的 ICT 格局发生了变化。缅甸已采取具体措施改革电信行业，以发展信通技术。市场开放时间较晚的一个结果是缅甸能够直接跨越到移动宽带技术。短期内移动网络接入量实现了惊人的增长。

在移动业务版块，缅甸邮电公司（MPT）是国有老牌运营商，在 2013

年行业自由化之前是缅甸移动行业唯一提供服务的运营商。联邦政府改革ICT 行业之后，在该行业各部门引入了竞争。2014 年，来自挪威的 Telenor Myanmar 公司和来自卡塔尔的 Ooredoo Myanmar 公司获得全国综合性电信业务牌照，与 MPT 公司与日本的 KDDI 公司和住友商事株式会社合作）展开了竞争。结果非常显著，近年来电信密度大幅提升。Telenor Myanmar 和 Ooredoo Myanmar 都部署了 3G 移动宽带业务，移动网络的快速增长使 LTE 得以在 2016 年部署。2017 年，第四个牌照发给了缅甸国家电信与通信有限公司（Mytel.）和来自越南的 Viettel 公司。目前，各运营商以可承受的价格向公众提供各种电信服务。

在固定业务版块，MPT 公司是主要的固话服务提供商，也是在城市地区提供 ADSL 和光纤业务（速度最高达 100 Mbps）的主要运营商。除提供移动宽带接入的移动运营商外，还有几家是提供固定无线互联网和光纤连接的互联网服务提供商（ISP）。在推出新的移动网络同时，进行了一系列的国家光纤骨干网投资。全国已建成 42000 多公里的光纤骨干网。缅甸的国际互联网连接从根本上得到改善，到 2018 年 4 月网速已从行业改革开始前的 30 Gbps 提升至 440 Gbps 以上。1999 年 9 月，缅甸已连接 SEAMEWE-3 海底电缆。2016 年，两条海底光缆（亚非欧 1 号和 SEAMEWE-5）登陆缅甸；一条通往泰国的海底电缆正在建设中。缅甸将与中国、印度和泰国实现跨境陆地光纤连接。

在政策方面，2013 年的《电信法》实施许可证制度。2014 年推行市场自由化，引发了电信行业改革。交通和通信部（由原通信和信息技术部及交通部合并而来）既是政策制定机构，亦是监管机构——由下属的邮电司（PTD）执行监管职能。该部还在制定一项普遍服务战略和全国统一框架，以便将尚未实现联网的人口连接起来。《电信总体规划》草案提出，缅甸的愿景是成为"移动为先、数字化连通的国家"，包括三个目标：（1）建设缅甸国宽带基础设施；（2）为缅甸人民发展通信和服务；（3）建立有利的体制框架。作为自由化的重要一步，该部还准备建立一个名为缅甸通信监管委员会的独立监管机构。

4. 斯里兰卡

斯里兰卡在引入高速数字技术方面是南亚地区的领先者。该国政府希望建立自己的数字基础设施，使公民和企业能够更广泛地使用相关应用和服务。

在移动业务版块，斯里兰卡有五家运营商提供服务：（1）斯里兰卡电信（即 SLT，政府拥有 49.5% 的股份，另有 5.5% 上市交易，其余股份归马来西亚投资人）的分公司 Movite；（2）Dialog 公司（83% 的股份由马来西亚 Axiat 集团控制，其他股份上市交易）；（3）归长江实业集团有限公司所有、在开曼群岛注册的 Hutch 公司（总部位于香港并在香港股票交易所上市）；（4）阿联酋最大的综合电信运营商 Etisalat；（5）印度跨国电信公司 Bharti Airtel Limited 的子公司 Airtel Sn Lanka。该国移动电话市场增长迅速。2012 年，移动电话签约量已超过了人口总量。同年，81% 的斯里兰卡家庭拥有手机。斯里兰卡是所在次区域内最早部署移动技术的国家。该国 2006 年率先启动 3G 并于 2013 年 4 月率先启动 LTE 业务。地面移动宽带覆盖正在不断延伸，约有 3/4 的人口可享受 3G 信号覆盖且城区已提供 LTE 业务。

在固定业务版块，SLT 公司是唯一一家提供固话业务的运营商。SLT 与其他两家运营商（Lanka Bell 和 Dialog 宽带网络公司）共同提供固定无线电话业务。固定电话呈下降之势，但对一个发展中国家而言，其普及率仍相对较高。SLT 公司依靠庞大的陆地电话线网络主导了固定宽带市场。该公司提供 ADSL 业务并自 2014 年 4 月起开始为城市提供光纤到户（FTTP）。ADSL 可提供最高 16 Mbps 的速率，光纤业务下载速率通常为 100 Mbps，其价格因数据使用量各异。2018 年，全国性的光纤骨干网将覆盖全国 329 个行政部门。斯里兰卡的地理位置使其能够利用亚欧之间的海底电缆。该国目前已连接了四条海底电缆并正在建立另外两条连接。斯里兰卡的互联网交换中心于 2011 年在科伦坡启用。

在政策方面，斯里兰卡的电信业依据 1991 年第 25 号斯里兰卡电信法案进行管理，1996 年的第 27 号修正案已对上述法案加以修正。电信业的监管由斯里兰卡电信监督管理委员会（TRCSL）实施，该机构隶属于总统秘书处。电信和数字基础设施部（MTDI）负责 ICT（信通技术）政策，亦负责监督国有电信产业（即运营商 SLT）。MTDI 下属的信息和通信技术署（ICTA）被赋予落实政府在信通技术和行业宣传方面政策的职责。根据"数字斯里兰卡"愿景，ICT 路线图涵盖了 2015—2020 年的工作。此路线图是基于七项战略：（1）完善数字基础设施；（2）利用信通技术改进治理；（3）完善信通技术政策、立法和标准；（4）加强信通技术在关键行业的使用；（5）加大公民参与以信通技术为支撑的社会的力度；（6）促进信通技术行业的发展；（7）利用信通技术推动贸易与商业的发展。

5. 尼泊尔

尽管山区地貌给这个内陆国家带来了挑战，但政府为增强连通性和强化信通技术行业而付出的努力仍推动该国达到了相对较高的移动网络接入水平。

在移动业务版块，尼泊尔有三家移动运营商，包括老牌国有企业尼泊尔 Doorsanchar 有限公司（NDCL），马来西亚 Axiata 集团的子公司 Ncell，本地的 Smart Telecom Private 有限公司（STPL）。此外，联合电信公司近期获批经营移动业务。尽管在此多山国家扩大移动覆盖面临困难，但 91% 的家庭均拥有手机（尼泊尔统计局，2015 年）。自 2010 年部署 3G 以来，移动互联网就越来越普及。NDCL 公司于 2017 年初启动了 LTE 业务，另外两家运营商正在等待监管部门批准其启动 LTE。

在固定业务方面，NDCL 公司主导了固话市场。其他四家公司亦使用 VSAT 或无线本地环路（WLL）提供固话业务。由于覆盖有限且移动业务更受欢迎，因此固话普及率不高。尼泊尔有一批互联网业务提供商。2016 年，固定宽带（包括 ADSL、有线调制解调器、光纤/LAN）占签约用户数的 64%，其余部分被固定无线业务（CDMA EVDO、WiMAX 和 VSAT）瓜分。尼泊尔国家光纤骨干网于 2002 年开始建设。此网络主要沿高速公路修建并使用尼泊尔电力局的光纤。与更多偏远地区的连接是通过微波和卫星系统来实现。作为内陆国家，尼泊尔依靠邻国印度与海底电缆相连接。目前该国有若干跨境光纤链路。尼泊尔互联网交换中心建立于 2002 年，拥有 30 多个加盟方。

在政策方面，信息和通信部（MIC）负责行业政策，成立于 1998 年的尼泊尔电信管理局（NTA）负责行业监管。此领域的相关立法是 1997 年的《电信法案》。"电信业的十年总体发展规划（2011—2020 年）"勾勒了实现关键性目标的计划，其中包括：在"在耳力可及距离"内提供基础电信服务；按需为城区、制造业和商业提供电信服务；确保城市消费者有机会使用不同服务提供商提供的服务，并将这些服务的提供范围逐渐扩展至农村消费者；扩大网络容量，以有效利用信通技术改善尼泊尔人民的生活质量。2015 年制定的"国家宽带政策概要"阐述了政府的愿景：建立一个价格可承受、安全、可靠、无处不在的高速互联网。此项政策制定了 2018 年的几个目标，其中包括宽带普及率达到 30%（最低速率为 512 kbps）和城区按需下载的速率至少达到 10 Mbps。

6. 马尔代夫

尽管在地理上面临着人口分散在 200 个岛屿的挑战，马尔代夫的信通技术仍是迅猛发展。2005 年引入移动竞争后带动签约量直线上升，很多家庭都有了移动电话。该国的 ICT 基础设施在南亚国家中首屈一指，LTE 覆盖全国，光纤宽带和国内、国际光纤骨干网一应俱全。

移动业务方面，马尔代夫于 1999 年最早推出 GSM 移动网络并于 2005 年引入移动业务的竞争。截至 2016 年，3G 信号覆盖所有居民，LTE 业务覆盖量达半数以上。领先于移动市场的是老牌运营商 Dhiraagu；2011 年，政府将其 6% 的股份出售给公众，使政府持股降至 42%；2013 年，巴林电信公司购买了大东电报公司在此公司的 52% 的股份。第二大移动运营商是 Qatari 移动集团的子公司 Doredoo Maldives。在引入竞争两年后的 2007 年，移动普及率超过了 100%。2014 年，97% 的家庭拥有移动电话，首都马累（97%）和其他各岛（96%）相差无几（2014 年，马尔代夫国家统计局）。自 2005 年 3G 启用后，移动宽带一直备受青睐，2015 年底覆盖到所有人口。2014 年推出的 LTE 业务增长迅速，于 2017 年初覆盖全国。

在固定业务版块，Dhiraagu 是主要的固话业务提供商。该公司可提供速率可达 15 Mbps 的 ADSL 业务。2015 年，该公司推出了速率高达 100 Mbps 的光纤宽带。其他两家固定宽带提供商 Focus Infocom 和 Ooredoo

Maldives 亦提供速率高达 100 Mbps 的光纤宽带。有趣的是，该国固定宽带签约用户超过了固定电话线路。马尔代夫享有完善的光纤骨干网连接，拥有两条本国海底光缆和两条国际海底光缆。2007 年，一条长达 850 公里的海底光缆铺设至斯里兰卡，另一条铺设至印度和斯里兰卡。2012 年，国家海底光缆骨干网完成建设。总长超过 1000 公里的骨干网将所有主要岛屿连接起来。2017 年第二条国家海底光缆骨干网完成了部署。

在政策方面，2001 年的电信政策标志着自由化进程的开始。马尔代夫在 2003 年成立的马尔代夫通信管理局作为监管机构将竞争引入互联网和移动业务。2015 年《马尔代夫电信法案》获得批准。内务部负责 ICT 行业监督。2014 年出台的《国家宽带政策》呼吁为所有岛上居民提供宽带，要求互联网服务提供商以不超过人均 GDP 4% 的价格提供入门级宽带方案，并为所有商业和行业中心区域提供速率达 100 Mbps 的宽带服务。

第五章

"一带一路"沿线国家贸易便利化合作的实践路径

第一节　"一带一路"沿线国家贸易便利化
合作的挑战与机遇

一、贸易便利化合作的挑战

（一）非 WTO 成员较多

"一带一路"沿线共有 14 个非 WTO 成员方，占整个沿线国家的 1/5，新亚欧大陆桥经济走廊的重要连接点白俄罗斯以及中国—中亚—西亚经济走廊的阿塞拜疆、伊朗、土库曼斯坦、乌兹别克斯坦等国都未加入 WTO，不必执行《贸易便利化协定》，因而贸易便利化水平普遍很低，使得这些国家与其他国家在各种通关制度的实施上很难保持同步或相同的发展趋势，而其他国家在对这些国家进行经验分享或技术援助时，需要考虑更多的匹配性问题。

（二）自动化管理和风险管理缺失

可以注意到，六大走廊中大部分国家都存在着系统性通关制度和海关监管制度的缺失，例如中亚五国、巴基斯坦、缅甸、老挝、蒙古等。《贸易便利化协定》中有关货物通关的条款，大多集中在第 7.1–10.4 条，而这些条款在"一带一路"沿线国家中体现出明显的系统性：贸易便利化程度高的国家针对这些条款的划分基本都为 A 类，而便利化程度低的国家基本都会划分为 C 类。这些条款包括运达前程序、电子支付、货物与单证分离、风险管理、海关稽查、经认证经营者、加快装运、易腐货物、单一窗口等，正是这些条款构成了一个系统且完整的通关制度和海关监管制度。"一带一路"沿线有 12 个以上的国家在这部分条款的划分上均为 C 类，而这些条款的基础就是自动化和风险管理。目前，大多数国家都选择引入电子处理系统来解决自动化管理问题，但对风险管理系统的重视仍然不足。自动化和风险管理涉及海关单证处理方式、监管查验效率，有无发展自动化、有无引入风险管理会造成不同海关通关制度的根本性区别，造成海关合作的难度。

（三）各国贸易便利化水平差距较大

从整体上来说，"一带一路"沿线 65 个国家中，《贸易便利化协定》实施率超过 90% 和不足 20% 的国家分别约占 40%，呈现两极分化的状态。从各个区域来看，新亚欧大陆桥、中国—中亚—西亚、中国—中南半岛和孟中印缅走廊都存在较为严重的贸易便利化水平断层的问题，差距过大的贸易便利化水平以及不同的 A、B、C 类条款的分配使得各国在通关制度上存在较大的差异，给海关之间的监管互认、信息互换、执法互助等造成了阻碍。例如，《贸易便利化协定》第 12.8 条互惠条款规定，当一方成员国向另一方申请提供某种信息资料时，如果申请方无法满足被申请方提出的同种类型的申请，或申请方并未实施该条款，则申请方应当在申请文件中说明：该申请是否通过将由被申请方酌情决定。在这种情况下，如果两国之间有一方并未实施该条款，则信息互换的效率就会降低。同样，实施了海关稽查、经认证经营者制度的国家，对贸易商的信用资料需求度会上升，在与未实施该条款的国家进行信息互换时难度会加大；同时，双方对于贸易商的监管力度也会不同，这给监管互认带来了一定的障碍。虽然这个问题在国际海关合作中普遍存在，但两极分化式的贸易便利化水平的差异使得这个问题在"一带一路"沿线尤为明显。

（四）贸易便利化合作的意识较弱

这一点从各个走廊的 TFI 各分项指标中就可以看出，即使是 ETI 排名全球第一的新加坡，在边境机构的外部合作指标上同样表现不佳。"一带一路"沿线国家的贸易便利化水平参差不齐，需要各国海关加强合作，互帮互助，以共同推动各个经济走廊乃至整个"一带一路"的发展。

二、贸易便利化合作的机遇

（一）贸易便利化水平提升可促进经济发展已具共识

贸易便利化水平提升有助于压缩进出口时间、削减贸易成本，进而促进经济发展，这一点已成为共识，虽然贸易便利化的影响效应存在国别差异、行业差异和企业异质性，但提升贸易便利化水平无疑增加贸易流量和国内生产总值。

萨克伊（Sakyi er al，2017）研究非洲贸易便利化对经济增长的作用，实证结果表明，贸易便利化程度提高 1 个百分点，则人均产出、出口及进口分别增长约 0.577%、1.099% 和 0.877%。波尔图（Porto et al，2017）以 75 个国家为研究对象，分析了各国贸易便利化措施中 AEO 认证和单一窗口计划的影响，结果表明以上两者会改善贸易表现；总体上贸易便利化措施将有助于各国改善其贸易绩效。薛继亮（2018）将内蒙古、吉林、黑龙江、广西、云南、西藏、新疆 7 个省定义为民族地区，运用引力模型分析民族地区贸易便利化对其开放水平的影响，发现民族地区的贸易便利化水平提高 1%，贸易额将增加 1.24%，说明可以显著促进其贸易开放水平。韩星、吕郢康（2018）运用 GTAP 模型分析了中国及南亚国家节约时间成本的贸易便利化对各国的经济效应，结果表明：贸易时间成本下降 30%，可以对产品贸易和宏观经济产生积极影响，有助于提高产品竞争力，改善贸易条件。韩星（2019）测算了上合组织成员国贸易便利化的改善对其成员的经济影响，发现贸易时间成本降低 30% 的情况下，大部分成员国的进出口贸易规模都会扩大，贸易便利化措施效果显著。

（二）"一带一路"倡议是促进国际合作的优质平台

随着世界经济贸易格局的变化，经济全球化和区域经济一体化已经成为国际经济合作的重要发展趋势。近年来，中国经济快速发展，国际地位相应提升。为顺应世界多极化和经济一体化的贸易潮流，实现优化国际贸易环境、加强多边贸易合作的目标，中国国家主席习近平提出了"一带一路"合作倡议。2015 年，《推动共建丝绸之路经济带和 21 世纪海上丝绸之路的愿景与行动》一文正式发布,"一带一路"合作倡议进入实质发展阶段。截至 2021 年 6 月 23 日,中国已经同 140 个国家和 32 个国际组织签署 206 份共建"一带一路"合作文件。各方积极推进政策沟通、设施联通、贸易畅通、资金融通、民心相通,启动了大批务实合作、造福民众的项目,构建起全方位、复合型的互联互通伙伴关系,开创了共同发展的新前景。

共建"一带一路"通过聚焦互联互通、深化务实合作、携手面对共同风险与挑战来实现互利共赢、共同发展。"一带一路"倡议为沿线各国提供了新的合作模式与合作平台。2020 年 6 月,"一带一路"国际合作高级别视频会议发布联合声明:将继续秉持共商共建共享原则,贯彻合作精神和合作原则,持续推动高质量共建"一带一路"。因此,持续推进更大范围、更宽领域、更深层次的国际合作,推动共建人类命运共同体,是"一带一路"倡议的特征与目标。加强"一带一路"国际合作有助于释放世界经济发展潜力。贸易畅通是"一带一路"倡议的重要内容之一,推动"一带一路"沿线国家贸易便利化合作,提升"一带一路"沿线国家贸易便利化水平,对促进"后疫情时代"世界贸易发展和经济增长具有积极意义。

(三)中国具有优秀的贸易便利化发展改革经验

中国自 2015 年正式接受《贸易便利化协定》以来,采取多项改革措施,持续加速提升贸易便利化水平和优化营商环境。基于国务院"放管服"改革,在优化营商环境等措施的有力推动下,中国海关等边境机构持续深化改革。2017 年全国通关一体化改革正式实施,国际贸易单一窗口、通关无纸化应用范围逐步扩大,预裁定、AEO 认证等政策安排持续推广,减税降费、提质增效取得进展,通关效率不断提高,口岸收费日趋透明,推动中国贸易便利化水平稳步提升。2018 年国务院机构改革后,进出境检验检疫职能划入海关。海关对通关流程和手续进行了大力整合精简,边境管理机构的执法协调性、通关效能都有明显进步。2013 年上海第一个自由贸易试验区正式启动,迄今中国已有 20 个自贸试验区和 1 个海南自贸港。制度创新进一步推动贸易便利化制度创新,提升了中国对外开放水平。海关积极推进"提前申报""两步申报"等业务改革,稳步推广进口货物"船边直提"和出口货物"抵港直装"试点,通关时效显著提升。2020 年 12 月,全国进口、出口整体通关时间分别为 34.91 小时、1.78 小时，同比分别减少 1.82 小时和 0.95 小时，较 2017 年压缩 64.2% 和 85.5%。

第二节 贸易便利化国际合作的理论基础与内涵

一、"一带一路"国际合作的理论创新

（一）传统国际合作理论特点

"一带一路"倡议的核心是国际合作，涉及国家间合作、次区域合作、区域间合作等。目前国际合作理论可分为不同流派，如现实主义、自由主义、建构主义、功能主义、地区主义，各流派理论内涵各有侧重：（1）注重权力结构和权力分配对合作的影响，强调国际合作经常由霸权国和大国主导，其他国家被动参与，突出特点是强制性，强调国际制度发挥的功能性作用，同时监督和执行国际规则以维护大国地位，国际合作是维持均势的基本手段之一。（2）国际制度是促成合作和确保合作成功的重要因素，通过制度应对合作预期结果、信息和沟通障碍、交易成本、环境的不确定性等因素，以制度促合作。这里的"制度"既包括国际组织、政府间协商达成的规则制度，也包括国际惯例。国际制度下的合作模式不需要威权或霸权来维持。（3）文化等软性社会因素也会对合作产生影响。偏好、认同、利益、相互认知和共有知识会使国家之间在相互依存、共担命运、同质性和自我约束等因素影响下，形成集体身份。当合作的共同认知和文化内化成为规范，相关国家就会将合作变成习惯。

（二）"一带一路"倡议与国际合作理论创新

1. "一带一路"国际合作以平等开放性合作和包容性合作为基础

传统国际合作理论强调遵循一定制度条件和标准下的同质性国际合作，要求合作各方必须达到同样标准、遵循同样制度，否则便不能进行合作。但"一带一路"国际合作突破了这种模式，强调开放包容性合作。"一带

一路"倡议对所有的国家开放，不同社会政治制度、不同宗教、不同文明的国家和国际组织都可以加入，即使对那些开放程度不高、经济欠发达国家和地区也是如此。"一带一路"的开放性为有意愿加入的国家提供了新的合作平台。"一带一路"强调平等合作，无论国家大小、穷富都可以参与。"一带一路"倡议提供了一个新的国际合作平台，各国可以在此框架下通过共商共建共享的原则进行多样性合作，各参与国可以结合自身优势，挖掘合作潜力。从区域层面看，此类合作可以缩小各国发展差距，实现共同发展。

2. "一带一路"国际合作是过程加结果的渐进导向，而非完全的结果导向

传统国际合作理论大多以结果为导向，基本忽视过程，在涉及合作时主要从理性主义出发，关注核算收益和成本，只不过有的强调相对收益，有的强调绝对收益。新自由主义在强调绝对收益的同时，更强调制度在促成国际合作中的作用，即制度可以增加透明度，减少互动中的欺骗，使合作结果更可预测，实际上是结果预设好的合作。"一带一路"实践显示，合作结果并不是事先完全预设好，而是先设立一个大的合作框架，提出一种合作理念，建立一种合作氛围，具体合作可在大的合作框架下不断调整、完善，甚至创新。实际上彼此都在合作过程中起了重要作用，不仅维持了合作的继续，同时也增进了相互认知和共同利益，甚至改变了偏好。

3. "一带一路"国际合作以互联互通推进多维合作

传统国际合作多从具体领域的合作开始，再外溢到其他领域的合作。"一带一路"国际合作首先强调互联互通，以互联互通（特别是基础设施互联互通）来带动其他领域的合作。

4. "一带一路"国际合作突出发展合作，是长期的共同利益上的合作，而非短期的单方利益为主的合作

传统国际合作理论探讨合作利益是强调相对利益或绝对利益，一般看重的是合作的短期利益。"一带一路"国际合作注重发展带来的长期利益，是所有合作方共同发展带来的共同利益，而非此消彼长的利益分配格局。因此，"一带一路"国际合作的本质是强调合作方的共同发展和成长。

二、贸易便利化国际合作的经济理性

第一，虽然贸易便利化建设主要是一国内部事项，但研究表明贸易便利化水平提升具有正外部性，它不仅能促进一国自身的出口贸易，而且对扩大贸易伙伴的出口规模也具有积极影响。研究还表明，相比只有中国提升其贸易便利化水平对"一带一路"沿线国家带来的贸易促进效应，若有更多沿线国家也相应提高其贸易便利化水平，会对沿线各国出口贸易产生更为显著的促进效应，特别是提升边境监管效率与信息技术水平，后者对出口贸易的促进效应是前者的 2 倍（Bala Ramasamy 等，2017）。所以，为促进"一带一路"沿线国家的贸易便利化建设，更充分利用贸易便利化的正外部效应，有必要从国际、区域和双边三个层面推进贸易便利化国际合作。

第二，促进贸易便利化合作是深化"一带一路"国际合作的内在要求。互联互通是"一带一路"倡议的重要内容之一，它不仅包括"硬联通"层面的交通基础设施建设，还包括以规则和机制为主体的"软联通"，这是"一带一路"高质量发展和机制化建设的必然要求。广义的贸易便利化内涵也包括"硬件"（与国际贸易商品流动相关的物理基础设施）和"软件"（跨境贸易规则、制度及监管效率）两个方面，而以"软件"为核心内容的贸易便利化国际合作正是促进"一带一路"高质量发展的必然选择。世界银行研究指出，虽然"一带一路"沿线国家交通基础设施建设会显著降低运输时间和运输成本（Francois de Soyres 等，2019），但沿线国家的贸易便利化改革与合作对更好发挥基础设施作用，从而最大限度产生经济效益具有重要意义（Marcus Bartley Johns 等，2018）。同时，"一带一路"倡议下的六大经济走廊建设不仅需要完善各国国内基础设施和营商环境，更应促进贸易投资便利化，促进要素在经济走廊内的有效跨境流动，通过贸易投资便利化国际合作，建立跨国经济政策协调机制，更好发挥经济走廊的地缘优势，真正促进经济发展。

第三，贸易便利化国际合作有利于促进"一带一路"机制化建设，是"一带一路"国际合作机制的有机组成部分。"一带一路"倡议自 2013 年提出以来，正被越来越多的国家和国际组织所接受。截至 2020 年 1 月，中国已经同 138 个国家及 30 个国际组织签署 200 份共建"一带一路"合作文件。"一带一路"倡议的实质是国际合作，国际合作机制会为更好推进沿线国家间合作营造良好环境、降低安全风险、控制投融资风险，为推动共建"一带一路"高质量发展提供支持和保障。"一带一路"国际合作机制以共商共建共享为原则，借力于完善现有国际合作机制，在成员资格、议题范围、制度规则和治理结构等方面科学设计，搭建务实合作平台、凝聚平等开放合作共识，持续推进"一带一路"高质量发展。2017、2019 年两届"一带一路"国际合作高峰论坛均在联合公报中均提出促进贸易投资自由化和便利化，重视加强通关合作和通关便利化，共计达成了 9 项合作成果。合作领域涵盖海关合作与信息交换共享、标准合作与信息交换共享、检验检疫合作、AEO 互认合作、运输物流与通关合作、港口合作等；合作形式既有中国提出倡议，也有多双边合作文件、多边合作平台；合作主体有政府间合作，也有政府机构与企业代表的多元合作。虽然两届国际合作高峰论坛合计达成约 190 项合作成果，但"一带一路"合作的机制化建设仍有待完善，部分领域的国际合作机制仍有缺失，如促进贸易投资自由化便利化的有效保障机制尚未形成，贸易便利化国际合作面临诸多挑战。

三、贸易便利化国际合作的核心内容

二十世纪九十年代，世界贸易组织成立后将"贸易便利化"一词纳入其正式文件中，旨在简化和协调国际贸易程序，缩短贸易流程，降低贸易成本。最初贸易便利化主要针对跨境贸易活动、程序和文件，以及相关数据的收集、提供、联系和传输。进入二十一世纪后，随着贸易自由化、全球化和信息技术的发展，贸易便利化的内涵由国际贸易本身逐步扩展到与之相关的口岸基础设施建设水平与运营效率、政府管理及信息技术应用等。基于港口效率、海关环境、制度环境和电子商务的贸易便利化评估指标是目前学术界评估贸易便利化的基础。跨境贸易相关程序、文件 / 手续及数据等的简化与协调、标准化、现代化和透明度构成贸易便利化的基本内涵。

2017 年生效实施的《贸易便利化协定》主要从跨境贸易环境、税费与海关程序、过境手续、边境机构合作等方面明确了贸易便利化的基本要求，并指出世界贸易组织各成员应认识到在贸易便利化领域开展合作的必要性，特别是海关、边境管理机构的合作，以及建立合作机制，对发展中国家和最不发达国家开展技术援助和能力建设。具体而言，贸易便利化国际合作的主要内容包括跨境贸易管理机构相关活动的合作与协调、海关工作时间及程序和手续的协调、数据/文件以及信息系统的协调、风险管理合作、便利合法贸易和促进风险分析的边境监管结果共享、边境设施共享共建、边境共同监管及一站式监管场所、AEO 互认、国际层面的人员往来与培训等。世界海关组织的《贸易安全与便利化标准框架》也指出，海关、边境机构的国际合作是促进贸易安全与便利化的三大支柱之一。

联合国亚太经济与社会发展委员会研究指出，提升"一带一路"沿线国家的边境管理效率、交通基础设施与服务、信息技术水平，会显著促进各国出口贸易，且边境管理效率的促进效应最为显著（Bala Ramasamy 等，2017）。因此，旨在提升边境管理效率的海关、边境机构合作是目前贸易便利化国际合作的核心内容。同时必须指出，随着贸易新业态和新模式的出现，特别是信息技术不断发展，贸易便利化的内涵与范畴会有动态变化，由此贸易便利化国际合作的内容也应有相应调整。

第三节　"一带一路"沿线国家贸易便利化合作

一、贸易便利化合作路径

（一）国际组织的多边合作

目前，贸易便利化得到世界许多国际组织的支持，包括世界贸易组织（WTO）、世界海关组织（WCO）、联合国贸易便利化与电子业务中心（UN/CEFACT）等。这些国际组织在支持贸易便利化和开展国际合作方面各有侧重，但在共同推进世界贸易便利化水平的提升。

1.WTO 所开展的贸易便利化工作

自 1996 年始，WTO 就将"贸易便利化"一词纳入正式文件，指出贸易便利化是国际贸易程序的简化和协调，包括对交易过程中所涉及的活动、做法和手续所需数据的收集、提供、联系和传输，并利用电子方式达到无纸化贸易。2001 年开始的 WTO 多哈回合多边贸易谈判将贸易便利化谈判作为主要议题之一。WTO 积极组织和开展国际贸易便利化多边谈判，多哈谈判的四大议题分别是农产品、非农产品的市场准入、服务贸易、贸易便利化，其中只有贸易便利化谈判进展顺利。WTO 于 2014 年完成了贸易便利化多边谈判并签署了《贸易便利化协定》。该协定在 2017 年达到生效要求，在世界范围内开始正式实施。目前，WTO 仍在积极推动《贸易便利化协定》的实施，特别是在发展中国家和最不发达国家，旨在提升全世界的贸易便利化水平。

2.WCO 所开展的贸易便利化工作

世界海关组织（WCO）是专门研究海关事务的政府间国际组织，旨在加强各成员海关工作效率，促进各成员在海关执法领域的合作。WCO 通过制订国际标准、简化海关程序、协调海关制度、推广海关现代化技术等方式，促进贸易供应链安全，提升国际贸易便利化水平，改善海关执法与合规工作，建立全球现代化海关。贸易便利化是 WCO 的重要工作组成。首先，WCO 负责推进和修订《京都公约》《进出口商品编码和协调制度公约》，以协调各国海关制度和简化海关程序。此外，WCO 还负责原产地规则和贸易商品估价的技术协调。WCO 也成立了专门部门促进《贸易便利化协定》的实施，通过通关时间研究和建立统一的海关数据模板来促进贸易便利化。

3. 联合国相关组织机构

（1）联合国贸易便利化与电子业务中心（UN/CEFACT），该中心主要负责贸易便利化技术层面的工作，包括贸易程序简化措施和数据交换标准的研制与发布，以及贸易便利化协调机制的建立。UN/CEFACT 经过五十多年的努力，相继发布了 35 个建议书、7 套标准和 5 套技术规范，形成了一整套全球统一的贸易便利化措施和国际贸易数据交换标准，其内容主要针对国际贸易过程中的手续、程序、单证以及操作的简化、协调和标准化等。

其中标准化方面又可分为单证格式标准化、EDI 标准化以及基于 XML 的电子商务标准化。UN/CEFACT 在研制和发布每个建议书、标准和技术规范时通常都得到了 WTO、WCO 等国际组织的广泛支持和参与。

（2）联合国贸易与发展会议（UNCTAD），是联合国系统内协调贸易、技术、投资、可持续发展等相关发展问题的机构。贸易便利化是其核心工作之一。目前 UNCTAD 所从事的贸易便利化工作是在贸易便利化领域的研究与技术合作。目前，UNCTAD 通过管理海关数据自动化系统（ASYCUDA）来帮助其成员改革它们的海关清关系统。UNCTAD 的贸易便利化部门还为发展中国家提供贸易便利化帮助。UNCTAD 还在海关自动化、遵守国际贸易便利化标准和规则的能力建设、过境程序及支持内陆发展中国家等方面提供支持和援助。

（3）联合国亚洲及太平洋经济社会委员会（UNESCAP，简称亚太经社委员会）联合国经社理事会下属的五个区域委员会之一，亚太地区建起最早，代表性最广泛的政府间多边经济社会发展组织。UNESCAP 与联合国欧洲经济委员会（UNECE）于 2009 年共同成立联合国亚太无纸化贸易和运输专家网（UNNExT），旨在支持国家、次区域和跨大陆单一窗口与无纸贸易倡议，为 UN/CEFACT、WCO 和相关国际组织提供培训、知识分享及促进国际标准的应用。2009 年，UNESCAP 和亚洲开发银行（ADB）共同主办了亚太贸易便利化论坛，旨在推动贸易便利化成为国家和区域发展综合战略的重要部分。2015 年始，UNESCAP 和 UNECE 及其他联合国区域委员会共同启动了两年一次的全球贸易便利化和无纸化贸易调查。2016 年 5 月，《亚太跨境无纸贸易便利化框架协定》完成谈判，2021 年 2 月 21 日正式生效。

4. 区域性国际组织

在贸易便利化促进方面，除上述多边国际组织外，一些区域性国际组织，如欧盟、东盟、亚太经合组织（APEC）也通过一些措施或协定促进区域贸易便利化发展。1995 年，APEC 大阪部长级会议正式把自由化、便利化和经济技术合作确定为 APEC 发展的三大支柱；并自 2002 年起，启动了 APEC "贸易便利化行动计划"，从海关程序、标准化和一致性、商务人员移动、电子商务四大领域促进贸易便利化。此后，相继推出 AEO 认证、"供应链联通框架行动计划"等，致力于提升亚太地区贸易便利化水平。

（二）自由贸易协定的区域合作

近年来，区域自由贸易协定发展迅速，其中"海关管理和贸易便利化"安排对促进双边或区域贸易便利化产生了积极作用。其目标是保证每一缔约方海关法律和法规适用的可预见性、一致性和透明度；促进对每一缔约方海关程序的有效管理，货物的快速通关；简化每一缔约方的海关程序，并且在可能的范围内使其与相关国际标准相协调；促进缔约方海关之间的合作；以及便利缔约方之间的贸易，包括通过加强全球和区域的供应链环境。《区域全面经济伙伴关系协定》（RCEP）对相关措施的一致性、透明度、装运前检验、抵达前处理、预裁定、货物放行、信息技术应用、AEO便利化措施、风险管理、快运货物、后续稽查、海关合作等做出了规定，以便从这些方面促进区域贸易便利化合作。

（三）特定国际公约的领域合作

贸易便利化领域，除WTO的《贸易便利化协定》和WCO的《全球贸易安全与便利标准框架协定》是具有普遍性的多边公约外，还有一些特定领域的国际公约对促进贸易便利化也具有积极意义，包括《国际海上运输便利化公约》《统一国际航空运输某些规则的公约》（即《蒙特利尔公约》）、《国际货物运输海关公约》（即TIR公约）、《协调统一边境货物管理的国际公约》《关于简化和协调海关业务制度的国际公约》（即《京都公约》）、《商品名称及编码协调制度国际公约》《联合国国际合同使用电子通信公约》（即《UN电子通信公约》）等。

二、"一带一路"沿线国家贸易便利化合作现状

（一）边境执法合作

不同于边防执法，边境执法是指边境口岸查缉和海关监管等与贸易相关的执法活动。海关执法是指海关依据国内相关法律法规（包括签署的国际公约），对进出境运输工具、货物和物品按照法定程序进行监管，并查缉走私活动。为防范跨境有组织犯罪，对大型走私案件常会采取国际执法

联合行动。在贸易便利化领域，双边、多边或区域性国际合作协议往往是海关进行国际合作的基础。WTO《贸易便利化协定》第8条规定了边境机构合作的内容，其中第2款是关于边境执法的国际合作，建议各成员方可在一定范围内，与共同边界国家展开合作，如协调海关和边境机构的工作时间、协调通关手续、联合监管、一站式监管等。

（二）能力建设与技术援助

《贸易便利化协定》要求各成员方提供关于贸易便利化的全面交流平台。第一，WTO成立贸易便利化委员会，以规定成员方之间的海关合作内容，包括促进合规与合作的措施、信息交换、验证、请求、保护和保密、提供信息、延迟或拒绝请求、互惠、限制、未经授权的使用或披露，以及双边或区域协定。委员会应与WCO等贸易便利化领域的其他组织保持密切联系，为协定的实施和管理提供最佳可行咨询建议。第二，各成员方也应成立国家贸易便利化委员会，或指定一个现有的机制以促进国内协调和实施。第三，发展中国家和最不发达国家应建立和公布联络点及咨询点，以便随时知悉其能力建设方面的进展。援助方应反映其提供援助和支持能力建设的相关信息，包括能力建设的援助和支持说明、承诺或支付的状态和金额、援助和支持的支付程序、受益成员方或地区、在成员方提供援助和支持的实施机构。咨询点可提供的信息一般包括：港口、机场和其他入境点的进出口和过境程序及相关表格和文件；相关的税费，政府收费；用于海关目的的货物分类和估价规则；原产地规则相关的法规；限制或禁止进出口等。

此外，财政支持对贸易便利化措施的支持程度非常重要，尤其是海关基础设施和能力建设。根据国际海关部门调研，海关能力建设的资金支持主要来自：（1）各国政府；（2）国际和区域金融机构及其他组织的贷款和赠款；（3）私营部门和高端行业机构的捐款；（4）用户付费或服务费。在世界海关组织层面，扩大对海关合作基金的自愿捐助影响很大。为此，WCO组织开发了一系列营销和促销产品，并致力于制定区域能力建设的可行办法，以增加区域层面基金的提供数额。

（三）跨境贸易基础设施合作与信息互换

跨境贸易机场设施是贸易便利化合作的基础，加强贸易港口、海关特殊监管区域建设是提升贸易便利化水平的必需路径。港口是国家之间实现互联互通的关键。中国与东盟之间合作建立了港口城市合作网络,这一合作以广西钦州港为门户港,对接东盟的港口城市,加快推进互联互通,形成国内外港口的"大通关"格局。对于内陆城市而言,一是加强综合保税区建设,促进综合保税区高质量发展,使其成为国内外市场的链接节点;二是在"一带一路"倡议下促进中欧班列建设。据中国国家铁路集团有限公司数据,截至 2021 年 5 月底,中欧班列已累计开行 39622 列,运送货物354.1 万标箱,通达欧洲 22 个国家的 160 多个城市。为了保证中欧班列运输效率,铁路部门对中欧班列实行优先装卸、优先挂运、优先交接运输的组织模式,并持续深化国际联运合作,降低成本,提高效率,促进中欧班列多式联运无缝衔接,提升服务质量。未来将以瓶颈路段和拥堵口岸为重点,积极推动中欧班列西、中、东通道"卡脖子"路段升级改造;提升枢纽集结能力和中欧班列开行质量效益;不断完善中欧班列开行方案,动态调整和优化开行线路;大力拓展回程货源,持续提高通关效率;推进中欧班列与丝路海运、西部陆海新通道等联动发展,积极推动"运贸一体化"。

(四)AEO 互认

AEO 即 Authorized Economic Operator,译为"经认证的经营者"。AEO认证就是海关根据企业进出口活动的守法情况、信用水平等信息,对信用程度较高,守法状况较好的企业进行认证,并给予这类企业一定程度上的通关便利措施的制度。AEO 认证制度的实施,有助于帮助诚信守法企业简化通关程序,提高贸易便利程度,同时也有助于海关有重点地对进出口企业进行分类管理,更好地保障贸易安全。AEO 认证制度是加强《全球贸易安全与便利标准框架》中两大支柱之一——"海关与企业之间的沟通、合作的伙伴关系"的重要制度。AEO 认证制度是提高贸易便利化水平和保障贸易安全的重要举措。自提出以来,AEO 认证制度在短短十几年内迅速地得到推广、发展和完善,各国之间关于 AEO 互认的谈判与协定签署也在如火如荼地进行着。AEO 国际互认是 AEO 认证制度中的重要环节,两国签署互认协定并实施后,一方认证企业在另一方海关办理货物通关手续时,可以享受互认协议中规定的通关便利待遇。理论上,国家间 AEO 互认的实施,降低了认证企业的通关成本，能有效促进两国之间的贸易往来。截至 2021 年 2 月，中国海关已经与欧盟、韩国、新加坡、新西兰、日本等 17 个经济体共计 43 个国家签署了 AEO 互认安排。我国的 AEO 认证企业对这些国家和地区的出口额构成了我国对其出口总额的 38%。目前，我国正在积极推进与所有已建立 AEO 认证制度且有此意愿的"一带一路"沿线国家的 AEO 互认。

三、推进"一带一路"贸易便利化合作的建议

（一）中国应当继续努力提高本国的贸易便利化水平

中国是"一带一路"倡议的提出者和当今世界的重要经济体，在"一带一路"沿线有着重要的影响和地位，中国的贸易便利化水平自然也对"一带一路"的发展有着重要的影响。虽然中国的 A 类条款通报率达 94.5%，总条款实施率达 100%，但中国的电子报关、通关一体化建设、单一窗口建设、风险防控机制等制度建设并不完善，尤其是单一窗口和全国通关一体化的实行，贸易商通过一个窗口提交单证、通过一个海关进行申报，却需要满足贸易过程中所有环节的监管要求，这对风险管理能力提出了更高的要求。因此，中国应当持续推进和深化海关各项制度的改革，不断提升贸易便利化水平。

（二）中国作为在各个走廊都有着重要地位的国家，应当充分发挥引导作用

中国海关应当积极参与海关交流、积极促成与其他国家的合作，向贸易便利化水平更高的国家学习经验，向贸易便利化程度低的国家分享经验、提供技术援助，从而提高其他国家海关的合作意识；同时，中国应当积极推动与国际组织的友好交流（包括与欧盟、东盟等），这些经济组织中的很多国家也是"一带一路"沿线国家，了解这些经济组织可以让"一带一路"的海关战略与其他经济组织保持一致或尽量不冲突，从而发挥出最好的合作效果。

（三）针对不同区域特点和现状合作侧重点亦不同

在新亚欧大陆桥经济走廊，哈萨克斯坦和白俄罗斯是中国与欧盟经济体连接的关键点，因此中国应当重点在这两个国家比较薄弱的自动化、单一窗口等方面进行海关合作；在中蒙俄经济走廊，蒙古国的贸易便利化问题主要是交通运输方面的障碍，因此中国应当加强与蒙古国在基础设施建设方面的合作；同时，中国海关也可以在预裁定、自动化、信息透明度建设等方面与蒙古国海关进行合作。蒙古国贸易便利化的提升将在很大程度上促进中蒙俄经济走廊的整体发展；在中国—中亚—西亚经济走廊，中亚五国普遍缺少完整且健全的通关制度，中国海关可以协助中亚五国完成通关制度的建设；在中国—中南半岛经济走廊，中国海关应当注意，在与各国合作时，提出的政策方向应当尽量与东盟的政策方向相一致，以达到政策效果的最大化；在中巴经济走廊，中国海关应当将合作重心向贸易便利化程序上偏移，重点方向为基于风险管理的海关监管制度的实施；在孟中印缅经济走廊，中国海关应当深化与其他三国的合作，积极推进孟中印缅经济走廊的建设。

中国作为"一带一路"倡议的提出者，在各个经济走廊都具有重要影响和地位。中国海关应当在提升自身贸易便利化水平的前提下，积极参与双边和多边的海关交流与合作，并带动其他国家，针对不同经济走廊的特点，在不同的方面与各国海关进行合作。